中国社会科学院近代史研究所民国史研究室
南开大学历史学院

主 办

赵妍杰　贺江枫　主编

YOUNG SCHOLARS' FORUM ON
HISTORY OF REPUBLICAN CHINA, VOLUME 3

中华民国史
青年论坛

第 3 辑

社会科学文献出版社
SOCIAL SCIENCES ACADEMIC PRESS (CHINA)

目　录

CONTENTS

· 文教与日常生活 ·

政治与军事

"革命军北伐，司法官南伐"

——1927 年前后的政权鼎革与司法人事延续

李在全

内容提要 国民革命军北伐前夕，由于经济窘境和政治高压等，北方颇显颓气，包括司法人员在内的公职人员自北南行者不少。北伐战争期间及其后，北方法律官僚王宠惠、罗文干等人进入国民党高层，在讲求法律专业知识、注重司法实践经验的选任标准下，相互推介援引，北京政府司法官员大量进入南京国民政府，出现"革命军北伐，司法官南伐"局面。这既与国民党的人才接收政策、司法无班底有关，也与当时正在形成的法律职业共同体及"司法不党"理念有关，还有一定的国际背景。政权鼎革中司法人事延续，有利于承续北京政府司法基础，实现国家司法运转的平稳过渡，但也给国民党带来很多问题。这些司法人员与国民党并无渊源，对国民党理念与统治方式未必认同，"反党"现象频发；以北京政府司法官员为班底的南京国民政府司法系统，无法成为国民党政治斗争的有力工具。通过 1927 年前后南北政权鼎革与司法人员流动，不仅可窥两个敌对政权之间的人事关联，亦隐见国民党政权实乃一个庞杂的混合体。

关键词 国民党 司法系统 国民革命 北京政府 南京国民政府

1926 年 7 月国民革命军从广东誓师北伐，旋即攻入两湖，10 月占领武汉，12 月广州国民政府迁都武汉。随着北伐推进，南方阵营内部矛盾日渐激化，国民党左派与共产党人聚集于武汉国民政府，以蒋介石为首的国民党右派转而攻占江浙地区，并于 1927 年 4 月成立南京国民政府，形成宁汉对峙局面。这时，武汉、南京、北京三个中央政府并立，一国三府，局面异常混乱。在各方角力中，8 月蒋介石下野，9 月宁汉合流，组成新的南京国民政府。是年底，蒋介石重掌国民党军政大权，1928 年初发动二次北伐，6 月国民革命军攻占北京，奉系集团退回关外，北京政府被推翻。1928 年底，东北易帜，国民党形式上完成全国统一。

1926～1928 年北伐战争是中国近代史上具有转折意义的重大事件，引发政权更迭，南北易势，从此中国由北洋时代进入国民党统治时期。[①] 由政权鼎革所引发的变动是多领域和多层次的，既影响了历史的走向，也影响了不少时人的职业生计。对于讲求法律专业知识、注重实践经验的北京政府司法官员而言，这次政权鼎革到底会引发什么变动，而他们又将何去何从？从司法系统角度考察此番政权鼎革，是考察两个政权之间关系的一个较佳的视角。[②]

一　南北竞逐与人员南行

北伐战争前夕的 20 世纪 20 年代中期，是中国近代史上颇为诡异的时段。1924 年 1 月，中国国民党一大在广州召开，联俄容共，建立以孙中山为首的国民党政权，标榜"以党治国"和国民革命。同年 10 月，北京

[①] 关于北伐战争前后这段历史研究，学界成果很多，重要者有：华岗《中国大革命史》，春耕书局，1932；王云五等编《国民革命军北伐战争史》，商务印书馆，1933；"国防部史政局"编《北伐战史》，中华大典编印会，1967；Donald A. Jordan, *The Northern Expedition : China's National Revolution of 1926 – 1928*, Honolulu：The University Press of Hawaii, 1976；张玉法主编《中国现代史论集》第 7 辑《护法与北伐》，联经出版事业公司，1982；王宗华主编《中国大革命史（1924～1927）》，人民出版社，1990；张静如主编《中国新民主主义革命史长编·北伐战争（1926～1927）》，上海人民出版社，1994；杨天石主编《中华民国史》第 2 编第 5 卷《北伐战争与北洋军阀的覆灭》，中华书局，1996；王奇生《国共合作与国民革命》，江苏人民出版社，2006；等等。

[②] 关于清末以降中国新式司法官员群体之形成与变动，相关研究成果有：李超《清末民初的审判独立研究——以法院设置与法官选任为中心》，法律出版社，2009；李在全《制度变革与身份转型：清末新式司法官群体的组合、结构及问题》，《近代史研究》2015 年第 5 期；李在全《民国初年司法官群体的分流与重组：兼论辛亥鼎革后的人事嬗变》，《近代史研究》2016 年第 5 期；徐小群《现代性的磨难：20 世纪初期中国司法改革（1901～1937）》，杨明、冯申译，中国大百科全书出版社，2018；韩策《派系分合与民初司法界的改造》，《历史研究》2020 年第 1 期；等等。但关于北伐前后南北政权之间的司法人员问题的研究，似尚付阙如。

政变发生，原属北洋直系集团的冯玉祥班师回朝，囚禁总统曹锟，废止法统和国会，自称"首都革命"，很快，在各方角力中，段祺瑞执政府出台，从此北京政府进入无总统、无法统、无国会的非常时期，各势力亦以革命精神标榜自身。[①] 在竞相揭橥革命大旗之下，南北政权展开竞争与争夺。

与南方政权相比，北京政府颇显颓气。由于长期经济低迷和财政窘迫，薪俸无着，北京政府各机关和教职员工索薪运动此起彼伏，人心不稳，1926 年发生三一八惨案，随后奉系张作霖势力控制北京政府，推行高压政治，4 月逮杀著名报人邵飘萍，未及百日，又捕杀另一位著名报人林白水，北京进入恐怖时代，人人自危。经济窘境与政治高压，迫使不少人员离京南下。北伐之前，北京当局逮捕陈独秀，引发一批新文化运动知识分子南行；此后，李大钊等人相继被捕杀，迫使更多知识分子南行。时人观察到在这场南北战争中，"国内许多思想较新的人集中于党军旗帜之下，这些人在北方确有点不能相容"，并指出，"其实思想与经济也大有关系，有许多人因思想较新不见容于旧社会而生活受窘，更因生活受窘而思想益激进"，[②] 故不得不南行。北伐战争期间，1927 年 3 月周鲠生、王世杰等一批留洋归国的北京大学教授南投武汉，此后南行之报道，不断见诸报端。[③] 除颇有名望的知识分子外，知识青年南行者更多，黄埔军校开办后，各地青年投军者日多；北伐军兴后，南投势头更盛。对此，有人撰文写道："自北伐军兴，近一两月来各地知识阶级（包括学生言）往广东投效的踵接肩摩……自北伐军占阳夏，由沪往粤投效者三日之内达三百人，由京往粤投效者六百人，类皆大学生。"[④] 自北南行，蔚成潮流。

在 20 世纪 20 年代，随着北京政府陷入窘境，其司法系统也处于"内外交困"境地：内部经费奇缺，欠薪甚多，"法潮"迭起，人员流失严

① 剑鸣：《时评》，《法律评论》第 87 期，1925 年 3 月 1 日，第 1 页。
② 百忧：《以科学眼光剖析时局》，《晨报副刊》1926 年 10 月 5 日，第 3 页。
③ 《要闻简报》，《晨报》1927 年 3 月 9 日，第 3 版；《现代评论派与国民党》，《晨报》1927 年 7 月 7 日，第 2 版。
④ 百忧：《以科学眼光剖析时局》，《晨报副刊》1926 年 10 月 5 日，第 3 页。

重；外受（各地）军阀压迫，司法官员无法派出，运转艰难。① 在北伐军出师的 1926 年，北京政府司法境况更为艰难。1926 年初，正当列强对华法权调查、各国代表齐聚北京会议的关键时刻，2 月，北京司法人员罢工，大理院、总检察厅、京师高等审检厅和地方审检厅人员皆参加其中，这令当局深感棘手，难以应付。② 不久，三一八事件发生，司法总长卢信和次长余绍宋辞职，段祺瑞执政府亦被推倒，群龙无首，法界也无人负责，混乱至极。4 月，司法部、大理院、京师高等审检厅和地方审检厅、修订法律馆各机构人员开会，商讨推举一人出而维持司法系统，但讨论无果，无人敢出面负责。③ 由于长期经费短缺，人员严重不足，《法律评论》报道称自 1920 年举行司法官考试后，已有六年没举行了，"所有各厅候补推检均已陆续补缺，苟再不举行考试，势将无以为继"。④ 京兆各县的承审员，向来由京师高等审检厅派委，呈司法部备案，但 1926 年数月以来，京兆各县承审员"大半被军事当局陆续更换"，为此，京师高等审检厅呈请司法部设法阻止，但"不知法部有此能力否？"⑤ 凡此种种，足见北京政府司法局面之混乱与无可作为。首善之区尚且如此，遑论地方。如湖南，"迭遭战乱，府库空虚，百政莫举"，尤其以司法界"最为清苦"，司法人员"以积欠过巨，无法维持生计，相率请假，另辟生涯"，他们在"声泪俱下"中集体发表请假宣言书。⑥ 在如此境况下，北京政府很多司法人员只能另谋生路，投奔南方成为他们的选择之一。

在南行队伍之中，有不少司法人员。1927 年 5 月，北京政府司法储才馆馆长梁启超在致子女的家书中写道："北京的智识阶级，从教授到学

① 李在全：《民国北京政府时期法律界的交游网络与职业意识——以余绍宋为中心》，《史林》2017 年第 6 期；李在全：《"断不可使法界亦卷入政治风潮"——1920 年代前期中国的司法生态》，《福建论坛》2017 年第 9 期。

② 《法界罢工仍难转圜》，《法律评论》第 137、138 期，1926 年 2 月 14 日，第 19 页。

③ 《司法界开会讨论维持方法》，《法律评论》第 148 期，第 1926 年 5 月 2 日，第 12 页。

④ 《法部将举行司法官律师考试》，《法律评论》第 163 期，1926 年 8 月 15 日，第 4 页。

⑤ 《京兆各县承审员陆续被军阀更换》，《法律评论》第 163 期，1926 年 8 月 15 日，第 4 页。

⑥ 《声泪俱下之湘省法界请假宣言书》，《法律评论》第 128 期，1925 年 12 月 13 日，第 14~15 页。

生，纷纷南下者，几个月以前不知若干百千人。"① 这情况很快就发生在
梁氏所在的司法储才馆，该馆不少学员南下，投奔南方阵营，据报道，
"国民政府成立之后，对于司法制度锐意刷新，而尤注意于采用一般新进
有为之士。近闻北京司法储才馆中之优等学员，均已纷纷南去，另图发
展，故该馆下学期是否再能成班开学，实一问题"。②

北方人员南行且能谋求到职位，与南方政府的人才接收政策有关。南
方阵营，无论是广州、武汉，还是南京国民政府，对各地投奔而来的人
员，并不要求是国民党党员，亦无严格的政治审查。孙中山曾告诫党员：
以党治国"并不是用本党的党员治国，是用本党的主义治国"，③ 这是很
笼统的说法，实际上无法操作。广州国民政府成立后，很多党部希望国民
党党员能垄断政权，要求"非本党党员不得在行政机关服务"，但国民党
中央担心，这"恐开以入党为终南捷径之嫌"，④ 态度模糊。1926 年 7 月，
国民党中央决定设立"学术院"，以罗致造就各方面人才，分设法律、政
治、交通、外交、财政、教育、工业、农业等 16 门专科，学员应为国内
外大专院校毕业生，学习两个月后即推荐至各行政机关工作，⑤ 时处北伐
战争非常时期，由于各种原因，该机构不久后停办，但它表明了国民党援
引人才的政策与态度。1927 年 5 月，南京国民政府发布训令："政府用
人，在不妨碍党权范围以内，不拘有无党籍，选择录用，俾所学所用，各
效其长，则人无弃才，政可具举。"⑥ 显而易见，党员与否，并非必要。

1926~1927 年，广州、武汉国民政府司法部部长是国民党左派领袖之
一的徐谦。徐谦来自北方，曾任北京政府司法次长、总长等职。广州、武
汉国民政府时期，在司法革命化、党化的口号下，徐谦等人创办"法官

---

① 丁文江、赵丰田编《梁启超年谱长编》，上海人民出版社，1983，第 1132 页。
② 《北京司法储才馆优等学员纷纷南去》，《法律评论》第 210 期，1927 年 7 月 10 日，第 10 页。
③ 孙中山：《在广州中国国民党恳亲大会的演说》（1923 年 10 月 15 日），中山大学历史系孙中山研究室等编《孙中山全集》第 8 卷，中华书局，1986，第 282 页。
④ 中国第二历史档案馆编《国民党政府政治制度档案史料选编》下册，安徽教育出版社，1994，第 202 页。
⑤ 韩信夫、姜克夫主编《中华民国史·大事记》第 4 卷，中华书局，2011，第 2480 页。
⑥ 铨叙部秘书处第三科编《铨叙年鉴（续编）》，南京大陆印书馆，1934，第 212 页。

政治党务训练班"，学员既有新招收的，也有现任司法官员。徐谦认为，原属北京政府的司法人员，虽然"一般思想比较落后，有的甚至反动"，但可通过学习改造为国民党政权服务。① 对于从北方投奔至南方的司法官员，武汉国民政府也予以委任。1927 年 4 月，武汉国民政府任命戴修瓚、翁敬棠试署最高法院庭长，胡心耕为最高法院首席检察官，② 组建武汉国民政府最高法院。戴修瓚、翁敬棠长期担任北京政府司法工作，在投奔武汉之前，戴、翁分别是北京政府京师地方检察厅检察长、总检察厅检察官。③

参与武汉国民政府最高法院组建工作的马寿华之经历，也颇能说明此中详情。马寿华（1893～1977），安徽涡阳人，1909 年进入河南法政学堂学习，1911 年毕业。1912 年担任开封地方检察厅检察官，开始法律职业生涯，1914 年调任河南高等检察厅（设在开封）检察官，1920 年调任河南第一高等检察分厅（设在信阳）监督检察官，1922 年调任山西第一高等审判分厅（设在运城）监督推事，1923 年调任湖北夏口地方检察厅检察长。1926 年 10 月北伐军攻占武汉后，马寿华去职，仍留居汉口。1927年初，武汉国民政府筹设最高法院，采取委员制，不设院长，设四位委员负责。据马氏记述，因其在夏口地方检察厅检察长任内"颇有声誉"，被武汉国民政府委任为委员之一，其余三位是：翁敬棠、戴修瓚、胡心耕。由于戴、胡均有其他事务，实际上由翁、马负责筹备最高法院，"事属创始，诸多困难，尤难者为物色推检人选"。后来，戴修瓚推荐林彬任推事，因为戴氏任北京政府京师地方检察厅检察长时，林彬任该厅检察官，系僚友熟识，"大家一致同意"。④ 从上述五人的履历背景观察，除胡氏不详外，马、翁、戴、林均为北京政府司法官员。由此可见，武汉国民政府

---

① 李在全：《徐谦与国民革命中的司法党化》，《历史研究》2011 年第 6 期。

② 《戴修瓚翁敬棠胡心耕致中执会电》（1927 年 4 月 14 日），汉口档案，中国国民党党史馆藏，档案号：13917；韩信夫、姜克夫主编《中华民国史·大事记》第 4 卷，第 2668 页。

③ 李在全：《变动时代的法律职业者：中国现代司法官个体与群体（1906～1928）》，社会科学文献出版社，2018，第 341、342 页。

④ 马寿华：《服务司法界六十一年》，马氏思上书屋，1987，第 43 页。

最高法院的筹建工作，几乎完全控制在原北京政府的司法官员手中。后来，因为宁汉对峙、武汉危机等，马、翁、戴、林诸人离开武汉，转入南京国民政府。

1927 年 4 月，南京国民政府成立，蒋介石、胡汉民等人均深感各方面人才之不足。4 月 23 日，蒋、胡商议设立高等经济委员会与法制委员会，"以收罗国内外有才识之士，为党国作建设之用也"，25 日，国民党中央政治会议决议设立最高经济委员会和法制局；5 月 21 日，蒋介石自我提醒称："求才、储才、试才、用才四者，适心注重也。"① 收罗人才，成为南京国民政府初期的工作重点之一。作为蒋介石亲信的邵元冲，这时忧虑感叹蒋氏"在数年前因无充分之准备，对于人才方面，尤少注意，故基础未固，黄埔学生尤不能助成其业，以致今日一切均陷于无办法，前途殊难乐观"。邵氏就任立法委员时，又与蒋"谈任用科学专门人才之需要"。② 实际上，不仅中央要员意识到国民党人才缺乏问题，很多国人也注意到这个问题。1928 年 6 月，国民革命军攻占北京，北伐告成之际，与国民党没有任何关系的北京百姓就认识到，"党国所缺乏者，为建设人才"。③ 南京国民政府财经官僚何廉认为，在北伐过程中，蒋介石逐渐掌控大权，需要有政治事务经验人员的襄助，CC 系人员太年轻没有政治经验，黄埔系人员也太年轻，而且专门处理军务。因此，蒋"开始从 CC 系和黄埔系之外物色有经验的人帮忙，他转向北洋政府中经验丰富的人"。④

二 南京国民政府司法系统的组建与人员构成

北伐战争进展迅速，从 1926 年 7 月开始，未及一年，就从珠江流域推进到长江流域。对国民党来说，这场战争其实也是招降纳叛的过程，大量北方军政势力改头换面后进入国民党。在此背景下，北京政府很多法律

① 吕芳上主编《蒋中正先生年谱长编》第 2 册，"国史馆"等，2014，第 64、80 页。
② 王仰清、许印湖标注《邵元冲日记》，1928 年 5 月 14 日、12 月 5 日，上海人民出版社，1990，第 425、479 页。
③ 黄尊三：《三十年日记》第 3 册，1928 年 6 月 9 日，湖南印书馆，1933，第 220 页。
④ 《何廉回忆录》，朱佑慈等译，中国文史出版社，1988，第 211 页。

专家、司法官员转身进入国民党政权中。在这个过程中，南京国民政府首任司法部部长王宠惠是一位关键人物。

王宠惠长期在北京政府任职，多次担任司法总长、大理院院长等职，1922 年出任国务总理（"好人政府"）。① 在北伐战争推进之际的 1926 年、1927 年，王宠惠担任北京政府的修订法律馆总裁和法权会议中国全权代表，然而，1927 年 5 月初王氏抵达南京，加入国民政府。据粤籍国民党要角傅秉常忆述，王宠惠加入南京国民政府之内幕大致如下：国民党元老、南京国民政府主事者之一胡汉民欲邀请伍朝枢（此时住在上海）来南京主持外交，他派傅赴上海邀请伍，伍氏接受邀请，"但主张延揽王宠惠参加国民政府"，傅返南京转告胡，胡与蒋介石商量后，"两人均表同意"，傅遂再赴上海告知伍。② 早在北京政府任职时期，伍朝枢就和王宠惠往来频密；③ 此时，胡汉民、伍朝枢、傅秉常均属国民党右派，政治立场接近，三人与王宠惠同属粤籍，有同乡之谊。傅秉常忆述与蒋介石日记所载，大体可以相互印证。据蒋介石日记所载：5 月 7 日，伍朝枢、王宠惠来宁；次日早晨，蒋往访伍、王等人，下午与胡汉民、伍朝枢、王宠惠等人商议时局；13 日，蒋"请王宠惠任司法部长，商议对英外交方针"。④ 可见，政治立场接近，粤籍同乡，加上一定的国民党背景和长期的北方法律、外交技术官僚身份，共同构成王宠惠进入南京国民政府高层的重要条件。

---

① 王宠惠（1881~1958），字亮畴，广东东莞人。幼年在香港圣保罗学校学习英文，继入皇仁书院学习。1895 年考入北洋大学堂法科，1901 年赴日留学，攻研法律。1902 年赴美留学，先入加州大学，后转耶鲁大学，1905 年获博士学位，旋即赴欧洲研究国际公法。在海外时期，加入中国同盟会，从事革命活动。1911 年 9 月回国，任上海都督陈其美顾问。1912 年 1 月，出任南京临时政府外交总长，3 月出任北京政府唐绍仪内阁司法总长，6 月去职，任外交部顾问，1916 年参加护国运动。袁世凯死后，于 1917 年回北京任职，1920 年任北京政府大理院院长，1921 年 6 月，与施肇基、顾维钧作为北京政府全权代表出席华盛顿会议，1922 年 9 月出任内阁总理。
② 郭廷以校阅，沈云龙访问，谢文孙记录《傅秉常先生访问记录》，"中研院"近代史研究所，1993，第 63 页。
③ 《伍朝枢日记》，中国社会科学院近代史研究所《近代史资料》编辑部编《近代史资料》第 69 号，中国社会科学出版社，1988，第 166~231 页。
④ 《蒋介石日记》，1927 年 5 月 7 日、5 月 8 日、5 月 13 日，美国斯坦福大学胡佛研究所藏。

1927 年 6 月 25 日，南京国民党中央政治会议决定，特任王宠惠为司法部部长。① 7 月 14 日，王宠惠在南京国民政府大礼堂举行就职典礼，胡汉民致辞称："王（宠惠）部长不独精通法理，抑且为革命中最努力之人物，总理极为信任，希望根据总理的建国精神，努力前进，尤希望早日实行取消不平等条约。"胡汉民解释道："以前王（宠惠）同志曾一度为北方之内阁总理，当时实有重大之任务交付王同志，使之反对当时在北方之反动的恶势力。此种秘密的重大的工作，吾同志中知之者甚少。今当王同志就职伊始，特表述王同志以前革命之历史，俾同志认识之，王同志不仅为一学者，实有其过去二十多年革命之历史，今后甚望王同志本本党革命法制之精神而努力。"② 据胡汉民所言，王宠惠长期在北京政府任职是为了完成国民党所交付的"秘密的重大的工作"，实际上，胡汉民所言未必属实，其意在让人知道王宠惠出任司法部部长，具有专业和政治之正当性。但是，不少国民党人士并不认同，后来有国民党党员向国民党中央呈控王宠惠"任军阀时代司法总长时，攀附权势，充具私党，只知逢迎官僚，鱼肉民众，尚不知主义为何物而可云'革命思想'耶？"抨击王氏在"革命告成"之际，"投机南下"。③ 值得指出的是，与后来加入南京国民政府的很多北方法律官僚不同，王宠惠确实具有一定的国民党背景，是民国前期能够游走于南北两个政权之间的人物。

就职后，王宠惠着手组建司法部。部址选定在南京鼓楼小桃园，分设总务司、民事司、刑事司、监狱司四司，"决采人才主义，为求省经费起见，尤可宁缺毋滥"。司法部掌管全国司法行政事务，拥有司法官员的人事任免权。④ 对于北京政府各项法律，南京国民政府准予援用，通令："在新法未颁前，旧行各实体法诉讼法各他法令，除与党纲主义或新法抵

① 《南京司法部长王宠惠》，《法律评论》第 209 期，1927 年 7 月 3 日，第 6 页。
② 《南京司法部长王宠惠就职纪》，《法律评论》第 214 期，1927 年 8 月 7 日，第 3～4 页。
③ 《请查办司法行政部长魏道明案》（1929 年 12 月 26 日），中国国民党党史馆藏政治档案，档案号：11/37.2。
④ 《南京司法部组织法草案纲要》，《法律评论》第 214 期，1927 年 8 月 7 日，第 5 页；《国民政府之司法部组织法》，《法律评论》第 218 期，1927 年 9 月 4 日，第 8～10 页。

触者外，一律准援用。"① 此时形势不稳，8 月蒋介石宣布下野，9 月宁汉合流，这也引发司法中枢的人事纠葛。据报道，9 月底王宠惠赴上海并表示辞职，"宁政府要人刻在沪极力挽留"，这时武汉国民政府司法部部长徐谦"因共产嫌疑，尚未剖白，虽欲恋栈，亦不可能，于是王宠惠继续连任，遂成自然之趋势，宜宁政府之极力挽留也"。② 经挽留后，王氏打消辞职念头，数天后继续在南京办公。③

王宠惠仍坐司法部部长之位，但摆在他面前的事务并不轻松。这时司法状况与全国局势一样，尽显乱局：从所辖各省情况而论，有已设司法厅者，有未设者，有设司法筹备处者，很不一致。司法情形也复杂异常，如法院名称，有称审检厅者，有称控诉法院者；法官，有由司法厅委派者，有由省政府委派者，有由所在地军事当局委派者，有由高等法院委派者，有由北京政府司法部旧委人员继任而现在未经加委者；审级，有用二级二审制者，有用四级三审制者，因无最终审机关而悬案以待者；法律适用，无论是实体法还是诉讼法，亦复不同，各行其是，以致手续糅杂凌乱，民众无所适从。此种状况，"即素习司法事务之人，亦几于莫名其妙，遂使司法统一之局，日趋于破裂，循是以往，恐致不可收拾"。④ 因此，国民政府通令改革，谋求"司法统一之局"：废止北京政府实行的审检并立设置，各地审判厅改称各级法院，长官称为院长，各级检察厅一律裁撤，检察官置于各级法院之内，仍独立行使检察职权，长官改称首席检察官；裁撤各省司法厅，实行高等法院院长制度，由各省高等法院院长掌理各省司法行政事务。⑤

南京国民政府初期，中央司法行政部门设置大体可分为三个阶段，其

---

① 《宁政府准援用旧法》，《法律评论》第 217 期，1927 年 8 月 28 日，第 6 页。
② 《宁政府极力挽留王宠惠》，《法律评论》第 222 期，1927 年 10 月 2 日，第 7 页。
③ 《南京司法部长王宠惠打消辞意》，《法律评论》第 223 期，1927 年 10 月 9 日，第 11 页。
④ 《国民政府为裁撤各省司法厅实行高等法院院长制度令各机关文》，国民政府法制局编《国民政府现行法规》下册，（上海）太平洋印刷公司，1928，第 25、26 页。
⑤ 《国民政府通令改革司法制度》，《法律评论》第 219 期，1927 年 9 月 11 日，第 9 页；《令司法部据司法部提议裁撤司法厅一案业经核准关于司法行政事务交由高审厅长或主席委员克日施行由》《呈国民政府裁撤检察机关及改定法院名称请鉴核示遵由》，《司法公报》创刊号，1927 年 12 月 15 日，第 7～8、34～36 页。

人事布局如下。第一阶段，从 1927 年 7 月至 1928 年 11 月，司法部部长为王宠惠，1928 年 3 月由蔡元培兼代，次长为罗文庄①、魏道明②、朱履龢③。第二阶段，1928 年 11 月国民政府实行五院制，成立司法院，下辖司法行政部、最高法院，王宠惠出任司法院首任院长，至 1931 年底由伍朝枢任院长，伍氏未到任，1932 年 5 月居正出任院长。在司法院所辖机构中，真正掌控实权的是司法行政部，1928 年 11 月魏道明出任部长，次长是朱履龢、谢瀛洲④；1930 年 4 月魏氏调任南京特别市市长，由次长朱履龢代理部务。第三阶段，1931 年底司法院院长王宠惠去职，⑤ 与此同时，司法行政部由隶司法院改隶行政院，⑥ 司法院仅辖最高法院，⑦ 无甚权力，"只剩下一个空架子，名是司法院，实是审判院"。⑧ 1931 年底，

---

① 罗文庄，广东番禺人，罗文干之兄。1912 年任南京临时政府外交部秘书，后任北京政府司法部秘书。1926 年任广州国民政府司法行政委员会委员，1927 年任国民政府司法部次长，1928 年任广东省高等法院院长。参见徐友春主编《民国人物大辞典》，河北人民出版社，1991，第 1626 页。

② 魏道明（1901~1978），字伯聪，江西德化人。早年留学法国，获巴黎大学法学博士学位。1926 年回国，在上海从事律师事务。1927 年任职于国民政府司法部，同年 12 月出任司法部次长、代理部长，1928 年任司法行政部部长，1930 年任南京特别市市长。

③ 朱履龢（1877~1945），字笑山，浙江嘉兴人。早年留学英国，民国北京政府时期担任法权讨论会秘书、关税特别会议委员会秘书。南京国民政府成立后，历任外交部司长、司法部秘书长、次长（代理部务）。

④ 谢瀛洲（1894~1972），字仙庭，广东从化人。1916 年赴法就读于巴黎大学，1924 年获法学博士学位。回国后加入国民党，历任大元帅府法制委员、广东大学教授。1925 年任国民党广州特别市党部委员兼青年部部长，1928 年出任司法行政部次长，兼法官训练所所长。1932 年任广东政府委员兼教育厅厅长。1934 年任广东高等法院院长，兼任广东法科学院院长、西南政务委员会委员。

⑤ 相关背景是：因"约法之争"，蒋介石于 1931 年 2 月扣押了国民党元老、时任立法院院长的胡汉民，将胡氏监禁于南京郊外的汤山，史称"汤山事件"，由此引发宁粤对峙政潮，国民党再次分裂。在此事件中，同属粤籍的司法院院长王宠惠站在胡汉民一边，亦去职。

⑥ 南京国民政府时期，司法行政部在行政院、司法院之间多次改隶：1928 年 10 月司法行政部隶属司法院，1931 年 12 月改隶行政院，1934 年 10 月恢复隶属司法院，1942 年 12 月又划归行政院。司法行政部多次改隶，既涉及政治权力分配，也与孙中山理论体系有关。有学者指出："总理五权宪法原则上，司法权之独立，与考试监察各权同。惟于司法行政与司法审判两者制度上，应如何组织，未尝多所指示。"杨幼炯：《中国近代立法史》，商务印书馆，1936，第 351 页。

⑦ 1932 年 4 月，司法院下设公务员惩戒委员会，1933 年 6 月下设行政法院。

⑧ 杨玉清：《国民党政府的五院制度》，全国政协文史资料委员会编《文史资料存稿选编（政府·政党）》，中国文史出版社，2002，第 445 页。

曾多次担任北京政府司法总长、大理院院长的罗文干①出任司法行政部部长，次长先后由何世桢、郑天锡②、谢瀛洲、石志泉担任。到 1934 年 10 月，司法行政部再次划归司法院，由司法院院长居正暂兼部长，同年 12 月王用宾出任部长。③

由此可见，南京国民政府初期司法中枢的关键人物，先后是王宠惠、罗文干，均曾任北京政府的司法首长。若观察司法部整体人员结构（包括参事、司长等），可发现主要由两部分组成：大部分是来自北京政府的司法高级官员，代表人物即王宠惠、罗文干、郑天锡、石志泉、朱履龢等；小部分是从海外研习法科归国、资历尚浅的人员，如魏道明、谢瀛洲、谢冠生，均是留学法国研修法科获博士学位者，在北伐前后回国，进入国民党系统中。当然，前者居于主导地位，后者尚属稚嫩，④ 处于从属地位。

国民党政权的人事任免，并不严格要求党派政治资格，而讲求熟人网络关系，这点在司法系统中尤为明显。1928 年 11 月司法院成立前后，时人观察到"日来关于司法院所属各机关之重要职员，如各署长处长等缺，外面传说颇不一致，据云奔竞者确为拥挤，为整饬司法及便利进行起见，或将罗致法界旧人，俾收驾轻就熟之效云"。⑤ 有学者对南京国民政府的外交、内政、财政、司法行政、海军、军政、交通、教育八个部的事务官（主要指部中参事、司长、各处处长及署长等）的北洋旧官僚留用率做了

---

① 罗文干（1888~1941），字钧任，广东番禺人。1904 年赴英国留学，获牛津大学法学硕士学位。1909 年归国，清末和民国北京政府时期，历任广东审判厅厅长、广东都督府司法司司长、广东高等检察厅厅长、北京政府总检察厅检察长、修订法律馆副总裁、司法次长（代理部务）、大理院院长、财政总长、司法总长。国民政府成立后，1931 年底任国民政府司法行政部部长，1932 年兼外交部部长，1933 年辞去外交部部长兼职，1934 年复辞去司法行政部部长职务，1938 年任国防参政会议员、第一届国民参政会参政员，1941 年病逝于广东乐昌。

② 郑天锡（1884~1970），字云程，广东香山人。早年就读于香港皇仁书院，1907 年赴英国伦敦大学法律系学习，1916 年获博士学位。1917 年返回香港，担任律师。1918 年赴北京，历任司法部法律翻译监督、法律编纂委员会委员、大理院推事等职。1928 年在上海担任律师，兼任东吴大学法学院教授，1932 年任国民政府司法行政次长。

③ 刘寿林等：《民国职官年表》，中华书局，1995，第 633~634 页。

④ 在时任南京国民政府行政院长谭延闿眼中，此年 26 岁的司法次长魏道明"乃如一小孩"。《谭延闿日记》第 18 册，1927 年 12 月 28 日，中华书局，2019，第364 页。

⑤ 《司法院所属机关之人选》，《法律评论》第 263 期，1928 年 10 月 28 日，第 6 页

统计，发现司法行政部的留用率最高：1928~1932 年均为 100%；1933~
1935 年，依然是八个部中比例最高的。① 可见，北京政府司法官员几乎完
全掌控了南京国民政府的司法中枢。

以前述提及的马寿华为例，可具体说明之。长期担任北京政府司法
官员的马寿华，1927 年初进入武汉国民政府最高法院任职，宁汉对峙期
间，马寿华离开武汉，在上海赋闲数月，是年底马寿华进入南京国民政
府司法部任职。按照马氏自述，他由时任南京国民政府司法部刑事司司
长王淮琛"推介任民事司第一科长"，因为在北京政府时期，王淮琛曾
任河南高等检察厅检察长，马寿华时任该厅检察官，系僚友熟人。马寿
华进入司法部后，先任民事司第一科长，后代理总务处处长；1928 年 11
月司法院成立，王宠惠任院长，魏道明任司法行政部部长，马寿华出任
司法行政部总务司司长。马氏忆述：在总务司长任内，"为余服务司法
界最繁忙之时期"，当时总务司设五科，分别掌管人事、律师、会计、
庶务、统计事宜，尤其是第一科，管理"全国司法官及其他司法人员之
任免、迁调、考核、惩奖"，权力很大。不仅司法（行政）部工作人员
多来自北京政府，而且最高法院、最高检察署人员也是如此，马寿华推
荐自己的同学、熟人担任各地司法官员，马氏本人也在这时加入国民
党。② 与马寿华类似经历者很多，大量北京政府官员转身成为南京国民政
府官员。

不只南京国民政府司法行政部门人员构成如此，由他们制定的各级司
法官员选任标准，也明显对接北京政府。报刊公开报道称南京国民政府司
法官员选任，"仍以旧日在北京政府法部取得有推检资格之人为上选，以
其学识经验均较初出学校者为优，故在北方充当推检者回南方后，均可获
较优越之位置"。③ 1928 年 5 月，南京国民政府公布《法官任用条例》，
规定：曾任前大理院及总检察厅荐任推检官 3 年以上，或曾任前高等审判

---

① 鲁卫东：《民国中央官僚的群体结构与社会关系》，中国社会科学出版社，2017，第
280 页。
② 马寿华：《服务司法界六十一年》，第 43~51 页。
③ 《南省任用法官之标准》，《法律评论》第 245 期，1928 年 3 月 11 日，第 11 页。

厅厅长、高等检察厅首席检察官 3 年以上，地方检察厅检察长 3 年以上者，有资格出任国民政府简任司法官；曾任推检实职 1 年以上或候补推检（帮办推检、练习推检、实习推检包括在内）2 年以上者，有资格就任国民政府荐任司法官。[①] 明确承认北京政府司法履历的有效性。1931 年底，罗文干出任南京国民政府司法行政部部长，次年 4 月公布《司法官任用暂行标准》，规定司法官员选任资格是法科毕业，具有司法官员经历，或具有从事法律教育或律师职业经历，再次明确承认"前司法机关""前司法行政机关"等经历。[②]

1927 年 11 月，南京国民政府最高法院成立。在此前一个月，国民政府公布《最高法院组织暂行条例》，未规定推事、检察官任职资格条件等；[③] 1929 年 8 月公布《修正最高法院组织法》，也没规定推检人员任职资格。[④] 1927~1931 年，最高法院主要人员情况如下：院长，徐元诰、林翔；庭长，12 人，分别是翁敬棠（曾任总检察厅检察官）、李芳（曾任湖南高等审判厅厅长）、黄镇磐（曾任上海地方检察厅检察官）、夏勤（曾任总检察厅检察官）、王淮琛（曾任河南、江西高等检察厅检察长）、李景坼（曾任大理院刑一庭庭长）、李怀亮（曾任大理院民二庭庭长）、林鼎章（曾任大理院推事）、李发勤、童杭时（曾任大理院推事）、刘含章（曾任大理院推事）、叶在均（曾任京师地方审判厅民二庭庭长），12 位庭长中，除李发勤的履历不详外，其他 11 人均有北京政府司法系统的任职经历；推事，52 人，[⑤] 绝大多数也具有北京政府司法系统，特别是北

---

① 《宁法部所拟法官任用条例》，《法律评论》第 255 期，1928 年 5 月 27 日，第 10~11 页。

② 《司法官任用暂行标准》，郭卫辑校《司法法令大全》，上海法学编译社，1932 年 9 月，第 216~220 页。

③ 《呈国民政府裁撤检察机关及改定法院名称请鉴核示遵由》，《司法公报》创刊号，1927 年 12 月 15 日，第 52~54 页。

④ 《修正最高法院组织法》，《司法公报》第 33 号，1929 年 8 月 24 日，第 1~3 页。

⑤ 52 人名单如下：唐启虞、童杭时、孙巩圻、李昀、鲁师曾、吴昱恒、彭学浚、高襄、萧伟、梁仁杰、涂景新、张有枢、季手文、汤本殷、胡董、韩焘、刘钟英、张孝琳、潘恩培、陈懋咸、吴兆枚、何蔚、叶在均、朱得森、郭秀如、杨天寿、洪文澜、鄞更、左德敏、张于浔、郗朝俊、蒋福琨、宋润之、张则奂、高梦熊、庄浩、王侃、余觉、何其扬、高熙、张式彝、何宇铨、梁敬錞、梁同恺、殷曰序、刘寿莲、黄文翰、曹凤萧、孙潞、苏兆祥、李午亭、林大文。按：推事与庭长名单有个别重合。

京政府大理院的工作履历。① 显而易见，最高法院大多数人员来自北京政府，只有少数人员，例如，两位院长徐元诰②、林翔③，庭长黄镇磐④，具有一定的国民党背景。

按照 1927 年 10 月南京国民政府司法改革方案，各省高等法院院长不仅管理本院事务，而且掌管全省司法行政事务，权力甚大。⑤ 南京国民政府初期，除青海、西藏、内蒙古边疆省份未设高等法院和奉天（辽宁）情况特殊之外，各省高等法院院长大多数也来自北京政府司法系统，⑥ 只有少数院长，如浙江的郑文礼（留法法科博士）、安徽的曾友豪（留美法科博士）等，没有北京政府司法系统任职履历，他们具有海外教育背景，在北伐前后加入国民党政权。可见，各省高等法院院长人员构成情况与中央司法机关类似。因为同属南京国民政府司法系统，司法部参事、司长和最高法院庭长、推事，与各省高等法院院长之间相互调任颇

---

① 刘寿林等：《民国职官年表》，第 645~646 页；徐友春主编《民国人物大辞典》，河北人民出版社，1991；李在全：《变动时代的法律职业者：中国现代司法官个体与群体（1906~1928）》，附录部分；等等。

② 徐元诰（1877~1956），江西吉安人。早年赴日本中央大学攻读法科，加入同盟会。辛亥革命后，任江西省司法司司长、司法筹备处处长。1917 年南下广东，任大元帅府秘书长。1926 年北伐军攻克南昌，任江西高等法院院长。1927 年 11 月任南京国民政府最高法院院长。参见徐友春主编《民国人物大辞典》，第 704 页。

③ 林翔，字璧予，福建侯官人，曾任福建高等检察厅检察官、广州地方检察厅署检察长、广东大元帅府审计局局长、军事委员会军法处处长等职。刘寿林等：《民国职官年表》，第 1312 页。

④ 黄镇磐，字石安，直隶威县人，曾任北京政府上海地方检察厅检察官，后也在南方政府任职，1923 年任广东高等检察厅检察长。中山大学历史系孙中山研究室等编《孙中山全集》第 7 卷，中华书局，1985，第 170 页。

⑤ 《各省高等法院院长办事权限暂行条例》，《司法公报》第 2 期，1928 年 1 月 1 日，第 83~86 页。

⑥ 1927~1932 年，各省份及其高等法院院长名单如下：江苏是张君度、林彪，浙江是殷汝熊、郑文礼，安徽是鲁经藩、周诏柯、曾友豪、陈福民，江西是张孚甲、梁仁杰、梅光羲、鲁师曾，湖北是汤葆光、翁敬棠、周诒柯、张孚甲、何奇阳、史延程，湖南是陈长簇、徐声金，四川是黄功懋、龙灵、何奇阳，福建是刘通、王凤雄、魏大同，广东是罗文庄、陆嗣曾、董康，广西是朱朝森、林超南，云南是王灿（1930 年以后无信息），贵州是谢勋陶，河北是邵修文、胡祥麟，山东是易恩侯、殷汝熊、吴贞缵，河南是邓哲熙、张吉墉、吴贞缵、邵修文、孟昭侗，山西是田汝翼、邵修文，陕西是段韶九、余俊，甘肃是冯致祥、曾友豪，宁夏是王芝庄、梁敬錞，绥远是李钟翘，察哈尔是萧敷祥、王淮琛，热河是张永德，黑龙江是王锡九，新疆是张正地、屠文沛。

为常见，所以各省高等法院院长名单与前述司法部、最高法院人员名单有不少重复。

在省级高等法院内部，人员构成情况也大体如此。以 1931 年湖南高等法院为例，推检人员 16 人，相关情况如下：院长，陈长簇，曾任北京政府湖南高等审判厅推事、湖北夏口审判厅厅长；首席检察官，曹瀛，曾任湖北高等检察厅首席检察官；庭长 3 人，欧阳谷，曾任南昌地方审判厅厅长，周茂松，湖南公立法政专门学校教员，袁赞德，履历不详；推事 8 人，包括彭世伟、凌嘉谟、葛光宇、谢梦龄、饶瀚、丁思诚、罗瑁阶、黄求榘；检察官 3 人，包括吴夷吾、王自新、陈纲。囿于史料，无法详考每人履历背景，但可以肯定的是，他们大多数具有北京政府司法系统任职经历。值得注意的是，若考察这些人员在北伐之前，1925 年的任职情况，会发现这 16 人当中，有 7 人同时在湖北各级审检厅供职：陈长簇，湖北夏口地方审判厅厅长；曹瀛，湖北高等检察厅首席检察官；凌嘉谟、罗瑁阶均为湖北夏口地方审判厅推事；谢梦龄，湖北武昌地方检察厅首席检察官；王自新，湖北高等检察厅检察官；吴夷吾，湖北第一高等审判分厅（驻宜昌县）监督推事。这 7 人均系湘籍。[①] 由此可以推测，北京政府后期这些在湖北各级审检厅任职的湘籍司法人员，在南京国民政府初期，凭借同僚、同乡等关系，回到湖南高等法院任职。

综前所述，南京国民政府中上层司法官员多半来自北京政府；基层司法人员相对复杂一些，既有原有人员改组而来的，也有调自北方的，还有新招考录用的。1927 年 12 月，江苏江宁地方审判厅改组为法院，仍由前地审厅厅长陈肇燊代行院长职务，后由司法部正式委陈氏为院长，陈氏宣誓就职。[②] 在广东，国民政府初期，罗文庄由司法次长转任广东高等法院院长，尽管罗氏"把全省法官重新安排委派"，[③] 但还是原班人马。为培

---

① 参见湖南高等法院编印《湖南司法公报》第 9 期，1931 年 4 月 20 日，第 159~160 页；李在全《变动时代的法律职业者：中国现代司法官个体与群体（1906~1928）》，第 359 页；等等。

② 《司法界大事记》，《司法公报》第 2 期，1928 年 1 月 1 日，第 123 页。

③ 黄韶声：《解放前广东司法界的黑幕》，中国人民政治协商会议广东省委员会文史资料研究委员会编《广东文史资料》第 5 辑（内部发行），1962，第 175 页。

养司法人才，北京政府在 1927 年初创办司法储才馆，招收法律专业毕业人员入馆学习。学员经过两年学习训练后于 1929 年初毕业，但这时已是南京国民政府了，为此，储才馆馆长石志泉（原任北京政府司法次长，后南下出任南京国民政府司法次长）与南京当局联络磋商学员分发事宜。南京方面认为，"该馆办理向极认真"，"毕业学员成绩甚优"，因此，1929 年 3 月，南京国民政府司法行政部把储才馆 135 名学员分发各地法院实习，[①] 这批由北京政府培养的司法人员正式进入南京国民政府司法系统之中。

这时国民政府也开始招考司法人员。1928 年 8 月，司法部公布《司法官任用考试暂行条例》，规定具有以下资格之一者可参加司法官考试：在国内外大学或专门学校修法律政治学科三年以上得有毕业证书者；在国立或经最高教育行政机关认可之公立私立大学或专门学校教授司法官考试主要科目二年以上者；在国内外大学或专门学校修法律学一年以上，得有毕业证凭并会办审判事务一年以上者；办理审判或法院记录事务三年以上者。考试之顺序为甄录试、初试、再试，还规定"本条例施行前曾经司法官考试及格，或具有司法官考试资格而现任或曾任实缺推荐，及荐任以上司法行政官与充任候补或学习一年以上之司法官应行甄别试一次"，[②]这也就是承认北京政府司法考试与经历之有效性。在此前后，不少省份先后颁布相关法规，江苏公布《江苏各县承审员考试暂行章程》，[③] 安徽公布《安徽各县承审员考试暂行章程》，[④] 招考基层司法人员。

从法理上讲，全国司法官员的任免权统归南京国民政府司法部，但事实上，很多地方人事任免受到各地实际状况之制约，尤其是被当地军政首

---

① 《北平司法储才馆已毕业》，《法律评论》第 278、279 期（合刊），1929 年 2 月 17 日，第 11 页；《司法储才馆学员业已分发》，《法律评论》第 285 期，1929 年 3 月 31 日，第 10 页。

② 《司法官任用考试暂行条例》，《司法公报》第 17 期，1928 年 8 月 15 日，第 158 ~ 163 页。

③ 《江苏各县承审员考试暂行章程》，《司法公报》第 12 期，1928 年 6 月 1 日，第 155 ~ 158 页。

④ 《安徽各县承审员考试暂行章程》，《司法公报》第 17 期，1928 年 8 月 15 日，第 60 ~ 63 页。

领的意见左右。1928 年底东北易帜后，国民党在形式上完成全国统一。据 1929~1930 年《司法公报》刊登人事任免信息之统计，司法行政部对全国司法人员的任免调派人数约为 750 人，任免调动省区，按数量从多到少的顺序是江苏、浙江、福建、湖南、湖北、广东、山东、河南、河北、山西等，基本没有涉及西北、西南、东北地区，这与南京国民党中央实际掌控地域吻合，江浙等地是国民党统治的核心区，西北、西南、东北地区，国民党势力并未真正进入，是党国的边陲地带。例如，1929 年、1930 年南京国民政府司法中枢对东北地区的人事任免调派极少，仅有 4 人，而且都是级别较低的候补人员。① 因为此时东北仍在奉系张学良掌控之下，司法事务是独立的，"不受中央节制"。②

三 政权鼎革后的司法系统：延续与"反党"

1927 年 4 月南京国民政府建立后，长期任职于北京政府司法系统、两度出任司法次长的余绍宋，南归故里浙江。1927 年 10 月，余绍宋致函北京政府时期僚友、南京国民政府司法部部长的王宠惠和司法部参事的胡祥麟，③ 请求其任命自己的同乡好友殷汝熊④为浙江高等法院院长。⑤ 余氏的推荐求职信起到了作用，11 月殷汝熊被任命为浙江高等法院院长，1929 年 10 月调任山东高等法院院长。⑥ 殷汝熊在浙江、山东任内，也援引大量原先的僚友、部属、同乡，沈锡庆即其中一位。

沈锡庆（1885~1936），浙江绍兴人，1905 年赴日留学，毕业于早稻田大学法科，1911 年回国。中华民国成立后，担任浙江、江苏、湖南、湖北等地审判厅推事；1923 年出任上海地方审判厅厅长，至 1927 年 3 月

---

① 姚尚贤：《国家统一中的司法——以东北易帜前后之司法统一为例》，强世功主编《政治与法律评论》第 6 辑，法律出版社，2016，第 248 页。

② 孙绍康：《五五回忆录》，1941 年铅印本，第 67 页。

③ 刘寿林等：《民国职官年表》，第 633 页。

④ 殷汝熊（1878~1955），浙江苍南人。清末时期留学日本；中华民国成立后，历任湖南高等检察厅厅长等职；南京国民政府时期，先后任浙江、山东高等法院院长等职。

⑤ 《余绍宋日记》第 5 册，1927 年 10 月 25 日，北京图书馆出版社，2003，第 76 页。

⑥ 《国民政府令》，《司法公报》第 43 号，1929 年 11 月 2 日，第 1 页。

国民革命军进抵上海后去职；① 4月南京国民政府成立，1928年沈锡庆跟随殷汝熊任职于浙江高等法院；1929年10月再次跟随殷汝熊赴山东高等法院，担任书记官长职务；1930年转任南京国民政府司法行政部刑事司第三科科员；1932年调任上海地方法院院长。此番沈锡庆之所以能出任上海地方法院院长，是因为这时罗文干出任司法行政部部长。此中微妙的人事关系，可从沈氏日记窥见一斑：1931年12月31日，沈锡庆获悉罗文干出任司法行政部部长；1932年1月4日，他得知何世桢出任政务次长、郑天锡出任常务次长，"此次司法部部长、次长均为予熟人。特驰书道贺"；21日，沈锡庆得知自己被任命为上海地方法院院长；2月19日，沈氏接到罗文干部长来函，内有"沪院不理人口久矣，故特借重长才，以资整顿，涤瑕荡垢，有厚望焉"等语；② 3月14日，沈锡庆前往上海地方法院，拜会即将卸任的院长沈秉谦，商谈交接事宜，随后沈氏前往同处上海的公共租界第二高等分院、第一特区地院、法租界第三高等分院、第二特区地院，拜会各院长、首席检察官与推检人员，他发现"该四院中，均多旧识"。③ 显然，此时上海各法院人员多系原北京政府司法官员。罗文干此番出任司法行政部部长，起用了很多原北京政府司法官员。在北伐军进抵上海之前，与沈锡庆同在上海任职的地方检察厅检察长孙绍康，也在这时接到罗文干的"快函"，要他出任南京国民政府司法官员，他后被任命为江宁地方法院首席检察官。1936年初，孙氏调任最高法院刑庭推事，不久又调任上海第二特区地方法院首席检察官，"第二次到上海作法官"。④

罗文干大量援用原北京政府司法官员，也可在国民党方面的史料中得到反向印证。有人呈请国民党中央惩撤罗文干，谓其所聘任人员"非北政府时代有名反革命份子，即系腐化昭彰人员"，他所任用的各地高级司法长官皆其"私人"，包括新任安徽高等法院院长陈福民、湖北高等法院

① 《党军抵沪后之上海审检厅》，《法律评论》第198期，1927年4月17日，第8页。
② 高利华整理《沈锡庆日记》，凤凰出版社，2019，第69~71、78页。
③ 高利华整理《沈锡庆日记》，第85页。
④ 孙绍康：《五五回忆录》，第72~73、88~90页。

院长陈长簇、湖南高等法院院长徐声金、广东高等法院院长董康、上海高等法院院长沈家彝、福建高等法院院长魏大同、察哈尔高等法院院长王淮琛等；还抨击罗文干"撤换法官，只问派别势力，不问成绩如何"，不属于罗氏派系者，如安徽高等法院院长曾友豪、福建高等法院院长王凤雄、湖北高等法院院长何奇阳，则被撤职。① 呈控之词，未必可信，但从中能得知大概。

在南京国民政府司法官员选任规则中，曾任司法官者即具有任用资格，加上要员引荐推介，北京政府司法人员便可"名正言顺"地进入南京国民政府司法系统中。北京政府被推翻后，余绍宋南归杭州，因其书画颇具声名，以鬻卖书画为生，生活无忧，故未加入国民党政权。但因余绍宋在法律界深厚的人脉关系，故不断有法律界人士找他推介求职。余氏日记载，1928 年 9 月 14 日，"近日法院将增设县法院数处，诸人纷来求荐书，可厌亦可怜也"；10 月 18 日，致函浙江高等法院首席检察官郑文礼，保荐熟人充任检察官；次日，很多人来请余氏向王宠惠、殷汝熊（浙江高等法院院长）推荐求职，这让余绍宋深感难以应付，他在日记中感慨"亮畴（王宠惠）、叔祥（殷汝熊）两人在位，余终不免被扰，原来落伍人识得阔人亦不是好事，无怪古人云'入山入林惟恐不深不密也'"；1929 年 6 月 29 日，又有许多人请求余氏推荐法院职位，"近日浙省又须增设县法院，余又将受累矣"；8 月 13 日，郑文礼来访，余绍宋推荐三人担任法官；9 月 23 日，余绍宋致函殷汝熊，推荐六人担任法官，他在日记中写道："添设法院于我何与，而时被诸求者围困，可怜亦可恨也。"②

1931 年底，司法行政部由隶司法院改隶行政院，罗文干出任部长，郑天锡任次长。在北京政府时期，罗、郑均是余绍宋关系密切的僚友，因此，找余氏推荐谋职者更多了。1932 年 1 月，余绍宋在日记中记述，"因罗钧任（罗文干）为司法部部长、莆庭（郑天锡）为次长，冀有所干求

---

① 《请撤惩司法行政部长罗文干案》（1932 年 7 月），中国国民党党史馆藏政治档案，档案号：11/37.4。

② 《余绍宋日记》第 5 册，第 619、643、644 页；第 6 册，第 97、138、163 页。

者，人多不具记"；数日后，余氏再次感慨："莆庭作官，余将不胜其累矣。"① 以上均是余绍宋以国民党体制之外人士的身份，向体制内的熟识友朋推介人员；与此同时，那些已在国民党体制内任职的友人则不时欲把余绍宋拉进体制内。1932 年 1 月 20 日，余绍宋收到司法次长郑天锡来信，"拟聘余为南京法官训练班教务主任"，22 日余回函谢绝；7 月 25 日，余绍宋收到原法曹僚友何枚如来信，称罗文干部长拟任命余绍宋为司法行政部视察员，"视察各省区司法，以河东、山东、河北、热河、察哈尔五处相属"，次日余回函何氏，请其转告罗部长，"余不能为彼之视察员"，转而推荐他人；9 月 27 日，余绍宋收到曾任北京政府江苏、湖南、浙江等省高等审检厅长官，现任安徽高等法院院长的陈福民②来函，责备余绍宋"何故不出山"，谓罗文干部长"相招再三再四，余俱不应，实非人情"，余回函陈说，不少僚友已出山任职，自己则坚持不出山。③ 从上述所载余绍宋不断被人请托求职，乃至罗文干、郑天锡再三邀请余氏出山任事，均可见北京政府与南京国民政府司法系统之一脉相承。

不独余绍宋如此，很多原北京政府官员都有类似经历。多次出任北京政府司法总长、政学系首领之一的法律名人张耀曾，1928 年 12 月由北平抵上海。1929 年 1 月 14 日，张耀曾在上海与王宠惠晤面，张向王推荐原僚属何基鸿④、沈家彝⑤、熊兆周⑥；16 日，原北京政府江苏审判厅推事沈沉⑦来到上海，请求张耀曾向王宠惠"说项"，张允诺写信推荐，同日，张耀曾致函何基鸿，告知其与王宠惠"所谈情形"；22 日，为何基鸿、沈沉谋职之事，张耀曾致函王宠惠，予以力荐。⑧ 这些人员后来都进入国民

---

① 《余绍宋日记》第 6 册，第 772、781 页。
② 刘寿林等：《民国职官年表》，第 717、1397 页。
③ 《余绍宋日记》第 6 册，第 775、776~777 页；第 7 册，第 109、110、183~184 页。
④ 何基鸿，字海秋，河北藁城人，日本东京帝国大学法科毕业，留学德国，民国北京政府时期，历任大理院书记官、推事，司法部参事等职。
⑤ 沈家彝，字季让，江苏江宁人，日本帝国大学法科毕业，北京政府时期，历任大理院推事、京师地方审判厅厅长、京师高等审判厅厅长等职。
⑥ 熊兆周，字籥青，湖南安乡人，日本明治大学法科毕业，北京政府时期长期担任总检察厅检察官。
⑦ 沈沉，字芷馨，云南楚雄人，1925 年任江苏高等审判厅推事。
⑧ 杨琥编《宪政救国之梦——张耀曾先生文存》，法律出版社，2004，第 252、253 页。

政府任职，如沈家彝，1930 年 5 月任司法行政部参事，罗文干任部长时，1932 年 5 月沈氏调任上海第二特区高等法院院长，1936 年又调任河北高等法院院长。①

北京政府司法系统几乎被原封不动地移植进南京国民政府中，因此，南京国民政府司法部门的人脉交游、司法风格、政治文化明显地延续着北京政府时期的风气。身在上海的张耀曾、沈锡庆在日记中，记载了这些人脉交游的信息。1929 年 4 月 17 日，原北京政府司法官员梁仁杰拜访张耀曾，告知他将赴江西任高等法院首席检察官；1932 年 3 月 12 日，梁仁杰、沈家彝拜访张耀曾，言原北京政府司法总长董康将赴南京法官训练所任职。② 1932 年 1 月出任上海地方法院院长的沈锡庆，几乎完全生活在原来的人脉网络之中：1932 年 3 月 26 日，沈锡庆参加江苏高等法院第二分院首席检察官王振南的宴饮，同席参加者有第二分院院长沈家彝，上海第一特区地方法院院长周先觉，高分院庭长郁华、钱鸿业，地院庭长周翰、首席检察官汪祖泽等，无一不是来自北京政府的司法人员；4 月 23 日，上海地方法院新任书记官王道周到院就职，王系沈之旧属；11 月 9 日，第一特区地方法院新任院长郭云观拜访沈锡庆，郭氏曾任北京政府大理院推事，此次系由司法行政部参事调任而来；17 日，上海地方法院新任首席检察官楼玉书来拜访沈锡庆，楼氏系从江宁地方法院调任而来，也是"二十余年之老法官也"；1933 年 1 月 13 日，沈锡庆赴镇江地方法院，拜访院长、庭长和推检人员，发现"内有半数系予旧属"；29 日，沈锡庆分别拜访"许世英、章宗祥、董康、张耀曾、薛笃弼诸总长，并与章、张两总长长谈"，口口声声"总长"，即前政权之司法总长。③ 可见，虽已是国民政府司法官员，沈锡庆依然生活于北京政府人际网络和政治文化之中。

中国现代法制改革肇始于清末新政时期，移植了西方"司法独立""司法不党"的理念与制度，司法官员不卷入政党政治与政争，规定推检

---

① 刘寿林等：《民国职官年表》，第 634、635、858 页。
② 杨琥编《宪政救国之梦——张耀曾先生文存》，第 268、321 页。
③ 高利华整理《沈锡庆日记》，第 87、96、134、135、145、148 页。

人员不得为政党党员或政社社员，因此他们一般都严守证据标准、程序规则，坐堂审案，思想较为保守。从清末到民国北京政府时期，经过二十多年时间，这些理念已经"深入人心"，根深蒂固，成为惯习。这些原北京政府司法官员未经"革命洗礼"，大量进入国民党政权，自然也将这些理念和方式带入南京国民政府中。他们对国民党治国理念与方式并不了解，也不甚认同。国民党强调"以党治国"，推行司法党化，但是，来自北京政府的司法官员中对此持反对意见者比比皆是，如罗文干、董康①、郑天锡、石志泉、夏勤、赵琛等人，其中，罗文干、董康反对尤烈。他们认为司法党化将会破坏司法的独立，难以维护法律的尊严；在他们看来，执政党的主要任务和责任是制定有关国家内政、外交等方面的重大方针政策，司法是带有职业性的专业工作，需要一定的专业知识和经验，不是一般从事党务工作的人员可以胜任的。②

这种讲求法律专业属性、强调"司法不党"之理念，不仅存在于已经进入国民党政权内的司法官员脑中，也存在于体制外的法律人士脑中。1929 年 1 月 14 日，张耀曾对王宠惠说："法官宜多用熟手，普通民刑审判，不用着党的色彩。"③ 1932 年 1 月 22 日，余绍宋写信给司法行政部次长郑天锡，建言"法官入党，流弊太大，宜禁"；9 月 27 日，余绍宋致函安徽高等法院院长陈福民，请其转告罗文干部长，他不出山任职的原因之一即不认同国民党一党专政，说道，罗氏"出任法曹，力求振作，固甚可慰，然大局如此，秋曹安能独善？"同函中，余绍宋忆述 1927 年冬在上海与陈福民相谈内容，两人"曾谈及党治之效，想犹记及，今果如何，

---

① 董康（1867~1947），江苏武进人，字授经。1888 年中举，1890 年（另一说为 1889 年）中进士，授刑部主事。1902 年起，先后任法律馆提调兼京师法律学堂教务提调、宪政编查馆科员，大理院刑庭推事、推丞等职。辛亥革命后，东渡日本攻研律法。1914 年回国，历任大理院院长、修订法律馆总裁、司法总长、财政总长等职。南京国民政府成立后，董康先后任上海法科大学校长，东吴大学法学院院长，国民政府法官训练所教务主任、所长等职。

② 李在全：《法治与党治——国民党政权的司法党化（1923~1948）》，社会科学文献出版社，2012，第 174~177 页。

③ 杨琥编《宪政救国之梦——张耀曾先生文存》，第 252 页。

若秉钧者不亟求所以刷新政治之道，恐祸患之来，有不堪设想者矣"。①
张耀曾、余绍宋这时均是国民党政权之外的法律名人。

南京国民政府成立不久，出于政治斗争需要，打着"革命"者审判
"反革命"者的旗号，在普通法院之外广设特种刑事法庭，主要审判共产
党员与政治异议人士。这对国家司法正常运转破坏很大，也遭到一些国民
党高层的反对。1928 年 8 月，在国民党二届五中全会上，国民党元老兼
代司法部部长的蔡元培提议废止《特种刑事临时法庭组织条例》，所有反
革命及土豪劣绅案件均归普通司法机关审理，提案获准通过。② 很快，国
民党中常会第 161 次会议决议：司法院即将成立，所有各种特别法庭应即
取消，以谋法权之统一，详细办法交政治会议妥议；③ 11 月，国民党中政
会第 164 次会议讨论通过《关于取消特种刑事临时法庭办法六条》，交国
民政府公布，中央与地方特种刑事临时法庭取消。④ 如此一来，大量政治
性案件转入普通法院审理。

从维护国民党一党专政的角度而言，司法系统必须配合国民党政治斗
争的需要，然而，此时的司法人员显然无法做到这点。他们审案时，"往
往死扣法律条文，司法审判程序迂缓繁复"，⑤ 这样的司法机关无法成为
国民党运用自如的政治工具。因此，很多党部对法院非常不满，两者常常
发生矛盾，⑥ 甚至处于对立状态。1929 年 4 月，天津特别市党部向国民党
中央报告："该市前曾组织惩共委员会，惟该机关职权，对于共党，只能
逮捕，不能处理，以致被捕共党，移送法院后，往往宣告无罪，益令共党
无所忌惮。请赐予惩共委员会以处分共党之权，以便应机处理，或请明令

---

① 《余绍宋日记》第 6 册，第 777 页；第 7 册，第 184 页。
② 荣孟源主编《中国国民党历次代表大会及中央全会资料》上册，光明日报出版社，
　　1985，第 544 页。
③ 中国第二历史档案馆编《中国国民党中央执行委员会常务委员会会议录》第 6 册，广西
　　师范大学出版社，2000，第 64~65 页。
④ 中国第二历史档案馆编《国民党政府政治制度档案史料选编》下册，安徽教育出版社，
　　1994，第 620~621 页。
⑤ 裘孟涵：《CC 渗透的国民党司法界》，中国人民政治协商会议全国委员会文史资料研究
　　委员会编《文史资料选辑》第 78 辑（内部发行），文史资料出版社，1982，第 77 页。
⑥ 金沛仁、汪振国：《CC "党化司法" 的实质及其经过》，柴夫编《CC 内幕》，中国文史
　　出版社，1988。

法院，对于审理共党案件，非经党部同意，不得滥予释放。"该报告还称："各地关于审决共产党徒案，党部对法院，不少同样感想。"[1] 7 月，国民党中央也承认：近来各地破获共产党案件甚多，"党部对于法院仍虑其偏重证据，轻易释放，迭据陈述前来"。[2] 掌控中统的国民党要角徐恩曾就指斥："那些司法检察部门都是无用之辈，我们要做的许多重要事情，都得不到他们相应的配合。"[3] 1934 年 10 月，国民党中央党部秘书王子壮指出，"吾国司法界深闭固拒，于本党政府之下而处处有反党之事实，不一而足"，因为"此司法来自北平，已自成派故也"。[4] 王子壮所言代表了国民党方面人士对这时期司法系统的基本观感。

四　成因考析

关于 1927 年前后中国南北政权之间的司法人事问题，一位民国司法人员晚年记述：南京国民政府成立不久，因为自身审判人员与水平不足，召回原北京大理院与检察署旧有推检官员，赴南京任职，以充实最高法院与检察署的审检重任，更选调部分北方旧有司法官员充实南方各省法院。当年曾有"革命军北伐，司法官南伐"之谑语。各省高等、地方审判厅易名为法院，各级检察厅易名为检察处。只有少数首长更换新人，旧有推事、检察官全部留用，仍任原职。[5] 证诸史实，大体如是。值得进一步追问的是，在两个敌对政权之间，为何会发生这种"革命军北伐，司法官南伐"现象呢？

从清末革命开始，历经兴中会、同盟会、国民党、中华革命党、中国国民党，国民党虽几经改组，但其思想纷歧、组织散漫、人员庞杂、党力

---

① 《中国国民党中央执行委员会常务委员会会议录》第 8 册，第 30、164、422 页。
② 《司法院训令》，《司法公报》第 31 号，1929 年 8 月 10 日，第 6 页。
③ 杨颖奇、张万栋：《二号嫡系：一个中统大特务的自述》，青岛出版社，1999，第 137~139 页。
④ 《王子壮日记》第 2 册，1934 年 10 月 22 日，"中研院"近代史研究所，2001，第 150 页。
⑤ 陈嗣哲：《1912 年至 1949 年我国司法界概况》，《文史资料存稿选编（政府·政党）》，第 457 页。

低下可谓痼疾。正因此，孙中山晚年坚持"联俄联共"，学习苏俄列宁政党模式改组国民党，试图使其成为一个具有严密组织体系和强大执行力的政党。但实际上，所学基本是表面功夫，国民党依旧故我，内部信仰纷乱，人员庞杂，没有根本改变。从理论上讲，国民党要求各级行政司法工作人员尽先在党内选用。1927 年 9 月，国民党中央要求："通行各级政府行政司法机关，所有上级干部人员须尽先在党内选用，非党内确无适当人才时，不得援用党外之人。"① 然而，实际上很多是"党外之人"，甚至没有严格的政治审查。如此一来，许多国民党党外人员，乃至"反党"人士进入国民党政权。

随着北伐战争迅速推进，国民党控制地域急剧扩大，管理与建设人才严重不足。在这过程中，国民党内部斗争加剧，外部则往往通过与北方势力妥协换取军事胜利，招降纳叛，大量的北方军阀、官僚、政客借此进入国民党政权。1929 年，南京国民政府 10 位部长中，至少有 4 位是原北京政府官僚，② 因此，当时社会上有"军事北伐，政治南伐""南京政府，北京内阁"之语。若细致考察，在南京国民政府初期中央各部的事务官员中，司法行政部几乎全部来自北方，外交、财政、海军、交通等部，北方官僚所占比例也很高，均超过半数。③ 作为国民党领袖，蒋介石是此局面的主要推手与操控者，他也预料到其后果，曰："今之行政机关所最难者，不用一旧有人员，则手续多有不便；用一旧有人员，则旧有之积习，即随之而入。"④ 似乎是在两难之中，国民党中央只能如此应对。在抗战前夕，国民党中央党部秘书王子壮在日记中写道："北伐时期极为迅速，于一二年之时间而能奠定全国，此固可喜，然牵就各方，容纳投降之事则甚多，于是，自己之阵营转为复杂。"他认为，国民党政权仅是形式而

---

① 《令各省高等审判检察厅为上海特别市临时执行委员会呈据三区党部党员大会建议政府机关用人补救方法经中央政治会议决议容纳咨请政府核办录案令行遵照并饬属遵照由》，《司法公报》创刊号，1927 年 12 月 15 日，"补录"第 28~29 页。
② 易劳逸：《1927~1937 年国民党统治下的中国流产的革命》，陈谦平等译，中国青年出版社，1992，第 15 页。
③ 鲁卫东：《民国中央官僚的群体结构与社会关系》，第 280 页。
④ 《蒋介石演说军队党化》，《盛京时报》1928 年 8 月 18 日，第 1 版。

已，"实质上绝非党的政权"。两月后，王氏又写道："国府建都南京已达十年，政治上虽有相当之进步，而关于人事制度上之改革迄无成功，良以革命力量扩张太快，缺乏适当人才以应政治上之需要，于是兼容并包，无所不有。北京之官僚力量逐渐南移，复运用其手腕，达到官运亨通之地步。此一辈人多善奉迎，对事敷衍，难期实效。"① 政治虽有进步，但国民党变得复杂，人事难言成功。

和北方势力妥协，虽然加快了北伐战争的军事进程，南京国民政府也得到很多具有行政管理专长和经验的北方官员，但也给国民党带来很大危害。国民党内部本就不团结，北方官僚大量转入且被委以高位，无异于进一步撕裂了国民党，使其内部更加庞杂。对此，许多较纯粹的国民党人无不愤恨，出身广东的国民党要角马超俊晚年忆述："奠都南京后，一般官僚政客倡言'作天下事，用天下人'，借谋进身之阶。因此旧日官僚，络绎南下，混入中央政府。"② 亲身参与北伐之役、后来成为国民党政要的雷啸岑，晚年更是痛心疾首，称南京国民政府成立后，对北洋军阀部队"招降纳叛，来者不拒，这些旧军头对三民主义毫无认识，士兵们亦缺乏政治训练，只是换插一面青天白日旗，人事经理一仍旧惯，即号称为国民革命军，各军的首领且多加官进爵，位跻封疆大吏，甚至有尚未经过入党手续，竟被选为中央委员者"。与此同时，南京国民政府各部门"许多职员皆系任用北洋政府的旧官僚"，"这般旧官僚只要填写一张入党表，身穿一袭中山装，就成为风云人物，而以国民党同志自居"。继而，国民党中枢声明：凡属供职国民政府所属机关的人员，一律以党员论，"革命的国民党招纳了这许多不知三民主义为何物的军阀官僚份子，乃对党发生腐蚀作用，党基从此动摇，党纪乃趋堕败，我认为这便是国民党最后在大陆上失败的基本因素"。③ 民国后期的军政焦点，看似国共两党之争，实际上，与共产党相比，国民党并不算一个"党"，而是各种庞杂势力的混

① 《王子壮日记》第4册，1937年3月16日、3月17日、5月20日，第75、76、140页。
② 郭廷以、王聿均访问，刘凤翰记录《马俊超先生访问记录》，"中研院"近代史研究所，1992，第136页。
③ 雷啸岑：《忧患余生之自述》，传记文学出版社，1982，第75页。

合体。

司法领域就是如此。由于国民党自身并无多少班底人马，司法人员几乎全部来自北京政府，他们经由王宠惠、罗文干等人介绍进入国民党高层。受标榜法律专业知识、注重司法实践经验等理念影响，在法律职业者内部相互推介援引屡见不鲜，北京政府司法人员几乎是系统性地移植进入国民党政权，故出现"革命军北伐，司法官南伐"现象。这现象的产生，既与晚清以来逐渐形成的法律职业共同体有关，也与法律界的"司法不党"理念有关。从世界近代法律史观察，法律专门化、人员职业化是与近代社会分工密切关联的长期历史演进过程，法律职业活动逐渐形成专门的知识或技术，未经专门训练的人无法从业，同时，法律界为追求自我利益并保证法律服务质量而形成行业垄断等。中国现代法制、司法改革肇始于清末新政时期，远师欧陆，近法东洋，在京师、省城和商埠等地渐次筹组新式审检机构，讲求司法的专业化和人员的职业化。辛亥鼎革后，民国北京政府赓续其事，经过十余年的发展，到 20 世纪 20 年代，中国已经形成一定规模的法律职业群体，包含法官、检察官、律师、法律学者等。这有利于构建现代法治社会，但也产生了一个相对独立、自治（或封闭）的法律职业系统。王宠惠、罗文干等人便是这个系统的领袖人物。

在强调司法专业化、人员职业化、法律职业共同体的理念下，北京政府时期，司法官员有一套严格的选拔、任用、升迁、保障制度，在此理念与制度之下，很多司法官员刻意与社会，尤其是政党政治保持相当的距离。有学者分析认为当时很多司法人员是保守的，这源于他们长期深受"司法独立"思想的影响。"司法独立"是 18 世纪以来西方国家的"天经地义"，依照西方传统观念，"司法独立"的一项重要条件是司法官员不卷入党政的旋涡，因此，许多国家都在法律上规定司法官员不得加入任何政党。肇始于清末的中国现代法制、司法变革，以西洋制度为学习对象，把"司法独立"理念引入中国，也规定在职司法人员不得为政党党员或政社社员。到南京国民政府成立时，这种规定在中国已经有十多年的历史了，可以说，司法官员不得参加政党的思想已经"深入人心"了。因此，不但许多司法界人士不愿谈"党"，就是社会上一般关心司法的人也不希望与"党"有何关系。① 故此，才有前述张耀曾对王宠惠所说的"法官宜多用熟手，普通民刑审判，不用着党的色彩"。② 余绍宋也曾致函司法当局曰："法官入党，流弊太大，宜禁。"③ 无疑，这种"司法不党"理念是造成"革命军北伐，司法官南伐"局面的原因之一。

若放宽视野，1927年前后南北政权鼎革中的司法人事延续，还有一定的国际原因。鸦片战争后，列强攫取了在华领事裁判权，随着民族危机加剧与国人民族意识觉醒，朝野上下深感此事之严重，为此，清政府亦有所努力，清末变法修律即在此背景下展开。辛亥鼎革后，历届民国政府均谋求撤废领事裁判权。几经斡旋和筹备，旨在撤废领事裁判权的法权会议于1926年初在北京召开，王宠惠、罗文干等人正是法权会议的中方主事者。会议期间，虽然中方做出诸多努力，但列强在肯定中国法律和司法制度的若干进步后，指出中国法律、司法和监狱制度的诸多弊病，并以此为由，拒绝了中方企盼的立即撤废领事裁判权之要求。按照《调查法权委员会报告书》统计，中国有各级新式法院139所、法官（包括推事与检察官）1293人，列强认为中国"经训练之法官人数过少"。④ 1927年南北政权鼎革后，南京国民政府基本承续了北京政府的中外条约体系，这样，撤废领事裁判权的历史任务自然落到南京国民政府身上，而且，主持南京国民政府司法中枢的仍然是王宠惠、罗文干等人。在撤废领事裁判权的外部压力下，南京国民政府只能在接续北京政府司法系统的基础上继续展开工作，而无法真正"另起炉灶"。

五　结语

"革命军北伐，司法官南伐"之局面，有利于承续民国北京政府司法基础，实现国家司法运转的平稳过渡，但也给国民党带来很多问题。在王

① 杨兆龙：《党化司法之意义与价值》，《经世》第1卷第5期，1937年3月15日。
② 杨琥编《宪政救国之梦——张耀曾先生文存》，第252页。
③ 《余绍宋日记》第6册，第777页。
④ 《调查法权委员会报告书》，《法律评论》增刊，1926年12月，第143~151、174页。

宪惠、魏道明主持南京国民政府司法时期，有国民党员呈控中央政治会议：司法部成为其个人之"宗祠"，"不用本党忠实党员，而尽易以私人"，司法部 200 余名职员中"在党籍者不过十人"，故请"另易忠实同志主持司法"。① 罗文干出长司法行政部期间，有人向国民党中央呈控，抨击罗氏"专事引用反革命腐劣份子以排斥革命司法人材"，"不应再容其久据最高司法行政机关"。② 在王宠惠、罗文干主持下，大量北京政府司法人员进入南京国民政府中。由于这些司法人员与国民党并无渊源，也未必认同国民党理念与学说，大多数人仍持北京政府时期的"司法不党""司法独立"理念，遵守证据、程序等原则，因此，他们多半不能配合国民党政治斗争，而且"反党"现象频发。针对这种局面，在 1934 年前后，党国元老居正出任司法院院长后，再次高举"司法党化"大旗，③ 努力把司法系统"化"入国民党之中，使其成为国民党能够运用自如的统治工具。然而，在整个国民党统治时期，由于各种原因，司法系统始终未能成功地"化"入国民党，亦未能成为国民党统治的有力工具。

实际上，不仅司法系统如此，国民党统治时期很多领域，特别是专业技术领域均是如此。例如，外交系统工作人员也大体来自民国北京政府，著名外交人物，颜惠庆、顾维钧、施肇基等人均转入国民政府任职。以顾维钧为线索可寻其迹，顾氏长期在北京政府任职，与王宠惠、罗文干等人均为外交、法律技术官僚，关系极为密切，是"亲密的同僚"。④ 在北伐战争前后，顾维钧遭国民政府通缉，1928 年底东北易帜后，张学良奉系势力被纳入国民党政治版图之中，顾氏到张学良身边，为其出谋划策，在张学良的运作下，1930 年 3 月国民政府取消通缉令。⑤ 1931 年九一八事变爆发，南京国民政府内外交困，国民党中央设立"特别外交委员会"，

① 《请查办司法行政部长魏道明案》（1929 年 12 月 26 日），中国国民党党史馆藏政治档案，档案号：11/37.2。

② 《请撤惩司法行政部长罗文干案》（1932 年 7 月），中国国民党党史馆藏政治档案，档案号：11/37.4。

③ 居正：《司法党化问题》，《东方杂志》第 32 卷第 10 号，1935 年 5 月，第 6~19 页。

④ 《顾维钧回忆录》第 1 册，中国社会科学院近代史研究所译，中华书局，2013，第 281 页。

⑤ 《司法院训令》，《司法公报》第 63 号，1930 年 3 月 22 日，第 12 页。

顾维钧、颜惠庆等人担任委员。10 月 1 日，蒋介石接见顾氏，认为其"对于外交亦有相当研究，是为一平时之好手也"；3 日，蒋再度接见顾，并与颜惠庆谈话，认为颜"乃一老辣而明达之手也"：蒋决定派顾维钧为国际联盟会代表，派颜惠庆赴北平与各国驻华公使接洽。① 作为顾维钧的密友，罗文干也于此时进入南京国民政府。据《邵元冲日记》记载，10 月 7 日在南京国民党中央党部召开外交委员会，颜惠庆、"北平新来之罗文干"等人参加；14 日，邵元冲答访颜惠庆、顾维钧、罗文干等人；15 日，邵元冲在立法院宴请顾、罗等人；11 月 3 日，南京国民政府简派顾维钧、罗文干等 7 人为东北各地接收委员会委员，指定顾为委员长。② 很快，顾维钧被任命为代理外交部部长，罗文干被任命为司法行政部部长，均进入国民政府中。与司法系统情况类似，国民党对外交系统也存在不能运作自如之问题。1935 年前后，施肇基担任中国驻美大使，但他不能配合国民政府工作，行政院院长汪精卫就认为，施肇基在华盛顿"过分消极"，不能胜任，"由国民党制定、政府执行的外交政策，施总不能很好地贯彻执行"，施氏"不喜欢任何国民党人，也不信任他们"。③ 这种状况给国民党中央造成很大困扰。

〔李在全，中国社会科学院近代史研究所〕

---

① 吕芳上主编《蒋中正先生年谱长编》第 3 册，第 523 页。
② 王仰清、许印湖标注《邵元冲日记》，第 781、784、790、791 页。
③ 《顾维钧回忆录》第 2 册，第 299 页。

日本对北伐进军京津的干涉与影响

王美平

日本对二次北伐进军京津地区的干涉，给北伐的进程与结果带来了重大影响，学界对此尚未有专门而深入的研究。北伐为何未能武力统一东北，而是通过政治妥协终成"形式"统一？本文拟利用中日文相关档案资料，探究日本政府对二次北伐进军京津地区的军事压迫与政治干涉，梳理奉系军阀与北伐军各派的应对举措，从而揭示日本对北伐之干涉与九一八事变之间的内在逻辑。

一 日本的军事压迫

1926 年 7 月，国共合作发起旨在"打倒列强，除军阀"的北伐战争。国民革命军用时半年余，攻克长江中下游地区。随后，国民革命军内部发生宁汉之争，在以日本为首的列强干涉之下，蒋介石发动四一二反革命政变，实施了血腥的"清共离俄"政策，但其对列强的献媚并未换得日本的彻底支持。当蒋介石渡江北伐临近山东时，日本悍然出兵山东，导致一次北伐夭折。日本此举目的除确保其在山东的利益外，主要是应对中国"废除不平等条约""收回利权"的民族主义统一运动，维持中国割据局面，从而维护其在东北的地位。日本通过日俄战争攫取所谓"南满权益"后，将维持、扩大该"权益"作为基本国策。1927 年，田中义一内阁召开东方会议，确定了"武力分离满蒙"的方针。故而，蒋介石下野后访日，谋求田中内阁的支持，得到的却是"先固南方再行北伐"的推宕回答。[1]

---

[1] 详见拙作《田中内阁"扶蒋反共"政策与蒋日合作（1927~1928）》，《历史研究》2019 年第 6 期。

蒋介石于 1928 年初返回南京，复任国民革命军总司令，继续推行北伐。2 月，国民党二届四中全会通过"北伐"决议。因与冯玉祥、阎锡山达成一致，蒋介石将北伐军编为四个集团军，自兼第一集团军总司令，以冯玉祥、阎锡山、李宗仁分任第二、第三、第四集团军总司令。全军共 40 多个军，70 余万人。第一集团军沿津浦线北进；第二集团军由津浦、京汉两线间的鲁西和直南向北推进；第三集团军由京绥、正太两线向东攻占石家庄，再转京汉线北进；第四集团军沿京汉线北上。然后四路会攻京津。1928 年 4 月 7 日，蒋介石下达总攻令，各路战事同时发动。

面对上述北伐局势，已经确定"武力分离满蒙"方针的日本政府实施了一系列军事压迫政策。

其一，日本第二、第三次出兵山东，阻止国民革命军北上。蒋介石所率第一集团军在鲁南和津浦线进展顺利，4 月 16 日，鲁军退至界河沿线，济宁西南的孙传芳受到蒋介石与冯玉祥骑兵队的夹击撤退，冯玉祥于 17 日占领济宁，济南被北伐军包围，奉军主力开始向济南及胶济沿线转移。日本驻济南武官酒井隆致电日本参谋总长要求出兵。[①] 4 月 17 日，田中义一召开内阁会议，决定第二次出兵山东。[②] 日军抵达山东后，制造五三惨案，炮轰并占领济南城。在得知部分北伐军渡河北进后，日本召开内阁会议，认为已派至济南的 7700 人的兵力不足以应对时局，决定增派兵力达到 1.9 万人之众的第三师团到山东。[③] 关于田中内阁究竟为何出兵山东，中国学界除有传统的阻挠北伐说之外，还有并非阻止北伐而是为阻滞国民革命军北上天津以为奉军撤退关外争取时间之说，[④] 也有促使张作霖正式签署"满洲铁道承建契约"说。[⑤] 其实，避免张作霖与北伐军在邻近东北的京津地区发生战争，致使战火燃及东北，损害日本在当地的权益，甚至引发北伐军武力统一东北局面的出现，是日本出兵山东的重要目

① 参謀本部編『昭和三年支那事変出兵史』厳南堂書店、1971、41-42 頁。
② 高倉徹一編『田中義一伝』下、原書房、1981、825-826 頁。
③ 参謀本部編『昭和三年支那事変出兵史』、102-103 頁。
④ 郭循春：《北伐后期日本陆军的对华行动：从济南事件到皇姑屯事件》，近百年中日关系史青年学术论坛会议论文，北京，2017 年 12 月 9~10 日，第 154~156 页。
⑤ 邵建国：《北伐战争时期的中日关系研究》，新华出版社，2006，第 63 页。

的。田中义一曾对代蒋介石说服其不要出兵的佐藤安之助吐露：国民军北上，奉军若在京津一线加以阻挠，则势必引起流血惨案。日本作为邻国有义务竭力避免南北两军发生正面冲突，为此就需劝告南北两军停战，奉军退回东北，国民革命军占领京津地区，然后停止军事行动。为此，日本就需以武力向南北两军显示武威。即出兵山东，不仅是为保护日侨，也是从这种意义上为中国"作贡献"。① 田中的说辞冠冕堂皇，却透露了其出兵山东的真意是防止北伐军与奉军在京津激战导致战火延及东北。

其二，直接向京津地区增兵。尽管日本出兵山东，阻挠蒋介石沿津浦线推进北伐，但京绥、京汉线上奉军亦陷入守势。5 月 9 日晚间，张作霖接受各方劝告，发表"息争通电"，以为缓兵之计，并向日本表示其今后能与阎锡山妥协，而不能与"赤化"的冯玉祥及蒋介石妥协。② 蒋介石不为所动，电令冯玉祥、阎锡山北伐军以占领北京为唯一方略，督促所部努力前进。③ 面对北伐军即将进军京津的形势，日本借口保护日侨，出兵京津。《辛丑条约》签订后，日本与其他列强在华北均有军队驻扎。截至1928 年 3 月 1 日，列强华北驻屯军兵力分别为：英国 1943 人，法国 2931人，日本 1350 人，美国 4468 人，意大利 466 人。④ 北伐军逼近济南时，日本从华北驻屯军中调出 3 个中队的兵力赴鲁，在京、津二地分别留下 2个中队，另在山海关有 1 个中队驻扎。济南惨案之后，日本驻屯军司令官新井龟太郎请求关东军增兵华北，并要求从日本增派一个师团的兵力。5月 9 日，日本军部在发现蒋介石军队渡河北伐后，担忧津浦线上的北伐军与京汉线上的冯、阎军策应，夹击京津之奉军。当日，日本在第三次出兵山东的声明中表示，除增派第三师团到山东外，将延迟即将到期的天津驻屯军步兵队的轮值期限，并从日本增派 5 个中队的步兵至津。日本即令第七师团的 3 个中队、第十二师团的 2 个中队大约 720 人赴津，于 5 月 19

① 佐藤安之助『満蒙問題を中心とする日支関係』日本評論社、1931、71 頁。
② 外務省編『日本外交文書』昭和期Ⅰ第 1 部第 2 巻外務省、1990、296-297 頁。
③ 《蒋中正电冯玉祥阎锡山我军占领北京为唯一方略请督促所部努力前进》，1928 年 5 月12 日，台北"国史馆"藏，档案号：002-020100-00019-103。
④ 桜井良樹『華北駐屯日本軍』岩波書店、2015、278 頁。

日从塘沽登陆。①

5月11日，直鲁联军弃守德州，撤向沧州。5月12日，大元帅府内气氛转向消极，京汉线上的军队进一步后撤，将主力移至保定，将前线撤至石家庄，第一防线以正定为中心，沿滹沱河同时抵御冯、阎两军。山西北部的奉军也已部分撤至涞源、阜平。各条战线上的奉军都无战意。② 5月13日上午，蒋介石召开总部人员会议，决定由朱培德渡河率军北进，将鲁南军事托付于刘峙，蒋则南行徐州。③ 同日，张作霖向日本表示，奉军打算将各方面的主力集结在沧州、保定及怀来一线进行最后抵抗，大约一周以后发生激战。④ 当日，日本第三师团主力出发，其余部队于5月18日~6月1日开往青岛，以相机干涉京津地区的北伐形势。临时济南派遣队亦于5月13日从青岛出发，于16~18日返津。由此，日本驻津京兵力分别达到7个中队和4个中队，另有一个中队抵秦皇岛。⑤

然而，日本认为凭借2000余人的兵力不足以应对京津形势。5月16日，日本外务省收到驻华公使芳泽谦吉要求增兵北京的函电。⑥ 次日，又收到日本驻津总领事加藤外松转发的当地日侨团的出兵请求。⑦ 5月17日，田中首相通告英、美、法、意驻日大使：运输中的第三师团部队将向天津出发。当日，日本决定将第三师团步兵第十八联队（2个大队）、野炮兵第三联队的1个大队、第十二师团独立飞行第七中队调往天津。第三师团于5月23~29日先后抵津。由此，日本认为津京地区兵力充足。30

---

① 华北驻屯军司令官新井龟太郎致陆军大臣白川义则"支秘参发第100号"「昭和三年支那事变间二於ケル支那驻屯军行动一般送付ノ件报告」(1928年7月18日)，日本防卫省防卫研究所，JACAR：Ref. C04021744300。

② 外务省编『日本外交文书』昭和期I第1部第2卷、300-301页。

③ 《蒋介石日记》，1928年5月13日，美国斯坦福大学胡佛研究所藏（段瑞聪教授提供）。

④ 外务省编『日本外交文书』昭和期I第1部第2卷、305页。

⑤ 参谋本部编『昭和三年支那事变出兵史』、101-102页。

⑥ 「日本驻华公使芳泽谦吉致田中义一外相第644号至急电」(1928年5月16日收)，日本外交史料馆藏，JACAR：Ref. B02031867800。

⑦ 「日本驻津总领事加藤外松致田中义一外相公信第282号」(1928年5月10日发，5月17日收)，日本外交史料馆藏，JACAR：Ref. B02031867800。

日，日本在天津日租界中央举行阅兵式示威。① 截至 6 月 10 日，日本驻华北兵力达到 6187 人，与列强共计 16030 人。② 但值得关注的是，其他列强此时并未增派陆军，与日本独自增兵华北的行动形成鲜明对比。

其三，日本在加强本国驻华兵力的同时，亦加强与其他列强的军事联合。列强为协同"防御"，保护侨民及相关设施，于 5 月 11 日在津召开列强司令官会议。日本驻屯军司令官提议禁止武装的中国军队进入天津 20 华里内，遭美国否决。15 日，美军撤去唐山的守备队，列强协调体制动摇。其后，列强又召开数次司令官会议，就京津"防备"问题采取一致行动，日本提议的由列强共同向中方提出通告问题也由于美国的反对未果。但列强就设置"缓冲"地带及天津协同"防备"问题达成一致。关于白河"防备"问题，日本由驻津总领事要求海军派遣驱逐舰，5 月 16 日，日本增派第九驱逐舰抵津。③ 日本天津驻屯军司令官与在津列强军司令官数次会晤，协定共同"警备"白河。随着 5 月末奉军从京津地区向关外撤退，6 月 3 日，天津"告急"，日本驻屯军司令官立即与列强军队实施协同"警戒"，将一个步兵中队配置到塘沽，防守该地的登陆设施及保护日侨。6 月 8 日，经驻津各国领事的协商，在天津的第九驱逐舰司令经驻津领事向中国南北交战双方发出警告："大日本帝国海军驱逐舰被派遣来保护在白河航行的帝国商船。贵官应严格而毫无遗漏地向麾下传达，切勿危害帝国商船。"另外，北京公使团及军司令部也分别对中方发出了类似的警告。④ 7 月 4 日，日本驻屯军又将第十八联队第三大队、山炮兵 1 个小队增派至山海关，其后，随着时局平稳而逐渐撤退，7 月 13 日撤销天津的"警备"。

总之，面对北伐军进军京津的局面，日本采取了两次出兵山东、增兵京津、联合其他列强共同采取军事行动等政策。

---

① 「日本驻津总领事加藤外松致田中义一外相公信第 282 号」(1928 年 5 月 10 日发，5 月 17 日收)，日本外交史料馆藏，JACAR：Ref. B02031867800。

② 桜井良樹『華北駐屯日本軍』，278 頁。

③ 「日本驻津总领事加藤外松致田中义一外相公信第 282 号」(1928 年 5 月 10 日发，5 月 17 日收)，日本外交史料馆藏，JACAR：Ref. B02031867800。

④ 「第九驱逐舰司令致海军次官、军令部次长第 162 号电」，日本外交史料馆藏，JACAR：Ref. B02031868000。

二 "五一八备忘录"的出台

日本在出兵中国、实施军事压迫的同时,在政治上,向中国各方提出《交给南北两军的备忘录》,即"五一八备忘录",阻挠南北双方在京津地区开战。

5 月 15 日,津浦线上的国民革命军占领德州,逼近沧州、马厂一线,京汉线上的冯军先头部队开赴保定,两条战线的局势都朝着有利于国民革命军的方向发展,尤其是津浦线上的直鲁联军已无战意,失去统制且犹豫不定。奉军虽以张学良所率第三、第四方面军的装备自夸,但已无力回天。另外,国民革命军的便衣队已在京津地区频繁活动,甚至传言奉军将要发生兵变,驻天津总领事加藤要求日本政府向大沽紧急派遣两艘驱逐舰,京津各国驻军亦始布防。① 5 月 16 日,冯军进入石家庄,奉军将前线撤至保定。当日,日本驻奉天总领事林久治郎向田中义一报告了吴俊陞透露的内幕,称京汉线上奉军约有 10 万人,张作霖决心死守北京,京津地区将发生激战。②

在奉军节节败退的局势下,蛰居已久的段祺瑞跃跃欲试,试图在日本的扶植下重掌北京政权。段祺瑞一面建议日本劝告张作霖尽快撤离北京,一面劝诱日本阻止蒋介石率北伐军进京。5 月 11 日,段祺瑞之心腹王揖唐向日本驻天津总领事馆人员表示,张作霖已失信于内外,日本应劝告张作霖尽快出关。③ 5 月 15 日,姚震访问芳泽谦吉,称其与山西代表南桂馨、周渤之间达成如下秘密协定:要求日本在最短期限内劝告张作霖出关;劝告冯玉祥不进入保定、马厂战线以内,冯若不听,则山西、南京不援冯玉祥,任由列强讨冯;张作霖将中央政权及近畿的治安维持交于段祺瑞,段祺瑞发表通电,征集各方意见以定国是;阎锡山对该通电纠集各方通电赞成。姚震建议芳泽尽快劝告张作霖出关,并要求日本从向山东新增

① 高倉徹一编『田中義一伝』下、940—941 頁。
② 外務省编『日本外交文書』昭和期Ⅰ第 1 部第 2 卷、304 頁。
③ 外務省编『日本外交文書』昭和期Ⅰ第 1 部第 2 卷、299 頁。

的第三师团中抽调一个旅团到北京。芳泽认为让段祺瑞或阎锡山等"温和分子"取得政权，才更方便，但段祺瑞已无兵权，故对姚震之请求表示需要考虑。5月16日，芳泽向田中义一建议："现在的政局不论是否有姚震之请求，也到了日本应劝告张作霖出关之时。"因此，芳泽向田中外相请示："今日若有机会见到张作霖，我将（把劝张作霖出关）作为自己的意见巧妙地劝告张作霖。"① 当日田中回电，称："一两日内将就此发布训令，当下切勿按照汝意提出劝告。"②

其实，日本外务省已于5月15日起草了《交给南北两军的备忘录》（应发表的方案），提交于16日的内阁会议商讨。其具体内容如下：

一、支那多年来的战乱给普通国民的生活带来极度的动荡与疲顿，在支那的外侨已不能安心从业，故不论内外，都热望支那的战乱早日结束，统一、和平的支那早日到来。日本作为支那邻邦，与其具有密切的利益关系，早已翘首盼望支那的和平。

现在正当动乱即将波及京津之际，帝国政府有责任传达人们对于和平的普遍而热切的期望。同时，若以此为机会，南北交战双方能以顺应世界趋势与支那民意的条件迅速和谈，则帝国政府最为满意。

二、帝国最为重视满洲的治安维持。若满洲的治安被扰乱或将发生满洲治安受到牵连的事情，帝国政府必将极力阻止。故当战乱发展到京津地区以后，对于武装进入满洲的军队，帝国政府将不论其为南北何方军队，都视为扰乱满洲治安的因素。若不幸和谈不成功而继续战争，战乱发展至京津地区，祸及满洲之时，帝国政府将为维护满洲治安，而不得不采取恰当而有效的措施，并对交战者采取严正中立的态度。帝国政府的方针并未发生任何改变，故当采取上述措施之时，关于其时机与方法，将想方设法避免对交战双方带来任何不公结果。③

---

① 外務省編『日本外交文書』昭和期Ⅰ第1部第2卷、77-78页。
② 外務省編『日本外交文書』昭和期Ⅰ第1部第2卷、79页。
③ 外務省編『日本外交文書』昭和期Ⅰ第1部第2卷、76页。

日本军部亦于 5 月 15 日收到京津来电后，认识到需以"满蒙政策"为第一要义，发表声明。5 月 16 日，日本军部询问关东军阻挠南北两军进入东三省所需兵力。关东军报告应急出兵需一个师团及一个飞行队，并向中央军部要求"应声明不许张作霖四度隐退奉天"。[1] 当日，军部制定了极度保密、不予公开的《措施案》，提交内阁会议。即：

一、最近借机通过外交机构向北方的张作霖及南方的蒋介石等发出备忘录。

二、在交付备忘录时，在略述对于和平之希望的同时，明确地说明战乱一旦发展至京津地区，就不论南北何方，都将阻止其武装军队进入满洲。

三、对于张作霖，还须于交付备忘录后，立即借机以非官方形式劝告其隐退，若不听从，则将进一步采取相应对策。

四、关于第一项中提出备忘录的时间，从全局来看，现已到了最好时机。

五、北方军队若逃入关外，或南方军队向关外追击，对其加以阻止或解除武装，需要关东军司令官与华北驻屯军协调合作，采取恰当措施。[2]

为实施该方案，日本陆军计划出动一个师团到山海关，解除南北双方的武装，切断张作霖的退路，以控制处于真空状态的东北。

5 月 16 日，日本召开临时内阁会议。陆军出兵山海关的方案因遭到海军大臣冈田启介与军令部部长铃木贯太郎的反对而搁置。海军方面认为日本出兵山海关，既违反《辛丑条约》中日本与其他列强之间的约定，又违反《九国公约》，且有失国际道义。[3] 为了避免引起国际社会对其干

---

① 「時局に関する重要記録（自昭和 3 年 4 月 18 日至同 8 月 31 日）」（5 月），日本防衛省防衛研究所藏，JACAR：Ref. C15120075000。

② 外務省編『日本外交文書』昭和期 I 第 1 部第 2 卷、74-75 頁。

③ 桜井良樹『華北駐屯日本軍』、278 頁。

涉中国内政的指责，日本分别删除了上述两个方案中要求南北和谈与张作霖下台的内容，最终决定通过了"五一八备忘录"，内称：

> 历年甚久支那战乱之结果使一般国民极端不安、生活困苦，外侨已不能安心从业，故不论内外都热望支那战乱早日终熄，统一、和平的支那早日到来。殊日本作为支那邻邦，与其具有深切之利害关系，早已翘首盼望支那和平。现今动乱将波及京津地方而满洲方面亦将有蒙其影响之忧，帝国最为重视满洲的治安维持，若扰乱该地方治安或造成紊乱原因之事态发生，则帝国政府必将极力阻止。故当战乱进展至京津地方，其祸乱或及于满洲之时，帝国政府为维护满洲治安起见，或将不得不采取恰当而有效的措施。唯对于交战者，自当力持严正中立之态度。帝国政府之方针并未发生任何改变，故当采取上述措施时，关于其时间与方法，本政府可断言现有当然加以周到注意之用意，以期不至于对两方面发生何等不公平之结果。①

上述说辞冠冕堂皇，是提交中国各方的文件。

5 月 16 日晚 9 时许，田中正式训令芳泽谦吉向南北两军通告日本内阁通过"维持满洲治安"的备忘录，并做出了如下具体指示："第一，当奉军在南军尚未抵达京畿地区时就认识到形势不利而及早返回满洲，日本在表面上并无理由拒绝之。一旦奉军撤入满洲，南方依然追讨，则日本为避免战乱波及满洲，将必须阻止南军进入山海关以北。第二，南北两军如在京畿地区交战，或即便不至于交战，但双方已明显接近，而北军陷入不利状态时，则不论南北何方军队，都不许武装进入满洲。第三，帝国政府需要张作霖及蒋介石等人悉知上述帝国政府对于和平的希望以及对满洲的态度，贵官在 18 日面见张作霖时，需交付第 211 号备忘录，同时详细说明本份电报中帝国政府的意见。第四，贵官在提交备忘录后的第二天，需向张作霖表达尽量避免发生让日本阻止奉军武装力量返回满洲的情况。同

---

① 外务省编『日本外交文书』昭和期Ⅰ第 1 部第 2 卷、74 页。

时，让公使馆武官或其他贵馆人员向张学良、杨宇霆等人充分说明上述情况。总之，需要采取各种措施尽量避免发生解除武装的问题。"① 田中所做上述指示，实际上否定了关东军及陆军中央不论张作霖是否接受日本劝告不战撤离京津，均在山海关解除其武装的方案。同日，田中训令驻上海总领事矢田七太郎于 5 月 18 日面会黄郛或者南京国民政府的其他代表，交付"五一八备忘录"，并要求通过南京国民政府，或者在上海的王正廷将上述备忘录转交于冯玉祥。田中特别叮嘱切勿让南方误解该政策是在援助张作霖。②

5 月 17 日，田中义一向昭和天皇上奏了应对中国战局之策略。下午5 时许，在芳泽、矢田向中国各方提交备忘录前，田中义一召见英、法、美、意驻日大使，解释了日本将向中国提出"满洲治安维持备忘录"，征求其谅解，要求从北京到海口的交通，由日本与其他列强按照《辛丑条约》共同负担，但山海关以东则由日本单独负责。③ 晚9 时许，田中义一指示芳泽谦吉转告奉军，现在若不撤退将丧失时机，酿成南北两军在京津周围交战的后果，南军必将尾随北军进行追击，届时日本必将解除从京奉线撤向东北的奉军武装，以及从热河方面撤退的奉军武装，劝告张作霖切勿踌躇，坐失良机。④ 5 月 18 日，日本外务省正式发布了上述声明。

为迫使张作霖屈服，5 月 18 日，铃木庄六参谋总长电令村冈关东军司令官，将驻东北各部集结于奉天，关东军司令部亦移驻奉天，当张作霖决定撤退到关外时，基于"五一八备忘录"，为防止其逃入东北，做好奉敕出动到锦州的准备，待机行动。⑤

要之，面对北伐军即将攻入京津的局势，田中内阁向中国各方提出备忘录，以"东北主人"之姿态，采用武力威胁手段，意欲"维持满洲治安"，在威逼张作霖不战而离京出关的同时，警告北伐军不得逾越山海关

---

① 外务省编『日本外交文书』昭和期Ⅰ第 1 部第 2 卷、79-80 頁。
② 外务省编『日本外交文书』昭和期Ⅰ第 1 部第 2 卷、81 頁。
③ 外务省编『日本外交文书』昭和期Ⅰ第 1 部第 2 卷、81-83 頁。
④ 外务省编『日本外交文书』昭和期Ⅰ第 1 部第 2 卷、84 頁。
⑤ 高倉徹一編『田中義一伝』下、943-944 頁。

进入东北，其实质是以武力阻挠北伐统一东北，并严重干涉了中国的内政。这构成北伐不能武力统一东北的重要外因。

三　奉系军阀被迫止战出关

对于战争不利的局面，张作霖本望日本出手相助，不料日本竟以武力相逼，其对"五一八备忘录"的应对经历了一个曲折而复杂的过程。

5 月 17 日晚 11 时，芳泽谦吉应邀拜访张作霖。张作霖首先对其鼓吹奉军尚有 60 万人马，定会获胜，继以借口"反共"，要求日本援助。芳泽则表示不能相信奉军取胜，在"反共"问题上，日本不能将国共两党都视为"赤党"，日本虽不能对共产党在东北乃至整个中国的发展坐视不管，但也"不能因国民党得势就直接说它赤化，甚至反对之"。芳泽趁势将"五一八备忘录"的日中两个版本都交于张作霖。张阅毕后，芳泽按照田中的指示进一步具体说明。张作霖询问："若南方不予理会，而我从北京撤退，则由谁来继承中央政权？"芳泽对此不置可否，张作霖则表示，"若按日本政府所言行事，必将导致冯玉祥入主北京，成立冯玉祥的北京政府，这会使我多年的奋斗失去意义"，然则"我绝难同意"。芳泽答曰："若南北无法实现和平，继续作战，北军获胜则已，失败将如何？……一旦战败，显然就不止是大元帅一人的没落问题，而将导致全军覆灭。因此，日本提出的备忘录是避免发生上述事态的最好办法，大元帅若拒绝就是愚蠢至极。"张作霖对南北和平并无异议，但反复要求日本确定北京政权由谁掌控，并希望了解南方对备忘录的态度。芳泽认为当下最需考虑的是前线两军对峙，难料奉军何时败退，依然建议张作霖"现在接受日本政府的善意决定，是最好的方策"。张作霖则表示胜败在天，叹气不已。会谈长达四个小时，并无结果。①

日本在通过芳泽公使向张作霖提出备忘录的同时，还通过日本驻华公使馆武官建川美次于 5 月 18 日凌晨 2 时赶到保定，向张学良、杨宇霆提

① 外务省编『日本外交文书』昭和期 I 第 1 部第 2 卷、90-93 页。

交了"五一八备忘录"。建川按照田中义一的命令详述了日本政府的意图，劝说张、杨："此际应从大局出发，速劝张作霖采纳日本政府的劝告。"对于建川的说明，张、杨二人都表示事关重大，必须等待张大元帅的定夺。但作为个人意见，杨宇霆表示现在接受日本劝告，从财政来看是难以打点所有奉军返回东北的，尤其是难以只让第三、第四方面军返奉，而丢弃褚玉璞及孙传芳。张学良表示："让大元帅先率领第三、第四方面军返奉，我与其他军队暂留关内，与国民革命军妥协，或收容撤退其余三、四方面军。若未能达成目标，不幸以混乱状态进入山海关，届时则可被日本解除武装。通过日本之手解除剩余军队，并无不可。"杨宇霆表示若能与阎锡山达成妥协，按照日本劝告办理并非难事。建川判断张、杨二人均认为撤回关外是大势所趋，对于日本的劝告并无反对之意，甚至"内心欢迎日本政府的劝告"，但因友军的善后问题感到棘手。芳泽在向田中报告有关建川美次与张、杨的会谈时，判断张学良的主张是"让张作霖及奉系精锐部队先安全撤回满洲，由张学良和杨宇霆断后，与北伐军决战后逃走，届时可在山海关被日本解除剩余武装"。[1] 土肥原还向潘复、于国翰、何丰林和杨毓珣等人转告了日本政府的决定，他们对撤回关外都未表异议。[2]

在接到日使的备忘录后，5月18日下午2时，张作霖在大元帅府召集张学良、杨宇霆、孙传芳、张作相等各将领开紧急会议，彻夜商讨对策。各将领几乎一致主张"班师东返，相机重来"，唯独张作霖坚持死战。[3] 19日晨，杨宇霆召见土肥原，表示奉军将大体按照日本政府的提议行事，但问题是奉军撤退之际，将遭敌军追击。18日，京汉线西侧已有晋阎军接近，冯军也于18日大幅逼近。若按日本提议，奉军后撤，则敌军追击，由于地势不利，奉军难免陷入溃乱，故"希望在奉军撤退之际南方不再追击。如奉军撤退，南军追击，奉系败北入关，日本却对奉军不

---

① 「満洲ノ治安維持ニ関シ南北両軍ニ覚書交付関係」(1928年5月23日)，日本外交史料館蔵，JACAR：Ref. B02031861700。

② 外務省編『日本外交文書』昭和期Ⅰ第1部第2卷、89~91頁。

③ 张友坤、钱进主编《张学良年谱》，社会科学文献出版社，1996，第277页。

予宽大处理反而解除武装，则奉系将陷入极其不利的境地。与其如此，不如趁现在尚有一丝胜算，主动出击，才更有利"。① 是日夜，张作霖亦派于国翰访问芳泽谦吉，表示大元帅虽然大体同意日本政府的劝告，但需明确以下几个问题。第一，日本政府是否也向敌军提出了同样的劝告？第二，上述劝告是否已交予阎、冯、蒋三人？第三，接到上述劝告者中若有一人同意，其他一人或两人反对，日本政府将采取何种措施？第四，若奉军开始撤退时，敌军追击，日本政府又有何种方针与措施？特别是关于第三、第四项，京汉线上奉军已与敌军接触交战，敌军若不听从日本政府的劝告，在奉军撤退时进击，则奉军必溃。芳泽表示，日本已向南军提出了劝告，通过上海总领事向黄郛转交于蒋介石，通过王正廷转交于冯玉祥，通过驻南京领事转交于当地的山西代表，通告阎锡山。此外，芳泽还直接向阎锡山发送了电报。关于第三项，因采取劝告形式，故即便对方不从，日本政府也不能强制。强制只能动武，势必构成内政干涉，从而引起重大的国际问题，这并非日本政府的本意。关于第四项，已电请日本政府考虑。然而，此际张作霖似乎在期待日本方面的措施，或在等待对方回答后再做决定，但芳泽表示这样只会消耗时间，时局日窘，恐将导致奉军丧失安全撤离的时机，陷入更为不利的境地，尽早下定决心撤退，才是上策。② 其实，芳泽在接到杨宇霆的要求后，便认为"奉军撤退之际，允许南军追击有失公平"，建议田中义一通过恰当途径紧急要求国民革命军"当奉系撤退之际切勿追击"。③ 当日，田中义一经与日本陆军商讨，认为劝告北伐军切勿追击奉军是太过明显的干涉，电令芳泽谦吉转告奉系，"不论北伐军的态度如何，奉军都要基于自己的判断采取恰当的行动"。④ 这实际上是要求张作霖尽快撤离北京，避免与北伐军在京津展开激战，从而引发日本解除奉军武装之事态。

　　芳泽在和于国翰会见后接到田中的上述电令。5 月 20 日，芳泽派建

---

① 外务省编『日本外交文书』昭和期 I 第 1 部第 2 卷、95-96 頁。

② 「満洲ノ治安維持ニ関シ南北両軍ニ覚書交付関係」（1928 年 5 月 23 日），日本外交史料館蔵，JACAR：Ref. B02031861700。

③ 外务省编『日本外交文书』昭和期 I 第 1 部第 2 卷、95-96 頁。

④ 外务省编『日本外交文书』昭和期 I 第 1 部第 2 卷、96 頁。

川美次回访于国翰，转达了日本政府的训令，于国翰只回答了一句"明白了"。芳泽推断奉军应是决定了"主动出击"，并判断杨宇霆、张学良离京赶赴保定就是出于这一目的。① 事实亦如此，张学良、杨宇霆于5月20日回防保定，"决心再战"。②

5月21日，大元帅府用英文秘密向各大通讯社及报社发布了关于"五一八备忘录"的声明。次日，北京报界将之作为北京当局的半官方声明公布。内称：将国家和平秩序推入险境的责任在南方，故日本及追求和平的我国同胞，应该要求南方完全停战。劝告一方让步，就等于要求其无条件撤兵，到底难以实施。该备忘录影响甚大，北京当局对于南军的进攻，将准备以军事应对。有鉴于此，为威逼张作霖就范，5月23日，关东军主力进驻奉天。

5月25日，北洋政府向芳泽提交了对"五一八备忘录"的正式回答，即"查贵国政府以友谊关系希望中国战事早日息止，与本国大元帅佳日通电修兵之意正相符合，本国政府固深表感谢之忱。唯所称动乱行将及于京津，影响东三省地方，不得不采取适当且有效之措施一节，本国政府断难承认，而有切实之声明者，东三省及京津地方均为中国领土主权所在，不容漠视，无论现在该地安谧如常，即使蒙何影响，所有外侨安全，本国政府自负保护之责。深盼贵国政府鉴于济南不祥事件之发生，勿再有不合国际惯例之措施，以保持中日固有之亲交"。③ 26日，北洋政府外交部登报声明，日本提出备忘录"有违华府九国公约中的两大原则，即列强尊重中国的独立主权并保障其领土、行政之完整，以及限制利用中国现状以谋求特别权利或特权，中国国民对此感到非常遗憾"。

奉系虽在公开场合对"五一八备忘录"表达了不满，但事实上，面对战事不利的情况，张作霖最终还是在日本的武力淫威之下接受了"劝告"，于6月2日发布出关通电，6月3日晚乘车离京返奉，6月4日早晨在皇姑屯被违反田中内阁方针的关东军炸死。

---

① 外务省编『日本外交文书』昭和期Ⅰ第1部第2卷、100-101页。
② 张友坤、钱进主编《张学良年谱》，第277页。
③ 外务省编『日本外交文书』昭和期Ⅰ第1部第2卷、111-112页。

由上可见，在二次北伐的过程中，田中内阁对张作霖亦非全然支持，在要求奉军弃守京津、尽快出关问题上，采取了政治警告与武力威胁双管齐下的政策。其目的在于避免北伐军武力统一东北局面的出现，从而实现从中国分离"满蒙"的政策方针。

四　南京国民政府的反应

5 月 18 日，日本驻沪总领事矢田七太郎到黄郛私邸递交了"五一八备忘录"，芳泽则以电报向阎锡山发送了备忘录内容以及田中要求的所谓"口头解释"。因担忧电信不通，日本政府又令驻宁领事冈本通过山西代表将备忘录递交阎锡山。5 月 19 日晨，冈本访问山西主席代表赵丕廉，向其递交了"五一八备忘录"，要求其将备忘录直接电报阎锡山，同时按照日本政府的训令详细说明了备忘录的目的。① 矢田亦向王正廷交付了"五一八备忘录"，并口头声明了三点：其一，张作霖如不战而退出山海关，准其出关，但不准北伐军追出关外；其二，张作霖如战而败，不准其出关；其三，张作霖不战而退出关外后，如再图入关扰乱，日本禁止之。②

南京国民政府对"五一八备忘录"的应对主要集中在以下三个问题上。

其一，是否进攻京津？随着战事逼近京津地区，国民革命军内部阎、冯两军围绕北京政权问题的矛盾益显。阎锡山为入主北京，通告冯玉祥不许过彰德，冯遂令韩复榘停兵不进。③ 5 月 18 日，冯玉祥电请蒋介石，国民革命军不宜直逼京津，而应先"准备雄厚兵力、统一指挥、厚筹粮弹方能胜敌"。④ 蒋介石即转告阎锡山、朱培德、白崇禧等，主张"最后处置奉方计划，决不能照焕章主张办理"。⑤ 蒋介石认为冯玉祥"或欲南

---

① 「満洲ノ治安維持ニ関シ南北両軍ニ覚書交付関係」(1928 年 5 月 23 日)，日本外交史料馆藏，JACAR：Ref. B02031861700。
② "蒋中正总统文物"，台北"国史馆"藏，档案号：002-020100-00021-008。
③ 《冯玉祥回忆录》，东方出版社，2011，第 394 页。
④ 《革命文献——会攻鲁冀》，台北"国史馆"藏，档案号：002-020100-00019-113。
⑤ 《蒋介石日记》，1928 年 5 月 18 日，美国斯坦福大学胡佛研究所藏（段瑞聪教授提供）。

撤",如是则功亏一篑,主张"吾当催其北进"。于是,蒋介石一面电李宗仁,嘱其急进河北,一面电阎锡山,嘱其坚持勿撤。① 5月18日,张群又将正在为济南惨案中日交涉进行斡旋的日人水野的来电转呈蒋介石,内称:"若贵部中犹有不良分子难以约束,致有再与日军构衅之虞时,则愈北进益滋纠纷,将至不可收拾。"② 这相当于驻济南之日军告诫蒋介石对北上进攻京津应持慎重态度,以防中日冲突。5月21日,谭延闿电告蒋介石,日本武官重藤千秋带来日本参谋本部第二部长官松井石根中将电文,内称:奉军对日本备忘录态度未明,但"奉天军如决行退却,革命军勿然决追,惹起京津地方之无用战乱,则于革命军对内外之立场上均有不利"。③ 由是观之,虽田中内阁为避免因涉嫌明显的干涉内政而招致英、美谴责,决定不另行劝告南京国民政府当奉军在京津以南战线上撤退时切勿追击,但日本军方依然我行我素,实际上向蒋介石提出了这一劝告。

5月22日,收到南京转黄郛所接矢田之备忘录后,蒋介石转电朱培德、冯玉祥、阎锡山,询问应对办法,认为日本"欲为维持满洲权利计,我军在京津附近作战时,彼或强加干涉也","阻止我军出关,是为其积极之表示"。④ 蒋颇忧虑,在日记中写道:"倭寇照会以维持满洲治安为己任,势非将满洲置于其保护之下不可也。而京津亦括于其囊中,不许我方追击出关,其在京津为作战之准备,呜呼,国已不国,尚能为人乎?"⑤ 可见,此时蒋介石因在山东遭日出兵阻挠,已成惊弓之鸟,怀疑日本亦不许国民革命军入主京津。

上文已述,张学良与杨宇霆于5月20日回防保定,决心再战。而冯军的南撤导致阎锡山在奉军的猛攻中陷于孤军奋战的局面,情势危急。此时,阎锡山又不得不派人请冯出兵。5月23日,蒋介石亦督冯出兵。⑥ 接

---

① 《事略稿本——民国十七年五月》,"蒋中正总统文物",台北"国史馆"藏,档案号:002-060200-00010-018。
② "蒋中正总统文物",台北"国史馆"藏,档案号:002-090101-00004-258。
③ "蒋中正总统文物",台北"国史馆"藏,档案号:002-020100-00021-012。
④ "蒋中正总统文物",台北"国史馆"藏,档案号:002-090200-00014-179、002-090200-00014-015、116-010101-0049-019。
⑤ 《蒋介石日记》,1928年5月22日,美国斯坦福大学胡佛研究所藏。
⑥ 《革命文献——会攻鲁冀》,台北"国史馆"藏,档案号:002-020100-00019-113。

到蒋、阎双方的请求后，冯玉祥对进攻京津的态度由消极转为积极。5 月 24 日，冯玉祥回电蒋介石，认为"五一八备忘录""虽将京津满蒙并提，但以满蒙为主，京津为宾，故说明内言不准北伐军进击退回关外之奉军，而未言不准北伐军进抵京津。比方其祸乱或及于满洲之时，日本政府将不得已采取适当而且有效之措施云云，其祸或及于满洲一语，即系恐我军进抵京津后再向关外进击之意。盖京津非日本一国之势力范围，当系联合辛丑条约各国划京津周围二十里内为警戒区"。① 可见，冯玉祥判断日本对北伐军进入京津并不会轻易武力干涉。冯遂令韩复榘前进，与奉军交战。5 月 25 日晚，蒋介石接冯电，已令全线攻击前进。② 由此，北伐军确认并继续执行北上京津的政策。

其二，张作霖退出后，由谁接管北京政权？"五一八备忘录"中虽未明确提出奉系离京后由谁掌控北京的问题，但事实上，田中义一与张作霖立场相同，极力反对"亲俄亲共"的冯玉祥重掌北京。为此，田中义一曾要求参谋总长令第六师团向北伐军开放津浦线，放行蒋介石的军队，便于让蒋先于冯入京，但遭到参谋本部的拒绝。③ 天津日领直接向王揖唐表示请山西速出兵京津，如晋军来绝无问题，若蒋、冯两军来则不无疑虑。④ 5 月 21 日，阎锡山接到驻津代表南桂馨来电，内称"外人表示冯军到京津附近必挑衅，我军单独到此极欢迎"，并报告了其与姚震达成的有关让段、阎合作接收京津、排斥冯入京的四条约定，芳泽谦吉对此表示"甚妥"。⑤ 5 月 22 日，阎锡山电告蒋介石，奉系托"外人"访问晋系代表，称"如晋军能和平接收京津则奉军可退出关外，一致对外，但需有确实表示"。⑥ 蒋介

---

① "蒋中正总统文物"，台北"国史馆"藏，档案号：002-090200-00014-257。

② 《蒋介石日记》，1928 年 5 月 25 日，美国斯坦福大学胡佛研究所藏。

③ 「次官より第六师团长へ电报案」（1928 年 5 月 15 日），日本防卫省防卫研究所藏，JACAR：Ref.C04021744100。

④ 《南桂馨电阎锡山日领直接向王揖唐表示请山西速出兵京津》（1928 年 5 月 18 日），阎锡山史料，台北"国史馆"藏，档案号：116-010101-0047-430。

⑤ 《南桂馨电阎锡山奉方又议决反攻，外人表示冯军到京津附近必挑衅》（1928 年 5 月 21 日收），阎锡山史料，台北"国史馆"藏，档案号：116-010101-0049-011。

⑥ 《革命文献——京津》（1928 年 5 月 22 日），台北"国史馆"藏，档案号：002-020100-00021-013。

石主张先限奉军于一星期内全部退出关外，同时电询冯玉祥之意。当日，谭延闿电告蒋介石应即令阎锡山由其和平接收京津。蒋介石又致电阎锡山，电告谭意，表示"请兄即照前电进行，但须限其一星期内全部退出关外，不加追击也"。同时，蒋又致电冯玉祥，要求冯在日本的强势介入下应赞同由晋阎接收京津，"顷接谭张诸公电称：奉军退出关外，阎部和平接收京津，事属可行等语。综核日来内外消息，我方如对京津力战，日必强加干涉，且敌不悉我军团结内容日伺我军互争京津之时，为其蹈隙反攻之机，故此时如兄有赞成百川接收京津之表示并听政府之处置，使敌无离间之策，且得加我内部之团结，若奉逆不退，仍照原定计划进攻，并足证奉逆虚伪之和平，而免国人对我军之怀疑也"。① 5 月 24 日，阎锡山接到南桂馨来电，称"现在中外对我方均希望保存实力，将来接收京津后较有办法"。② 当日，阎锡山回电蒋介石称："鄙意敌能在最短期内退出京津，我方自可和平接收，不予追击。"③ 同日，冯玉祥回电蒋介石，称以政治手段兵不血刃而入京津，"兄实朝夕祈祷"，与政府及百川诸公之意完全一致。但恐逆贼狡狯，佯言和平退出，实为缓兵之计，如此则百川上当，全局皆非，最为可虑，"敬请我弟熟察京汉前线实情，特别注意"；为策完全计，仍应尽速催第四集团军依令集结全线猛攻，将逆敌驱出京津，但请"我弟严申号令，无论京津有无外兵阻挠，各部队应一律在三十里或二十里外停止待命。俟外交有把握后再行进城"。国民革命军当时只能一面挟取京津，将奉军驱至关外；一面在外交军事方面竭力准备，以歼灭关外之敌。④ 可见，此时冯玉祥并未明确其对阎锡山接收京津的态度，而是强调迅速采取军事行动，以军事占领京津。

5 月 26 日，姚震向芳泽谦吉传达了阎锡山关于备忘录的态度：如果奉军此间出关，则不予追击，京津治安将由阎锡山负责，冯玉祥不得干涉。

① 秦孝仪主编《中华民国重要史料初编——对日抗战时期绪编》第 1 册，中国国民党党史委员会，1980，第 201~202 页。
② 《南桂馨电阎锡山中外对外对我方希望保存实力将来接收京津后较有办法》（1928 年 5 月 24 日），阎锡山史料，台北"国史馆"藏，档案号：116-010101-0047-271。
③ 秦孝仪主编《中华民国重要史料初编——对日抗战时期绪编》第 1 册，第 201 页。
④ "蒋中正总统文物"，台北"国史馆"藏，档案号：002-090200-00014-257。

芳泽则怀疑是冯军先入北京。姚震出示了阎锡山给南桂馨的电文，反复强调进入北京的不是冯玉祥，而是阎锡山，要求芳泽尽速劝告张作霖出关。芳泽鉴于张作霖的态度而婉拒。姚震又问当阎锡山回答"五一八备忘录"明言不追击张作霖时，日本是否会劝张出关？芳泽未予确定回答。[1]

而后，蒋介石、宋子文往访冯玉祥，就由晋阎接收京津问题达成一致，即攻占京津后，冯玉祥的军队驻屯于保定周边，北京城内只由晋军负责治安维持；攻占天津后，应让晋军占领天津，但这也许会发生变化；冯玉祥现暂住新乡，绝不独入北京。如有必要，则与蒋介石同往。京津地区采取绝对避免与外国军队接触的方针。南京国民政府通过冯系熊斌向日本驻宁领事转告了蒋、冯达成的上述一致。[2]

最终，南京国民政府任命阎锡山为京津卫戍司令，接收京津，而冯玉祥也不得不接受这一事实，利用战争形势占据南苑一带。

其三，如何回答"五一八备忘录"？亦即是否追击奉军、出征山海关的问题。黄郛在离沪赴宁之前，曾征集各界要人意见，认为日本压迫张作霖，逼其不与北伐军决战退出关外，国民政府固应欢迎，但问题在于日本是否会将东北变为第二个朝鲜，将山东变为第二个东北？20 日，黄郛到宁后将备忘录内容电告蒋、冯、阎，请示如何应对，并报告了他从北京友人处获得的芳泽 18 日夜与张作霖会谈四小时的内容及不欢而散的情形。[3]

21 日夜，南京国民政府在谭延闿府邸召开了临时会议，商讨了回答"五一八备忘录"的方案及大体方针。22 日，由黄郛将草案提交于政府会议商讨，蒋、冯、阎来电对备忘录进行了严厉批驳。李烈钧修改草案后，于 23 日呈交中央政治会议。[4] 而后告知重藤对于松井石根之答复："我国连年用兵，唯期国家之统一，政治之改良。若张作霖能及时下野，奉军能

---

[1] 驻南京冈本领事致田中义一外相第 159 号电「蒋・阎・冯三者間関係ならびに南北両軍に对する日本の覚書等に関する熊斌の談話について」（1928 年 5 月 27 日）外務省編『日本外交文書』昭和期 Ⅰ 第 1 部第 2 巻、309–311 頁。

[2] 外務省編『日本外交文書』昭和期 Ⅰ 第 1 部第 2 巻、113 頁。

[3] "蒋中正总统文物"，台北"国史馆"藏，档案号：002-090101-00004-184。

[4] 外務省編『日本外交文書』昭和期 Ⅰ 第 1 部第 2 巻、119–120 頁。

自动退出京津，移驻关外，则全国统一既成，自不必继续用兵。奉军退却之时，更何须追击。惟吓奉军于最短期间行之也。"①

5月24日，冯玉祥致电蒋介石，提出如下几点意见：首先，彼既以正式照会来，我亦当以正式照复往照，措辞第一点似宜说明中国频年内乱，人民痛苦，诚如日政府觉书所云。唯此项祸乱实系不法军人如张作霖、张宗昌辈所酿成。我革命北伐正所以消灭酿成祸乱之不法军人，保成全国统一、保证永久和平，正与友邦期望相符，不得认为祸乱。第二点，说明国民政府为代表全国人民之政府，国民革命军为极有纪律之军队，现在国民政府统治之十余省区秩序安宁，绝无扰乱淆乱治安之事实发生。对各国领事外侨能一律充分保护，无不安居乐业。第三点，说明将来国民革命军进展至京津及东三省时，本政府自必本旧来敦睦邦交、优待外人之精神，通令各军对各国侨民之生命财产加意保护。此点本政府可负完全责任，请勿置虑。第四点，说明完成北伐所实现之国之永久和平与统一，为全国人民所渴望，亦为全世界爱护中国之人士所渴望。日本作为东亚近邻，向敦睦谊，必能本历来亲善之态度，使中国之和平统一能因北伐之早日完成而早日实现也。至对日本所谓适当而有效之措置，我国复似以不提为宜。因既不能强又不能弱，只好含糊答复。此外，将日本备忘录公布，谓日本将实行以暴力侵占华北，要求世界各国特别是美国主持正义，各国自不能含忍。② 可见，冯玉祥不仅主张进军京津，而且意欲武力攻入东三省。

5月26日，李宗仁、白崇禧之第四集团军正式成立，加入京汉线正面作战，蒋介石决定亲赴京汉线指挥全军，以期攻克保定、北京，定于27日由徐州赴新乡。为此，国民党中央党部召开会议，商讨答复日本备忘录之措辞，"概括只声明东三省为我领土，日本所称采取适当有效之措置，殊不为事实所需等语"。③ 会议结束后，为基于蒋介石的意见制定对

---

① 重藤中佐致总务部长电「満洲ノ治安維持ニ関シ南北両軍ニ覚書交付関係」（1928 年 5 月 23 日），日本外交史料館藏，JACAR：Ref. B02031861700；"蒋中正总统文物"，台北"国史馆"藏，档案号：002-090101-00004-272。
② "蒋中正总统文物"，台北"国史馆"藏，档案号：002-090101-00004-184。
③ 《赵丕廉电阎锡山今午谭延闿等往徐见蒋中正面决外交方针》（1928 年 5 月 27 日），阎锡山史料，台北"国史馆"藏，档案号：116-010101-0047-409。

日本备忘录的回答方案，并就内政军事等问题与蒋沟通，南京特派谭延闿、张静江等人于下午2点赶赴徐州与蒋会商。①

5月27日，阎锡山占领满城。日本驻沪第一舰队司令官宇川经日领照会南京国民政府，日本海军阻止国民革命军在青岛、烟台、龙口、大沽口、秦皇岛和营口各处20海里以内作战，海军总司令杨树庄自下关电告了蒋介石。② 5月28日，松井石根通过张群询问南京国民政府当奉军向奉天撤退时北伐军是否追击，李烈钧表示当然不会，"我们还欢迎奉系中主义、主张一致者进行合作，共同处理国政"。③

当日，李烈钧电告蒋介石等，称北京政府已对"五一八备忘录"发表宣言，对日本和平劝告表示感谢，但指明日本之处置与《九国条约》之主旨有抵触。④ 5月29日，在日本第三师团调往天津的压力之下，蒋介石与冯玉祥商定避免在京津及其附近地域作战，即："决定天津方面，我军进至静海止。北京方面，进至长辛店止。京津铁路沿线，亦即以此两地为准，二十里以内，均不进兵。"⑤ 29日，南京国民政府令江苏交涉员金协同陈秘书访问矢田七太郎，向其提交、朗读了国民政府关于"五一八备忘录"的正式回答，即：

> 五月十八日交到觉书业已阅悉，敝国人民为解除本身之痛苦而有改革之举，以期实现我国之永久和平与统一，使人民得以安居乐业而侨居中国者亦得增进其幸福。为欲达到此期望不得已而采取军事行动，现已发展至最后阶段。国民政府相信最近期间必可实现中国之和平统一。对于军事区域事前之布置与临时之保护，自当为周密之注意与部署，东三省方面商务繁盛，外侨众多，国民政府对于该地治安问题将以妥善之方法使中外人士咸得安全之保护。此国民政府自有之责任。贵国觉书中有为维持东三省治安起见或将不得已采取适当而且有

---

① "蒋中正总统文物"，台北"国史馆"藏，档案号：002-090101-00009-179。
② 秦孝仪主编《中华民国重要史料初编——对日抗战时期绪编》第1册，第202~203页。
③ 外务省编『日本外交文书』昭和期Ⅰ第1部第2卷、114-115页。
④ "蒋中正总统文物"，台北"国史馆"藏，档案号：002-090200-00014-236。
⑤ 秦孝仪主编《中华民国重要史料初编——对日抗战时期绪编》第1册，第203页。

效值措施等语，此等措施易涉中国之内政，且与国际公法上列国相互尊重领土主权之原则显相违背。国民政府万难承认，深望贵国政府为两国之永久亲善计避免一切妨碍友好关系发展之行动，须至节略者。

其后，中方代表又以机密口头通告的形式，朗读了如下内容："我国政府虽以武力统一，但奉军若到某个时期而有所觉悟，我国军民的前进也会停止到恰当程度。"①

矢田就"奉军的觉悟"询问是否指不战退出关外，金交涉员用英语回答难以就此明确回答。但作为个人意见，他表示：第一，国民政府已经达成最高目的，换句话说，已经达到了最后的目的；第二，相信只要奉军自觉，国民革命军不会继续采取军事行动。由此，南京国民政府实际正式向日本表态，北伐军不会进军山海关。矢田亦判断上述秘密口头通告，是北伐军委婉声明当奉军撤退后不再追击，不入关外。②

综上所述，对于北伐进军京津，日本田中内阁在采取两次出兵山东、增兵京津以及与列强"联防"等军事压迫政策的同时，强势政治介入，提出"五一八备忘录"，以东北主人的姿态"维持满洲治安"，劝告南北在京津停战，否则在山海关解除奉张与北伐军之武装。中国南北双方虽对其表达了不满，但事实上均接受日本警告，以静海、长辛店一线作为最后战场，而后奉张主力离京出关。北伐军接受日本与张作霖之意向，终由阎锡山接收京津，并决定北伐止步山海关。日本的干涉，是北伐不能武力统一东北的重要外因，助推了中国统一流于"形式"，为其日后发动九一八事变创造了条件。

〔本文刊发于《社会科学辑刊》2021 年第 5 期；王美平，南开大学〕

---

① "蒋中正总统文物"，台北"国史馆"藏，档案号：002-090200-00014-007。
② 外务省编『日本外交文书』昭和期Ⅰ第 1 部第 2 卷、115-117 页。

流动性军阀的生存逻辑：孙殿英西进与北方政局之变动（1933~1934）

贺江枫

内容提要 1933 年察省事件爆发后，为转移中央军事压力、维持存在，孙殿英提出屯垦西北、远离政治旋涡的设想；而国民政府基于稳定华北局势、分化冯孙的目的，意欲引祸西去。西北三马因此掀起声势浩大的拒孙运动，晋绥系更因之坐立不安。为策动孙部西开，阎锡山恩威并施，孙殿英无奈之下决定破釜沉舟，冀图依靠晋系援助，利用中央无力西顾的契机，率部西进宁夏，孰料晋系突又转向与国民政府、西北三马合作，东西夹击之下，孙部土崩瓦解。阎锡山更以此为契机，不仅将孙殿英礼送出境，并成功要挟中央将宋哲元驻晋部队调离，此前张学良冀图利用的西北军旧部与晋绥系相互钳制的局面荡然无存，华北政局进入一个新的时代。孙殿英作为流动性军阀的典型个案，实则是中国社会转型过程中传统私兵体制在近代的特殊呈现。

关键词 孙殿英 阎锡山 蒋介石 流动性军阀

军阀作为近代中国社会转型时期的特殊政治现象，主要是指以军事力量为支柱，以地域为依托，参与各项政治军事及社会活动，以获取私利为行使权力目标的个人与集团。[①] 私兵与地盘可谓近代军阀最为显著的特性，如阎锡山、李宗仁等地方实力派，他们掌握规模庞大的武装力

[①] 有关军阀的定义可参见来新夏等《北洋军阀史》，南开大学出版社，2000；陈志让《军绅政权：近代中国的军阀时期》，广西师范大学出版社，2008。

量，且能够长期控制广袤的行政区域，对国民政府的中央权威亦时而发起挑战，可谓军阀的典型。但与此同时，国内仍旧有诸多地方军事集团，如孙殿英、石友三、庞炳勋等，他们虽拥有一定数量的军事武装，但却没有牢固的统治区域，抗战时期面对地方实力派、国民党中央军、日军、中共等多重力量的挤压，往往游走于灰色地带，在亲日反日、亲蒋反蒋、亲共反共等多重角色之间来回反转，其政治特性与晋系、桂系等地方实力派既有共通之处，也有着较为显著的差异。客观而言，过往学界有关军阀的定义尚无法准确涵盖此类地方军事集团，若就其活动范围变幻不定、类若流寇的鲜明特性而言，或可称此类地方军事集团为流动性军阀。流动性军阀虽难以左右中国整体局势的历史走向，但却是影响国内政治权势升降不容忽视的军事力量。面对国内局势的风云变化以及各方势力冲突合作的现实，他们获取资源、谋求生存的行为逻辑与动态过程，就成为研究民国政治史不容忽视的重要问题。

1933 年 6 月，孙殿英获国民政府任命为青海西区屯垦督办，此后率数万之众西进青海，在宁夏与西北马家军爆发大规模军事冲突，其中牵涉华北、西北、西南、国民政府等多方势力，可谓窥察流动性军阀生存逻辑内在路径及其演变较具典型性的样本。故而本文选取 1933～1934 年孙殿英西进青海为个案考察对象，[①] 将其置于日本侵华与北方政局变动的时代背景下，重点探究孙殿英西进青海的前因后果，以及与西北三马、国民政府、阎锡山等诸多政治势力的博弈与互动，并从政治忠诚、兵员构成、财政、行为准则等多重维度展现以孙殿英为代表的流动性军阀面对华北政治乱局的生存逻辑。

---

① 学界有关孙殿英西进青海已有诸多精深研究，但重在讨论国民政府、西北马家军的因应态度以及孙马大战的前后经纬，至于事件主角孙殿英的现实考量与内在逻辑如何演变，尤其是孙殿英作为流动性军阀的典型，其自身的政治特性如何，仍旧有诸多尚待深化的空间。代表性论文如卢艳香《孙殿英屯垦青海事件之重考——以"蒋介石档案"为中心》，《民国档案》2013 年第 3 期；刘进《孙马大战：国民党中央政权与诸马军阀关系初步定型的关键事件》，《军事历史研究》2009 年第 1 期。

一　察省事变与孙殿英避祸西进

1930 年中原大战结束后，率东北军入关的张学良成功主导华北政局，为避免阎冯旧部仍如过往独占一方、自成体系，乃采取西北军与晋系旧部交叉驻防的办法，使之相互钳制、彼此制约。山西除晋军仍控制部分地区外，宋哲元、孙殿英等分别驻守平定、晋城等地。孙殿英原属张宗昌旧部，国民革命期间转向冯玉祥的西北军，此后因盗挖东陵而臭名昭著；鉴于阎锡山在华北势力的扩张，1929 年又投到晋系麾下；中原大战期间晋系逐步趋于劣势，孙殿英与张学良秘密联络，接受改编，被委为第四十师师长，进驻山西晋城。此后孙殿英时刻不忘扩充实力，"一面派人在河南招兵买马，利用帮会封建关系收徒收人，征集壮丁；一面在晋城一带成立修械、制造、印刷三个局，为他制造武器，筹划军饷"。1932 年，阎锡山重返山西，就任太原绥靖公署主任，为避免外省驻军反客为主、控制山西，试图采取各种办法礼送"客军"出境。"孙殿英在山西早已臭名远扬，阎锡山更不容许他长久驻在山西，当然也要想办法送出去。孙殿英自己也知道很难继续存在，必须另找出路。"[①]

逮至 1933 年 2 月日军发动热河作战，国民政府在内外压力之下组织华北将领展开抵抗，阎锡山以抗日为名，礼送孙部出境。孙殿英无奈接受以华北第九军团的名义，率部开赴热河。孙部抵达热河前线后，生存危机接踵而来，不仅军事委员会北平分会（简称"北平军分会"）对孙部处处排挤，其后勤补给困难重重，"苦无兵站、无给养，请领五日接济，竟未邀准，颇有怨言"，[②] 并且其在赤峰与日军作战时损失惨重，据日军密报，"孙部向多伦和独石口方面溃逃，由于天气严寒和饥饿，出现了许多士兵沿途死亡的情况"。[③]

---

① 赵承绶：《孙殿英投靠阎锡山及其进攻宁夏的失败》，中国人民政治协商会议山西省委员会文史资料研究委员会编《山西文史资料》第 9 辑（内部资料），1964，第 4~5 页。

② 《林世则致张惟藩电》（1933 年 2 月 10 日），阎锡山史料，台北"国史馆"藏，典藏号：116-010108-0770-012。按：本文所引阎锡山史料均源自台北"国史馆"，不再分别注明。

③ 「支那軍支離滅裂、敗退又敗退」（1933 年 3 月 5 日），JACAR（アジア歴史資料センター）：Ref. A03023868200。

正因如此，孙殿英迫切希望获取生存资源，直言："此时唯一之望，只要全体将士有饭吃，有弹放，足矣！"① 失之桑榆，收之东隅，孙殿英对日作战后虽实力受损，但因汤玉麟部不战而退，相比之下，孙部与敌血战七日的事迹反使其暴得抗日美名，报刊舆论亦不吝赞美之词，"空谷足音，物稀为贵，世人以是益多另眼视之"。② 与此同时，孙殿英积极收编各类散兵游勇，"他在这时对汤玉麟玩了许多阴谋诡计，结果吞并了汤玉麟的两个骑兵旅和一个步兵团以及义勇军李纯华的部队"，③ 军队反而愈发壮大。随着热河战事结束，三万之众的孙殿英部退驻沙城，俨然成为华北政局不可忽视的重要力量。

1933 年 5 月察省事件爆发，作为西北军旧部的孙殿英亦成为冯玉祥争取的对象。5 月 30 日，朱培德向蒋介石密报："冯玉祥在张垣得方振武参加，已显明动作，并拟诱致冯占海、孙殿英等合作。"④ 孙殿英则态度暧昧、左右逢源，一方面派王任之前往张家口探听虚实："一、抗日同盟军到底能够坚持多久？二、军火和财政有无来源？三、国际上的援助是否有确实把握？""如果抗日同盟军的军火和财政有办法，孙则有可能与之合作。"⑤ 另一方面向中央表示不再参加内战、绝对拥护中央之意志。此时孙殿英的政治选择成为影响察省事件走向的关键变量，5 月 30 日，蒋介石致电何应钦，强调"孙殿英关系颇重要，尚希妥为应付，毋使附冯，以免更趋复杂"。⑥ 为避免孙部倒戈，北平军分会命令关麟征率第二十五师西开，向孙施压，孙殿英感到中央"似不免有怀疑之处"，遂于 5 月 31 日向阎锡山表明心迹，

① 《戴笠致蒋中正电》（1933 年 4 月 16 日），戴笠史料，台北"国史馆"藏，典藏号：144-010104-0002-006。
② 《社评：望孙殿英氏自重》，天津《大公报》1934 年 1 月 18 日，第 2 版。
③ 张述孔：《流氓军阀孙殿英》，中国人民政治协商会议全国委员会文史资料研究委员会编《文史资料选辑》第 7 辑，中华书局，1960，第 153～154 页。
④ 《朱培德、唐生智致蒋中正电》（1933 年 5 月 30 日），"蒋中正总统文物"，台北"国史馆"藏，典藏号：002-080200-00092-012。按：本文所引"蒋中正总统文物"档案均源自台北"国史馆"，不再分别注明。
⑤ 王任之：《孙殿英在抗日同盟军时期的骑墙态度》，中国人民政治协商会议河北省委员会文史资料研究委员会编《冯玉祥与抗日同盟军》，河北人民出版社，1985，第 166～168 页。
⑥ 《蒋中正致何应钦电》（1933 年 5 月 30 日），"蒋中正总统文物"，典藏号：002-090106-00010-327。

"职血战归来，誓不参加国内战争，彼进我退，决不向国内军队发射一枪，纵至缴枪亦所不恤"，① 保证不与冯玉祥合作，但亦不愿对冯采取军事行动，持"对冯守善意的中立态度"。同时，孙殿英派遣代表面见行政院政务整理委员会（简称"政整会"）委员长黄郛，声言"孙志在屯田，一因自知学识不足以任他事，二因所部士卒若不为之安顿，殊难善后，故愿在边地屯垦效力"。6 月 4 日，蒋介石闻悉黄郛报告后，颇多疑虑，"孙殿英屯田地点，意在何处，春间方振武亦有五原屯垦之要求，彼辈似均注意在此，有无特殊背景"，但为争取孙殿英又未明确回绝屯田提议，"若为安顿部下，名实相符，且有具体可行之计划，则未始不可商洽也"。②

与此同时，北平军分会代理委员长何应钦鉴于华北中央势力有限，决定采取"以毒攻毒"的策略，试图借助孙殿英部队解决冯玉祥的抗日同盟军。1933 年 6 月 4 日，何应钦告知孙殿英驻平代表，如若孙能够解除方振武部武装并武力解决冯玉祥部共产分子，可担保由孙出任察哈尔省主席，望孙尽快答复。③ 国民政府的极力争取，反令孙殿英意识到自身在解决察省事件中的价值，意图待价而沽。孙殿英坐地起价，6 月 7 日向何应钦开列解决察事的多项条件：（1）发表彼或刘月亭为察主席，所有该军各部队仍由彼指挥；（2）察省重要官员由彼保荐；（3）察省国税由分会派人收，地方税归地方办公，该部饷粮仍由分会或中央具领；（4）孙部改编为四个甲种旅。蒋介石闻悉震怒，斥责何应钦"多与接洽一次，徒增大其野心一度耳"，命令终止以孙灭冯的计划。④ 何应钦与黄郛商议后，改变前议，决定联合庞炳勋、宋哲元，允诺事后"庞主察、宋绥靖主任"。⑤

---

① 《孙殿英致阎锡山电》（1933 年 5 月 31 日），阎锡山史料，典藏号：116-010101-0104-007。

② 《黄郛致蒋中正电》（1933 年 6 月 4 日），"蒋中正总统文物"，典藏号：002-080200-00093-133。

③ 《何应钦致蒋中正电》（1933 年 6 月 4 日），"蒋中正总统文物"，典藏号：002-080200-00094-021。

④ 《何应钦致蒋中正电》（1933 年 6 月 8 日），"蒋中正总统文物"，典藏号：002-080200-00095-023。

⑤ "中研院"近代史研究所编《徐永昌日记》第 3 册，1933 年 6 月 7 日，"中研院"近代史研究所，1990，第 13 页。

孙殿英讨冯谋察的计划无果而终，但是"孙殿英部现驻沙城、怀来、康庄延平绥路一带铁道线上"，对冯态度又模棱两可，中央感到如若军事解决，"不无许多窒碍"，① 要求孙部"应即离开铁路正面，让他军去干"，孙殿英"派员探冯意向，冯答至死不离张垣，谁来和谁打，殿处此颇觉为难，盖离开铁路，则无路谋生"。② 孙殿英深知中央对察用兵，将其搁置在旁，自身恐亦难保，颇有兔死狐悲之感，"因恐将冯解决后，再命解决彼部"。③ 处此政治旋涡之中，孙若继续纠缠其间，必遭灭顶之灾，故于 6 月 9 日致电蒋伯诚，请其转呈蒋介石，希望前往绥西、陕北地区屯垦，意欲避祸他去，"于绥西、陕北之间指给八九县之地，即足容纳，使此数万健儿得从事生产，以自食其力而卫国，同时将察省地区腾出，为其他部队屯戍之所，实一举而数善备者"。蒋介石半信半疑，担心"彼之率部西移，实欲为冯之掩护，使之迁地为良耳"，主张"暂安其心，而允其请，惟必须俟其协力，可明令西移也"。④ 绥西为晋系地盘，6 月 11 日，孙殿英派代表面见阎锡山，希望屯垦绥西、陕北，询问晋系能否设法保全该部，"如果不能袒护，殿英即下野，一切事均交我处置，处置后，殿英即常川驻太原，从事农作"。阎锡山感到如若孙殿英全面倒向冯玉祥，在中央军事压力下西撤，晋绥将受极大之损失，当务之急"使孙勿卷入为要"，但对屯垦绥西又语意含糊，仅向孙保证："殿英我担保指定驻兵地区，给以地方警备名义。"⑤

6 月 12 日，孙殿英向何应钦提议率队开赴绥西实行屯垦，再三催逼之下，何应钦向阎锡山询问：可否给孙名义，准其开赴绥西，同时"一

---

① 《何应钦致蒋中正电》（1933 年 6 月 11 日），"蒋中正总统文物"，典藏号：002-080200-00096-064。

② 《李服膺致阎锡山电》（1933 年 6 月 13 日），阎锡山史料，典藏号：116-010101-0104-018。

③ 《何应钦致蒋中正电》（1933 年 6 月 12 日），"蒋中正总统文物"，典藏号：002-080200-00096-084。

④ 《蒋伯诚致蒋中正电》（1933 年 6 月 9 日），"蒋中正总统文物"，典藏号：002-080200-00095-065。

⑤ 《阎锡山致徐永昌电》（1933 年 6 月 11 日），阎锡山史料，典藏号：116-010101-0104-009。

年之内，尊处按月接济彼部之七万元仍请照予发给，俟其一年以后，足能自立，然后再行停止"。① 卧榻之侧，岂容他人鼾睡？阎锡山当即回绝，强调绥西"正患兵多地少，再添队伍，实属无地可容"，至于每月七万的协饷更是毫无办法。② 屯垦绥西遭阎拒绝，当在孙殿英意料之中。孙又向何应钦提议"如不能得阎同意，即请酌量择予陕甘宁新青窄边地均可"，倘若此法也难办到，"请下令指示驻防地区，但须沙城西北五百里以外距离"，信誓旦旦地保证"只要中央发表屯垦名义，彼部即可克日开离平绥路线"。何应钦鉴于孙殿英"请求如此迫切"，6 月 12 日向蒋介石建议不妨予孙"以青海屯垦督办名义，以减少察省纠纷"。③ 同日，行政院院长汪精卫也将孙殿英请求屯垦西北的电文转呈于蒋，请示如何答复，蒋介石示意可采纳何应钦的建议，"即以畀孙青海屯垦督办之名义复之"。④

6 月 14 日，何应钦忽又改变原议，主张孙殿英屯垦新疆，"因彼部由察赴青须取道兰州，颇多顾虑，不如径调新疆为便"。蒋介石认为孙殿英西开，路线不外由察入甘取道兰州，或由察经绥西取道五原，无论何种方案，在察事未能解决以前，"孙部如循此路线，彼将裹同塞北反动各部，挟之西趋，冯亦必随军而行，迁地为良，更难收拾"，并且"新疆屯垦名义亦恐益增新省之纠纷"，因此，屯垦督办"名义发表为一问题，屯垦之确定地点及移防应经之路线，又别为一问题"，强调孙部西开必须在察事解决之后，"既给孙以名义，非要孙积极或消极协助解决察事不可。能协助，再为指定路线，促令西行，尚未为晚"，至于此后孙部屯垦青海抑或新疆，"均可再商"，但目前青海屯垦督办名义已颁，"似不必屡屡改变，

---

① 《何应钦致阎锡山电》（1933 年 6 月 12 日），阎锡山史料，典藏号：116-010101-0104-011。

② 《阎锡山致何应钦电》（1933 年 6 月 12 日），阎锡山史料，典藏号：116-010101-0104-010。

③ 《何应钦致蒋中正电》（1933 年 6 月 12 日），"蒋中正总统文物"，典藏号：002-080200-00096-095。

④ 《汪精卫致蒋中正电》（1933 年 6 月 12 日），"蒋中正总统文物"，典藏号：002-080200-00096-091。

致自乱其步骤也"。① 何应钦急于解决察事，也就不再坚持己见。6 月 23 日，汪精卫告知蒋介石，当日国防会议已决定任命孙殿英为青海西区屯垦督办，数日后正式发表，并特意解释道："所以加西区字样，即系依照吾兄于青新之间划分一省之意，且马麟、马步芳等部皆在西宁，属于东区，殿英若往西区，可免冲突，所以稍迟数日，始正式发表，因青海马部闻政府将遣孙部入屯青海，十分恐慌，宜加以解释，勿使携二也。"②

孙殿英就任青海西区屯垦督办的命令甫一公布，西北各方军政势力群起反对，斥责"孙有经营西北野心，如令屯垦青海，非占领宁夏陇西，不足以自瞻"。蒋介石亦忧心忡忡，判断"孙军到青，冯必前往，则察事虽平，青难又发，从此祸结西陲，莫之能制矣"，遂于 6 月 30 日致电何应钦，令其未雨绸缪，"然木已成舟，难再更易，特如何可使与冯氏绝缘，如何规定路线，俾免诸马恐慌生心，此皆事前不能不亟为补救，切盼兄等妥筹速办"。③ 然而此时察省事变迟滞未决，为避免西南与日本借此再生事端，国民政府唯有饮鸩止渴，力促孙部西开。7 月 6 日，行政院院长汪精卫致电马麟，对孙部屯垦青海一事再三解释，"所有该军饷项仍由中央发给，所带部队已令严予约束"，保证"决不有累地方"。④ 孙殿英态度甚为积极，"坚绝表示决于最短期内开离察省，俾中央易于解决察局，孙已令该部于今日开始出发，为避开张家口计，先头部队——八旅经下花园向怀安、柴沟堡一带集结，待车西开"。与此同时，孙殿英驻晋城留守部队也奉命向包头集结，7 月 11 日，刘曾若向孙报告留晋部队将途经竞亭、新店、沁县等地，尽速北上会合。⑤ 7 月 15 日，黄郛与孙殿英商洽后，决定将第九军团名义取消，改编为屯垦督办公署，以原支经费为公署经费，

---

① 《何应钦致蒋中正电》（1933 年 6 月 14 日），"蒋中正总统文物"，典藏号：002-080200-00097-005。

② 《汪精卫致蒋中正电》（1933 年 6 月 23 日），"蒋中正总统文物"，典藏号：002-080200-00099-106。

③ 《蒋中正签呈》（1933 年 6 月 30 日），"蒋中正总统文物"，典藏号：002-080200-00100-130。

④ 《汪精卫致马麟电》（1933 年 7 月 6 日），阎锡山史料，典藏号：116-010108-0248-040。

⑤ 《刘曾若致孙殿英电》（1933 年 7 月 11 日），阎锡山史料，典藏号：116-010108-0796-015。

同时为减少军事色彩、增加屯垦工作，"孙已经接受，拟分四处，曰秘书处、军务处、垦务处、财务处，另有一设计委员会，其范围与布置似尚妥洽"，① 孙殿英西进由此逐步展开。然而我们亦应看到，无论对孙殿英抑或对国民政府而言，青海西区屯垦督办均是因应察省事变而采取的临时仓皇之举，乃至蒋介石断言："中料即使发表，孙必到绥西停留，决不来青！"② 至于孙部是否前往青海，屯垦计划如何实现，显然双方当时均无暇顾及，事态的发展最终还要取决于华北、西北各方政治势力的博弈。

二 孙殿英谋求外援与势力扩充

1933 年 7 月 25 日，孙殿英部已悉数开抵包头，然其数万之众局促绥西一隅，此后去向何方，俨然成为国民政府中央与西北、华北各方政治势力关注的焦点。马鸿逵驻晋代表康玉书声言："孙一二年前即有去新之志，以图外通苏俄，充实内部，再进取甘陕，此次去青志实在新，彼企图在晋之部经陕西开，在察之部经包头前往，于三个月内开拔。"③ 客观而言，孙部此时更多是观察时势、伺机而动，"殿英表示以现在听候时局状况变更，以一月为期，逾一月后只好移动，但开拔目标绝非青海"。④ 在此期间，孙殿英积极与国内各方政治势力联络，谋取更多政治、财政资源，并极力筹备各类军事物资、扩充兵员，军事力量迅速膨胀。

国内政治局势此时暗流涌动，各种反蒋势力彼此合纵连横，以壮声势，诚如蒋介石所言："冯逆负隅，察省和战莫决，西南叛息时至，济棠摇惑不定，赤匪北窜未退，芸樵观望不前。"⑤ 孙殿英部数万之众去向未

---

① 《黄郛致蒋中正电》（1933 年 7 月 15 日）；"蒋中正总统文物"，典藏号：002-080200-00105-024。

② 《朱绍良致蒋中正电》（1933 年 6 月 21 日），"蒋中正总统文物"，典藏号：002-080200-00099-024。

③ 《康玉书致马鸿逵电》（1933 年 7 月 7 日），阎锡山史料，典藏号：116-010108-0248-047。

④ 《王靖国致阎锡山电》，（1933 年 8 月 4 日），阎锡山史料，典藏号：116-010101-0104-022。

⑤ 《蒋介石日记》（手稿本），1933 年 7 月 24 日，斯坦福大学胡佛研究所档案馆藏。

定，迅即成为各地方实力派拉拢的对象。与中央分庭抗礼的西南派首先跃跃欲试，7月31日，高援道致电孙殿英驻津代表，西南公开反蒋已箭在弦上，"望熟商殿兄，密定回师戡乱大计，一俟西南局势展开，立即取同一步骤，一举而定华北，此不世之功也"。① 孙殿英与西南接洽数次，坦言对胡汉民救国主张极表同情，"且盼有更深一层之表现"，但1930年石友三反蒋失败的前车之鉴，使其对西南半信半疑，"犹有故使牺牲之怀疑耳"，② 希望西南能够予以广泛的经济援助，以结永好。陈济棠慷慨允诺资助数万元，然口惠而实不至，"某兄诺之，而久不付，则逢人谩骂，至殿英亦有所闻"。③ 胡汉民对于联孙反蒋极为重视，强调"孙之成败，实与南北大局攸关"，不仅可使蒋无暇以对西南，"且可因此牵动晋陕崛起抗□，最低限阎、韩、杨、孙亦不能不因此团结自保。故于义于势，我人俱不宜于坐视"，如若西南"始终以虚文敷衍，则信用尽失，而从此更不必言何方面之联络矣"，示意陈融设法尽速增援，"除前允汇赠之数万元外，能由总部拨借二十万元分次汇助，庶几得力。如虑名义上难以敷衍门神，则借为党之所出，为其实而避其名可也"。④ 陈济棠对此不以为意，表示"目前因纸币汇不出，办不到"。⑤ 孙殿英谋求西南援助，终究无从实现。

杨虎城作为陕西的军事长官，一方面严防孙部西进、借道陕西；另一方面又试图与孙殿英秘密合作，以谋控制西北，"在孙殿英军西行酝酿时，杨虎城曾有联合孙部之企图，星如亦为个中人，张自心则操纵一切，并派刘绍庭入长安晤杨，杨且阻邓宝珊之助马"。⑥ 7月15日，孙蔚如特意指示温天纬加强与孙部的联络，"孙殿英部走西北，自与我部有密切联系，且孙亦系靖国军旧人，出发点相同，则联络更易，肇棠兄去甚好，多

① 《高援道致张实廷电》（1933年7月31日），阎锡山史料，典藏号：116-010108-0798-043。

② 陈红民辑注《胡汉民未刊往来函电函稿》第12册，广西师范大学出版社，2005，第456页。

③ 陈红民辑注《胡汉民未刊往来函电函稿》第6册，第374页。

④ 陈红民辑注《胡汉民未刊往来函电函稿》第5册，第452页。

⑤ 陈红民辑注《胡汉民未刊往来函电函稿》第5册，第474页。

⑥ 《徐永昌日记》第3册，1934年7月3日，第125页。

通音问为嘱"。① 相较于远水难解近渴的西南派，孙殿英"最希望和陕西的杨虎城取得联系，同时想办法要陕北红军不打他"。② 通过南汉宸居中联络，孙殿英与杨虎城、陕北红军达成一致意见，三方决定待孙部到达陕甘边界即发表合作通电。然而孙殿英作为流动性军阀，"没有而且不可能有一定的政治主张和奋斗目标，他始终是以个人利益为中心的唯我主义者，在投机取巧思想的支配下进行多方面的活动"，更无所谓革命与反革命、进步与落后的区别，"在一定的时间、地点、条件下，谁对他有利，就利用谁为他服务"。③ 获取生存资源、维持自身存在就成为决定其政治选择的核心，面对各方势力的策动，孙殿英来者不拒，相率与其接洽，"但决不肯完全倒在那一方面"，最终往往是鸡飞蛋打。

流动性军阀因无固定的统治区域，自身无从筹集财赋税收，必须依靠中央政府或地方实力派的经济援助保证军事集团的稳定。孙部西进青海，士兵饷项、物资筹备，在在需款，争取中央政府的财政拨款就成为其首要事务，孙殿英明言"经济一层，如不能解决，则只好到达某地时，逐次向中央请求"。④ 7 月 19 日，孙殿英请求蒋介石履行承诺拨付的 10 万元款项，"今行至半途，而分会允借代金饷项竟无着落，直令职毫无办法，且无颜以对官兵，万恳钧座始终成全，赐予维持，否则职无路可走"。⑤ 7 月 25 日，何应钦向蒋报告，驳斥孙电所言，"各该部第四次薪饷已经发放，七八两月份代金亦将分期发给中，至第五六次薪饷现尚未有着落，不知何时方能发放，华北各部队各机关经费向系一律待遇，一时实难筹措巨款，独对该军优遇也"。⑥ 7 月 29 日，孙殿英又向蒋介石表示此前中央所拨款

---

① 《孙蔚如致卅八军办事处长温天纬电》（1933 年 7 月 15 日），阎锡山史料，典藏号：116-010108-0796-043。
② 赵承绶：《孙殿英投靠阎锡山及其进攻宁夏的失败》，《山西文史资料》第 9 辑，第 10 页。
③ 张述孔：《流氓军阀孙殿英》，《文史资料选辑》第 7 辑，第 155~156 页。
④ 《刘健群致蒋中正电》（1933 年 7 月 8 日），"蒋中正总统文物"，典藏号：002-080200-00102-098。
⑤ 《孙殿英致蒋中正电》（1933 年 7 月 19 日），"蒋中正总统文物"，典藏号：002-080200-00107-062。
⑥ 《何应钦致蒋中正电》（1933 年 7 月 25 日），"蒋中正总统文物"，典藏号：002-080200-00108-117。

10 万元，已经用罄，希望中央能够预借 50 万元，"以为购置筹备之资，俾便早日成行，然后酌分五次扣还"。蒋介石对此置之不理，强调中央及华北财政困难已极，"想兄亦能体谅"，① 并由此判断孙部"恐一时尚无西行之意"。② 随后孙殿英又与孔祥熙沟通，哀叹"到达包头已逾旬日，无形停滞，殊深焦急"，"然以季节与气候关系，若不于此际启行，则霜雪既降，困难又多"，希望财部能够予以补助，强调中央如若不欲其西进，另有驱策，"弟亦必矢图报"，③ 同样毫无下文。向中央直接请款难有进展，孙部又军心不稳、屡生哗变，孙殿英感到"进退维谷，异常焦急"，试图向此前的政治靠山阎锡山寻求帮助。8 月 4 日，孙殿英与王靖国晤面，直言如款项无办法，实无法西开，纵然西开，先头亦只可到达甘宁交界之中卫等处，希望晋系能够设法接济。王靖国面有难色，"恳切告以晋绥财政之困难，仍应根据前议向政府索款，钧座及次辰、宜生均可从旁设法助力"。④

孙部数万官兵军纪混乱不堪，滞留包头，绥西地方糜烂将无可避免，绥远财政收入因此颇受影响，"妨碍人之经济一层，乃烟土方面居多，并非正式税收，闻该处利用此物，补助经济者公私皆有，我方稍碍其行动，当然不高兴"。⑤ 晋绥当局如坐针毡，积极周旋于中央与孙殿英之间，建议中央先行拨款 30 万元，以便孙部早日开拔。8 月 15 日，阎锡山与黄绍竑会谈，认为"中央既令其前往，即应负责为其规划，其必须之请求亦应给足，使其于中秋前可以成行，如此而犹借故逗留，彼自难狡辩而易处理也"。黄绍竑颇以为是，8 月 19 日向蒋建议："孙之畏难推诿，自所不免，

① 《孙殿英致蒋中正电》（1933 年 7 月 29 日），"蒋中正总统文物"，典藏号：002-080200-00110-060。

② 《朱绍良致蒋中正电》（1933 年 8 月 4 日），"蒋中正总统文物"，典藏号：002-080200-00112-037。

③ 《孙殿英致孔祥熙函》（1933 年 8 月 5 日），孔祥熙档案 13-3，斯坦福大学胡佛研究所档案馆藏。

④ 《王靖国致阎锡山电》（1933 年 8 月 4 日），阎锡山史料，典藏号：116-010101-0104-022。

⑤ 《高梦琴致孙殿英电》（1933 年 10 月 2 日），阎锡山史料，典藏号：116-010108-0807-019。

晋绥欲其早离，自有隐衷，百川意见亦颇正大，故中央似宜不惜此项费用。"①阎锡山感到"此事非从速解决不可"，8 月 23 日，又指示傅作义赴平与何应钦交涉，"期早结果，免至愈迟愈无办法也"。②何应钦态度坚决，表示一时恐难办到。阎锡山退而求其次，提议由晋系垫借饷款，"尊处如刻下财政困难，可否由晋绥先行筹垫二十五万元，于夏历八月十五日以前由尊处拨还"。③孙殿英喜出望外，保证"九月十日前后开始出发，豫计每三日出发一团，尽结冰前赶速离绥"。④

阎锡山则另有盘算，判断孙并无西开决心，此举可"使彼无所借口，万一得款后，仍不开拔，则即设法予以解决，各方舆论亦必不致再有异词"。8 月 30 日，何应钦向蒋报告阎锡山借款计划与初衷，请示中央可否批准。此时察省事件将获和平解决，孙殿英借冯以自重的前提已不复存在，政治价值自然不同往昔，蒋介石认为"孙部西移固晋绥之所深愿，第陕甘宁青反对甚烈，诸马已着布防，准备为武力之抗阻，如一意孙行，则西北又将糜烂，回汉亦益滋纠纷，且孙部庇藏共产分子太多，愈行愈远，亦收拾更难，实有从详考虑之必要"，不欲孙部再行西进青海，指示何应钦婉拒阎锡山，"谓下月中央或可为孙设法，倘能间接促令晋绥就近分化而解决之，则尤为上策也。属敬之不必复，或复其一时无款可拨"，静待局势变化。⑤阎锡山情急之下，乃派密使面见汪精卫，声言"如中央决心肃清，彼可相助"。9 月 15 日，汪致电蒋介石，"大约百川必欲其离去包头，如不能速行，则另下他种手段也"。蒋却作壁上观，仅示意"百川如能切实负责处理之，国家地方实皆受其福，倘兄能密为运用，以使之

---

① 《黄绍竑致蒋中正电》（1933 年 8 月 19 日），"蒋中正总统文物"，典藏号：002-080200-00115-022。

② 《阎锡山致傅作义电》（1933 年 8 月 23 日），阎锡山史料，典藏号：116-010108-0229-045。

③ 《何应钦致蒋中正电》（1933 年 8 月 30 日），"蒋中正总统文物"，典藏号：002-080200-00117-120。

④ 《阎锡山致傅作义电》（1933 年 8 月 28 日），阎锡山史料，典藏号：116-010108-0229-049。

⑤ 《何应钦致蒋中正电》（1933 年 8 月 30 日），"蒋中正总统文物"，典藏号：002-080200-00117-120。

实行，则尤所企盼也"。① 晋系不欲独任其难，乃向孙殿英表示："此款拨否，应以殿英能否西开为标准。"② 孙部若欲避免陷入财政困境，唯有西进之一途。

与此同时，孙殿英势力急速扩张，相较于地方实力派以征兵或招募的方式扩充军队，作为流动性军阀，孙殿英更多地通过收容土匪等社会边缘群体或裹挟散兵游勇的方式吸纳兵员，如此不仅使军队纪律紊乱，更给地方社会秩序带来隐患，以致晋系向中央哭诉"该军一日不去，则晋绥一日不安"。③ 如土匪杨猴小，本属王英旧部，"人极勇悍，熟悉地情，经阎冯收编成旅未久，即复变去"，④ 流窜绥西一带，骚扰抢劫，民怨沸腾。因杨部骑兵甚多，精于射击，孙殿英认为"将来大可为他卖命，特别在西进路上，第一仗就要打马鸿逵，马部向以骑兵为主力，杨猴小部就更有用处了"，⑤ 故将其收编入伍。11 月 17 日，王靖国不无忧虑地向阎锡山报告道："孙军似有收编该匪，利用其由河西绕道西进之企图。"⑥ 又如原驻察哈尔的第五十五军，孙殿英西撤包头过程中，该部被裹挟西去者甚众，"随孙西行者人约六千，马约三千五百匹"，何应钦当时碍于察事未决，"对于孙部不得不稍事敷衍"。⑦ 8 月 22 日，孙殿英致电北平军分会高级参谋黎明，意欲继续保留第五十五军编制，"五十五军番号、款项等事，我亦不应先说话，彼此俱无明文，自应暗中进行，仍盼我弟积极交涉，期在未规定之前，得依军分会方针，而达到维持原状之目的为要"。⑧ 孙殿

---

① 《汪精卫致蒋中正电》（1933 年 9 月 15 日），"蒋中正总统文物"，典藏号：002-080200-00121-115。

② 《孔繁霨朱绶光等致傅作义电》（1933 年 9 月 21 日），阎锡山史料，典藏号：116-010108-0759-010。

③ 《赵丕廉致阎锡山电》（1933 年 9 月 10 日），阎锡山史料，典藏号：116-010101-0104-029。

④ 《黄郛致蒋中正电》（1933 年 12 月 29 日），"蒋中正总统文物"，典藏号：002-080200-00141-076。

⑤ 赵承绶：《孙殿英投靠阎锡山及其进攻宁夏的失败》，《山西文史资料》第 9 辑，第 9 页。

⑥ 《王靖国致阎锡山电》（1933 年 11 月 17 日），阎锡山史料，典藏号：116-010101-0104-054。

⑦ 《何应钦致蒋中正电》（1933 年 8 月 2 日），"蒋中正总统文物"，典藏号：002-080200-00111-077。

⑧ 《孙殿英致黎明电》（1933 年 8 月 22 日），阎锡山史料，典藏号：116-010108-0801-012。

英通过招收土匪、溃军，势力急剧扩充。据何应钦密报，北平军分会原定孙部编制共为步兵七团及重迫炮、工兵各一营，辎重一连，每月经费 22 万余元，西进包头数月后，"该部私自扩充，计辖步兵一一七至一二零共四个师，另一补充旅，骑兵一、二、三三个师，一、二、三三个旅，另一独立团又炮兵团，总计实有兵力计步兵约廿五个团、骑兵约十六个团、炮兵一团，超过规定编制六倍以上"。① 然而孙殿英获取经济资源的能力根本无以支撑规模如此庞大的军队，冀图寻求中央及晋系的财力支持，又迁延不决，该部官兵陷入生存困境也就在所难免，犹如何应钦所言："以一人之饷供七人之食，其饥饿窘迫，自在意中。"②

为谋求生存资源、筹措士兵饷粮，孙部唯有采取各种办法涸泽而渔式地搜刮经济物资，曾限令临河地区于 10 日以内，交米面 500 万斤、草料 300 万斤，③ 绥远萨县商民无力垫办孙军给养，以致全体闭市。④ 孙部之举引发北方社会各界的普遍反对，"盖惧该军移防，所至地方将无法供应也"，⑤ 最终孙部西进青海的道义性与政治合法性丧失殆尽。《大公报》为此评论道："惜乎孙氏溺于旧式军人滥抓军队、多收土匪之积习，不特已有者未闻裁减，且更罗致收编，几欲多多益善，甚至绥省股匪，早经晋军击散者，近又蚁附蝇趋，齐集于孙氏旗帜之下，如此扩充，何堪负荷？"⑥ 由于国民政府、晋系基于地缘政治与现实利益的考量，对孙殿英西进态度翻转，孙部立即陷入进退维谷的境地。

三　晋阎策动与孙殿英进军宁夏

孙殿英部众剧增，经济来源又难以为继，"留包非晋绥之所愿，西行

①　《何应钦致蒋介石等电》（1934 年 1 月 30 日），中国第二历史档案馆：《孙殿英部青海屯垦档案史料选（续）》，《民国档案》1995 年第 1 期，第 10 页。

②　《何应钦致阎锡山电》（1934 年 1 月 31 日），阎锡山史料，典藏号：116-010101-0104-147。

③　《傅作义致阎锡山电》（1933 年 12 月 26 日），阎锡山史料，典藏号：116-010108-0229-093。

④　《社评：孙殿英军如何安置?》，天津《大公报》1933 年 10 月 21 日，第 2 版。

⑤　《何应钦致阎锡山电》（1934 年 1 月 31 日），阎锡山史料，典藏号：116-010101-0104-147。

⑥　《社评：望孙殿英氏自重!》，天津《大公报》1934 年 1 月 18 日，第 2 版。

则甘宁青所拒，不进不退，两方皆受其胁威"，各方援助多口惠而实不至，孙部俨然已入进退维谷之境地。同时，阎锡山又"急于送客出境，不恤以邻为壑"，① 在晋系恩威并施之下，孙殿英已无更多选择。10月2日，驻太原代表高梦琴向孙殿英密报："当局对之确生同感，所允款弹暂缓拨发，加以我部驻包与其经济关系，有绝大影响，当事者盖因关本身利害，确有极不满之报告，此层望格外注意。我方既亲阎到底，对其环境必分外表示真诚，钧座心理唯我知之最切，小有诋毁，不堪痛恨，按现下此间情形，我部如急切离开绥靖，晋中已往交情，可维持到底，且可邀相当援助，否则必不谅解。"② 孙殿英思虑再三，决定在谋求晋系援助的同时，积极筹划西进，以避免晋系态度转向，使自身陷入四面树敌的绝境。

1933年10月2日，孙殿英致电高梦琴，"晋当局如疑惧我部不开"，可就西进路线、款项与阎洽商，"如令我部从旱路走，十日内准可开完，若令我部从火车走，可替我向军分会要车数列，旬余内亦可开毕"，保证"决不失信于人也"，哀叹："惟此道不假借、车不代要，试问我万余人能腾空飞过耶？"至于允借款项，"节前务望发下，否则百孔待补，难度此关，外有总司令允拨协助之款廿万元，允即作为购制皮大衣之用，迄今一文未发，令人焦灼"。③ 次日，孙殿英再次致电高梦琴，望其向阎解释，"奸人造谣，谓我到达五原、临河后停止不进，纯系妄谈谬说，挑拨离间，明白人不难洞悉，决无剖白之价值"；妨碍绥远经济一层，纯属无稽之谈，"不过包头附近各税卡因大军过境，各外商车驼、船只恐被官府抓去，支应兵差，不敢来包，以致于税收上稍受影响，此种情形容或有之，商民心理如此，亦莫如之何也，但我军各部队向无擅抓车驼情事"。④ 阎锡山为促其早日西去，示意晋系必为孙部后盾，将全力予以支持。

① 《朱绍良致蒋中正电》（1933年9月25日），"蒋中正总统文物"，典藏号：002-080200-00123-118。

② 《高梦琴致孙殿英电》（1933年10月2日），阎锡山史料，典藏号：116-010108-0807-013。

③ 《孙殿英致高梦琴电》（1933年10月2日），阎锡山史料，典藏号：116-010108-0803-002。

④ 《孙殿英致高梦琴电》（1933年10月3日），阎锡山史料，典藏号：116-010108-0807-023。

1933 年 9 月 28 日，宁夏省主席马鸿逵致电阎锡山，反对孙部西开，"惟是甘青方面一致主张，反对最烈，近自甘主席朱一民兼驻甘绥靖主任，甘宁青三省军事范围统归主持，闻青海对孙已将军队集中，马主席麟久驻兰垣，与一民筹商应付，必有断然处理"。① 阎锡山对此不以为然，10 月 1 日致电马鸿逵，为孙开脱，"殿英率部西开，系奉中央明令，我辈似不能不让其通过辖境，据其屡次诚恳表示，绝不在中途开罪地方"，希望西北三马能够允孙过境，"殿英为人向有豪爽气，近年来尤标榜信义二字，我辈既不肯操之过激、为地方生事，故似以格外优遇，让其出境为好，不审尊意以为如何？"② 同时，孙殿英亦致电阎锡山，斥言西北各省"均系借词未奉中央及分会通令"，询问："窃不识此项功令，各省曾否奉到？"③ 阎锡山极力怂恿其西进，"我兄率部赴青西屯垦，既经中央明令公布，当然无须再向各省通令，请不必顾虑，径行西开可也"。④ 10 月 5 日，高梦琴面见阎锡山，本欲化解孙部与晋系的隔阂，孰料阎锡山态度甚为积极，不仅"一切谣言业经梦琴兄解释，已不怀疑"，并且强调已电宁夏省府，为孙疏通一切，同时决定先行援助 3 万元，以缓解孙部经费困难。高梦琴兴奋不已，向孙报告"情形大非昔比，过明日之假期，款弹或可进行顺利"。⑤

1933 年 10 月 5 日，晋军参谋长朱鹤翔又与孙殿英特派代表李锡九会谈，强调"阎孙二人之交情，绝非谣言所能动"，承诺如孙部西进，晋系将在政治、军事、经济、后勤诸多方面予以切实援助：一是孙部到宁甘境内，倘有冲突，晋方当设法援助；二是孙部可在包头保留一运输机关，负责运送粮弹，与傅作义商议即可，倘有阻碍，再与傅去电；三是队伍西进

---

① 《马鸿逵致阎锡山电》（1933 年 9 月 28 日），阎锡山史料，典藏号：116-010101-0104-031。

② 《阎锡山致马鸿逵电》（1933 年 10 月 1 日），阎锡山史料，典藏号：116-010101-0104-030。

③ 《孙殿英致阎锡山电》（1933 年 10 月 1 日），阎锡山史料，典藏号：116-010101-0104-035。

④ 《阎锡山致孙殿英电》（1933 年 10 月 3 日），阎锡山史料，典藏号：116-010101-0104-034。

⑤ 《高梦琴致孙殿英电》（1933 年 10 月 5 日），阎锡山史料，典藏号：116-010108-0807-032。

青海途中，中央政府如有令停止，晋系可与政府力争；四是部队官兵所需皮衣的制作经费，由晋方承担，绝不致误事。① 孙殿英闻悉会谈结果，甚为满意，次日致电李锡九，称赞"真不负我兄赴并一行也"，购置官兵皮衣款项，还请晋方尽快拨付；至于"我部到宁境，如有阻碍，阎公允以两种方法援助"，此点事关成败，"斯时阎公果能迅速援我，则一切反动势力均可打消，青西屯区不难到达，如阎公稍加考虑，稍为迟缓，非特对方之准备充足，而中央停止前进之命令必下，似此公私交迫，虽有智慧，恐难于为力也，此系成败关键"，希望与阎锡山详密筹谋。② 为避免晋系猜忌，孙殿英命令所部陆续自包头开拔，先后行抵五原、临河，西进青海似已箭在弦上。

孙部西开立即引发西北各政治势力的强烈反对，甘肃绥靖主任朱绍良命令甘肃、青海、宁夏三省严禁孙部设立兵站，"如有，即严予制止"，局势陡然紧张。蒋介石感到孙殿英问题亟须解决，强调"应设法安置之，勿使其变叛也"。③ 孙殿英明白如若继续向西，与西北诸马发生冲突在所难免，10月8日与阎沟通，促其早日兑现承诺，"庶期免为敌乘，得先发制人之效果"。④ 同时，孙对晋系含糊其词的援助承诺颇不安心，又示意高梦琴向阎锡山询问所允两种援助方法究竟为何，希望晋系能够提供重型火炮，"现今作战，炮火最烈，我部炮位无敌方之多，总座如能助彼二者，则我不难借炮火之力长驱直入，否则进退维谷，竭蹶难图"，强调"倘不如此，则元实不敢冒然深入"。⑤ 李锡九乃向孙殿英明言所谓两种援助方法，"一系表面拍电，一系暗中接济款弹"。⑥ 孙则希望两种援助办法

---

① 《李锡九致孙殿英电》（1933 年 10 月 5 日），阎锡山史料，典藏号：116-010108-0807-034。

② 《孙殿英致李锡九电》（1933 年 10 月 6 日），阎锡山史料，典藏号：116-010108-0807-044。

③ 《蒋介石日记》（手稿本），1933 年 10 月 8 日，斯坦福大学胡佛研究所档案馆藏。

④ 《孙殿英致李锡九电》（1933 年 10 月 8 日），阎锡山史料，典藏号：116-010108-0808-023。

⑤ 《孙殿英致高梦琴电》（1933 年 10 月 8 日），阎锡山史料，典藏号：116-010108-0808-025。

⑥ 《李锡九致孙殿英电》（1933 年 10 月 8 日），阎锡山史料，典藏号：116-010108-0808-026。

能有切实可行的方案，"惟电究至何时机可发，弹款于允拨数目之外能帮我多少，即希早为说定，以壮士气，果蒙援助成行，前途无论任何困难，决不更易初衷"，并继续向晋系索要饷款，"绥远省府拨来之洋三万元已收到，下余之款，未审先生能再电傅宜生，悉数担任，借便取运皮衣"。① 鉴于晋系援助方案尚未落地，孙殿英以朱绍良不准该部假道通过为由，"暂令先头部队停止磴口，派员前往交涉，一俟结果如何，仍当继续前进"，实则静观其变，以待局势变化。②

孙殿英亦明白五原、临河物资匮乏、人烟稀少，寒冬将至，数万官兵滞留于此，终非长久之计。10 月 11 日，孙殿英又致电高梦琴，强调孙马大战在所难免，"宁马既切电阻我，似非诉诸武力，难以通过"，迅速向阎请拨款项、弹药，"款到则皮衣可以取回，士兵不冷，弹到则火力旺盛，敌人心寒，有斯二者，虽不敢谓遇坚必破，但无论行至何处，决无所惧"。③ 面对孙殿英的再三催促，10 月 13 日，太原绥靖公署秘书长贾景德向高梦琴表示援助款项、弹药，"我可十分负责，可即电告殿英勿惧"，强调"只要殿英有决心，一切皆不成问题，要炮一层，若真有接触，亦绝对补助"，怂恿孙部继续前进，"望速电殿英准备他的，晋方允帮助者，绝不误其事"。④ 孙殿英显然不为空口承诺所动，直言："虽说我们所请求的，有煜如愿负全责，但未见事实，我们未便去作，其实我们何尝不敢去做，因恐怕时机不到，强去作，我们的团体就完了！"⑤ 此后孙殿英与晋系围绕款、弹二事交涉往返，费时日久，但所获极为有限，阎锡山曾对赵承绶明言："殿英的事，咱不能

---

① 《孙殿英致高梦琴电》（1933 年 10 月 9 日），阎锡山史料，典藏号：116-010108-0808-040。

② 《孙殿英致蒋中正电》 （1933 年 10 月 10 日），"蒋中正总统文物"，典藏号：002-080200-00126-105。

③ 《孙殿英致高梦琴电》（1933 年 10 月 11 日），阎锡山史料，典藏号：116-010108-0808-054。

④ 《高梦琴致孙殿英电》（1933 年 10 月 13 日），阎锡山史料，典藏号：116-010108-0809-027。

⑤ 《孙殿英致高梦琴电》（1933 年 10 月 14 日），阎锡山史料，典藏号：116-010108-0809-034。

不管，他既已开到绥西，咱不闻不问更不行。但他要这么多的武器、弹药，咱们兵工厂专门给他一家制造，恐怕也供给不过来。可是又不能不给一点，应付一下，只是不能太多。"① 然而，孙部接收的武器弹药也多不适用，10月29日，孙殿英向高梦琴无奈地谈道："晋军此间所存之炸弹全是旧的，亦不适用，希从速交涉，如可调换，即请其由太原发给新的，如不能即可作罢。"②

晋系之所以承诺向孙殿英提供援助，重在策动孙部西进青海，以邻为壑，鉴于孙殿英先头部队在五原、临河停滞不前，阎锡山迅即调遣军队开赴包头，"大同以北者，共有步兵四师、骑兵四旅、炮兵四团"。大军压境，孙殿英"已感恐慌，向阎表示决西开，并将主力退让至五原，孙本人亦退五原，准备放弃包头"。③ 此后赵承绶率领晋军尾随前行，以防孙部回撤，"赵承绶骑兵在河西，孙殿英军在河东，双方均在沿岸构筑工事，孙军西上情势愈见紧张"。④ 阎锡山此时判断"殿英这次西进，胜了，对他当然很好，对咱也有利。但是他的胃口很大，军队又那么不顶事，蒋先生又有意收拾他，马家也不容易打，他可能过不去。如果他叫马家顶回来，赖在绥远不走，那咱就又麻烦了"，⑤ 决定对孙不可姑息养奸。⑥ 10月8日，阎锡山召开军事会议，晋系将领一致认为"孙部无益国家，毫无顾惜，决遵从中央意旨，并力消除"，主张此事应由北平军分会代理委员长何应钦主导，晋系协助，"可由敬之直接命令傅作义，此间即密令傅完全跟从敬之命令，而以傅本人一军、李服膺一军、王靖国一军、赵承绶全军归傅作义指挥，听敬之命令，协同中央军担负此项责任，惟宜使孙稍稍西移，始行动手，免其与刘桂堂及与冯留察之烂部队联合，或与伪国勾

---

① 赵承绶：《孙殿英投靠阎锡山及其进攻宁夏的失败》，《山西文史资料》第9辑，第7页。
② 《孙殿英致高梦琴电》（1933年10月29日），阎锡山史料，典藏号：116-010108-0812-020。
③ 《刘健群致蒋中正电》（1933年11月7日），"蒋中正总统文物"，典藏号：002-080200-00131-029。
④ 《马鸿逵致蒋中正电》（1933年10月23日），"蒋中正总统文物"，典藏号：002-080200-00128-152。
⑤ 赵承绶：《孙殿英投靠阎锡山及其进攻宁夏的失败》，《山西文史资料》第9辑，第8页。
⑥ 《徐永昌日记》第3册，1933年10月15日，第24页。

结，以绝后患"。10 月 11 日，汪精卫将此意转告蒋介石："似百川确有决心，不过欲避免私斗嫌疑，故拟请平军分会主持而尽力辅助，事机已熟，宜即断行。"蒋介石强调当前局势中央不易出面主持，"惟现在方吉尚未歼灭、察边新编各部亦未完全整理就绪，若由平军分会直接命令，显为主持，恐彼此惊疑，反多牵涉"，建议晋系与西北三马通力合作，"作为地方问题，实行局部解决，迨事已发动，仍声诉其罪，由中央令分会主持似较适当"，① 实则对阎半信半疑，"晋阎所谓决心应付，恐亦仅驱孙离开晋绥为止"，一旦战事爆发，"则宁甘须独任其难，或将无法善后"，故而主张审慎处理孙殿英问题。②

鉴于西北朱、马联合通电反对孙部西进，马麟、马鸿逵甚至以辞职相要挟，晋绥方面又难通力合作，为安定西北政局，11 月 3 日，汪精卫向蒋介石建议"由军委会令其暂缓西行，静待后命，以免甘宁青等处震动"。③ 蒋当即表示赞同，11 月 4 日，告知朱绍良"除已电令孙军长停止西进，暂驻原地，再待后命，并电军委会陈报中央及平分会通知晋绥当局"。④ 晋系对此颇多异议，徐永昌面见黄绍竑，多所游说，黄乃致电何应钦，强调"孙性狡诈，决不轻易西开启衅，即借此逗留包宁附近，整理扩充，以待机会，该部政治部教导团皆共党主持，愈迟则为害愈大"，此举无疑"徒予扩充整理机会，殊为不利"，晋绥当局态度坚决，望中央命令西北与晋绥合而谋之。蒋介石强调孙部处置虽多迁延，固属不利，但目前"宁夏兵单，甘宁与晋绥之切实联络尚未完成，且晋绥当局负责至何程度，亦为当待考查，为留待布置之余裕及防止孙部突然攻宁计"，⑤

---

① 《汪精卫致蒋中正电》（1933 年 10 月 11 日），"蒋中正总统文物"，典藏号：002-080200-00127-017。

② 《何应钦致蒋中正电》（1933 年 10 月 31 日），"蒋中正总统文物"，典藏号：002-080200-00130-006。

③ 《汪精卫致蒋中正电》（1933 年 11 月 3 日），"蒋中正总统文物"，典藏号：002-080200-00130-083。

④ 《蒋中正致朱绍良电》（1933 年 11 月 4 日），阎锡山史料，典藏号：116-010108-0814-028。

⑤ 《何应钦致蒋中正电》（1933 年 11 月 8 日），"蒋中正总统文物"，典藏号：002-080200-00131-080。

唯有暂令孙部原地待命。

原地待命、滞留临河五原的孙殿英部可谓进退失据，"其势亦不能一朝居，是西进固恐有甘宁之阻止，不进亦难邀此间之容忍"，[①] 天气寒冷、物资缺乏，俨然已入绝境，"绥西房屋稀少，士兵八九在野露宿，值此严寒之际，实不堪其冷冻，又今岁五临歉收，粮粟无多，长此停顿，复有饥馁之虞"，[②]"如再不自谋出路，其部下必多溃变"，孙军内部主张全速西进的意见迅即占据上风，"走则可有活路，不走必困毙无疑"。[③] 恰巧福建事变爆发，中央无力他顾，而此前西南对孙又煽动不已，杨虎城亦与之暗通款曲。11 月 7 日，谢明武致电孙殿英，"现西南大计尚未完备，吾兄乘此率部西进，先定丕基，虽在艰危，不忘远大，非常事业敬佩尤殷，有需此间及粤中筹备事项，自当负责分别办理。惟情势渐趋严重，特派稚珊今日南下，约同相如、思毅两兄谒港粤诸公，商订切实办法，旬日得复，当另达闻，百川兄表示贵部达宁，备送款弹，其意极诚，虎城兄处当再与商合作"。[④] 孙殿英遂以此为契机，率部倾巢而出，通过与杨虎城联络，计划首先击败甘肃的中央军朱绍良部，"同时他让军队中的左派团体与四川红军领导人徐向前合作，计划发起反蒋运动，成为福建第二"。[⑤]

1934 年 1 月 10 日，孙殿英致电蒋介石，"职部停驻五临一带，拥挤不堪，饥寒交迫，乃与晋绥当局商洽，将沃野、临河两县荒田拨归职部开垦，以期少免拥挤，兼事开渠拓疆"，现决定于 12 日由于世铭率骑、步兵六团开赴沃野。[⑥] 沃野名为绥境，实距宁夏省城仅 40 里，寒冬腊月黄

① 《黄郛致蒋中正电》（1934 年 1 月 3 日），"蒋中正总统文物"，典藏号：002-080200-00143-042。

② 《傅作义致阎锡山电》（1934 年 1 月 8 日），阎锡山史料，典藏号：116-010101-0104-070。

③ 《石致孙蔚如电》（1934 年 1 月 28 日），阎锡山史料，典藏号：116-010108-0826-019。

④ 《谢明武致孙殿英电》（1933 年 11 月 7 日），阎锡山史料，典藏号：116-010108-0814-002。

⑤ 「中山書記官より広田外務大臣宛電報」（1934 年 1 月 4 日），JACAR（アジア歴史資料センター）：Ref. B02031827000。

⑥ 《孙殿英致蒋中正电》（1934 年 1 月 10 日），"蒋中正总统文物"，典藏号：002-080200-00144-110。

河河面结冰，孙部西进再无天堑阻碍，加之高梦琴向孙密报中央对闽军事行动遭遇挫折，"因开化有失守之说，杭州震动，八十八、八十七两师内部有哗变之部，故对闽军事，近来极不顺利"。① 一时之间，天时地利似已兼得，孙殿英乃率部进军宁夏，意欲置之死地而后生，西北政局大有牵一发而动全身之势，杨永泰对此不无忧虑地谈道："孙部西开业已证实，据报与陕之杨孙似有关联，其利用闽变，遥为呼应，亦甚明显，且有甘效闽逆联共，为川中徐匪解围之作用，晋阎只求本境无事，固未必卖力，宁马浮滑怯懦，能否坚决防阻，亦属难言，故此事已涉及西北整个问题。"②

孙殿英兵分三路，其中于世铭部为左部，由临北之蛮会绕攻石咀子；杨猴小部为右路，沿黄河南岸直袭宁夏；第一一七、第一一八两师为中路，由三盛公直驱宁夏。③ 马鸿逵为阻止孙军西进，实施坚壁清野，命令磴口、贝子地一带所有居民食粮、柴草"扫数运走"，"各处水井全被填没，并迫令人民迁移，违者即行论罪"。④ 然而孙部饥军数万，急求生路，西进初始，长驱直入。1 月 12 日，孙骑兵旅侵入磴口，13 日杨猴小部进占石咀山，此后孙部借骑兵掩护，集中围攻平罗，"孙意如平罗易下，则以全部直取宁夏，否则以一部围平罗，以大部攻宁夏"，待取得中卫之后，第一阶段计划可告完成。⑤ 客观而言，孙殿英、马鸿逵双方军队冲突，战争本身的伤亡惨烈程度极为有限，更多的破坏性影响主要来自军队对地方社会经济资源的毁灭性掠夺，如孙军袭击磴口时，"县长及各机关人员均被扣留，县政府党部均被封闭，富商大户全行绑去，市面抢掠一空，并将职连马数十匹、枪四十余枝亦被抢去"。⑥ 1 月 17 日，蒋介石严

---

① 《高梦琴致孙殿英电》（1934 年 1 月 8 日），阎锡山史料，典藏号：116-010108-0822-008。
② 《杨永泰致黄绍竑电》（1934 年 1 月 8 日），"蒋中正总统文物"，典藏号：002-080200-00144-014。
③ 《傅作义致阎锡山电》（1934 年 1 月 7 日），阎锡山史料，典藏号：116-010101-0104-073。
④ 《孙殿英致阎锡山电》（1934 年 1 月 18 日），阎锡山史料，典藏号：116-010101-0104-096。
⑤ 《傅作义致阎锡山电》（1934 年 1 月 26 日），阎锡山史料，典藏号：116-010101-0104-129。
⑥ 《马鸿逵致阎锡山电》（1934 年 1 月 20 日），阎锡山史料，典藏号：116-010101-0104-092。

令孙殿英撤回原防，"若鲁莽从事，匪特自毁前程，贻人指摘，且恐西北各军各族闻风骇惧，转增将来西行之纠纷，为国为己均有害无益，切盼恪遵命令，悬崖勒马，自动制止前进，暂行撤回原驻地点，一切听候中央之处置"。① 孙殿英丝毫不为所动，大有不达目的誓不罢休之势，1 月 21 日攻占平罗，此后率 15000 余众围攻宁夏城，马鸿逵也不甘示弱，派两旅宁军固守，双方势均力敌，战事遂呈焦灼状态。

四　各方围剿与孙部和平改编

孙殿英部 5 万余众，看似声势浩大、锐不可当，实则外强中干，不仅兵员多源自散兵游勇或强盗土匪，"乃系乌合之众，能作战者不及二万人"，"开拔后潜逃者甚多"，② 并且士兵无论是军事技能，抑或是作战意志均甚低下，乃至发生"杨猴小部因无军事智识，在平罗附近被地雷轰炸死伤三百余人"。③ 由于战事迁延不决，部队内部开始出现人心不稳的征兆，军事物资匮乏愈发严重，1 月 27 日，孙殿英致电吉子高，"前方急待补充炮弹，务希将本军在临河停止各部车辆、骆驼尽量汇集，赶速装载八二五及八二两种迫炮弹，向前运送为要"。④ 孰料雪上加霜，1 月 28 日，何应钦致电阎锡山，"闻孙军后方新兵并军用品仍继续西运不已，务祈转电绥远驻军，阻绝孙部后防一切运输接济，俾战事早日结束"，冀图晋系釜底抽薪，切断孙部后勤供给。⑤ 晋系基于现实利益与地缘政治的考量，旗帜鲜明地转向与中央、西北三马通力合作，共同制孙，山西省主席徐永

---

① 《蒋中正致孙殿英电》（1934 年 1 月 17 日），"蒋中正总统文物"，典藏号：002-080200-00145-044。

② 《康玉书致马鸿逵电》（1934 年 1 月 21 日），阎锡山史料，典藏号：116-010108-0824-038。

③ 《王靖国致阎锡山电》（1934 年 1 月 30 日），阎锡山史料，典藏号：116-010101-0104-133。

④ 《孙殿英致吉子高电》（1934 年 1 月 27 日），阎锡山史料，典藏号：116-010108-0826-005。

⑤ 《何应钦致阎锡山电》（1934 年 1 月 28 日），阎锡山史料，典藏号：116-010101-0104-139。

昌甚或认为"此事无论对国家社会，应有毅然决定，即仅就己身利害，亦不应迟至今日才有表示"。① 孙殿英腹背受敌，遭到晋军与马家军东西夹击，战场局势急转直下。

1934 年 1 月 21 日，福建事变终获解决，蒋介石意识到彻底解决孙殿英的时机已经成熟，感叹"孙匪西移，宁夏附近尚未有接触之报，但愿得邀天眷中华，由闽变而得一转危为安之机也"。② 1 月 30 日，蒋介石指示何应钦，"对孙殿英应决心根本解决，拟先令撤其青西屯垦督办名目"，同时北平军分会应与阎锡山切实交涉，"限其即日动员负责解决孙部，否则中央必派队前进，自行担任也"。③ 何应钦当即向阎锡山明言：中央已决定乘此机会铲除孙殿英，要求晋军迅速剿灭在绥宁边境之部队，并切断孙部后勤供给，"其留晋绥境内之兵工、白面等毒厂，亦请一并予以查封，以绝祸根而弭隐患"。④ 1 月 31 日，朱培德又致电阎锡山，希望晋系合力灭孙，"若由马少云一人担任，一则恐力不足，二则恐回族养大难制，中央力量又远不能及，必须晋绥出兵，方收夹击之效"，强调此举"一可为国家除害，二可减去绥西骚扰，三可洗掉晋方助孙之谣"，为消除阎锡山后顾之忧，告知剿孙行动"名义上即由中央正式下讨伐令"，孙部解决后，改编或编遣皆由晋方主持。⑤

孙殿英西进宁夏，晋系以邻为壑的目的已然实现，故而阎锡山一开始对孙马大战的态度模棱两可，"不主张对任何一方行使武力，以此来暗示反对中央军通过平绥线西进，若马鸿逵的反击使孙再次退回绥远，在此情况下则会用武力来阻止其侵入"；⑥ 随后，为避免中央军以剿孙为名进入晋

---

① 《徐永昌日记》第 3 册，1934 年 1 月 29 日，第 51 页。

② 《蒋介石日记》（手稿本），1934 年 1 月 21 日，斯坦福大学胡佛研究所档案馆藏。

③ 《蒋中正致何应钦电》（1934 年 1 月 30 日），"蒋中正总统文物"，典藏号：002-010200-00102-064。

④ 《何应钦致阎锡山电》（1934 年 1 月 30 日），阎锡山史料，典藏号：116-010101-0104-153。

⑤ 《关蕴中致阎锡山电》（1934 年 1 月 31 日），阎锡山史料，典藏号：116-010101-0104-149。

⑥ 「中山書記官より広田外務大臣宛電報」（1934 年 1 月 27 日），JACAR（アジア歴史資料センター）：Ref. B02031827100。

绥，其态度迅速发生变化。2月1日，阎锡山召集军事将领商讨是否派兵围剿，徐永昌认为"殿英年来不顾一切，竟由七团增至四十余团，终为国家巨害，此全国稍具知识人心者，无不如此着想"，最终晋系内部达成共识，"此间当毅然负责出兵"，但前提是须将宋哲元驻晋部队调离山西。① 同日，阎锡山请赵丕廉转告中央，考虑到"殿英部分甚大，我绥远驻军不敷应用，若使中央军参加，深恐设有疏失，反使我对不起中央，势必须加派驻晋部队，方有把握，但北方谣传颇多，且有明轩所部将弃察回晋之说，萧某在京曾公开言之，晋绥将领甚为疑虑，如欲晋绥军担任，将宋部现驻山西队伍悉数调走为好，以免挑拨者之借口，庶各将领可以安心悉力对孙也"。② 此时宋哲元虽已就任察哈尔省主席，但第二十九军仍有部分部队留驻山西，并且萧振瀛"向蒋介石诋毁阎有乘机夺取陕西的野心，阎宋之间渐生龃龉"。③ 阎锡山以出兵灭孙换取宋部离晋，蒋介石对此并未反对，仅示意"明轩部队早已令其离晋，当无问题，且可担保其必无他事，但若此时有所强求，反着痕迹"。2月5日，汪精卫向阎锡山转达蒋意，请阎安心，"我公出师以拯西北之危，天下响慕，必无人敢于此时有所劫持，以犯不韪也"。④ 阎锡山利用孙殿英西进青海事件成功将驻晋客军悉数调离，再次实现对山西的全面控制，第二十九军将领萧振瀛直言："阎锡山纵孙西犯，既不许他军讨伐，责其出兵，又以客军在境为推诿，惟廿九军留晋之部仅余两团，同为国军，何足引为瞻虑，其诈可知，果将该部调出，适中阎民再行闭关祸国之计。"⑤

1934年2月5日，蒋介石致电阎锡山、傅作义、朱绍良、马鸿逵，决定免去孙殿英北平军分会委员、第四十一军军长及第四十师师长各职，同时取消第四十一军及第四十师番号，"所有原第四十一军所属步兵部

---

① 《徐永昌日记》第3册，1934年2月1日，第52页。
② 《阎锡山致赵芷青电》（1934年2月1日），阎锡山史料，典藏号：116-010101-0104-157。
③ 「中山書記官より広田外務大臣宛電報」（1934年2月6日），JACAR（アジア歴史資料センター）：Ref. B02031827200。
④ 《汪精卫致阎锡山电》（1934年2月5日），阎锡山史料，典藏号：116-010101-0104-193。
⑤ 《萧振瀛致蒋中正电》（1934年2月12日），"蒋中正总统文物"，典藏号：002-080200-00147-081。

队，着交由丁旅长绖庭、刘旅长月亭负责指挥，各编成三团，其所属骑兵部队着交由于副军长世铭负责指挥，亦编成三团，均归军分会直辖，退集磴口以北地区，切实整理"，如不遵命，果断采取制裁措施。① 当天，阎锡山向蒋汇报，已令第七十师等部即日动员，统归傅作义指挥，于当月20日在临河集中待命。② 孙殿英此时本欲袭取宁夏城，但却久攻不下，损失惨重，据马鸿逵所报："孙军犯宁两次袭城未逞，损失极大，我方数次痛击，所俘虏计在八千以上，战斗力全失。"如若晋系部队西进，东西夹击，孙部必遭灭顶之灾，马鸿逵对此信心十足，"结束之期谅不远矣"。③ 2月10日，孙殿英驻北平代表金尊华向孙建议："应即速来电表示，服从撤退缩编，各旅长亦来电服从，但请由孙在防监督办理，如此，上峰或能暂准，然后缓图转圜"，否则待至傅作义、徐永昌赴平商定进兵事宜，"那时绝无办法矣"。④ 为缓解迎面而来的军事压力，2月18日，孙殿英致电蒋伯诚，暗示和平改编并非不可接受，"诸公如以为四十一军系元之旧部，对遵令撤退缩编各事尚须元暂时料理时，则元仍可于离部之前，候同分会派来之黎高级参谋帮助办理，诸公如以元可离部赴平时，则元立即遵命赴平"。⑤ 同时，孙殿英派金尊华与何应钦秘密接洽，"孙可离军队，但须中央给该部一归宿办法，俾孙安然脱离，何谓在孙未离队前，无法协商"，谈判暂时陷入停滞状态。⑥

此时何应钦亦因军费筹措焦头烂额，向蒋哀求："中央无论如何困难，每月务乞筹给十万元，以三个月为期，连中央原来补助孙军之四万元在内，实际三个月中央仅多筹十八万元耳。"蒋直言："此时中央实无款

---

① 《蒋中正致阎锡山等电》（1934年2月5日），阎锡山史料，典藏号：116-010101-0104-169。
② 《阎锡山致蒋中正电》（1934年2月5日），阎锡山史料，典藏号：116-010101-0104-171。
③ 《黄光耀致马为霖电》（1934年3月2日），阎锡山史料，典藏号：116-010108-0831-005。
④ 《北平燕致孙殿英电》（1934年2月10日），阎锡山史料，典藏号：116-010108-0828-017。
⑤ 《孙殿英致万福麟、荣臻、蒋伯诚等廿人电》（1934年2月18日），阎锡山史料，典藏号：116-010108-0828-066。
⑥ 《华觉明致何成濬电》（1934年2月18日），阎锡山史料，典藏号：116-010108-0828-069。

可出也。"① 和平解决孙部，尽速结束战事，在何应钦看来显然是最佳选择。2月19日，何应钦告知阎锡山如若孙能离开军队，接受改编，可保证孙人身安全，"惟恐其不愿来平津居住，则劝住太原亦可"，希望对孙作最后恳切之劝告。② 次日，阎锡山劝孙接受中央条件，"我兄离开部队，敬之兄力保安全，并请暂住太原，意极恳挚，我兄豁达大度，素所钦迟，际此国难方殷，务请垂念宁民困苦，勒马悬崖，毅然退让，服从命令，息事宁人，将来际会风云，东山再起，效忠党国，为日正长也"。③ 孙殿英表示若下野须中央补助30万元，"惟去冬因筹备西行，在包所做皮衣现尚欠债二十余万元，在津购置帐棚及官兵棉鞋尚欠债十余万元，职私人毫无一钱，钧座所知，此时即职虽欲私自清还，实亦无家可毁，如蒙转达分会，俾得予以补给，借资清还"。④ 2月24日，孙殿英又故作姿态，致电北平军分会高级参谋黎明，望其早日前往李刚堡协商一切。

同属西北军旧部的庞炳勋亦积极转圜其间，向何应钦提出调停办法：一是孙殿英离开部队，暂住晋察，或到平继续担任北平军分会委员；二是孙殿英部由北平军分会派员会同于世铭、刘月亭、丁綍庭改编为骑兵一旅、步兵两旅，仍由于、刘、丁三位统率，直属军分会管辖；三是孙部编遣完成后，于部骑兵驻甘边、刘部驻宁东、丁部驻绥西，部队粮饷按照编制仍由军分会照章发给，并于2月25日电劝孙殿英，"为今之计，悬崖勒马仍不失为俊杰"。⑤ 为避免西北军旧部因孙殿英事件发生异动，3月3日，北平军分会派富占魁前往李刚堡，"对孙作最后劝告"。⑥ 3月4日，

① 《何应钦致蒋中正电》（1934年3月2日），"蒋中正总统文物"，典藏号：002-080200-00151-063。
② 《何应钦致阎锡山电》（1934年2月19日），阎锡山史料，典藏号：116-010101-0104-220。
③ 《阎锡山致孙殿英电》（1934年2月20日），阎锡山史料，典藏号：116-010101-0104-221。
④ 《孙殿英致阎锡山电》（1934年2月24日），阎锡山史料，典藏号：116-010101-0104-222。
⑤ 《庞炳勋等致孙殿英电》（1934年2月25日），阎锡山史料，典藏号：116-010108-0829-038。
⑥ 《傅作义致阎锡山电》（1934年3月3日），阎锡山史料，典藏号：116-010101-0104-244。

北平军分会高级参谋黎明先行抵达李刚堡，就和平改编事宜与孙殿英进行商洽，谈判进展看似极为顺利，"殿英对中央维护极表感激，决遵微日命令办理，俟富星桥到此即离队，偕职等赴晋"，仅要求中央拨款若干予以补助，"以示奖励"。① 3月6日，阎锡山又向孙殿英转告北平军分会决定，"殿英如能即日离开军队，其所欠正当款项将来可由公家酌量筹发"。② 孙殿英信誓旦旦地说："现在只要公家能以如数筹发，钧座何日来电命职离部居住何处，职当立时遵命前往，部队当交归钧座改编遣散。"③ 此后富占魁抵达李刚堡，双方迅即就部队缩编、防地及中央补助经费进行磋商，孙要求中央拨改编费40万元，个人生活费10万元，何应钦仅允诺先给生活费两万元，此外，孙希望部队改编后，于世铭部驻盐池，刘月亭驻临河，丁綍庭驻平罗以北。3月13日，黎明致电参谋本部第二厅厅长贺耀祖，心态极为乐观，"此事不日当可解决也"。④

1934年3月18日，庞炳勋就孙事再向蒋介石求情，"殿英个人异常困苦，对本部诸人稍为安置，亦须两三万元，可否由诸兄商请何部长拨给，以示体恤"，"及今之局，孙已就范，依其禀赋，或无变二，但其左右野心共匪如韩麟符辈颇不乏人，佞口蛊惑，在在堪虑，晋军之力据以解围尚可，完全解决恐不易"。蒋介石对孙求和之举深表怀疑，"孙自攻宁失败以后，迭次表示均愿离军，听候改编，然尽属缓兵之计，今要求两三万元以安置本部诸人，则尤属托词，不免为所愚弄耳"，但顾忌西北军旧部观感，仍有所让步，"孙果有诚意，应率其左右，即日离军，则三万元经费决无问题，当可照给也"。⑤ 事实上，不仅蒋介石对孙殿英能否接受改编、遵从下野半信半疑，负责对孙作战的傅作义根据战场形势，亦判断

---

① 《黎明致贺耀祖电》（1934年3月8日），阎锡山史料，典藏号：116-010108-0832-030。

② 《阎锡山致孙殿英电》（1934年3月6日），阎锡山史料，典藏号：116-010101-0104-248。

③ 《孙殿英致阎锡山电》（1934年3月9日），阎锡山史料，典藏号：116-010101-0104-262。

④ 《黎明致贺耀祖电》（1934年3月13日），阎锡山史料，典藏号：116-010108-0833-011。

⑤ 《庞炳勋致蒋中正电》（1934年3月18日），"蒋中正总统文物"，典藏号：002-080200-00155-009。

此举乃缓兵之计，"查孙军日来对我节节抵抗，其三盛公所存军用品更竭力抓车积极西运，由以上情形判断，则殿英离军之言决非诚意，即富、黎各电，谅亦孙所捏造，借作缓兵之计"。①

果不其然，3月18日和谈突告破裂，军队是流动性军阀生存的根本所在，让孙殿英解甲归田，非至走投无路的最后时刻绝非易事，孙殿英驻津代表就曾明言："如此应付环境一时权宜计，必须择患难生死有历史可证者方可，与一军权，一切对外交涉仍须自为之较好，不能假手于人。"② 孙殿英斥责北平军分会"误听某方报告，谓职部不难以军事解决，竟忽电命富、黎等即日返平，一切不谈"，黎明、富占魁当晚启程返平，次日孙殿英致电阎锡山，将责任归咎于中央，"中央如推诚相待，即应将职部事宜交由钧座处理，无如事有不然而枝节横生，职至今日正不知流涕之何从也"，③ 同时意图猛攻宁夏省垣，做最后之挣扎。孰料3月18日第一一七师师长丁綮庭突然临阵倒戈，率部与马鸿逵接洽投诚事宜，孙部分崩离析，孙殿英负隅顽抗的资本已不复存在。待19日获悉丁部投诚后，其态度立即反转，又致电尚在磴口的黎明、富占魁，望其在磴口等候，他将亲赴磴口面商改编事宜，并欲随富东去。同时，孙殿英向阎锡山表明了下野的决心，"现各部已遵照军分会微日电令办理，职当已即日离部赶赴磴口，黎、富等现均在磴候职，一俟晤面即随之同行也"。④ 晋绥军将领王靖国鉴于"孙突然表明态度，似有急转直下之势"，判断"或系彼方内部发生变化"，立即采取军事行动，"即令骑兵星夜兼程，向石咀子挺进，以期占领石咀子要隘，以便尔后一切易于解决，并令王旅全部兼程推进至磴口"。⑤ 同时傅作

① 《傅作义致阎锡山电》（1934年3月16日），阎锡山史料，典藏号：116-010101-0104-275。

② 《天津清致孙殿英电》（1934年3月18日），阎锡山史料，典藏号：116-010108-0833-046。

③ 《孙殿英致阎锡山电》（1934年3月19日），阎锡山史料，典藏号：116-010101-0104-263。

④ 《孙殿英致阎锡山电》（1934年3月19日），阎锡山史料，典藏号：116-010101-0104-264。

⑤ 《王靖国致阎锡山电》（1934年3月22日），阎锡山史料，典藏号：116-010101-0104-290。

义派员与孙军各将领秘密联络，发给委任状，"一面将分会收编意旨向各将领留绥家属剖切宣谕，迨我军克复磴口，进攻石咀，孙逆率部西窜，无如各将领已纷纷派员接洽投诚，其西窜之计遂成画饼，孙不得已即表示离军北赴磴口，而其残余部队现均集合磴口之间，希冀改编，实予我以彻底解决之机会"。傅作义颇为得意，3 月 23 日向蒋感叹："不意初认为不易实现之理想，今竟得实现之良机，诚国家如天之福也。"①

孙殿英自知已陷山穷水尽之境地，无任何与中央讨价还价的筹码，就下野改编一事，向黎明示意"部队如何，渠不闻问"，唯求"将各部调开，不落马鸿逵手，便为甘心"。② 3 月 24 日，孙殿英致电高梦琴，望其立即与阎锡山接洽，"总司令如以弟住并，不致与总司令增加烦难时，弟即赴并居住"。③ 阎锡山当即答复：殿英兄来并居住，于我不致为难。3 月 28 日，孙殿英抵达太原，徐永昌感慨系之："前昨两日敬之有电令保护，明轩转电来慰问，然则数月前，敬之云必戕之，明轩云决不与土匪为伍。乱世英雄多，孙殿英果其一耶！"④ 引起华北、西北数省轩然大波之孙殿英西进青海事件，至此告一段落。

五　余论

1933 年察省事变的爆发使察绥局势急剧复杂化，本属华北政治边缘势力的孙殿英部因缘际会成为影响各方势力平衡的关键所在，其政治态度游移于冯玉祥与中央政府之间，本欲左右逢源，反引发各方猜忌。为转移中央军事压力、维护自身生存，孙殿英提出屯垦西北、远离政治旋涡的设想。与此同时，国民政府基于分化冯、孙的目的，对孙殿英屯垦青海未持

---

① 《傅作义致蒋中正电》（1934 年 3 月 23 日），"蒋中正总统文物"，典藏号：002-080200-00156-028。

② 《黎明致何应钦电》（1934 年 3 月 23 日），阎锡山史料，典藏号：116-010108-0834-028。

③ 《孙殿英致高梦琴电》（1934 年 3 月 24 日），阎锡山史料，典藏号：116-010108-0834-037。

④ 《徐永昌日记》第 3 册，1934 年 3 月 28 日，第 75~76 页。

异议，将计就计，意欲以邻为壑、引祸西去，何应钦对此直言不讳，"孙不调开，察事终难彻底解决，且此类部队若不开往边疆垦殖实边，内地各省实亦无法消纳"。[①] 双方迅即达成共识，孙殿英率部进入临河、五原。此后孙殿英积极与西南、杨虎城等地方实力派秘密联络，并吸纳土匪等边缘社会群体迅速扩充兵员，更涸泽而渔式地攫取地方经济资源，不仅使西北三马掀起声势浩大的拒孙运动，晋绥系更因之坐立不安。为策动孙部西开，阎锡山恩威并施，一方面向孙部许诺规模宏大的经济军事援助，另一方面又向其施加巨大的军事压力。孙殿英此时因部众迅速扩张，财赋饷项无以为继，乃决定破釜沉舟，利用福建事变爆发、中央无力西顾的契机，冀图依靠晋系援助，在黄河冰冻之时，率部西进宁夏。然而待至孙部西移，孙马战事爆发，阎锡山态度立即转向与国民政府、西北三马合作，共同围剿孙部。随着战事延续不绝，东西夹击之下，孙部因现实困境土崩瓦解，孙殿英最终被迫接受改编，隐居晋祠。引发北方政局轩然大波的孙殿英西进事件，本质仍旧是流动性军阀谋求生存、国民政府各方势力因应处置所展现出来的矛盾冲突的另类面相。通过对孙殿英西进青海事件的再考察，正可窥视流动性军阀的生存逻辑以及国民政府中央与地方关系的复杂形态。

首先，流动性军阀作为 20 世纪中国社会从传统走向近代这一过渡时期的产物，"以私恩结合部下，以采邑待遇防区，其志不过求达升官发财之目的，或借此以为保全权位之工具而已"，[②] 其本质仍旧是传统私兵体制在近代社会的特殊呈现。相较于控制部分区域的地方实力派而言，流动性军阀呈现出鲜明的特性：就财政而言，流动性军阀始终无法建立完善的财赋税收系统，需要依靠中央政府或地方实力派的经济援助方能维持生存，如若中央、地方实力派态度变化，经济困境将难以避免，为维持生存，唯有涸泽而渔式地攫取社会经济资源，难免引发社会各阶层的普遍反对，社会道义性与政治合法性亦随之丧失殆尽；就兵员构成而言，流动性

---

① 《何应钦致蒋中正电》（1933 年 6 月 19 日），"蒋中正总统文物"，典藏号：002-080200-00098-068。

② 《社评：孙殿英失败之重要性》，天津《大公报》1934 年 3 月 30 日，第 2 版。

军阀缺乏固定的兵员招募组织，通过吸纳土匪流寇等社会边缘群体扩充兵员，导致军队训练有名无实、战斗力极为低下，军纪堪忧；就军队武器装备而言，流动性军阀缺乏足够的经济资源来获取新式军事装备，往往需要依赖中央政府或其他地方实力派的援助与支持，致使自身的独立性受到诸多限制；就行为准则而言，流动性军阀呈现出个人忠诚与政治忠诚的分离，孙殿英与阎锡山的关系从合作到对立再到收容，再次展现出军阀之间由政治利益造成的暂时结合或敌对，毫不影响彼此之间紧密的个人关系。[1] 吊诡的是，正因缺乏固定的统治区域，流动性军阀在兵员、武器、财政等方面难以获得独立性支持，生存焦虑贯穿始终，也就更加侧重掠取地方经济资源来扩充军事实力，使地方社会秩序紊乱、经济资源枯竭，反而更无从建立起稳固的地域控制，如金尊华向徐永昌所言："孙部决不再回绥西，并云临河以西已经吃干，二月间地方就得你们去赈济，更云宁夏打到这样，也不能再住。"[2] 周而复始，恶性循环之下，流动性军阀唯有寄希望于各种政治力量的援助，政治态度呈现出游移与善变的特性。

其次，蒋介石之所以能够崛起为国民党的新领袖，并在随后的北伐战争中战胜各路军阀，最重要的原因就是他成功控制了上海以及富庶的长江下游地区，能够充分利用这一区域丰富的财政资源。[3] 1928 年南京国民政府建政后，蒋介石通过与江浙财阀合作，同时依靠宋子文展开财税改革，掌握了关税、统税、盐税的控制权，其相较于各地方实力派，财政资源优势愈发明显。因此无论是阎锡山等地方实力派，抑或是如孙殿英般的流动性军阀，均须仰赖中央的经济支持，中央亦能够以财政援助为突破口，利用地方实力派、流动性军阀对生存资源的强烈渴求，成功落实其政治主张。故而，当蒋介石决定实施以阎剿孙的计划之时，为促使晋系早日出

---

① 齐锡生：《中国的军阀政治（1916~1928）》，杨云若、萧延中译，中国人民大学出版社，2010，第 154 页。

② 《徐永昌致阎锡山电》（1934 年 2 月 20 日），阎锡山史料，典藏号：116-010101-0104-224。

③ 李怀印：《集中化地方主义与近代国家建设——民国北京政府时期军阀政治的再认识》，《近代史研究》2018 年第 5 期，第 80~81 页。

兵，朱培德向阎许诺："在中央财力可能内，皆能认可。"① 晋系此刻正深陷经济困境，"山西军费每月所需三十五万，然而山西本省农业疲敝，去往外省务工者颇多，商人破产之事也频频出现，因此省内贫困至极，无途筹措军费"，② 当中央抛出财政援助的条件之时，阎锡山自然无法拒绝。财政资源成为国民政府维持政权形式统一的重要工具与杠杆。但与此同时，诸如流动性军阀等各类地方势力之所以能够长期存在，恰恰又在于国民政府军事财政资源的有限性，其自身的财政资源优势尚不足以支撑其实现纷繁复杂的地方统合计划。即便蒋介石亦认识到"孙殿英本人如不照律处治，将来不惟为中国大患，而且为北方殷忧"，③ 本欲调商震部西进彻底围剿，但考虑到现实政治经济因素，仍旧不免走向妥协，诚如何应钦向蒋介石所言："孙殿英部经宁绥两军夹击，已成崩溃之势，惟为解决迅速计，暂时对其投诚部队仍不能不酌予收编，以免溃窜为患。查分会所发孙部军费月仅廿二万元，而晋绥军出动部队战务费月支廿三万元，移彼注此，已不敷万元，如商启予部再行开拔，费用实无所出，可否暂缓开拔。"④ 分化瓦解、和平改编成为蒋介石处理地方反对势力的主要路径。

最后，相较于流动性军阀，地方实力派拥有更为稳固的统治区域，为维持存在、维系自身统治的合法性，确保地盘内部社会秩序的稳定就成为其行为逻辑的关键所在，晋系在孙殿英西进青海的过程中，从策动西进、以邻为壑转向合力围剿，看似前后矛盾，实则内在逻辑并无二致，傅作义就曾向阎锡山感慨道："自军事发动，我方处境之难迥异寻常，分会信马谮言，既疑我袒护殿英，而殿英不谅，又谓我实力压迫，果使其回驻绥

① 《关蕴中致阎锡山电》（1934 年 1 月 31 日），阎锡山史料，典藏号：116-010101-0104-149。

② 「中山書記官より広田外務大臣宛電報」（1934 年 2 月 28 日），JACAR（アジア歴史資料センター）：Ref. B02031827200。

③ 《蒋中正致汪精卫电》（1934 年 4 月 3 日），"蒋中正总统文物"，典藏号：002-010200-00111-006。

④ 《何应钦致蒋中正电》（1934 年 3 月 23 日），"蒋中正总统文物"，典藏号：002-080200-00155-118。

西，不仅难以应付分会，且我年来送孙出境工作尽成画饼，刻与之一战，非仅地方糜烂，且使殿英恨我，而欲我与殿英决裂者窃笑也。"① 问题是北平军分会作为国民政府中央在华北的派出机关，本应以国民政府的整体利益为依归，但在处理察省事件的过程中，同样采取以邻为壑的地方主义路径，蒋介石对此亦颇感无奈，称："敬膺诸兄谓孙之名义不发表，不能促令调离平绥沿线，有此大梗，则察事解决无论和平或军事均感势有不能，此则最足参考之理由，然此种以邻为壑之临时办法，固无怪青海宁夏诸马之顿起恐慌也。"② 由此亦可知悉，军阀时代所展现出的地方主义仍旧对完成形式统一的国民政府施政与政策制定产生潜在的影响。更为重要的是，华北地区自 1930 年中原大战结束后由国民政府与张学良合作构建的政治架构，随着长城抗战的爆发逐渐被打破，此前张学良冀图利用西北军旧部与晋绥系相互钳制的局面荡然无存，宋哲元以解决察哈尔抗日同盟军为契机成功获得察哈尔省的控制权，阎锡山更是利用孙殿英西进青海事件，不仅兵不血刃地将孙殿英驻晋城部队礼送出境，更成功要挟中央将宋哲元驻晋部队调离，萧振瀛就曾公然斥责道："阎氏狡诈，他人均为所愚，惟钧座洞烛其奸，自有客军入晋，阎氏不敢公然为非，此次借词讨孙，又欲骗出客军，再蹈前辙。"③ 孙殿英西进青海事件之后，华北政治格局遂即进入一个新的时期，逐步形成东北军主冀、韩复榘掌鲁、宋哲元控察、阎锡山独霸晋绥的多元复杂局面。

〔贺江枫，南开大学历史学院〕

---

① 《傅作义致阎锡山电》（1934 年 4 月 6 日），阎锡山史料，典藏号：116-010101-0104-334。

② 《汪精卫致蒋中正电》（1933 年 6 月 23 日），"蒋中正总统文物"，典藏号：002-080200-00099-106。

③ 《萧振瀛致蒋中正电》（1934 年 2 月 12 日），"蒋中正总统文物"，典藏号：002-080200-00147-082。

国民政府时期福建特种区考论（1935~1945）

叶　鹏

内容提要　1935~1945 年，福建先后设有 12 处特种区，其设置始于国民政府在基层推行的"分区设署"政策，最初参考了江西特别区政治局的设置模式。1935 年开始分设区署时，福建省府提高了部分普通区署的权责、经费，称之为特种区，仍为县辖政区；1937 年厘定职权、强化机构、划定边界，使其成为准县级政区；1940 年后因推行新县制，或升县，或降为普通区，仅周墩、柘洋二区作为预备设县单位予以保留，职掌已与县相仿，至 1945 年正式改县。随着基层分区制度不断调整，特种区规制逐渐向县制轨道靠近，但因区域小、人口少，内生设治动力有限，只有少数升格为县。特种区的置废历程不仅是福建区域社会发展的重要见证，同时也深刻反映了县辖政区的演化逻辑。

关键词　国民政府时期　福建　特种区　县辖政区

对县以下行政区划（或称县辖政区、次县级政区）的研究是历史政区地理的重要拓展方向之一，近年来备受关注。[①] 已有论者指出，清代县

---

① 周振鹤先生曾提出应专门编撰一部县级以下的行政区划通史，参见周振鹤、陈琍《清代上海县以下区划的空间结构试探——基于上海道契档案的数据处理与分析》，中国地理学会历史地理专业委员会《历史地理》编辑委员会编《历史地理》第 25 辑，上海人民出版社，2011，第 124~148 页。对县辖政区的讨论可参考余蔚《宋代的县级政区和县以下政区》，中国地理学会历史地理专业委员会《历史地理》编辑委员会编《历史地理》第 21 辑，上海人民出版社，2006，第 73~86 页；张研《清代县以下行政区划》，《安徽史学》2009 年第 1 期；傅林祥《清雍正年间的次县级行政机构及其职能探析》，《清史研究》2011 年第 2 期；贺曲夫《县下辖市与推进自治——我国县辖政区的发展与改革研究》，中国经济出版社，2012。

辖政区与县级政区互有转换关系，[①] 其逻辑是设县需要长期开发，鲜有骤然升降，因此研究县辖政区能够为我们理解行政区划变迁的内在规律提供帮助。而在县辖政区的演化过程中，民国时期的县下分区制度又颇为重要，但目前学界讨论尚不充分。[②]

特种区是 20 世纪 30~40 年代存在于福建的一种行政区划，与国民政府基层区制密切相关，极富研究价值。其沿革前人已有粗略考订，不过错讹不少，亦未阐明制度细节。[③] 有鉴于此，我们有必要加强研究，揭示特种区的设置缘由，考订各区沿革，并讨论其性质、职权的变化，以期加深对民国基层分区制度的认识，并为理解县辖政区的演化路径增添具体例证。

一 "特种区" 释名及其设置缘由

特种区一名见于公文之中，当是正式名称，有时也简称为特区。其中"特种"二字即特殊、特别之意。民国时，多在一些异于通行制度的政区名称前冠以"特种""特别"字样，以示区别，如热河特别区（省级）、

---

① 胡恒：《皇权不下县？——清代县辖政区与基层社会治理》，北京师范大学出版社，2015，第 6、254~300 页。

② 相关研究多从基层行政角度切入，或与乡镇制度相结合，对分区体系的变革、县辖政区的置废轨迹缺乏足够关注。如魏光奇《官治与自治——20 世纪上半期的中国县制》，商务印书馆，2004，第 206~211 页；游欢孙《地方自治与近代江南县以下行政区划的演变——兼论商业市镇的政区实体化》，《中国历史地理论丛》2011 年第 2 期；吕挺《清末民国江南基层政区变迁研究》，硕士学位论文，江西师范大学，2013；江伟涛《基层政区变动视角下的民国江南城镇化水平——以吴江、平湖两县为例》，中国地理学会历史地理专业委员会《历史地理》编辑委员会编《历史地理》第 32 辑，上海人民出版社，2015，第 163~174 页。

③ 历史政区研究者未将特种区视为县级单位，故著述中大多不提；福建地方文史工作者考订较全，但仅记条目，未能详细说明置废情形。参见郑宝恒《民国时期政区沿革》，湖北教育出版社，2000，第 334 页；傅林祥、郑宝恒《中国行政区划通史·中华民国卷》，复旦大学出版社，2017，第 256~260 页；福建省档案馆编《民国福建省行政区划》，福建省档案馆，1988，第 5~12 页；汤洪潮编《民国福建省地方政权机构沿革资料（1911~1949）》，福建人民出版社，1994，第 100~101 页。此外，项浩男则从县政府组织角度考察了特种区署的地位，参见项浩男《国民政府时期的县组织研究（1927~1945）》，博士学位论文，北京大学，2021，第 237~251 页。

上海特别市（省级）、甘肃的湟惠渠特种乡（为管理局，县级）等。[①] "区"字则有两种意思：一是泛指区域，如江西曾设特别区政治局（下文简称"特政局"，县级），所谓"特别区"即特殊区域之意，并不强调行政属性；二是县以下一级行政单位的通名，即区公所、区署之区。福建各特种区脱胎于普通区[②]，撤销后又多降为普通区，这里的"区"显然属于第二类含义。因此，从字面上看，特种区即特殊的区署。[③]

那么，福建为何会出现这一特殊政区呢？最根本的原因在于现实的行政需求。一方面，从历史脉络上看，清代由于催税不易，大量分驻佐贰官参与赋税征解，福建亦逐渐出现了十余处分征县丞，形成相对独立的辖境。[④] 民国初年，继之而起的县佐仍"掌理巡檄、弹压"，多有催科之责，[⑤] 到 20 世纪 20 年代末，县佐改为公安分局，之后虽设区公所，控制力度仍显著下降。所谓"洎至民元，废佐归县，对于政令，上行下达，每感困难，论者病之"，[⑥] 如顺昌县的仁寿裁撤县佐后，便因距城遥远，"催收粮税及征送新兵等等倍感困难"，[⑦] 工作难以推行。另一方面，一些新兴市镇也因制度缺位，无从强化管理。可以说，基层行政力量的整体削弱刺激了在重点地区设官治理的需求。随着国民政府对基层的控制意图日

[①] 由于意思相近，"特种""特别"两词常常混用。如天津特别市曾被称作特种市，福建的特种区也曾被称为特别区，见《刘不同提议改天津为特种市》，天津《益世报》1931年 5 月 1 日，第 7 版；《闽省府设特别区署》，《申报》1935 年 3 月 25 日，第 7 版。

[②] 为便于区分，对于一般的区署本文依原始档案中的名称，一律称作普通区。

[③] 抗战时，福建之外也曾出现过几处"特种区"，如 1939 年 6 月重庆因受空袭，拟调整区划，将全市划为"工业区、商业区、教育区等专门特种区"，类似于"城市功能区"；1943 年因抗日需要，浙江省拟将丽水县碧湖区"改为特种编制"，亦称"特种区"。但这些同名者设置时间较晚，所谓设区活动实则亦无下文，本文研究仅限于福建一省。见《党方畏惧空袭、渝分设特种区》，《新申报》1939 年 6 月 3 日，第 1 版；《碧湖拟改设特种区署》，《东南日报》1943 年 12 月 1 日，第 3 版。

[④] 有部分分征县丞甚至转化为了县级政区，如云霄、平潭、金门三地经不断升格，在民国初年先后设县。胡恒：《清代福建分征县丞与钱粮征收》，《中国社会经济史研究》2012年第 2 期。

[⑤] 《县佐官制》，《中华民国法令大全补编》，商务印书馆，1915，第 123 页。

[⑥] 《呈为将周墩改设六等县以收郊治》（1940 年 1 月），福建省档案馆藏（下文简称"闽档"），档案号：11-5-3824-3。

[⑦] 《顺昌县请将仁寿区改为特种区上洋仍划管辖呈》（1938 年 4 月 13 日），闽档，档案号：11-6-3836-3。

益加强，尤其在 20 世纪 30 年代初，福建先后爆发苏维埃革命、福建事变，作为回应，国民政府于 1934 年 4 月在全闽分设 7 个行政督察专员公署（下文简称"专署"），① 1935 年 2 月又设立驻闽绥靖主任公署，② 加强管控力度乃大势所趋。

从直接的制度渊源上看，特种区制的诞生得益于 1935 年推行的"分区设署"之政。20 世纪 20 年代末，国民政府开始"按户口及地方情形"分设区公所，③ 1929 年 10 月出台的《区自治施行法》规定了区作为基层自治单位的权责，④ 但因推行不力，实际效果有限。1935 年 1 月，《"剿匪"省份各县分区设署办法大纲》（下文简称《大纲》）颁布，东南各省的区公所改制为区署，区名以数字为序，区长不再经区民选举而由县长遴选，区署经费不再由地方征集而是列入县政府预算。⑤ 此后，区署"乃为官治之行政机关，绝非向日之自治组织"。⑥ 特种区正是在此大环境下诞生的。

邻省江西的特政局则是福建最初设置特种区时的参照对象。1933 年 7 月，因与红军对峙，国民党方面欲在江西一些地区置特政局，受"剿总"与江西省府双重领导，处理区内一切政务，级别与县相当。⑦ 首批特政局设于藤田、龙岗、凤岗、新丰，⑧ 次年 1 月增置找桥、慈化、洋溪三局。⑨ 湖北也曾援例在鄂东南地区战事不断、位置偏远的大畈市置特政局。⑩ 可

---

① 《闽省分区设置行政专员》，《申报》1934 年 4 月 3 日，第 8 版。
② 《驻闽绥靖主任公署组织条例》，中国第二历史档案馆编《国民党政府政治制度档案史料选编》上册，安徽教育出版社，1994，第 535~536 页。
③ 《县组织法》，《国民党政府政治制度档案史料选编》下册，第 524~529 页。
④ 《区自治施行法》，《国民政府公报》第 285 号，1929 年 10 月 3 日，第 1~11 页。
⑤ 《"剿匪"省份各县分区设署办法大纲》，《国民党政府政治制度档案史料选编》上册，第 530~535 页。
⑥ 《军事委员会委员长行营政治工作报告》，沈云龙主编《近代中国史料丛刊·三编》第 25 辑，文海出版社，1986，第 14 页。
⑦ 《江西省特别区政治局组织条例》，《江西省政府公报》第 58 期，1933 年 8 月 10 日，第 7~9 页。
⑧ 《赣省匪区划设四政治局》，《申报》1933 年 8 月 7 日，第 11 版。
⑨ 《找桥、慈化、洋溪三特别区划区图说》，《军政旬刊》第 11 期，1934 年 1 月 30 日，第 19~20 页。
⑩ 《鄂南残匪图再袭湘鄂路》，《申报》1934 年 1 月 15 日，第 9 版。

见其多因军事需要而设，暂划出一块区域，当地可能并无长期设治必要。
民国时人便评论道：

> 特别区政治局是发动政治力量的一个新兴机关，他负责的任务是
> 于军事进剿以后，如何肃清散匪、如何召集被欺骗麻醉的民众归来，
> 并如何组织他们、训练他们。[1]

如其所言，特政局更像一种"善后组织"。1934 年底，红军主力
长征，江西军事压力大减，特政局遂于次年 3 月一律撤销。[2] 特政局虽
昙花一现，但划出特殊区域以强化管理的做法被福建省借鉴。不过与
特政局浓厚的军事色彩不同，福建的特种区重在处理地方政务，包括
财税、治安等方面，是较纯粹的行政组织，这一点值得我们留意。

1935 年初，福建正式筹备推行"分区设署"，[3] 相关工作首先在闽
侯、长乐等十县展开，每县划为 3~4 区，渐次推进。[4] 3 月底，福建省
府拟仿照江西的特政局，在南日、三都、周墩、安海、石码、上洋六
地设政治局，处理警匪、财税等事务，[5] 经讨论，最终选定禾山、南
日、三都、上洋、周墩、柘洋六处设立特种区，"提高职权、宽给经
费"，[6] 不过实际仅禾山、南日、三都三区"准予备查"，其余三区则
"照普通区署略有扩充"，暂未获得特种区地位，[7] 特种区建置自此正式
确立。

---

① 慕农：《特别区政治局的任务和策略》，《汗血周刊》第 24 期，1933 年 12 月 18 日，第
  15 页。
② 《指示结束各特别区政治局办法》，《江西省政府公报》第 130 号，1935 年 3 月 6 日，第
  5 页。
③ 《闽民厅计划分区设署》，《申报》1935 年 1 月 19 日，第 11 版。
④ 《闽各县分区设署》，《申报》1935 年 4 月 12 日，第 8 版。
⑤ 《闽省行政制度变更》，《申报》1935 年 3 月 3 日，第 9 版。
⑥ 《闽省设置禾山等八处特种区署》（1936 年 10 月 23 日），中国第二历史档案馆藏（下文
  简称"二档"），档案号：12-00173-0051。
⑦ 福建省政府秘书处编印《县政概况》，1939，第 68 页。

二　各特种区的建置情况

特种区"系依特殊情形设置，所以历年均有变更"，[①] 建置状况颇为复杂，其历史脉络、沿革过程、置废缘由，均需进一步考察。1935~1945年，福建先后设置了 12 处特种区（见图 1），现以初置时间为序，依次考述如下。

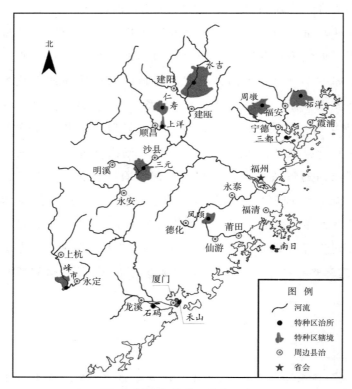

图 1　福建各特种区分布示意

说明：此图仅指示相对位置，不代表各特种区同时存在。

资料来源：福建省地方志编纂委员会编《福建省历史地图集》，福建省地图出版社，2004，第 56~57 页。笔者改绘。

[①]　陈襄：《本省现有县市和特种区》，《闽政月刊》第 3 期，1941 年，第 72 页。

禾山特种区。治所在今厦门市湖里区禾山街道，原属思明县，全境位于厦门岛上，与厦门市相邻。1935 年 4 月撤销思明县，在厦门岛西部设厦门市，于禾山置一等特种区管辖市区外其余地段，① 属同安县，后相对独立。1937 年 9 月，因战争迫近，特种区与市府权责龃龉有碍备战，遂被裁撤。② 按"分区设署"规制，本应划归同安县，但因地处海岛，为行政便利起见，由厦门市管辖。当年 12 月，禾山特种区正式撤销。③

三都特种区。治所在今宁德市蕉城区三都镇，原属宁德县，辖三都岛及周边岛屿，处三都湾中，为闽东北重要港口。光绪二十五年（1899）开放通商，驻海防同知，并设福海关，逐渐发展为与福州、厦门齐名的福建三大港之一；④ 民国初年置宁德县佐，后裁；1935 年 4 月，设三等特种区，计划建设仓库、码头，垦荒植树，以谋发展；⑤ 1937 年 6 月，青山、斗帽等四岛由宁德划归三都；⑥ 抗战时成为重要的物资集散口岸，因屡遭空袭，人口大减；1939 年 3 月裁撤，改为宁德县第一区三都镇。⑦

南日特种区。治所在今莆田市秀屿区南日镇，辖南日岛及周边岛屿，也称南日岛特种区，是福建沿海重要的渔盐产区。该岛明清时分属福清、莆田两县，主要由福清派员管辖，原有巡检司，清嘉庆二年（1797）驻分征县丞，1916 年设福清县佐，国民政府成立后不久全岛划归福清。1935 年 4 月，置三等特种区，同年 9 月改称福清县第四区，次年底复称特种区。⑧ 1939 年冬，全岛被日军占领，次年 4 月收复。⑨ 本拟划回福清，但区长罗一枬呈报当地风俗民情、交通经济等均与莆田相近，故于 5 月底

① 《厦市府定明日成立》，《申报》1935 年 3 月 31 日，第 14 版。
② 《将禾山特种区改组为厦门禾山区》（1937 年 9 月 23 日），二档，档案号：12-00173-0095。
③ 《奉令核示禾山特种区改组情形》（1937 年 12 月 11 日），闽档，档案号：11-5-3833-17。
④ 东亚同文会编《支那省别全志·福建省》，东亚同文会，1917，第 67～70 页。
⑤ 《闽建厅开辟三都澳》，《时事新报》1935 年 7 月 23 日，第 2 版。
⑥ 《三都特种区呈区界不明恳予重新划定》（1937 年 6 月 7 日），闽档，档案号：11-7-4926-1。
⑦ 宁德市地方志编纂委员会编《宁德市志》，中华书局，2000，第 51 页。
⑧ 民国《南日岛志》卷一《沿革》，《中国地方志集成·乡镇志专辑》第 26 册，上海书店出版社，1992 年影印本，第 897 页上栏。
⑨ 《闽东岛屿相继收复》，《申报》1940 年 5 月 16 日，第 8 版。

改为莆田县第七区。[1]

上洋特种区。治所在今顺昌县洋口镇，清初原属瓯宁县，地处富屯溪北岸，也称上洋口特种区，是闽江上游重要的商品集散市镇。明成化年间（1465~1487）已有街市，乾隆三十五年（1770）驻通判，民国初建安、瓯宁两县合并为建瓯县，上洋设建瓯县佐。[2] 1933 年以顺昌面积狭小，而上洋"人口稠密，财力颇裕"且距建瓯县城过远，拟划归顺昌，[3] 但未实行。1935 年 6 月置二等特种区，次年改属顺昌，[4] 后相对独立。1938 年 10 月，划顺昌县地设仁寿特种区，顺昌所存区域过小，省府经过权衡，最终决定将上洋降为顺昌县第三区。[5]

周墩特种区。治所在今周宁县狮城镇，原属宁德县，位于闽东北山区，与寿宁、政和等县交界。明初设巡检司，嘉靖间设主簿，称"东洋行县"，清雍正十二年（1734）置县丞，征解宁德西北乡赋税。[6] 1916 年底因距县城较远、盗匪猖獗，当地人请求设县，囿于经费，未能成功，遂设县佐，1933 年改为宁德县第五区。[7] 1935 年 6 月置三等特种区，次年 2 月改称宁德县第三区，至 1936 年底复称特种区。[8] 1940 年 1 月，本拟降为普通区，但因地处闽东山区，军事价值较高，暂时予以保留，并筹划设县。[9] 1945 年 8 月升为周宁县。[10]

---

[1] 《南日岛划归莆田县管辖》（1941 年 1 月 20 日），闽档，档案号：11-7-4990-1。

[2] 民国《建瓯县志》卷六《城市》，《中国地方志集成·福建府县志辑》第 6 册，上海书店出版社，2000 年影印本，第 435 页下栏。

[3] 蒋光鼐等：《上洋口划归顺昌县管辖案审查报告》，《团务月刊》第 6 期，1933 年，第 63~64 页。

[4] 王际儒整理《洋口沿革与区划简介》，《顺昌文史资料》第 7 辑（内部资料），1989，第 10 页。

[5] 高登艇：《仁寿特种区设置经过》，《闽政月刊》第 3 期，1938 年，第 31 页。

[6] 民国《周墩区志》卷一《舆地志》，《中国地方志集成·乡镇志专辑》第 26 册，第 847 页上栏。

[7] 《福建省长咨文》，民国《周墩区志》卷五《艺文志》，《中国地方志集成·乡镇志专辑》第 26 册，第 882 页下栏。

[8] 《宁德市志》，第 51 页。

[9] 《周墩、柘洋两特种区署拟暂仍旧设置》（1940 年 2 月 6 日），闽档，档案号：11-5-3824-2。

[10] 俞飞鹏：《福建省周墩特种区升县命名周宁》，《交通公报》第 12 期，1945 年，第 91 页。

柘洋特种区。治所在今柘荣县双城镇，原属霞浦县，僻处山间，与福鼎、福安等县交界。明正统时设巡检司，清康熙年间裁；乾隆八年（1743）复置，1912年又裁。① 柘洋距霞浦县治逾120公里，管理不便，遂于1935年6月置三等特种区，旋改称霞浦县第四区，1936年底复称特种区。1940年初本拟裁撤，但与周墩相似，因地理位置重要，出于抗战大局考量，筹备设县，仍暂独立设区。② 1945年9月升为柘荣县。③

石码特种区。治所在今漳州市龙海区石码街道，原属龙溪县，地处九龙江南岸，商贸鼎盛。清康熙年间驻巡检司，乾隆七年改驻通判，民国初年有设县动议，但未实现，仅置县佐。④ 1936年7月，因政务繁杂，在石码成立二等特种区，以龙溪县第三、第四两区为辖境。⑤ 1938年5月，厦门沦陷之后，石码"税收锐减，行政费无从维持"，因而请求并入龙溪。⑥当地虽有"特区尚未沦亡，即予裁撤，何以慰区民望治之殷"的反对意见，⑦ 但未得到支持。当年8月改为龙溪县第六区。⑧

峰市特种区。治所在今龙岩市永定区峰市镇，原属上杭县，地处汀江西岸、闽粤两省交界处，是闽西重要的省际贸易口岸。清雍正十二年（1734）驻分征县丞，民国初年改设县佐。1936年11月，因其为"闽西入粤孔道"，位置紧要，故设三等特种区。⑨ 1938年7月，峰市旅粤商会以地狭人稀、商困民贫为由，电请内政部撤销特种区，仍归上杭管辖，但未获准。⑩ 当年

① 民国《霞浦县志》卷七《建筑》，《中国地方志集成·福建府县志辑》第13册，上海书店出版社，2000年影印本，第77页上栏。
② 《周墩等四特种区应否分别先后定期裁撤请示由》（1940年3月13日），闽档，档案号：11-7-4970-17。
③ 俞飞鹏：《福建省柘洋特种区改升柘荣县》，《交通公报》第15期，1945年，第110页。
④ 民国《石码镇志》卷一《地理·疆界》，《中国地方志集成·乡镇志专辑》第26册，第745页。
⑤ 《石码划为特种区闽省府委任区署长》，《中央日报》1936年7月4日，第3版。
⑥ 《石码归并龙溪县划为第六区经过情形》（1938年10月28日），二档，档案号：12-00248-0011。
⑦ 《电请转闽省府维持石码特区》（1938年8月17日），二档，档案号：12-00248-0003。
⑧ 可人：《抗战八年石码小志》，《龙海文史资料》第3辑（内部资料），1983，第29～30页。
⑨ 《闽在上杭设特种区署》，《申报》1936年11月28日，第4版。
⑩ 《将峰市改为普通区仍归上杭县管辖七点意见》（1938年7月14日），二档，档案号：12-00187-0021。

10 月，升二等特种区。① 1940 年 3 月底裁撤，改为永定县第五区。②

　　仁寿特种区。治所在今顺昌县仁寿镇，原属顺昌县，僻处山间，与建瓯、建阳等县交界。原有巡检司，清雍正十二年移驻分征县丞，民国初年设县佐。因位置偏僻，管理难周，于 1938 年 10 月置二等特种区。③ 1940 年 3 月 31 日奉令裁撤，降为顺昌县第四区。④

　　水吉特种区。治所在今南平市建阳区水吉镇，清代原属瓯宁县，民国时属建瓯县，处南浦溪南岸，号称"建瓯第一市镇"，贸易极盛，对岸曾设营头巡检司。⑤ 因建瓯面积过大，管辖不便，1938 年 8 月，建瓯县长闵佛九呈请另设水吉县，但省府认为"地方习惯与财力不免困难"，以置特种区为宜。⑥ 当年 10 月设二等特种区，以建瓯县第六区全区与第五区外崇里为辖境。⑦ 1940 年 10 月，因面积较广，事务繁杂，免于裁撤，改设为水吉县。⑧

　　三元特种区。治所在今三明市三元区城关街道，原属沙县，处沙溪南岸。抗战时省府内迁永安，毗邻的三元地势平阔，省行政干部训练所、省保安司令部、省三青团团部等机关先后迁入，政商人等会聚于此，市镇日趋繁盛。1939 年 1 月，以沙县第二区置三等特种区，定名三元。1940 年 10 月，划入沙县、明溪、永安部分区域，改为三元县。⑨

　　凤顶特种区。治所在今仙游县凤山乡，原属仙游县，僻处山间，与永泰、德化等县交界。剿灭割据的土匪张雄南武装后，省府为维持地方秩序，于 1940 年 2 月在凤顶成立二等特种区。此后，该区又希望扩界，以

---

①　《峰市特区十月份起升为二等特种区》（1938 年 9 月 9 日），闽档，档案号：1-1-559-1。
②　《仁寿、峰市特种区三月卅一日裁撤》（1940 年 3 月 23 日），闽档，档案号：11-7-4970-14。
③　高登艇：《仁寿特种区设置经过》，《闽政月刊》第 3 期，1938 年，第 30 页。
④　《仁寿、峰市两特种区裁撤》（1940 年 3 月 27 日），闽档，档案号：11-7-4970-1。
⑤　民国《建瓯县志》卷七《名胜》，《中国地方志集成·福建府县志辑》第 6 册，第 452 页下栏。
⑥　《建瓯县长函呈本邑划分两县势在必行》（1938 年 8 月 16 日），闽档，档案号：11-5-3819-16。
⑦　《水吉特种区已告成立》，《闽政月刊》第 2 期，1938 年，第 44 页。
⑧　《福建省政府关于将水吉特种区改置水吉县的训令》（1940 年 9 月 10 日），闽档，档案号：24-1-222-3。
⑨　《三元改县拟划各县部分之说明》（1940 年 9 月 1 日），闽档，档案号：1-3-712-4。

免"该地匪势坐大"，并保障区署经费来源，但未获允。① 当年 10 月即被裁撤，辖境各归原县管理。②

根据各区沿革（见表1），我们可以发现特种区发展有如下几个特点。其一，特种区置废不定，数量多有变化，从时间顺序上看，半数特种区设置于1935 年，此后几年稳定在 8 处左右，1940 年后仅存周墩、柘洋两区；从空间次序来说，先在沿海地区设置，后拓展到内地山区，这与抗战形势的变化亦有密切关联。其二，设置特种区的动力大致有事务繁杂（处商埠、行政要地，政务繁复）、管理难周（处海岛、山区，地理位置偏远）两类，在这些地方"设普通区署，则恐不能胜任；析为县治，财政又难自给"，故而设置权责介于县和普通区之间的特种区，既足以强化管理，又不过多增加编制，可谓一举两得。其三，具体设区缘由较为复杂，各区"有孤悬海外者，有处丛山密菁中者，有形势重要者，有系自开商埠与外交有关者"，③ 不过在省府统一政令下，各特种区职掌其实大同小异，这一点我们在后文还将详细说明。

表 1　福建特种区建置一览

名称	初置时间	裁撤时间	初置前归属	裁撤后归属	初置等第	区位特点
禾山	1935 年 4 月	1937 年 12 月	思明县	厦门市	一等区	海岛/商埠
三都	1935 年 4 月	1939 年 3 月	宁德县	宁德县	三等区	海岛/商埠
南日	1935 年 4 月	1940 年 5 月	福清县	莆田县	三等区	海岛
上洋	1935 年 6 月	1938 年 10 月	顺昌县	顺昌县	二等区	河港/商埠
周墩	1935 年 6 月	1945 年 8 月	宁德县	周宁县	三等区	山区
柘洋	1935 年 6 月	1945 年 9 月	霞浦县	柘荣县	三等区	山区
石码	1936 年 7 月	1938 年 8 月	龙溪县	龙溪县	二等区	河港/商埠
峰市	1936 年 11 月	1940 年 3 月	上杭县	永定县	三等区	河港/商埠
仁寿	1938 年 10 月	1940 年 3 月	顺昌县	顺昌县	二等区	山区
水吉	1938 年 10 月	1940 年 10 月	建瓯县	水吉县	二等区	河港/商埠
三元	1939 年 1 月	1940 年 10 月	沙县	三元县	三等区	行政重地
凤顶	1940 年 2 月	1940 年 10 月	仙游县	仙游县	二等区	山区

注：综合上文考订列成此表。

---

① 《凤顶特种区电呈请扩充辖区》（1940 年 5 月 16 日），闽档，档案号：11-5-3823-39。
② 《撤销凤顶特种区之代电》（1940 年 10 月 2 日），闽档，档案号：11-5-3826-1。
③ 李民本：《行政组织的改革》，福建省政府秘书处公报室编印《闽政三年》，1937，第 12 页。

三　特种区制度与性质之嬗变

特种区的源流与沿革已基本厘清，值得留意的是，在十年间，特种区还发生了由县辖政区到县级政区的性质转变，个中细节仍有待梳理。

（一）县辖政区阶段（1935～1936）

特种区最初脱胎于普通区，并未订定规章，只在普通区职权、经费基础上略加强化，仍隶属于县政府。1935 年 8 月，福建省根据《大纲》要求制定"分区设署"实施细则，规定为提高行政效率，可将部分区署"职权、经费特别订定"。① 这里虽未点出特种区，但所指已显而易见。同月颁行的《福建省特种区署职权经费办法》则称，特种区署"归各原县政府管辖"，名称对外冠以地名，对内仍保留"某县第几区区署"的序列，区长由省府直接选派。② 上节提到南日、周墩、柘洋均曾改称某县第某区，这正是其名称另有"对内序列"的体现。8 月 24 日，福建设置禾山、南日、三都三处特种区的报告正式获批，③ 其特殊性质获得官方承认。

"分区设署"工作继续推进，④ 区署增加的同时，特种区也有增置。详尽的省级区政法令于 1936 年 3 月颁布。⑤ 当年 10 月初，福建省府上报

---

① 《福建省各县分区设署办法大纲施行细则》，《龙溪县政月刊》1935 年 8 月，第 72～73 页。

② 《福建省特种区署职权经费办法》（1935 年 8 月），福建省政府秘书处法制室编印《福建省单行法规汇编·民政》，1936，第 14 页。该办法中称，各特种区"前经划归各该管行政督察专员公署直接管辖"，但没有更多证据证明，1935 年 4～8 月确实有这样的隶属关系变更，如前述禾山区设置后便直接称划入同安，并未强调与专署的关系。

③ 《闽省设置禾山等八处特种区署》（1936 年 10 月 23 日），二档，档案号：12-00173-0051。

④ 1935 年 10 月修订的细则中要求在当年底完成区署分划，实际上到 1936 年 8 月这项工作方才完毕。见《修正福建省各县分区设署办法大纲施行细则》（1935 年 10 月），《福建省单行法规汇编·民政》，第 6～9 页；《民国福建省行政区划》，第 15～17 页。

⑤ 《福建省各县区署组织规程》（1936 年 3 月 12 日），《福建省单行法规汇编·民政》，第 9～10 页；《福建省各县区署办事通则》（1936 年 3 月 12 日），《福建省单行法规汇编·民政》，第 11～13 页。

该法令时，一并呈请中央同意增设特种区。① 10 月 26 日，福建省政府主席陈仪亦致函内政部部长蒋作宾，告知上洋、周墩、柘洋、石码、峰市等 5 处特种区署实际业已成立，希望行政院审查时能予以方便，"则有造于闽省者大矣"。② 或是由于并未改变特种区的性质，该呈请顺利获准。③

此阶段，特种区除职权提高、经费酌增、区长由省府委任外，其余工作均根据《大纲》开展。④ 这一局面自然无法有效加强管控，调整制度设计势在必行。

（二）准县级政区阶段（1937～1940）

1936 年底，增设特种区一案获批后不久，福建省府便着手提高特种区职权，新方案虽保留了其"辖境仍视为原县境内之一部"的说法，但原先关于隶属县政府的条文已被悉数删去，不再别称某县某区，一切区政受省府与专署直接指挥。⑤ 1937 年 6 月，《各县分区设署暂行规程》（简称《暂行规程》）颁行，重新划定区署。⑥ 在此前后，鉴于各特种区署"工作情形与县政府相差无几"，其职权、经费得以重新厘定。⑦ 新规延续了 1936 年底的设计方案，并指出特种区区长应以"堪充县长"或有丰富经验者担任，各科长、办事员均由特种区区长直接呈报省府任用。⑧ 相较

---

① 《呈为核议闽省设置禾山等八区特种区署一案各情形》（1936 年 10 月），二档，档案号：12-00173-0061。
② 《福建省政府主席陈仪致内政部长蒋作宾笺》（1936 年 10 月 26 日），二档，档案号：12-00173-0081。
③ 《复福建省政府陈主席函》（1936 年 11 月 13 日），二档，档案号：12-00173-0084。
④ 《闽省特种区署职权经费规定事项》（1936 年 10 月 23 日），二档，档案号：12-00173-0057。
⑤ 《省府重行规定特种区署职权》，《福建县政》第 6、7 期，1936 年 12 月 15 日，第 1 页。
⑥ 《各县分区设署暂行规程》，《福建省政府公报》第 716 期，1937 年 6 月 3 日，第 1～4 页。1938 年初，福建省府根据《暂行规程》再次修订本省相关法规，但实际上只有个别字词修改。见《修订关系区政各项章则》（1938 年 3 月 19 日），二档，档案号：12-00173-0076。
⑦ 《订定福建省各特种区署组织规程暨每月经费》（1937 年 5 月 20 日），闽档，档案号：11-1-81-3。
⑧ 《修正福建省特种区署职员任用办法》，《福建省政府公报》第 718 期，1937 年 7 月 6 日，第 4 页。

之下，普通区区员需由区长遴选，交县长核准后，再上报省府。① 二者地位高下，显而易见。

这一阶段，特种区成为基本独立的政区已是不争的事实。1938 年，省民政厅厅长高登艇表示，"（上洋）特种区署是直属专员公署管辖，和顺昌县的各区不能取得联系"，② 周墩再次设区亦称"脱离宁德"，③ 均说明当时特种区不再受县政府管制，已实际成为准县级政区，只是在法理上仍属原县。此时，各项训令可以直接下发到特种区，不必经过县政府；④ 各类统计报告也单独列出了特种区条目，⑤ 其与县地位相埒自不待言，规程中所谓"遇有与整个县政府有关联之事务"需统一处理的说法，⑥ 恐怕不过一纸具文。

特种区的独立性还反映在边界的划定上。1937 年初，各特种区先后勘界，区县划界纠纷频发，如峰市与上杭、柘洋与霞浦均曾出现摩擦。⑦ 凤顶设区后亦曾多次要求扩界，但遭到邻县官民一致反对，德化县县长更是直接批评"凤顶特区自成立以来屡次侵扰本县疆界"，将该县梨坑保"强行划入势力范围。"⑧ 一些地图则以县界符号绘出了特种区辖境；1938 年仁寿特种区成立时，呈交地图中也特意标明了"现有界线""改划界线"，以辨别区县，⑨ 言下之意即特种区不在县境内。上述几例足以说明特种区业已拥有了独立辖境。

---

① 《福建省区政人员任用规程》（1936 年 3 月 9 日），《福建省单行法规汇编·补编》，第 372~375 页。

② 高登艇：《仁寿特种区设置经过》，《闽政月刊》第 3 期，1938 年，第 30 页。

③ 郑谟光：《发起周墩区志引》，民国《周墩区志》卷首，第 841 页下栏。

④ 如人员任命仅下发给专署、特种区署。可参见《任免三元特种区署人员委任令》（1939 年 4 月 7 日），闽档，档案号：4-2-362-6。

⑤ 如《福建农报》中，在《三都特种区农业建设报告》之后，以同样格式刊载了宁德县的报告；福建省府编纂的人口统计中也专门列出了特种区人口。见《福建农报》第 11 期，1938 年，第 59~60 页；福建省政府秘书处编印《福建人口》，1938，第 7~8 页。

⑥ 《福建省各特种区署组织规程》，《福建省政府公报》第 710 期，1937 年 6 月 12 日，第 9~12 页。

⑦ 《勘定峰市区界意见书》（1937 年 2 月 10 日），闽档，档案号：11-7-4917-7；《柘洋区奎洋等乡请划隶霞浦二区管辖》（1937 年 2 月 9 日），闽档，档案号：11-7-4919-4。

⑧ 《电以凤顶特区侵扰本县情形》（1940 年 9 月 1 日），闽档，档案号：11-5-3823.2-11。

⑨ 《顺昌县现有界线及拟划界线略图》（1938 年 4 月 13 日），闽档，档案号：11-6-3836-5。

（三）预备设县单位阶段（1941～1945）

全面抗战爆发后，福建军情告急，各地更以备战为重。在国民政府号召"抗战建国"的同时，分区制度也发生了新变化。1939 年 9 月，《县各级组织纲要》颁布，推行新县制，规定以乡镇为基层单位，只在面积过大或有特殊情形之地设区，每区辖 15～30 个乡镇，不满 20 个乡镇的县不分区。[①] 次年 1 月，福建省府拟定实施方案，计划将联保改为乡镇，裁并区署，并取消特种区建置。[②] 其中，峰市、仁寿、南日、凤顶四区直接裁撤；水吉、三元两区改县；周墩、柏洋较为落后，建县条件尚有欠缺，因而作为预备设县单位予以保留，仍称特种区。

据 1940 年 6 月底统计，福建各区署所辖乡镇均在 15 个以下，最少者甚至仅辖两乡，[③] 远低于新县制要求，裁并区署势在必行。1941 年底，全省仅闽侯等 33 个县尚可分区，所存者仍有 183 个区，[④] 1942 年降至 71 个区，1944 年仅剩 36 个区。[⑤] 随着普通区署先后撤销，周墩、柏洋两特种区的处境愈发尴尬，亟待改制。1941 年底，行政院决议保留特种区建置，[⑥] 次年 6 月，福建省府再次修订相关规程，加强特种区职权，与县政府已基本相同。[⑦] 但不久后行政院审查新规程时又提出，设特种区"原属一时权宜办法"，与中央法令显有抵触，"如有必要，可另行筹设县治"。[⑧] 同在 1942 年，福建拟在闽东北增设第八专署，周墩、柏洋均在其辖境内，

---

① 《县各级组织纲要》，《国民政府公报》渝字第 189 号，1939 年 9 月 20 日，第 1～6 页。
② 《县各级组织纲要福建省实施计划》（1940 年 2 月），闽档，档案号：1-2-81.02-1。
③ 如宁洋县第二区仅辖洋陶口乡、洪麟湖乡。《福建省各县区乡镇名称一览表》（1940 年 6 月 29 日），闽档，档案号：11-63843-27。
④ 《核定各县区署调整办法》（1941 年 12 月），二档，档案号：12-00173-0211。
⑤ 《二月份福建省政动态：裁并区署情形》，《新福建》第 2 期，1944 年，第 60～61 页。
⑥ 《闽省特种区署组织规程经决议"修正通过"》（1941 年 12 月 17 日），二档，档案号：12（6）-10394-0033。
⑦ 《修正福建省特种区署组织规程（讨论稿）》（1942 年 6 月），闽档，档案号：11-1-92-20。
⑧ 《修正福建省特种区署组织规程与先行法令显有抵触未便准予备案》（1942 年 12 月 24 日），二档，档案号：12（6）-10394-0063。

两区的去留也成了讨论焦点。① 此时特种区机构日臻成熟、职权多有拓展，显然不宜再降为普通区，设县筹备工作随即展开。② 1945 年下半年，经行政院备案，周墩、柘洋分别改县，特种区制宣告终结。

其实，国民政府始终视特种区为一种临时建置，1936 年虽予以变通，承认其存在，但"一面仍饬令积极筹设县治"，③ 这一理念此后并没有实质性变化。直到 1944 年，最新版《全国行政区域简表》中方才标注出了县、省辖市、设治局、管理局、特种区署（仅周墩、柘洋）五种县级行政单位，④ 可当作官方层面的最终认可，但彼时特种区改县的计划已然明确，其登上政区简表已经无甚实际意义了。

我们应当注意到，行政单位的实际运转与法令颁行之间存在一定错位：或是地方实践业已展开，而法令尚未跟进完善；或是由于法令变更周期很短，某些制度未能落实便又予以调整。正因如此，特种区实际的性质变化与相关规章的颁行时间也有一定出入，我们可以大致将其性质变迁分为三个阶段：第一阶段（1935～1936）为特殊区署，制度尚不完备，缺乏独立性，属县辖政区，在隶专署与隶县政府之间徘徊；第二阶段（1937～1940），随着分区制度调整，特种区的定位逐渐明晰，独立性提高，成为准县级政区，但法理上仍属于原县；第三阶段（1941～1945）仅存周墩、柘洋两区，作为预备设县单位，经过进一步调整、完善，最终升格为县。⑤

---

① 《为闽省俯呈请该省原有七行政区改划为八区案》（1943 年 6 月 11 日），二档，档案号：12-00187-0100。

② 《本省调整各行政督察区管辖县份并增设第八专署》（1943 年 9 月 30 日），二档，档案号：12-00187-0106。

③ 《呈为核议闽省设置禾山等八区特种区署一案各情形》（1936 年 10 月），二档：12-00173-0061。

④ 内政部编《全国行政区域简表》（1944 年 9 月），二档，档案号：12（2）-02611-0135。1936 年、1938 年、1940 年、1942 年各版本的《全国行政区域一览表》《全国行政区域简表》均未见到特种区条目。见内政部编《全国行政区域一览表》（1936 年 5 月），二档，档案号：12（2）-02625-2；《全国行政区域简表》（1938 年 4 月），二档，档案号：12（2）-02611-0004；《全国行政区域简表》（1940 年 5 月），二档，档案号：11-10181-0004；《全国行政区域简表》（1942 年 6 月），二档，档案号：12（2）-02611-0036。

⑤ 特种区与设治局不同，管辖事务要更为复杂。虽然福建在 20 世纪 30～40 年代新设的 4 个县都来自特种区，但其设置初衷并非设县。

特种区存续的十年里国内外形势风谲云诡，国民政府在官治与民治、中央集权与各省自治的纠结中不断调整基层区制。全面抗战爆发后，中央划一政令的趋势逐渐占据上风，随着新县制取代"分区设署"，特种区由于不符合行政体制，势必要被纳入统一的制度轨道。

四　特种区职权的演变与区署运转实情

特种区的职权演变与其性质变化相呼应，前后差异颇为显著，尤以最初两年的变化幅度最大，可分三个方面观之。其一，财税上，1935年时特种区区长需"承县长之命"征收赋税，且收款应交"该管县政府统收统支"，① 到1936年底，所征赋税不再经县政府核转，② 直接由区署每月造册上报，③ 完全负担起了税收之责。如禾山特种区建立后便开始征收毗邻厦门的禾祥街、禾泰街等处地租，但仍"归同安县政府统收统交，以明系统"，④ 而到1937年，禾山成立了经征处负责征税，便不再汇总至同安县；⑤ 周墩特种区各项税收原交宁德县，1937年后则称由"现任周墩特种区长存查"，亦不再受宁德县干涉。⑥ 其二，治安、司法上，1935年时规定，特种区可兼保安处军法官名义侦查、审问逃犯后上报核判，一般案件仍交原县政府办理，虽有权处置违警事件，但每月需"汇报该管县政府查核"。⑦ 1937年后，特种区署则可以军法官名义处理盗匪烟毒案件，违警情况亦无须汇报给县政府，唯普通民刑诉讼仍无权经办。⑧ 其三，其余职权在1935年法令中未详加说明，应当与普通区一致，依照《大纲》笼统地负责保甲、农业、

---

① 《福建省特种区署职权经费办法》（1935年8月），《福建省单行法规汇编·民政》，第13页。
② 《省府重行规定特种区署职权》，《福建县政》第6~7期，1936年12月15日，第1页。
③ 《福建省各特种区署办事细则》，《福建省政府公报》第723期，1937年7月17日，第5~7页。
④ 《省政府令将禾祥街等处地租划归禾山特种区署经收》（1936年2月20日），厦门市档案馆藏（下文简称"厦档"），档案号：A009-001-0103-011。
⑤ 《禾山特种区经征处职员姓名清册》（1937年10月20日），厦档，档案号：A009-001-0011-029。
⑥ 《周墩特种区区长代电》（1937年10月27日），闽档，档案号：22-1-476-38。
⑦ 《福建省特种区署职权经费办法》（1935年8月），《福建省单行法规汇编·民政》，第13页。
⑧ 《省府重行规定特种区署职权》，《福建县政》第6、7期，1936年12月15日，第1页。

教育、水利、卫生等方面工作，① 1937 年版规程则增加了禁烟、救济、宗教等内容。②

概言之，到 1937 年，特种区职权已较独立，施行新县制后，也只是在此基础上继续扩充，如凤顶 1940 年行政计划便包括乡政、保甲、禁烟、卫生、兵税、财政、教育、建设、剿匪、自卫等十方面，③ 大体可以反映当时特种区的职责所在。1942 年，福建省府再次修订特种区规程，但财政赋税、治安司法上的变动不大，主要是一些杂务的细化，除仍然缺少司法权限外，其他方面与县政府已几乎没有差别。④

再看特种区经费、编制的变动。据《大纲》规定，普通区经费列入县预算，但特种区经费得到了额外支持，1936 年 3 月，省政府通过法案，明确拨划 20 万元作为特种区署经费及普通区署经费不足之补助费。⑤ 就额度而言，普通区每月不过三四百元，⑥ 特种区则相对充裕，三等区 660元，二等区 825 元，一等区近千元。⑦ 实际预算略有浮动，如 1939 年 5 月的预算中，周墩、柘洋经费不足 400 元，三元、仁寿、南日等区约为 550元，最多的水吉达到了 880.5 元，与之相比，全闽经费最少的宁洋、大田两县则只有 1300 元左右，⑧ 二者差距明显。1941 年时，周墩、柘洋两区

---

① 《"剿匪"省份各县分区设署办法大纲》，《国民党政府政治制度档案史料选编》上册，第 530~535 页。

② 《福建省各特种区署组织规程》，《福建省政府公报》第 710 期，1937 年 6 月 12 日，第 9~12 页。

③ 《凤顶特种区署二十九年度七月至十二月行政计划》（1940 年 8 月 30 日），闽档，档案号：11-1-779-5。

④ 其实，1942 年后周墩已设有监狱，但因司法系统耗资颇巨，且监管较难，始终未设法院，直到建县后方设司法处。见《周墩特种区署监犯移交清册》（1944 年），闽档，档案号：89-1-5422-1。江西的特政局也曾提出设置地方法院，但因经费、人员难以调度，案件仍归原县审理。见《特政局司法区域因种种关系不能变更请照原区域办理》（1933 年 8 月 15 日），江西省档案馆藏，档案号：J016-3-2093-62。

⑤ 《确定补助各县区署经费办法案》（1936 年 3 月 4 日），福建省县政人员训练所编印《区政法令》附录二，1936，第 95 页。

⑥ 《区署经费分等表》，《军政月刊》第 18 期，1937 年 6 月 3 日，第 84~85 页。

⑦ 《福建省各特种区署每月经费编制表草案》（1937 年 6 月 2 日），闽档，档案号：11-1-81-44。

⑧ 《福建省各县（特种区）政府 1939 年 5 月份分配预算卷》（1939 年 5 月），闽档，案卷号：22-2-584。

经费分别提高到了 1800 元、1622 元，与县相当，但这主要是人员扩充带来的薪俸开支增加，一般办公费用并无太大改观。①

在人员编制上，1936 年规定，普通区设区长 1 人，区员 2～4 人，另有书记、录事等职。② 而特种区署分两科，一等区编制 18 人，二等区编制 14 人，三等区编制 10 人，远高于普通区。③ 实际办公人数更多，如 1937 年禾山仅经征处便有主任、会计、办事员等 7 人，更有征收员、警长共 26 人。④ 1942 年初，省府拟调整特种区编制，但因限制过严，遭到强烈反对。⑤ 此时特种区职权拓展、事务纷杂，人员早已超编，最终次年将机构由两科扩为民政、财政、教育、建设四科，编制增至 54 人，并设秘书、会计、督学等职。⑥ 1944 年，柘洋特种区编制"按最少县政府只差秘书一人"，区长王乃平便坦言区政工作"与县政府并无若何差别"。⑦

特种区所辖基层组织的前后差异也很明显。"分区设署"推行后，福建全省基本按县—区—联保—保—甲五级编排，⑧ 特种区上隶县政府，下辖联保，与普通区差别不大。1938 年初，全省调整区署建置，以 2000 户为一区，特种区之下不分区，而称办事处，⑨ 不过这一指令并未全面推行。⑩ 到新县制时期，乡镇成为新的基层政权组织，各特种区先

---

① 《三十年度周墩及柘洋特种区每月经费预算标准表》（1941 年 1 月 15 日），闽档，档案号：11-7-6291-22。

② 《福建省各县区署组织规程》（1936 年 3 月 12 日），《福建省单行法规汇编·民政》，第 9～10 页。

③ 《福建省各特种区署办事细则》，《福建省政府公报》第 723 期，1937 年 7 月 17 日，第 5～7 页。

④ 《禾山特种区经征处职员姓名清册》（1937 年 10 月 20 日），厦档，档案号：A009-001-0011-029。

⑤ 《调整本省各特种区署组织》，《新福建》第 4 期，1943 年，第 68 页。

⑥ 《特种区署组织调整对照表》（1943 年 4 月 24 日），闽档，档案号：11-1-92-88。

⑦ 《王乃平关于调整特种区编制员额的签呈》（1944 年 9 月 3 日），闽档，档案号：11-2-1007-2。

⑧ 魏光奇：《官治与自治——20 世纪上半期的中国县制》，第 206～211 页。

⑨ 《福建省各县市及特种区设立区署办事处暂行办法》（1938 年 1 月），闽档，档案号：89-11-5670-19。

⑩ 目前仅见水吉曾划分办事处。见《福建省水吉特种区区署办事处组织暂行简则》（1938 年 11 月），闽档，档案号：11-5-3820-11；《福建省水吉特种区区署办事处细则》（1938 年 11 月），闽档，档案号：11-5-3820-17。

后设立乡镇，少者如峰市、南日等不过 2~3 乡，多者如水吉分为 8 镇 6 乡，① 但其中多数名不副实，1940 年 8 月果然将不合规制的镇改为乡。② 随着区制虚化，行政结构由"县—区—联保"三级演化为"县—（区）—乡镇"的实际两级架构，周墩、柘洋两区下辖乡镇，与不分区的县又基本趋同了。

特种区职权的强化趋势显而易见，其设置目的是加强地方管理，不必大动干戈设置新县，但其实际运作状况究竟如何呢？1936 年的一份报告称，特种区署颇有助于地方治理，"经费较之普通区署所增无多，收效较宏"；③ 石码裁撤前也有地方政要宣传说："治理二载以还，税收〔每〕月由 4000 元增至 8000 元，地制事业先后扩充，教育尤著成绩，入学儿童由 3000 人增至 5000 余人。"④ 这些说法来自地方呈文，或有粉饰之嫌，而反面例证更为丰富。民国县政的覆盖面很广，特种区机构建设缓慢，仍需原县协助，如水吉、仁寿两区成立后，并无银行金库，汇兑业务便要前往原县办理。⑤ 特种区是否切实提高了行政效率也值得怀疑，尤其在全面抗战时期，地处前线者常常面临巨大的行政压力。1938 年派驻到南日岛上的民训工作队便发现：

> 这里各机关的人们，都有一句口头禅，说是这里是特种区，种种事情，都有特殊的情形。所以我们对于工作困难之点，虽经向区署多方设法，请求协助或补救，交涉得来的结果，只有情形特殊和慢慢来两句，而终得不到一种确切的协助或补救的方案来。⑥

---

① 《各特种区设立乡镇公所卷》（1940 年），闽档，案卷号：11-6-3912、11-6-3912.5。

② 《水吉特种区署呈报本区大安等镇改称为乡》（1940 年 8 月 1 日），闽档，档案号：11-6-3912-184。

③ 《闽省设置禾山等八处特种区署》（1936 年 10 月 23 日），二档，档案号：12-00173-0051。

④ 《电请转闽省府维持石码特区》（1938 年 8 月 17 日），二档，档案号：12-00248-0003。

⑤ 《水吉、仁寿筹备设区金库》，《省行通讯》第 1 卷第 7 期，1938 年 11 月 15 日，第 14 页。

⑥ 南日民训工作队：《南日岛的种种》，《民训指导》第 30 期，1938 年 4 月 22 日，第 19-20 页。

除了办事效率不如人意，高昂的行政成本也给当地民众带来了不小的经济压力。1940 年周墩区民便称，自设特种区后当地行政费用大增，"其他捐税、各项临时派款亦较他县区为重，区民力竭声嘶，已感无法负担"；① 1941 年底，柘洋的陶贤薰等也因该区经费日增，以"民穷财匮，其何以堪"为由，呈请裁区。② 从种种迹象上看，特种区一方面受制于经费、编制，并不能完全承担县政职能，另一方面为了更好地处理地方事务，其机构又不断膨胀，违背了精简编制的本意，造成恶性循环，最终被纳入县制轨道也就在所难免了。

五　余论

政区建置其实有着极强的适应性，即便制度发生变化，一地若确有设治需求，也能在现有行政体系中找到合适的位置。明清时期，为控驭地方，往往设置新县或分防佐杂官，但福建自 1928 年设华安县之后长期未设新县，③派驻官员佐理也无制度可依，直到特种区制出现，只需在有设治必要之地置区管控即可，大量特种区应运而生。因而，时人才会在谈及设置特种区的必要性时感叹："始知前清之设置同通丞检等职，与夫民国初年之改设县佐，以佐县治者，实非无因。"④ 确实，大多数特种区曾设有"同通丞检"等官，不断扩展自身职能，提高行政等级，最终实现政区升格。佐杂辖区到民国时转化为县佐辖区，而特种区又基本以县佐辖境为区境，如峰市设区时即明确说明以原峰市县佐辖境为界，⑤ 三都县佐所辖五座岛屿亦即三都特种区辖境。⑥ 从这个意义上说，特种区便可谓清代县辖政区之余绪了。

---

① 《魏绍经等电称周墩地瘠民贫请改为普通区等情》（1940 年 1 月 17 日），闽档，档案号：1-6-3840.1-3。
② 《柘洋公民陶贤薰等请将柘洋改为普通区》（1941 年 11 月 10 日），二档，档案号：12-00187-0043。
③ 华安县地在清乾隆年间即设有华封县丞分征钱粮。
④ 《闽省设置禾山等八处特种区署》（1936 年 10 月 23 日），二档，档案号：12-00173-0051。
⑤ 《勘定峰市区界意见书》（1937 年 2 月 16 日），闽档，档案号：11-7-4917-7。
⑥ 《三都特种区为区界不明恳予重行划定以明界限由》（1937 年 6 月 4 日），闽档，档案号：11-7-4926-7。

那么，为何这些有着长久建置历史的区域最终仅有 4 处独立设县呢？时人的一段文字颇堪咀嚼：

> 周宁自明嘉靖间已为东洋行县，设主簿，逮至清季改为宁德分县，置县丞。民初降为特种区，又降为普通区，再改为公安分局，又改为特种区。其所以时废时兴，推推无定者，无非政治与治安日趋重要，而经济与幅员又着着不及也。①

所谓"政治与治安日趋重要"确属实情，"经济与幅员又着着不及"则不妨说是由于政区建置的内生性不足，没有足够动力促使其单独设县。各特种区人口较少，禾山、周墩等地人口约 5 万，而三都仅 6400 余人，② 时人称特种区"跟一个三等县差不多"，③ 似乎都有夸大之嫌。以所划乡保观之，被裁撤的凤顶、峰市、南日、仁寿等区均不及 30 个保，得以设县的特种区的保数接近 60 个，④ 据 1942 年的统计，福建每县平均约 244 个保，⑤ 特种区所辖保数显然远低于此。建县成本颇高，除非经济发达，否则难以承担巨额行政开支，因此只有面积较大、人口较多的特种区最终升县。但这些县的存续也很不稳定，1956 年，水吉、柘荣、周宁、三元四县均面临裁并，其中水吉最终撤销，⑥ 柘荣两度裁撤又两度复县，⑦ 周宁幸得保留，只有三元与明溪合并为三明县，⑧ 此后又建设福建钢厂，以新兴工业城的面貌重出于世，成为闽中重镇之一。这一政区变动的"后影"

---

① 《周宁县政府折呈》（1945 年 12 月 26 日），闽档，档案号：11-7-5043.01-27。

② 《福建人口》，第 7~8 页。

③ 方家达：《闽边一小城：峰市特种区》，香港《大风》第 55 期，1939 年 11 月 25 日，第 1699~1700 页。

④ 《各特种区设立乡镇公所卷》（1940 年），闽档，案卷号：11-6-3912、11-6-3912.5。

⑤ 忻知选辑《各省实施新县制推行地方自治成绩总检讨》，《民国档案》2005 年第 3 期，第 39~45 页。

⑥ 《1956 年水吉并乡撤县的有关报告、布告》（1956 年 10 月 5 日），南平市建阳区档案馆藏，档案号：116-1-7-3。

⑦ 《柘荣"闹"复县始末》，吴纯生：《柘荣史缀》，中国长安出版社，2015，第 96~182 页。

⑧ 《撤销水吉、周宁、柘荣、宁洋等四个县并将三元、明溪合并为三明县的通知》，《福建政讯》1956 年第 18 期，第 11~12 页。周宁县实际上并未撤销。

再次提示我们，特种区存在人口、面积、经济等种种"先天不足"，强行升格为县，将会面临巨大的裁撤风险，这也是民国时期不直接设县的一大原因。

总之，设置特种区的地域大多有着较长时间的建置脉络，有强化行政力量的必要，于是在 20 世纪 30 年代国民政府推行分区设署时，福建省府参考了江西特政局的建置，扩大某些区署的职权，设置特种区。但仅凭这一地方措置，难以真正实现加强管控的愿景，最终在统一政区体系的政令下被废除。特种区本质上是将分区设署之区加以强化而产生的一种特殊行政单位，经过了县辖政区、准县级政区、预备设县单位三个发展阶段，为我们具体地展示了县辖政区升格为县的路径与可能。

〔叶鹏，上海大学历史系〕

经略皖东：中共华中敌后抗战的区域探索及抉择

李雷波

内容提要　中共虽很早就认识到皖东在华中抗战中的战略价值。武汉会战后，鉴于桂系在大别山站稳，各方才开始推动江北军政力量向皖东集中。新四军军部关于江北部队集中皖东的共识，是 1938 年底张云逸北上与皖省当局协商后逐渐形成的。中共中央层面关于江北部队向东创建"皖东抗日根据地"的方针，则延至 1939 年 4 月方始确立。稍后新四军江北指挥部的设立及高敬亭事件的落幕，为经营皖东奠定了基础，也确定了皖东作为"华中武装力量领导中心"之地位。刘少奇率中原局进驻皖东，虽感到皖东已失最佳时机并提出"向苏北发展"的替代方案，但在具体推进中又发现缺乏皖东的巩固，"发展苏北"也难有着力之点，转而聚力经略皖东。

关键词　皖东　"发展华中"战略　新四军　刘少奇

皖南事变前，中共"发展华中"战略之推进大体呈现从"经略皖东"到"发展苏北"的区域重心转换进程。当前研究对后者关注较多，对前者却甚少涉及。① 实则，若排除后设观念，自时人观感出发，皖东在中共

---

① 近年中共"发展华中"战略诸问题受到学界较多关注，相关论著主要包括王建国《新四军"发展华中"考辨》，《抗日战争研究》2009 年第 1 期；王骅书、王祖奇《抗战期间中共"发展华中"战略研究辨析》，《抗日战争研究》2012 年第 4 期；彭厚文《论抗战时期中国共产党发展华中的战略方针》，《中共党史研究》2014 年第 3 期；吴敏超《新四军向苏北发展中的国共较量》，《中共党史研究》2020 年第 1 期；郭宁《从中原到苏北：中共发展华中战略及其对山东的影响》，《中共党史研究》2020 年（转下页注）

探索华中抗战中的地位不仅不容忽略，可能还更特殊。这里既有中共在江北创建的首个根据地政权，[①] 又被中央视为"战略上极端重要的抗日根据地"，[②] 后更被界定为"华中新四军各抗日根据地的中心，是苏北敌后抗日根据地的前卫阵地"。[③] 那么，问题是皖东在中共华中抗战大棋局中究竟处于何种战略位置，是如何形成的，尤其在转向苏北前江北军政力量又有何区域性探索与抉择。为此，笔者不揣谫陋，拟以新四军战史资料为线索，对抗战前期中共经略皖东的次第进路及相关史事进行初步梳理，以期为深入探讨华中区域抗战提供一个观察视点。

一 武汉失守前华中战略大棋局上的"皖东"

皖东，作为一个区域地理概念，主要指长江以北、淮河以南、瓦埠湖及淮南铁路以东的皖省部分区域。而作为中共华中敌后抗日根据地之一，其范围还包括京杭运河以西的江苏数县，并以津浦铁路为界分东、西两区。抗战前期，此地居江、淮之间，南与宁、芜隔江对望，北接军事交通枢纽之徐州、蚌埠，西与大别山遥相呼应，战略地位甚为关键。[④] 中共中央曾令中原局"发动凤阳、定远、合肥、无为、含山、全椒、和县、滁县、嘉山、来安、盱眙、天长、六合、江浦等"皖东十五县民众，"巩固

（接上页注①）第 4 期；李雷波《中共"发展华中"战略中的八路军、新四军及其角色转换》，《中共党史研究》2020 年第 6 期。另，关于中共皖东抗战的一般过程可参吴炎武、孙明开编著《皖东革命斗争史》（安徽人民出版社，2007）相关章节。

① 《新四军的前身及其组成与发展经过概况》（1946 年），中国人民解放军政治学院党史教研室编印《中共党史参考资料》第 8 册，1979，第 407 页。

② 《中共中央书记处关于动员全体军民巩固皖东根据地的指示》（1940 年 3 月 21 日），中国抗日战争军事史料丛书编审委员会编《新四军·文献》（2），解放军出版社，2015，第 230 页。

③ 《皖东抗日根据地简史》（整风运动前后），新四军战史编审委员会编辑室编《新四军抗日战争战史资料选编》第 5 册（内部资料），1964，第 197 页，原南京军区档案馆藏，档案号：F.2.1/53。

④ 《淮南抗日根据地》编审委员会编《淮南抗日根据地·综述》，中共党史资料出版社，1987，第 1 页。

这个战略上极端重要的抗日根据地"。①

　　1940 年 9 月，国民党安徽省党部委员方宏孝、王世英报称："皖东，为皖省行政第五区，辖全椒、含山、和县、滁县、来安、嘉山、天长、盱眙等九县。行政督察专员公署、党务指导专员办事处均设于全椒西南陲之古河镇。境内有大别山余脉，自东北迤逦于西南，淮河支干流汇入苏皖边境之洪泽湖。岗峦起伏，湖沼综错，利于游击。津浦路穿其中，淮南路贯其西南，西障大别，北控徐蚌，南与宁、芜仅隔一江。倘以重兵游击，截断津浦、淮南两路，非特保障皖西、皖北之安全，且足以隔绝倭寇南北交通，进而威胁宁、芜。"②

　　正因形势紧要，皖东也是南京失守后华中战场最先沦陷的区域之一。1937 年 12 月下旬，日第十三师团自南京渡江陷六合，并与浦口之敌会合，沿津浦北上，占滁县、盱眙。次年初，突破桂系第三十一军防线，占明光。2 月上旬，下临淮关、凤阳、定远、蚌埠、怀远等镇，直抵淮河南岸。4 月初，日军又分兵西进，第六师团占和县、含山、巢县、庐州、合肥五城。皖东全境沦陷。③

　　安徽在全面抗战前是国民政府重点经营省份，中共组织及活动均甚薄弱。④ 卢沟桥事变后，中共一面依托抗日民族统一战线大力推动鄂豫皖边红二十八军高敬亭部开入皖省，一面选派骨干重建该省地方党组织系统。1937 年 12 月 14 日，毛泽东电告叶挺："长江以北高敬亭支队留江北，不必北开，以便在该地准备沿江游击。"⑤ 后周恩来与国民党商定高部"出动到津浦、平汉战区"，"暂归李宗仁指挥"。⑥ 12 月 28 日，毛泽东明确

---

① 《中共中央书记处关于动员全体军民巩固皖东根据地的指示》（1940 年 3 月 21 日），《新四军·文献》（2），第 230 页。
② 《方宏孝、王世英咨议调整皖东皖北军政系统意见书》（1940 年 9 月），中国第二历史档案馆藏国防部史政局战史编纂委员会档案，档案号：787-1543。
③ 参见童志强《抗日战争初期津浦路南段正面战场述略》，《安徽史学》1985 年第 4 期，第 32~24 页。
④ 张劲夫：《回忆抗日战争初期安徽省工委和鄂豫皖区党委》，安徽省新四军历史研究会编《抗日战争回忆录》，安徽人民出版社，1992，第 1 页。
⑤ 《毛泽东、项英关于新四军编制等问题致叶挺电》（1937 年 12 月 14 日），《新四军·文献》（1），第 64 页。
⑥ 《周恩来叶剑英关于高敬亭部出动参战事致毛泽东等电》（1937 年 12 月 27 日），《新四军·文献》（1），第 68 页。

该部"可沿皖山山脉进至蚌埠、滁州、合肥三点之间作战"。[①] "蚌埠、滁州、合肥三点之间"，大体在皖东之中心。

为贯彻高部沿江东开指示，长江局首先确定高部"建制上编归新四军"，[②] 东向皖中"霍、宿、立煌、合肥地区集中"。[③] 1938 年初，周恩来在武汉向高敬亭传达中央关于东进开展抗日游击战的指示，叶剑英更亲赴高部驻地检查东进准备情况。[④] 但高敬亭因不信任中央派去的郑位三等政工干部，对东进态度消极，"再三提出戴季英来任政治部主任帮助他"。2 月 1 日，长江局电告中央，"必须帮助高敬亭同志才能使四支队进步和迅速出动"，认为可让戴季英去"帮助敬亭求四支队进步"。[⑤]

当日中共在华中较成规模的队伍，仅高敬亭与河南确山周骏鸣两部，高部实力又是周的两倍。[⑥] 为稳住高部并推动其东进，长江局只好以戴季英换郑位三，具体推动东进事宜。2 月 27 日，叶挺告诉朱德等："四支队高、周两部分由黄安、确山向合肥集中，为李德邻指挥，本月完全出动。"[⑦] 叶电仅是预告，只表明出动方向已确定。3 月 8 日，长江局会议听取戴季英的报告后，委托戴转高敬亭："党中央和长江局对他完全信任，并希望第四支队迅速成为政治军事上的有力部队，争取迅速参加抗

---

① 《毛主席致周项》（1937 年 12 月 28 日），《新四军抗日战争战史资料选编》第 3 册，第 555 页。原南京军区档案馆藏，档案号：F.2.1/51。后不再标注。

② 《周恩来、叶剑英关于高敬亭部暂归第五战区指挥致朱德、彭德怀电》（1938 年 1 月 11 日），中共湖北省委党史资料征集编研委员会、中共武汉市委党史资料征集编研委员会编《抗战初期中共中央长江局》，湖北人民出版社，1991，第 135 页。

③ 《周恩来、叶剑英关于周骏鸣行动建议致毛泽东、朱德、彭德怀电》（1938 年 1 月 11 日），中共湖北省委党史研究室、湖北省新四军研究会编《新四军第五师、鄂豫边区和八路军新四军中原军区历史资料丛书：电报类》（以下简称《电报类》）第 1 册，中央文献出版社，2017，第 107 页。

④ 中国人民解放军军事科学院编《叶剑英年谱》上册，中央文献出版社，2007，第 221~222 页。

⑤ 《陈周博叶董报毛洛赵陈张》（1938 年 2 月 1 日），《新四军抗日战争战史资料选编》第 3 册，第 555 页。

⑥ 《项英关于新四军整编及东南地方工作情况致陈绍禹、周恩来等信》（1938 年 1 月 16 日），《抗战初期中共中央长江局》，第 142 页。

⑦ 《叶挺关于新四军各部行动略况致朱德、彭德怀电》（1938 年 2 月 27 日），《新四军·文献》（1），第 91 页。

日战争。"①

周骏鸣等人回忆，四支两部于"3月8日"分别自湖北黄安七里坪、河南邢集出发，"在皖西霍山县流波碈会师"。② 这个说法并不准确。事实上，八团周骏鸣部直至 3 月 29 日始自河南邢集誓师东进，开赴皖中。③ 而据张云逸后来的报告，高部"38 年 4 月由鄂东出发开入皖中之舒城、庐江、无为及巢湖南岸作战"。④ 5 月 12 日，七团首战巢县东南蒋家河口，全歼日军守备队 20 人，打响了新四军抗战第一枪。

5 月中旬，合肥、徐州相继失守，华中形势大改。中共中央与皖南军部迅速反应重新思考华中敌后抗战的区域布局问题。5 月 20 日，毛泽东推演形势认为，"徐州失守后，河南将迅入敌手，武汉危急"，"彼时蒋将同意我军南进，在豫皖苏鲁四省深入敌之后方活动"，各部都应"预作准备"。⑤ 次日，叶挺向毛泽东、周恩来提出较完整的皖东敌后游击方案，略谓："徐州已失，敌后空虚。四支队在左〔庐〕、合、无三县间一带地形情况条件均不利迅速开展，应挺进至滁县、全椒以西，嘉山（明光）以南，巢县以北，定远以南，依靠皇洽山脉，向□□山定、滁、巢、全四汽车道及滁临铁道交通线活动，袭击少数运动部队及辎重运输，破坏交通并建立支点更有利。如你们同意，拟电军委会请求。"⑥

叶挺电广为各军战史论著征引，作为皖南军部指导江北四支队向皖东发展的佐证，甚至被认为"完全符合中共中央的战略意图"。⑦ 但细绎当日中央指令，此说似不完全符合实情。5 月 22 日，中央在关于徐州失守

① 《董必武年谱》编纂组编《董必武年谱》，中央文献出版社，2007，第 133 页。
② 周骏鸣、赵启民、邓少东：《挺进皖中皖东敌后的第四支队》，中国抗日战争军事史料丛书编审委员会编《新四军回忆史料》（2），解放军出版社，2015，第 33 页。
③ 《新四军驻竹沟留守处大事记》，中国抗日战争军事史料丛书编审委员会编《八路军新四军驻各地办事机构》（14），解放军出版社，2016，第 185 页。
④ 《张云逸邓子恢赖传珠关于江北部队略历与现状致毛泽东、王稼祥电》（1940 年 8 月 17 日），《新四军·文献》（3），第 74 页。
⑤ 《准备向豫皖苏鲁敌后发展》（1938 年 5 月 20 日），《毛泽东军事文集》第 2 卷，军事科学出版社，1993，第 225 页。
⑥ 《叶挺关于徐州失守后第四支队应向皖东发展致毛泽东、周恩来电》（1938 年 5 月 21 日），《新四军·文献》（1），第 115 页。按"皇洽山"应为"皇甫山"。
⑦ 徐君华等：《新四军的组建与发展》，军事科学出版社，2001，第 105 页。

后江北工作的指示中要求长江局："立刻成立鄂豫皖省委，领导津浦路以西，平汉路以东，浦信公路以南的广大地区的工作。将现在湖北省委的主要干部，大部派去加强省委与各主要地区的工作。该省委，中心任务是武装民众，准备与发动游击战争，有计划的建立几个基干游击队与游击区，用一切力量争取高敬亭支队在党的领导下，使之成为这一区域的主力。"①

中央显然更重视以大别山为中心之鄂豫皖区，并拟以四支队为此区主力。鄂豫皖省委所辖虽包括皖东一部，但重心却不在此。叶电重点是进一步向东，而中央指示则意在西向配合新设"鄂豫皖省委"的工作。在此观念影响下，四支的大部进至皖中后并未继续东进，中央对叶挺建议似无明确回应，稍后在长江局指导下成立的安徽省工委也将工作重心放在大别山一线。6月12日，省工委书记彭康报告："照目前战争形势及地势，皖西的立煌、霍山、岳西、潜山、太湖和河南、湖北边界，将来定会成为独立的游击区域，过去也是鄂豫皖苏区的中心地带。因此，党的工作预备集中在这一带。"② 至于皖东，"因没有适当的人，不能应付"，还未提上日程。③

6月中旬，日军先后占舒城、桐城、潜山、怀宁、安庆，向六安、霍山推进。④ 此时皖东空虚，为四支队深入敌后发展良机，但高敬亭因远离前线部队，又对戴季英等外来干部疑惧日增，"恐慌部队与他隔绝了关系收不回来，遂亲至舒城撤兵"，"召开连以上干部会议反对戴等"，⑤ 最后竟借审问司令部机要员江腾蛟之机声言"肃反"，致戴等连夜出逃，酿成震动江北的"新开岭事件"。⑥ 彭康在7月3日给长江局的报告中说，"这事是表示高已走到

---

① 《中共中央书记处关于徐州失守后长江以北工作给长江局的指示》（1938年5月22日），中共中央文献研究室、中央档案馆编《建党以来重要文献选编（1921~1949）》第15册，中央文献出版社，2011，第350页。

② 《彭康关于安徽工作给秦邦宪的报告》（1938年6月12日），《抗战初期中共中央长江局》，第366页。

③ 《彭康关于安徽党的组织和武装工作等情况给秦邦宪信》（1938年7月3日），《抗战初期中共中央长江局》，第371页。

④ 日本防卫厅防卫研究所：《中国事变陆军作战史》第2卷第1分册，田琪之译，中华书局，1979，第113~114页。

⑤ 《反高敬亭斗争之经过》（1939年），《新四军抗日战争战史资料选编》第3册，第602页。

⑥ 童志强：《高敬亭案件深度剖析》，《安徽史学》2015年第2期，第155页。

登峰造极［的地步］。这对于统一战线，对于抗日，对于安徽的工作，都是发生莫大的影响的"，"须得有一个断然的解决"。① 新开岭事件后，戴季英为缓和关系，"写信多方的说服笼络，争取继续工作"。后经与高敬亭谈判，戴回四支队不再指挥部队作战，更多关注地方游击队的整理收编工作。②

然新开岭事件一波未平，高部与八团矛盾又起。周骏鸣曾委托彭雪枫将相关情况上报中央说："因支队本身问题并未解决，高敬亭对党统一战线始终表示怀疑。现七团在外只顾收缴地方武器与资财，引起地方政权与民众的不满，但高敬亭把上述事情推在八团身上，说八团是土匪，欠八团的款一文不给。［说］终要算账，就要从历史算。此时对高敬亭问题及今后八团隶属问题，请军委斟酌给以彻底的决定，否则必将发生意外影响。"③ 高、周两部矛盾，除经费分配与收编地方武装等纠纷外，也涉及戴季英等人。周骏鸣回忆，新开岭事件后"中央派来的干部都吓跑了，跑到我们第八团"，"高司令要缴我们的枪，工事都做好了"。④ 在此形势下，八团也只得转移作战区域了。

1938 年 8 月 17 日，八团在舒桐公路执行破路任务时遇敌大部来袭，仓促由舒城撤入合肥南乡，后穿六合公路到达寿县。在寿县略作休整，又于 9 月间越过淮南铁路入肥东梁园。10 月，进入全椒大马厂地区。团部始驻石塘桥，后迁梁园、马集、大厂等地。⑤ 这是江北新四军正规部队首次进入皖东。有论者将此期八团过淮南路描述为奉中央及军部命令，似亦与实情不符。一来中央对江北的战略规划重心在大别山一线，二来皖南军

① 《彭康关于安徽党的组织和武装工作等情况给秦邦宪信》（1938 年 7 月 3 日），《抗战初期中共中央长江局》，第 372 页。
② 《反高敬亭斗争之经过》（1939 年），《新四军抗日战争战史资料选编》第 3 册，第 602~603 页。
③ 《彭雪枫转报毛周王》（1938 年 9 月 14 日），《新四军抗日战争战史资料选编》第 3 册，第 595 页。
④ 周骏鸣：《自传》，收入周东延主编《百年征程：新四军著名将领周骏鸣》，中共党史出版社，2014，第 48 页。
⑤ 《钱之光致蒋介石呈》（1938 年 8 月 27 日），中国第二历史档案馆编《中华民国史档案资料汇编》第 5 辑第 2 编，"军事"（5），江苏古籍出版社，1998，第 364 页；中共肥东县委党史研究室、肥东县地方志办公室编《肥东抗日烽火——纪念中国人民抗日战争暨世界反法西斯战争胜利 70 周年》，安徽文艺出版社，2015，第 19、62 页。

部对四支队指挥关系也未充分建立。对四支队影响较大的长江局，其关注重心也在鄂豫皖边。① 皖省地方党组织虽已部分重建，但不仅重心在皖西，还与新四军分属不同系统，难以形成合力。是以当日江北各方很难形成关于四支入皖东的共识。

刘少奇后来在复盘华中战略时说："当时大别山及皖东都沦陷了，敌人企图进攻洛阳、西安，我们估计中原有沦陷的可能，在这种情况之下，我们的工作是发展武装斗争，在河南准备游击战争，所以集中注意力于河南方面，而没有注意到皖东及黄河边境，这是我们的失着。"② 所以，1938 年秋冬之际周骏鸣率八团越淮南路入皖东，很可能是游击避敌需要的偶然自发之举，而非中央或军部指令。不过，八团过淮南路的事实却触发了中共关于江北部队全数入皖东的决策。

二 江北新四军挺进皖东战略方针之形成

1938 年 10 月 12 日，毛泽东在中共扩大的六届六中全会上作《论新阶段——抗日民族战争与抗日民族统一战线发展的新阶段》的报告，正式提出"发展华中"战略。③ 而后为推进华中抗战迅速开展，中央重划大江南北区域组织设置，撤长江局，分设南方局、中原局与东南局。11 月 9 日，规定"所有长江以北河南、湖北、安徽、江苏地区党的工作，概归中原局指导"，以刘少奇兼中原局书记。④ 至此，中共华中抗战的具体指导由长江局转至中原局。

11 月初，周恩来、叶剑英向刘少奇介绍，"鄂豫皖边区有四支队留下枪约百支，近因黄安附近汉奸活跃，位三带电台及武装已移经扶县之余家

---

① 《陈绍禹、周恩来、秦邦宪要求调派大批军事干部到南方开展游击战争致毛泽东等电》（1938 年 8 月 1 日），《抗战初期中共中央长江局》，第 271 页。

② 《关于华北华中抗战的总结（记录纲要）：胡服 1940 年 8 月 14 日在皖东半塔集对华中出席七大代表的报告》，《新四军抗日战争战史资料选编》第 3 册，第 846 页。

③ 《建党以来重要文献选编（1921~1949）》第 15 册，第 573~654 页。

④ 《中共中央政治局关于中原局委员会的通知》（1938 年 11 月 9 日），《建党以来重要文献选编（1921~1949）》第 11 册，第 785 页。

河，直辖鄂东、豫东、皖西三特委，高敬亭部现在皖西行动"，"现八团在淮南铁路以东行动"，"彭康所领导的皖省委待郭述申到豫皖鄂，彭即移到淮南路以东领导皖东、皖北、淮阳三地区"。① 当日郑位三已将鄂东、豫东南与皖西三特委合为鄂豫皖边区党委，管辖平汉路东、淮南路西、长江以北、淮河以南地区，尚拟重点经营大别山区。② 津浦路东准备由彭康率安徽省委去路东，与八团相配合。

周电还透露，桂系"决心创造大别山根据地"，白崇禧曾"要求张云逸率兵一营过江北一带指挥新［四］军，一面帮助五路军办游击训练班，并已电告廖磊"。③ 这是原长江局负责人向新设之中原局交代华中各项工作，所以内容涉及广泛。不过，中央立即抓住白崇禧要求张云逸率兵北上一事，认为应利用这一契机加强与桂系的统战，同时打开江北抗战新局面。11 月 10 日，军委电告项英等，"白崇禧已允新四军张云逸同志率一个营到长江以北安徽境内活动，已否派去"，"现在安徽中部最便利我军活动，新四军可否派二个至三个营交张云逸同志率领过江"。④

皖南似更早获得相关信息。就在军委发电同日，军部参谋处长赖传珠已与张云逸讨论"去江北的准备及以后的工作"问题。11 月 16 日，新四军军分委开会"讨论去四支队的工作内容"。⑤ 11 月 24 日，项英告诉中央，"云逸带特务营已渡江，你们有何指示，望告"。⑥ 11 月 27 日，又谓"江北由〔合〕、舒、桐、庆线无友军，均为我活动范围"。⑦ 据上述各

---

① 《周恩来、叶剑英就中原地区情况致刘少奇电》（1938 年 11 月），《电报类》第 1 册，第 338~339 页。

② 张劲夫：《抗日战争时期我在安徽的经历》，安徽人民出版社，1998，第 39 页。

③ 《周恩来、叶剑英就中原地区情况致刘少奇电》（1938 年 11 月），《电报类》第 1 册，第 338~339 页。

④ 《毛泽东、王稼祥、刘少奇关于张云逸可率部过江活动致项英等电》（1938 年 11 月 10 日），《新四军·文献》(1)，第 206 页。

⑤ 《赖传珠将军日记》编辑小组编《赖传珠将军日记》上册，1938 年 11 月 10 日、11 月 16 日，军事科学出版社，2005，第 194、195 页。

⑥ 《叶、项报毛并周》（1938 年 11 月 24 日），《新四军抗日战争战史资料选编》第 2 册，1964，第 146 页，原南京军区档案馆藏，档案号：F. 2.1/50。后不再标注。

⑦ 《项英报周并中央》（1938 年 11 月 27 日），《新四军抗日战争战史资料选编》第 2 册，第 147 页。

电，在六中全会后中共高层视野中，皖东虽已受一定程度的关注，但大体和皖西、皖中处于相同的战略层次，并不特别突出。中央似更重视"皖中"的特殊机遇。军部派张云逸率部北上，大体上也预备将主力位置于皖中之合肥、舒城、桐城、安庆一线。

11月17日，张云逸率部自泾县出发，经铜陵渡江，抵无为。两日后，往庐江听取四支参谋长林维先汇报，后再西进至舒城东、西蒋冲。① 12月中旬，张云逸向军部通报江北见闻说："高于二次军政会议结论通过后，不说不干，与何伟谈话甚久，并说戴（季英）很多坏话，最后要求：（一）上级不要听一些怀疑他的话；（二）增加经费，平均待遇；（三）供给军事教员及做统一战线人员以及报务员等，经多方解释始［终］不干。"② 何伟时任鄂豫皖边区党委组织部长，③ 当日应是以边区党委代表名义与高敬亭谈话。张云逸根据各方反映的情况，决定先见戴季英。

12月24日，张云逸见戴季英，随即同至立煌见安徽省主席廖磊。④ 经与廖谈判双方议定："1. 第四支队向淮南及津浦南段活动，限三个月开拔完毕，只留一部在无为与军部联络。2. 米津及经费不敷，由省府设法发给，不得就地自筹。3. 尊重行政系统，不得收缴民枪。4.（江北）游击总队以地方名义请李（宗仁）批准。"⑤ 此次廖、张会谈的结果，特别是四支全部向"淮南及津浦南段活动"的协议，为制定向皖东发展的战略方针奠定了基础。这是中共在华中与桂系统战关系最好时期形成的关键成果。所谓"游击总队"，即后来由廖磊正式批准成立的"江北游击纵队"，本是由地方党组织成立的民众抗日武装，"编制与团同"，司

---

① 《张云逸传》编写组：《张云逸传》，当代中国出版社，2012，第133页。
② 《项英转报毛并周叶》（1938年12月21日），《新四军抗日战争战史资料选编》第3册，第596页。
③ 张劲夫：《抗日战争时期我在安徽的经历》，第39页。
④ 周骏鸣、赵启民、邓少东：《挺进皖中皖东敌后的第四支队》，《新四军回忆史料》（2），第36页。
⑤ 《项英报毛洛周叶》（1939年1月7日），《新四军抗日战争战史资料选编》第3册，第583页。

令为戴季英。① 取得"江北游击总队"的合法名义可以说是此次会谈另一个重要成果。

张云逸虽与皖省当局商定了四支全部到皖东的方向，但因工作机制不同，中原局仍把江北重心置于皖西大别山一线。1939 年初，湖北省委书记郭述申到鄂豫皖区党委扩大会传达六中全会精神，虽决定在淮南路东成立由刘顺元任书记的皖东工委，却仍强调"党在大别山地区的任务是帮助五路军（即桂系）建立大别山根据地"。② 在皖东，地方党组织与八团周骏鸣部也较少联系配合，"影响工作不能发展甚大"。③ 江北地区因特殊历史条件形成的党军二元领导系统及其不协调问题，影响甚广。当然，更麻烦的还是高敬亭对四支全部东进持怀疑态度。

1939 年 1 月 27 日，项英转张云逸电上报中央："（一）高敬亭仍在现地收编土匪，扩大部队，企图在桐、怀、庐一带创造根据地；（二）对党及上级使用他，认为是限制他发展，因此对党及军部极不满；（三）对下级收买欺骗，手段是威吓部下，不准与上级接近，并向下宣传上级不好；（四）生活腐化，讨小老婆；（五）对人说以后只准称高支队，不准称新四军；（六）自行准备扩大为三个团；（七）自己不愿东进，亦不能派队伍随张行动；（八）争取可能极少。"④ 桐城、怀宁、庐江一直为高部主要活动区域，高敬亭设想在此"创造根据地"，总体上切合中原局的工作思路。不过，此处最能引起延安警觉的，还是高"对人说以后只准称高支队，不准称新四军"。因稍前蒋介石在西安也曾说过类似的话，引起中共高度紧张。⑤ 此言自高口中说出，又别有不同。张云逸无奈，只得与戴季英先率新设之江北游击纵队东开。2 月 18 日，张、戴一行与八团会于肥

① 《张徐报中央书记处》（1940 年 1 月 14 日），《新四军抗日战争史资料选编》第 2 册，第 187 页。
② 张劲夫：《抗日战争时期我在安徽的经历》，第 39、40 页。
③ 《朱理治关于鄂豫皖情况致刘少奇电》（1939 年 1 月 5 日），《电报类》第 2 册，第 4 页。
④ 《项英报毛周叶》（1939 年 1 月 27 日），《新四军抗日战争史资料选编》第 3 册，第 597 页。
⑤ 《中共中央书记处关于反对蒋介石重新解决新四军问题致项英等电》（1939 年 1 月），《新四军·文献》（1），第 223 页。

东梁园。

2 月下旬，周恩来为解决叶挺职权问题视察皖南军部，作为中共华中抗战最早的设计者，周恩来此行不仅为军部确立江北工作新方针指明了方向，甚至直接参与了具体问题的解决。3 月 2 日，周恩来、项英电告中央，"我们正在解决高敬亭问题"，"提议安徽省委彭康置或〔换〕，改为郭述申，移皖东与云逸及四支队一同行动"。① 这是要协调江北党、军不合拍问题。同时，新四军政治部主任袁国平等也报告军委："江北四支队远离军部，鞭长莫及，在那里的工作还不能有把握的作出估计来，更说不上实际的领导。但自张云逸同志过江后，已能进一步的建立关系，至少八团队、游击纵队及军特务营（共约五千人）已能完全接受党的领导。至于高敬亭直接领导之第七团，则尚是待决的难题。"②

3 月 14 日，项英盘点江北形势，说戴季英到四支队后，组建了江北游击纵队交张云逸带往皖东，也取得了廖磊的委任和接济，但高敬亭本人进步极慢，"对东进至今怀疑，对执行党的路线可说极差"。项建议安徽省委多与戴季英联络，共同推动高部顺利东进。③

中原局的工作方针也开始发生转变，并基于新形势提出"创立皖东抗日根据地"的口号。3 月 21 日，中原局代理书记朱理治电告张云逸："目前日人有'扫荡'皖东企图，国民党政权假使不能及时的有效的进步，将会在这次敌人进攻中遭受更大的摧残。因此，党与八团队必须抓紧目前时机，一面加紧自己的工作与准备，同时推动友党、友军进步，联合一致来粉碎敌人新进攻与创立皖东抗日根据地。"④ 这种转变对于协调江北党军二元领导机制是有帮助的，尤其"创立皖东抗日根据地"的口号影响深远。

---

① 《四支队由东南局指挥》（1939 年 3 月 2 日），本书编辑组编《中共中央东南局》下卷，中共党史出版社，2006，第 668 页。

② 《袁国平邓子恢关于新四军的政治工作情况致毛泽东王稼祥谭政信》（1939 年 3 月），《新四军·文献》（1），第 252 页。

③ 《项周报延安转胡及郑郭彭并张》（1939 年 3 月 14 日），《新四军抗日战争战史资料选编》第 3 册，第 598 页。

④ 《朱理治关于打开皖东局面加强党的工作致张云逸等电》（1939 年 3 月 21 日），《新四军·文献》（1），第 289 页。

至此，四支全部东进并重点发展皖东的战略共识，在军部和中原局中逐渐凝聚起来。为加强对江北各部的领导并推动高部东进，军部决定成立江北指挥部。3 月 29 日，叶挺致电蒋介石："职军江北支队现位置于沿江，为含山、巢县、全椒、嘉山、定［远］县一带，担任津浦南段及沿江作战，总计高、周两部官兵九千余人，与军部隔江相距颇远，以往工作连系因之亦欠密切。现因该部急须调防及伤病兵员之救护治疗与军需之补充储积各项工作亟待解决，职拟四月间前往巡视，并将军部职员分拨一部于舒城附近暂设指挥部或办事处，藉资便利。是否有当，谨候指示祗遵。"① 两日后，蒋复电同意。

据赖传珠日记，军部 3 月下旬即筹备江北工作事宜，先后动员北上的干部至少包括政治部副主任邓子恢、参谋处长赖传珠、第一支队副司令员罗炳辉、参谋处侦查科长李志高等。4 月初，还将八团政委林恺召至军部，具体了解江北详形。② 4 月 15 日，袁国平告诉王稼祥："过去一年的工作完全偏重江南，对江北四支队鞭长莫及，很少给他们以帮助和指导，这是一个大的损失。今年以来，已开始与江北建立比较经常的通讯关系，最近蒋委员长已批准我们在江北建立指挥部，叶军长拟亲去巡视，刻正准备大批政工人员去，以加强四支队领导。就目前情形看，江北环境无论敌情、地形和友军关系都比江南要好，所以我们以后应该更多注意加强江北。"③ 4 月 20 日晚，项英在军部主持召开军分委会，"讨论（北上）人员配备及八团的组织问题"。

会后，项把军分委讨论的江北工作计划案上报中央，其要点如下：（1）在军事上，向北、向东发展，以津浦线为中心积极行动，并以一部控制淮南路。（2）在政治上，以扩大统战为主，求得各方合作，"以便我军转战减少阻碍和限制"。对地方武装采取帮扶政策，争取由政治上达到

---

① 《叶挺关于拟在江北设指挥部或办事处致蒋介石电》（1939 年 3 月 29 日），《新四军·文献》（1），第 292 页。

② 《赖传珠将军日记》上册，1939 年 3 月 27 日、4 月 14 日、4 月 15 日、4 月 16 日、4 月 17 日，第 215～219 页。

③ 《致王稼祥信》（1939 年 4 月 15 日），江苏省新四军和华中抗日根据地研究会编《袁国平纪念文集》（下卷），中共党史出版社，2014，第 641 页。

组织上领导，不用吞并办法，以免造成政府、地方与新四军对立。（3）在民运上，应随军事的发展，以合法方式为主。目前可以大马厂为中心选择几个地区建立工作基础，但不宜提"创造皖东抗日根据地"的口号。（4）在组织架构上，以八团及江北游击纵队为基础组建第五支队。关于地方党组织，建议以郭述申兼五支政委，负责整个皖东党的工作。项还透露，高敬亭"近日又想将部队调回后方"，"七团已开定远一带，挺进团在合肥附近，九团在舒、桐、庐江"，官兵"已有对高不满，特别不愿回后方"。①

在军部酝酿江北工作方案之时，中原局也抛出一套设计方案。首先，提议中原局机关与江北指挥部同时行动，请刘少奇到鄂豫皖主持大局，以张云逸兼中原局军事部长。其次，部队建制方面，指挥部下设五个纵队，高部为一纵队，八团为二纵队，江北游击纵队为三纵队，寿合游击队为四纵队，李先念部为五纵队。再次，地方党组织方面，皖东工委扩大为苏皖省委，调朱瑞来任书记，并派人深入天长、六合、来安间。最后，对高敬亭"以送其到延安学习或另择地养病为上策"，部队"由其他同志带"。②两套方案不约而同地聚焦到新四军、地方党组织的协调统一与高敬亭问题的处理之上，凸显了当日江北主要矛盾所在。

江北形势的新变化引起了延安高度重视，并将新四军江北指挥部与此前大力推进的"发展华中"战略关联起来。4月12日，中央书记处会议专门讨论华中工作问题，由刘少奇作主题报告。刘指出，"我党领导的新四军四支队名义不大；党的组织基础不强，特别是在敌后薄弱，党的组织分布不能适应党的需要，但国民党的组织基础较强"，强调"华北的经验不能简单搬用到华中去"，而"要自下而上地坚持艰苦的长期的工作"。③毛泽东发言指出，"现在敌人准备大举进攻华北"，"将来趋势我们经济将

---

① 《项英关于江北工作方针及干部配备致中共中央等电》（1939年4月），《新四军·文献》（1），第294~295页。

② 《朱理治报胡并中央书记处》（1939年4月18日），《新四军抗日战争战史资料选编》第3册，第587页。

③ 中共中央党史和文献研究院编《刘少奇年谱》（增订本）第1卷，中央文献出版社，2018，第276~277页。

更困难"，"现在全国共产党与游击战争的主要发展方向是华中"。①

4 月 21 日，中央电告各部，表示"华中是我党发展武装力量的主要区域"，"关系整个抗战前途甚大"，在蒋介石批准新四军在华中成立指挥部的情势下，"江北之指挥部应成为我华中武装力量之领导中心"，华北、江南皆应下决心调干部到华中。② 4 月 24 日，又发出指示，目前"我党我军在皖东的中心任务是建立皖东抗日根据地"，一面强调"依皖东目前情况，必须我们长期努力进行统战工作"，一面指出"迅速扩大和巩固我军民为皖东抗日武装力量"，"积极向东、向北发展"。③ 中央这两则指示重点突出皖东在整个华中的核心地位，既采纳了军部关于加强统战工作的建议，又保留了中原局"建立皖东抗日根据地"的口号，总体上折中两方，目标更明朗，标志着中共以皖东为中心发展华中战略方针的正式形成。

三　江北指挥部推动高部东进与皖东初经营

中共中央既整合军部与中原局意见，确立以皖东为中心创建华中敌后抗日根据地的战略方针，就需两处讨论以切实推进。但在第二份指示到军部前，叶挺已于 4 月 25 日率邓子恢、罗炳辉、赖传珠等经繁昌渡江至无为，5 月 6 日到达庐江东汤池与九团会合。次日，叶挺主持召开新四军干部与共产党员会议，宣布成立江北指挥部，同时组织中共新四军江北前委统一指挥江北各部。④

5 月 9 日，项英向中央呈报江北指挥部编制序列：首先，以高部七

---

① 中共中央文献研究室编《毛泽东年谱》（修订本）中册，中央文献出版社，2013，第 120 页。

② 《中共中央书记处关于发展华中武装力量的指示》（1939 年 4 月 21 日），《新四军·文献》（1），第 307~308 页。

③ 《中共中央书记处关于建立皖东抗日根据地的指示》（1939 年 4 月 24 日），《新四军·文献》（1），第 309 页。

④ 《赖传珠将军日记》上册，1938 年 4 月 25 日、4 月 26 日、4 月 28 日、5 月 6 日、5 月 7 日，第 220~222 页。

团、九团与江北四团合编，仍为四支队；其次，戴季英所率江北游击纵队第一大队、江北挺进团与八团合编为五支队；再次，江北游击纵队第二大队由指挥部直辖，仍称"江北游击纵队"。指挥部由张云逸主持，赖传珠任参谋长，郭述申为政治部主任。① 这是依军部最初讨论方案编定的。5月11日，项接中央"廿四日电"，除"转苏南及江北遵行"外，对中央"创建皖东抗日根据地"指令提出了自己的意见。

项认为，"江北目前中心是积极开展游击战争，开展统一民运并扩大部队，建立根据地之必要基础"，"为争取高部必要条件"；目前"敌人均在西路，要打敌人必须在西路活动并争取胜利"，"这样一面积极向北、向东发展以打破限制，同时便于两路间发展与扩大基础"。因地方武装"几全部在各级政府手中，非胜利影响与积极统战不易夺取和打击顽固分子"。更关键的是，高部人数最多，"问题不解决可影响发展"，所以不宜张扬而引起桂系紧张，应聚力于四支高部之指挥与东进问题。②

为推动高部东进，项英以毛泽东名义致电高敬亭，略谓"抗战正处于敌我相持阶段苦斗阶段，四支队在战略上处于极重要地位，可以阻隔日寇南北联系，如能控制津浦线，可予敌在军事经济交通上极大之困难，对整个抗战起重大之作用"。因而，"目前你们要解决困难与壮大部队，是要迅速东进、积极作战以胜（利）达此目的"。③

5月9日，叶挺、张云逸前往舒城西蒋冲"会高敬亭"。次日，在四支留守处召开支队连以上干部会议，叶传达中央关于部队东进的指示。会上各指挥员一致同意东进，高敬亭也举手赞成。但当叶挺走后，高却令第七、第九两团暂停东进。5月18日，叶挺、张云逸责九团务必于"月终到达草庙集、梁园集中，担任向淮南、凤阳地区游击之任务"。九团表示拟于21日东开，但高敬亭"要请假"。恰在此时，七团发生了震动江北的"杨克志、曹玉福叛逃"事件。杨克志、曹玉福在红二十八军时期分别为高敬

① 《项英关于成立江北指挥部等问题给毛泽东、张闻天的电报》（1939年5月9日），《建党以来重要文献选编（1921~1949）》第16册，第294页。
② 《项英报中央》（1939年5月11日），《新四军抗日战争战史资料选编》第3册，第591页。
③ 《项英报中央书记处》（1939年5月4日），《新四军抗日战争战史资料选编》第3册，第599页。

亭的警卫员和秘书，改编为新四军时被任命为第七团团长和政委。5 月中，
因高对东进无决心，该团内部分歧严重。杨、曹又私自侵吞缴获之金银，
引发更大不满，二人遂于 20 日携两个班投靠皖省当局。叛逃事件发生后，
指挥部为稳定军心决定在部队中开展"反杨、曹斗争"，波及高敬亭。①

　　杨曹叛逃事件前，军部对高的态度基本是以各种办法争取其东进。5
月 23 日，军部还电告叶挺："四支队高敬亭问题，请经八团队电戴季英，
仍要其忍耐从事，并要周骏鸣取积极行动，以影响其下层。如能争取在敌
侧后打一二次游击，取得小胜利，提高其打日寇信心，总可推动其部队前
进一步。其他一切待慢改变。"② 但在杨曹叛逃事件刺激下，江北指挥部
只得采取雷霆手段。一面严令九团开"合肥西北之吴山庙整训"，一面命
高敬亭率部到肥东。高于 5 月底率部东进，6 月 4 日至青龙厂，随即被扣
审查，24 日被执行"枪决"。③ 6 月 15 日，中央决定由徐海东到安徽"整
理四支队，担任副指挥兼四支队司令"。④

　　杨、曹叛变及高敬亭被"枪决"，在一定程度上影响了新四军与皖省
当局的统战关系。6 月 15 日，彭雪枫电告军委，"最近四支队七团杨曹叛
变后，安徽桂系当局对我态度转变，对我限制"。⑤ 两党在皖省各地之摩
擦也此起彼伏，叶挺、张云逸遂于 6 月底启程赴立煌见廖磊，协调两军关
系。⑥ 7 月 4 日，周恩来、叶剑英就谈判问题预告中央："（一）叶、张于
日内即可抵立煌，此次与廖当局会谈之中心，当为江北新四军等等问题；
（二）目前廖对我最恐惧万分是江北我军之扩大与发展，其次是党的发
展；（三）我们估计廖对于军队要提出的不外以下几点，所谓收缴民枪、

----

① 《赖传珠将军日记》上册，1939 年 5 月 9 日、5 月 18 日，第 222、224 页；童志强：《高
　敬亭案深度剖析》，《安徽史学》2015 年第 2 期。
② 《项英和周子昆报叶》（1939 年 ×〔5〕月 23 日），《新四军抗日战争史资料选编》第 3
　册，第 593 页。
③ 《赖传珠将军日记》上册，1939 年 5 月 23 日、5 月 31 日、6 月 4 日、6 月 24 日，第
　225~229 页。
④ 《中共中央书记处关于徐海东任江北指挥部副指挥兼第四支队司令员的决定》（1939 年 6
　月 15 日），《新四军·文献》（2），第 36 页。
⑤ 《彭雪枫报毛王滕胡》（1939 年 6 月 15 日），《新四军抗日战争史资料选编》第 4 册，
　第 693 页。
⑥ 《赖传珠将军日记》上册，1939 年 6 月 28 日，第 230 页。

打汉奸土匪、破坏行政、摊派粮食及活动区域与各地我所领导的小部队等等问题；（四）关于党的发展，当局认为尚有办法可以控制，并不觉得如何可怕。"①

叶、张于7月上旬到立煌，11日与廖磊首次会谈，"主要报告解决高和部队工作，其次解释我军的误会，最后说到团结合作之意义"。廖表示，"（1）团结才能抗战；（2）我军（指新四军——引者注）全向津浦路游击，指挥部向〔可〕在舒城，淮南路由他派队担任；（3）望以后工作关系改善"。13日，张云逸再见廖，"谈目前抗战形势（根据中央指示及指出五路军的前进）及其事实，他甚赞同"。廖又向张提出三点意见，"一望我党切实执行中共宣言，二新四军不应过于扩大，影响给养，三兵站少设，向省领经费与整训原有部队"。中原局认为，"据一般观察，此次对我们是很冷淡的，并怕我力量扩大，最近派到我军活动地区行政专员都是反共分子，限我发展"。对叶、张所提皖东"民众武装要归我统一指挥"建议，廖表示须待彼此加深互信后"方能进行"。②不论态度问题，叶挺、张云逸立煌之行再次确认了四支队在皖东津浦沿线的"合法"地位，也为五支队继续深入津浦路东奠定了"法理依据"。

至此，困扰中央及军部近两年的高部领导关系及东进问题终获解决，虽然一定程度上影响了与皖省当局的关系，却也为皖东抗日根据地的初步经营提供了必不可少的前提和基础。从形势上看，江北指挥部此时既可依托在皖东的"合法"活动区域，又可将主力集中到津浦路两侧，以皖东为中心创建华中根据地的条件也逐渐成熟。

8月3日，叶挺结束江北之行，启程返回军部。③8月20日，项英电告中央，"此次解决高敬亭，叶最坚决，起作用很大而很努力，在政治上、对党均有极大进步"，但四支队与五支队"大量扩兵买马扩大，干部

---

① 《××报中央书记处并胡朱郭项》（1939年7月4日），《新四军抗日战争战史资料选编》第3册，第621页。
② 《朱理治转报延安并项重庆胡朱》（1939年7月21日），《新四军抗日战争战史资料选编》第3册，第622、623页。
③ 《赖传珠将军日记》上册，1939年8月3日，第233页。

甚弱"，"此间无法再抽调，希中央设法解决三个政治干部及支队长参谋长一名，以免拖延"。此外，江北政治上"须派大员坐镇领导，少奇请速去"。① 从地方党组织的视角看，皖东情势也不尽如人意。

8 月间，皖东党负责人电告中原局："自（国民党）省党部调回江北以后，皖东十县书记长先后赴立煌受训，五月中军政部'防共'、'限共'电到皖东，该处即在各县大肆活动。如'一个党'、'一个主义'、'一个军队'、'一个政府'、'一切抗战领导'。对于国民党的公开宣传，对群众监督寻衅打击，对我党我军的造谣破坏，及防共团的组织。"国民党各级组织已成"皖东反共的急先锋"，桂系也"企图以皖东为根据借行政力量培养武力"，"阻止我军活动与改编地方武装"。相较而言，中共地方党组织进入较晚，前期以"安徽省民众动员委员会"名义组织的工作团"团员约百七十人，内（仅）同志百余人"。新四军五支战地服务团也"开始工作不久"，"尚无成绩"。以各种名义存在的民众武装虽多，但却是地方"工作最弱之一环"。地方工作的主要缺点，是"党与群众团体一般是和平发展，组织不周密"，"干部太少太弱"。②

皖东区域形势演进还受到华中国共关系大局的影响。由于恐惧中共力量的发展，桂系首先对驻鄂东中共领导的第二十一集团军独立游击第五大队张体学部发动进攻，导致张部百余名官兵被杀、50 余人被捕的"夏家山惨案"。③ 9 月 12 日，张云逸等报中央，"最近廖磊企图消灭我小部队，命令动员罗山团队打我李支队第二团、第六大队，动员正规军打五大队"。④ 蒋介石也电令彭雪枫、李先念及鄂东新四军迅速调至指定防区。中共中央认为，将彭、李及鄂东各部"调至皖东防区"，"目前还不能依

---

① 《项英报中央军委》（1939 年 8 月 20 日），《新四军抗日战争战史资料选编》第 3 册，第 624 页。

② 《××报胡朱并郑彭并报中央》（1939 年 8 月），《新四军抗日战争战史资料选编》第 3 册，第 625~628 页。

③ 《李先念传》编写组、鄂豫边区革命史编辑部编写《李先念年谱》第 1 卷，中央文献出版社，2011，第 231 页。

④ 《张云逸、郑位三、彭康、张劲夫关于反击廖磊部意见致中共中央、中原局电》（1939 年 9 月 12 日），《电报类》第 2 册，第 101 页。

从国民党的要求"。① 然蒋所谓"指定防区"并非皖东，而是江南南京、芜湖一带。② 桂系在鄂东的进攻及其连锁反应，恶化了江北的政治环境。

10月12日，刘少奇电告中央，"安徽反共空气亦加紧，云逸率指挥部大部分人员去皖东靠四支队"。③ 10月19日，中原局分析，皖省当局已"是循着投降分裂倒退的道路前进"，鄂豫皖边区"有发生事变的可能"。故对江北工作做了新安排：一是指挥部以赖传珠等人留原地，以江北游击纵队坚持巢县、无为游击战争，"在可能条件下更深入大别山之内心"；二是张云逸赴皖东，"指挥区党委并调一批干部往皖东，以突击方式开展皖东工作，巩固部队加强群众工作以武装多数群众的力量，促使地方政权的进步"。④

鄂东事变引发的江北形势之变，迫使中共在皖东创造根据地的工作加速推进。10月22日，张云逸率指挥部离开舒城东汤池向定远藕塘集进发，暂以赖传珠主持留守事宜。⑤ 张到皖东后，立即与安徽省委、鄂豫皖区党委开会讨论江北工作整个方针。10月29日，张云逸等向军部、中原局上报"江北根据地问题"案，略谓：

> （一）以舒、桐边界为准备山岳根据地，是我将来的主要根据地。现以舒城西港〔蒋〕冲之七里河一带为基础，借指挥〔部〕及四支后方和医院的掩护，由地方党积极秘密工作，不表面化，因该〔地〕连接大别重心，更有舒、桐、无大的经济条件及群众均有相当基础。

---

① 《中共中央书记处关于坚持鄂东斗争的指示》（1939年9月17日），《新四军·文献》（2），第109页。

② 《顾祝同关于蒋介石电令新四军江北部队移至江南致戴戟电》（1939年9月20日），《中国抗日战争军事史料丛书》编审委员会：《中国抗日战争军事史料丛书·新四军·参考资料》（5），解放军出版社，2015，第37页。

③ 《刘少奇关于鄂豫根据地情况与工作意见致中共中央书记处电》（1939年10月12日），《新四军·文献》（2），第138页。

④ 《中原局报××》（1939年10月19日），《新四军抗日战争战史资料选编》第3册，第634页。

⑤ 《张云逸传》编写组、海南省档案馆合编《张云逸年谱》，当代中国出版社，2012，第71页。

（二）以皖东、北现地我军活动区域创造为目前的根据地。分为三个地区进行：1. 四支队在津浦路西滁、椒、定、肥四县边区为根据地。2. 五支队在路东以来、天、六、盱之四县边区为根据地。3. 六支队在淮北、津浦、陇海的地区创造根据地。

（三）皖东、北诸地区以军事力量配合地方党开展民运与党的建立基础，积极争取政权在我影响之下，以至于在我领导，甚至于区长、乡长也要抓紧。

（四）舒桐地区为皖东及鄂东的中心，可与五六大队、李先念部联络，一有事变则控制全大别山脉，与皖东呼应，且地形群众均有利于我。皖东各根据地可与鲁苏、鲁豫支队联络，更可南北联成一气。①

这是全面抗战前期中共关于华中发展较为完整的部署方案，其关于皖东政权之"争取"与"领导"问题的设想，已触及根据地建设之核心。更值得注意的是，江北指挥部虽东移并聚焦于皖东、皖东北根据地建设，但对皖西舒城、桐城山岳地带仍着力经营，且视为沟通皖东与鄂东各部枢纽。换言之，在四支主力移向皖东之际，江北指挥部仍试图将整个华中各部以舒城、桐城、无为为中轴，包括皖东、鄂东、豫皖苏边、苏鲁豫边及淮南各区"联成一气"。对比约一年前林彪提交的将华中分为"新老黄河之间"、"鄂豫皖区"与"鄂豫陕"三大区的部署建议，② 此电则具体而微地将"新老黄河之间"与"鄂豫皖区"关联起来进行思考。

只是此种气势恢宏的战略运筹，需以党政军坚强实力作后盾，江北当时显还缺乏此种力量。或正因考虑到实力的窘迫，南方局才于 11 月 7 日建议新四军江南主力"向江北发展"，"工作重心移到江北去"。③ 军部虽

---

① 《张郑报叶项袁胡朱》（1939 年 10 月 29 日），《新四军抗日战争战史资料选编》第 3 册，第 635 页。

② 相关讨论参见李雷波《中共"发展华中"战略中的八路军、新四军及其角色转换》，《中共党史研究》2020 年第 6 期，第 105~107 页。

③ 《秦邦宪等关于江南主力宜向江北发展致毛泽东、项英电》（1939 年 11 月 7 日），《新四军·文献》（2），第 141 页。

也大力推动二支四团北上，但对江南主力整个过江尚无足够心理准备。在此背景下，中央采纳了刘少奇的建议，果断舍弃西向之设想，要求"整个江北的新四军应从安庆、合肥、怀远、永城、夏邑之线起，广泛猛烈地向东发展，一直发展到海边上去，不到海边绝不应停止"。① 这个转变影响深远，稍后"向苏北发展"的大关节正是在全面东进的逻辑起点上建构的。

1939 年 12 月初，项英电告中央，军部"已命令江抗主力一个团及四团与管部各一营由叶飞、张道庸率领由扬中过江"，但"江北缺乏领导中心"，"胡服同志应速到指挥部主持"。② 至此，关于刘少奇去江北主持工作的问题至少已第三次被提了出来。

四 刘少奇的华中新规划与"立足皖东"方针之确立

刘少奇到皖东主持大局，大约始于 1939 年 4 月 18 日朱理治的提议。中共中央虽曾提议项英或陈毅等到江北主持指挥部工作，③ 但最后还是采纳了这一建议。6 月 15 日，中央电告军部，徐海东"不日将由延安同胡服一起赴皖"。④ 徐海东是接替高敬亭任四支队司令员，刘少奇"赴皖"则是作为"大将"主持江北工作。7 月初，中央政治局扩大会议召开，历时近两月，耽搁了刘、徐南下行程。但大会取得了"中国目前可以说到了相持阶段"共识及"加快发展华中"的决议，为刘再入华中准备了政策基础。⑤ 9 月 15 日，刘、徐等自延安南下，先至河南竹沟，稍停留即率

① 《中共中央书记处关于江北新四军应猛烈向东发展的指示》（1939 年 11 月 19 日），《新四军·文献》（2），第 151 页。
② 《项英关于已令叶飞、张道庸部过江致中共中央电》（1939 年 12 月 2 日），《新四军·文献》（2），第 180 页。
③ 《中共中央书记处关于发展华中武装力量的指示》（1939 年 4 月 21 日），《新四军·文献》（1），第 308 页。
④ 《中共中央书记处关于徐海东任江北指挥部副指挥兼第四支队司令员的决定》（1939 年 6 月 15 日），《新四军·文献》（2），第 36 页。
⑤ 李雷波：《皖东摩擦前新四军抗战战略的调整与演变》，《抗日战争研究》2020 年第 3 期，第 98 页。

中原局机关东移。11 月 4 日，抵彭雪枫部驻地安徽涡阳新兴集，次月初再转至皖东定远藕塘集。①

就在刘少奇抵皖东前后，晋西事变爆发。12 月 13 日，书记处电告各处："大资产阶级为准备投降，已把限共政策推进一步了。在今年一月国民党五中全会决定的限共政策，表现于《限制异党活动办法》及其实际执行中的，是以政治限共为主，以军事限共为辅。而在十一月国民党六中全会时，则已发展到军事限共为主，政治限共为辅了。"要求各地严守自卫，"击破大资产阶级的阴谋"。② 关于江北工作原则，中央电示中原局："对四、五支队之布置，由你们与项商定，以坚持我们在中原地带之已得阵地及便利发展和对付可能之武装摩擦为原则。"③

刘少奇在皖东，首先注意到"四、五支队减员很大"，"地方工作薄弱，建立根据地的观念甚微弱"，"国民党则在反攻津浦路口号下调集相当大的兵力到皖东向我压迫"。④ 这些情况促使刘少奇重新考虑以"皖东"为中心发展华中敌后抗战力量的问题。

12 月 19 日，刘电告中央："在武汉失守前后，大约有好几月的时间，使我们完全有可能建立相当完满的皖东抗日根据地，我们是失去了历史发展这种特殊的窘迫［机遇］。如果敌情及全国大局没有大的变化，目前我们在皖东只能求得某种有限程度的发展，而有大发展希望的地区是江苏北部。"目前以四、五支队直接向苏北发展，既难以在皖东"建立巩固的根据地"，"又太冒险"。所以，"依靠豫东、皖北雪枫、爱萍地区向苏北发展为好，并可与山东联系"。基于这种认识，他对皖东的新布置为：先留四支七团、五支八团与无为游击队在津浦两侧活动，以江南六团到扬州、六合。地方武装统归七、八两团收编，与江南、淮北建立联系。再抽九团、十团、

---

① 《刘少奇年谱》（增订本）上册，第 288、289~291 页。

② 《中共中央书记处关于时局和任务的指示》（1939 年 12 月 13 日），《新四军·文献》（2），第 185~186 页。

③ 《中央书记处致胡徐张彭》（1939 年 12 月 13 日），《新四军抗日战争战史资料选编》第 5 册，176 页。原南京军区档案馆藏，档案号：F. 2.1/53。后不再标注。

④ 《刘少奇关于他已到皖东致中共中央书记处电》（1939 年 12 月 14 日），《新四军·文献》（2），第 187 页。

十四团、十五团渡淮北上，配合彭雪枫向江苏淮阴以北发展。在淮阴以北立足后，再向南配合"七、八两团及江南部队向东、向北发展"。①

相较此前张云逸等的战略规划，刘少奇将皖东置于更大的区域空间进行关联，尤其把"江南"纳入视野之内，设计思路也更开阔。但项英对此充满疑虑。他认为华中敌、我、友交错，应充分考虑与友军的统战关系，且目前国民党已有将新四军分编于友军之意，故江北"绝不能作左的布置"。② 中央感觉刘的布置可行，于 12 月 27 日指出华中应"以淮北之皖苏地区为主要发展方向，从四五支队酌抽部队过淮河是很对的，中原局宜开进彭雪枫部"。③

刘少奇本拟取消调兵淮北方案，但看到中央的支持态度后，再拟调兵计划。1940 年 1 月 4 日，刘电告中央并项英："如有几个得力的团，并我与海东、邓子恢、谭希林等去淮河北岸，彭雪枫立即可以率四五个团的兵力向苏北发展，直至海边，并建立苏北根据地。" 如苏北根据地开创成功，将从战略上打破目前皖东所处的困境。至江北兵力不足问题，则再请江南抽调一二个团过江。④ 中央对此仍予支持。但项英指出，调兵淮北牵涉江南、皖东、淮北约十个团的关联动作，在国共关系日趋紧张、日军又频繁扫荡的形势下，能否顺利执行也需斟酌。为维持江南，项对调兵之请表示"确难遵行"。⑤ 缺少江南部队支持，抽调皖东部队到淮北计划便无法推进，刘也只能先求立足皖东。

在酝酿向苏北发展时，刘少奇还着重处理了江北党军二元指挥系统的融合问题。⑥ 对此项英是赞同的。项表示，"中原局既到皖东，四军江北

---

① 《刘少奇关于目前华中发展地区及工作部署致中共中央书记处等电》（1939 年 12 月 19 日），《新四军·文献》（2），第 188、189~190 页。
② 《项英致胡服并报中央》（1939 年 12 月 22 日），《新四军抗日战争战史资料选编》第 5 册，第 71 页。
③ 《中共中央书记处关于华中及江南工作的指示》（1939 年 12 月 27 日），《新四军·文献》（2），第 197 页。
④ 《刘少奇年谱》（增订本）第 1 卷，第 297~298 页。
⑤ 刘树发主编《陈毅年谱》上卷，人民出版社，1995，第 264 页。
⑥ 《刘少奇关于增加中原局委员并致中共中央书记处并项英电》（1939 年 12 月 31 日），《新四军·文献》（2），第 200 页。

前委应取消，统一于中原局"，"以后除某些行政上及对外的关系外，一切归中原局负责"。① 1940 年 1 月，中央正式确认江北前委改"皖东军政委员会"，属中原局指挥。②

除战略方向的讨论、党军关系的调整，此期江北最重要的工作还是部队的集中整训。关于江北部队存在的问题，刘曾电告中央："四支队因长期脱离党中央的领导，自反高胜利后，一般说已在党的领导下了，但对党的信仰基本还未转变过来。每有表现轻视党的组织，忽视党的生活，不尊重上级党和其决议。在行动中不注意发展地方党，对地方党有不重视的态度。政治工作制度已建立，其比前威信提高，但工作不深入。"③

项英也认为，江北部队"在反高斗争后，没有继续从思想上政治上深入斗争，变成主要原因，或不能将高之遗毒和积累的意识习气，并连带对游击主义的习气，在斗争中彻底铲除，使四、五支队在各方面得着大的转变和前进"。此外，由于在反高斗争中"偏于对人，形成大批洗刷，特别缺乏坚强巩固部队的政治工作，发生大批逃亡"。"尤其五支队表现严重，使部队在数量上大［为］削弱。"④ 刘少奇甚至感慨，"这是党所领导的部队中最落后的一支部队"，比八路军、新四军主力"要落后很远"。⑤

因五支队在津浦路东开辟新区，所以江北部队整训主要围绕四支队展开。1940 年 1 月 18 日，刘少奇、邓子恢到四支队主持召开政工会议。20日，张云逸到四支队报告建军问题，并计划由赖传珠负责帮助整理四支

---

① 《项英建议取消江北前委统一由中原局指挥致中共中央电》（1940 年 1 月 1 日），《新四军·文献》（2），第 201 页。

② 《中共中央书记处同意增加中原局委员等问题致中原局并项英电》（1940 年 1 月 4 日），《新四军·文献》（2），第 206 页。

③ 《胡服报中央书记处》（1939 年 12 月 26 日），《新四军抗日战争战史资料选编》第 5 册，第 177~178 页。

④ 《项英致胡并报中央军委并致张邓》（1940 年 1 月 8 日），《新四军抗日战争战史资料选编》第 5 册，第 181~182 页。

⑤ 《胡服报中央书记处并致项英》（1940 年 1 月 13 日），《新四军抗日战争战史资料选编》第 5 册，第 185~186 页。

队。29 日，赖传珠到九团布置整训工作。数日后再去检查，发现"九团的工作、团结、坚持各种制度都有进步"。① 经过集中整训，部队发生了一些重要变化。

2 月 4 日，刘少奇报告说："皖东工作在路线上转变后，已获得初步成绩，各方面均在迅速前进中。路东、路西游击队已组成 5000 人，枪在 2000 以上，并不断在发展中，已开展游击活动。四支队已补充至 6000 人，好的枪已补起来了。地方党在普遍发展中，农民代表会已在个别的县份内开过了，财政已在动员中，已筹集大米 1000 余石。在路东，与韩德勤的摩擦在采取反攻的态势后（枪决一个乡长，消灭盱眙县 2 个小队并缴枪 40 余支），暂使韩部完全屈服（允许我们提出的一切条件），工作局面已大大打开。"②

当整训初现成效，向淮北调兵计划再被提起。2 月 10 日，刘少奇电告中央："由四支队抽调一个至二个团到淮河北岸，对皖东工作不致有大的妨碍，因为最近我之力量有相当发展，游击队已成 5000 人，在立煌及韩德勤方面暂时均无与我武装摩擦之决心和准备，我们力量亦不弱。"③但中央此次未再支持刘的调兵计划，反而强调"立足皖东"的特殊意义。

同日，中央在关于形势任务的指示中强调：在日军支持汪伪政权、国民党继续抗战背景下，中共领导的敌后抗战整体目标应是"将整个华北直至皖南、江南打成一片，化为民主的抗日根据地，置于共产党进步势力管理之下"。皖东，作为沟通华北、江南、皖南的区域战略枢纽，必须着力经营。因而，"胡服直接指挥皖东斗争，将皖东全部、江苏一部化为巩固根据地，坚决肃清反动，坚决建立政权。四、五两支队应由一万扩大到四万以上，决不让任何反动派隔断我徐州、浦口区域"。④

---

① 《赖传珠将军日记》上册，1940 年 1 月 11 日、1 月 18 日、1 月 20 日、1 月 29 日、2 月 4 日，第 267~272 页。

② 《胡服报中央书记处》（1940 年 2 月 4 日），《新四军抗日战争战史资料选编》第 5 册，第 188、189 页。

③ 《胡服报中央书记处并致项英》（1940 年 2 月 10 日），《新四军抗日战争战史资料选编》第 6 册，第 425 页。原南京军区档案馆藏，档案号：F. 2.1/54。后不再标注。

④ 《中共中央、中央军委关于目前形势和任务的指示》（1940 年 2 月 10 日），《建党以来重要文献选编（1921~1949）》第 17 册，第 126~128 页。

接到中央指示后，刘少奇不再坚持向淮北调兵计划，转而专注地方武装之整理，聚力经营皖东。国民党方面当日观察到："新四军近公然压迫皖东、皖中各县武装，袭攻滁县县府，及全椒、盱眙、嘉山、来安各县自卫队，枪杀津浦路特别党部委员陈文斌、职员张文玉及调查统计局电报员夏逸骏等。该军分布于皖境大江南北，中央曾电令其全部移驻江南，迄未遵命。近并将第三支队全部开到江北，第四支队由皖中向淮南路东移，一部已过津浦路。窥其动态，对皖东似有整个计划，欲会合各方兵力占据皖东各县劫夺政权，建立起所谓东南模范抗日根据地，再进而占取大别山脉。"①

当年中共中央与中原局似有一个共同判断，即客居安徽的桂系自身面临内忧外患将难以对皖东取进攻政策，江北局势必趋缓和。② 然出乎意料的是，皖省新任主席李品仙非但未"减轻摩擦"，反对皖省新四军各部步步紧逼。李于 1939 年 10 月继廖磊任安徽省政府主席，次年 1 月抵立煌就任。2 月中旬即亲自主持召开安徽党政整建大会，旨在"清除潜伏机关、部队、学校内从事捣乱，分化抗建力量的异党分子"，并强迫军事、行政、教育人员及高级中学学生加入国民党及三青团。③

在军事上，更直接以大兵向皖东北、皖东新四军进攻。1940 年 2 月 23 日，中原局通报说："一三八师旅长龙炎武于 15 日在六安奉到李品仙令，着率保六团及八二四团开赴六区，消灭盛子瑾残部与八路军新四军。龙之先遣队一连 19 日由□安路而经正阳，集结蒙城，与县长袁传璧联络。龙本人与宿城专员 20 日由六安和行保六团、八二四团均 21、22 两日出动，集中蒙城待命，在朝宿、灵推进。五区皖东专员李本一，已率广西军两个团到五区，答应对付淮南新四军。"④

---

① 《军令部编印之一周来第十八集团军及新四军显著动态及判断，附一九四三年九月军事委员会在国民参政会上的军事报告之一部》（1940 年 3~8 月），中国第二历史档案馆藏国防部史政局战史编纂委员会档案，档案号：787-1889。

② 《中共中央、中央军委关于目前形势和任务的指示》（1940 年 2 月 10 日），《建党以来重要文献选编（1921~1949）》第 17 册，第 128 页。

③ 童志强：《抗日战争中的李品仙》，《安徽史学》1990 年第 2 期，第 76 页。

④ 《顽集结大军攻我及我之部署》（1940 年 2 月 23 日），军事科学院《张云逸军事文选》编辑组主编《张云逸军事文选》，军事科学出版社，2007，第 114~115 页。

面对突如其来的攻势，刘少奇报中央："李品仙到皖后更加反动，改组动委会，强迫动委工作团三千余到干训团受训，召集县长会议讨论镇压共产党，并加紧与我军摩擦企图消灭我军。皖东专员李本一及各县长回来后即发动与摩擦，致信云逸、季英同志，询问我军何时过江南，并责我军筹粮、组织游击队与破坏行政，又发动滁县常备队、红枪会与我冲突，缴去我枪十余支，捕去十余人，至今未释。"[1] 李品仙则电告蒋介石："皖东某军近乘我改组动委会及调集各工作人员受训之机会，从事造谣，以达其诱惑青年叛离政府之企图。"[2]

在皖东，新四军与桂系的紧张关系随着各自新政策的推行而愈演愈烈，最终演成 1940 年春两党在华中首次大规模冲突——"皖东大摩擦"。在反摩擦作战中，中共江北部队在刘少奇指导下秉持自卫原则开展针锋相对的斗争。经过路西定远作战及路东半塔集战斗之胜利，新四军最终确立起在皖东的实力地位，并于津浦两侧首先建立抗日民主政权。及至 4 月、5 月间，中共党政军彼此支撑又相互配合的组织架构在皖东确立起来，不仅皖东根据地的创建迈出坚实一步，中共"发展华中"战略也进入实质推进阶段。有了在皖东津浦两侧相对稳固的基础，刘少奇稍后设计向苏北发展的计划，才有了更充分的说服力。

五 结语

截至 1940 年 10 月黄桥战役爆发前，中共在华中大致已形成依托各抗日武装的皖东、豫皖苏、皖东北、鄂豫边等敌后战略区。从抗日民主政权的角度看，皖东最早建成华中相对稳定的敌后抗日根据地。中央虽一度设想将豫东彭雪枫部作为华中发展的重心所在，但皖南事变之前，真正成为中共华中抗战坚强支点的主要还是皖东。刘少奇二入华中后，中原局与新

---

① 《胡张彭郑报中央书记处并致项彭》（1940 年 2 月 27 日），《新四军抗日战争史资料选编》第 5 册，第 202 页。

② 《安徽省主席李品仙呈报新四军乘我与江浦敌伪激战时围攻滁县县府电》（1940 年 2 月 29 日），中国国民党中央党史委员会编印《中华民国重要史料初编：对日抗战时期》第五编"中共活动真相"（2），1988，第 410 页。

四军江北指挥部共同托起皖东的特殊地位，再加上其"合法"身份，是其他区域无法比拟的。所以，当年曾将"皖东"界定为"华中新四军各抗日根据地的中心"。①

当然，皖东的独特地位并非目的论式的"命定"，而是在错综复杂的动态历史进程中不断探索的结果，更非一成不变。具体地看，中共虽很早就注意到皖东的战略价值，但因对皖西"老苏区"及大别山的特殊关注而又呈观望之势，举棋未定。武汉会战后，鉴于桂系在大别山站稳脚跟，中共各方才开始具体推动江北军政力量逐渐向皖东集中。所以，新四军四支队的东进抗战，最初目标区域仅在皖中。军部关于江北部队全部挺进皖东的共识，是在 1938 年底张云逸北上与皖省当局协商后最终形成的。中央层面关于江北部队向东发展创建"皖东抗日根据地"的方针，更延至 1939 年 4 月末方始确立。高敬亭事件后，江北主力全部开至皖东津浦路两侧，虽仍面临很多问题，却为皖东抗日根据地的开辟创造了条件。

1939 年底刘少奇抵藕塘集后，虽感到皖东已失最佳发展时机并提出"向苏北发展"之替代方案。但在具体推动过程也发现，缺乏皖东的巩固，发展苏北根本找不到着力点，转而聚力经略皖东。直到 1940 年春皖东大摩擦爆发，经四、五支队反击作战胜利，中共才在皖东取得实力地位。自此，中共"发展华中"才进入实质推进阶段。在后来拓展敌后战略空间的斗争中，苏北虽逐渐崛起为华中新区域重心，但在华中敌后抗战大棋局中，皖东始终有其独特地位，这是探讨中共"发展华中"战略不可忽视的基础环节。

进而言之，相较中共在华北、江南均依托主力军构建的强固中心向周边辐射式发展，华中最初显然缺少这样的"中心"。而长江局、中原局、八路军、新四军先后自不同方向进入华中，使华中敌后抗战呈现"多元中心"并进的发展格局。黄桥战役前，皖东、苏北、豫皖苏、鄂豫边、鄂东都是相对独立的"区域中心"。"苏北"确实后来居上并尝试整合华中各区，但直至抗战结束也未能真正完成整合（李先念部便长期独立发

---

① 《皖东抗日根据地简史》，《新四军抗日战争战史资料选编》第 5 册，第 197 页。

展）。因而，传统以"苏北"为华中区域中心的认识架构就不完全符合实况，尤其遮蔽"多元中心"的本相。而要推进中共华中抗战的深入研究便需要一个"去中心化"的过程。以区域史的视角与方法梳理各区既独立探索又寻求互联的历史进程，或是突破传统叙事框架、重建"多元中心"格局的一个关键路径。

〔李雷波，中国人民解放军国防大学政治学院〕

抗战胜利后中共基层干部的
观察、思考与心态演变

姜　涛

　　内容提要　抗战胜利后，国内正处于两条道路、两种命运抉择的关键时期。面对局势的变动与个人行止的不定，中共根据地青年党员干部的所思所想与心态变动，正是观察这一群体的重要窗口。战争的突然胜利，使得青年党员干部的情绪在长期苦熬之后得以宣泄与释放，但也使其捕捉到光明背后若隐若现的阴影。时局变动下，个人与集体行止有着极大的不确定性，青年党员期望前往革命斗争的最前线。此外，在走出根据地的青年党员群体中，城市叙事也是其思虑的重要一环。他们观察审视着与乡村根据地截然不同的城镇氛围，并不时地将战时乡村生活的体验、感悟投射到全新的城市环境中。

　　关键词　中共　青年党员　抗战胜利　心态

　　1945 年 8 月 31 日，抗战胜利后不久，年轻的八路军连级干部刘荣走出根据地，见到了整场战争中他都未曾一睹的火车："火车向张家口开动了，车上人们在欢呼，我留连在月台上，端着饭碗仰视着车上，自己九年以来首次看到火车，在月台上吃饭——小米饭。所以满脑子充满了高兴、愉快、胜利的希望，真是把每个细胞都占满，也不知怎样是好。"[①] 这幅跃然纸上的生动画面展现了刘荣及其战友的激动、喜悦之情。刘荣所在部队当时正被派往接收张家口。张家口是战后初期中共迅速派党政军干部接

----

① 梁山松等编《烽火晋察冀：刘荣抗战日记选》，1945 年 8 月 31 日，中国文史出版社，2015，第 303~304 页。

管掌控的重要城市之一。由于张家口毗邻晋察冀根据地，周围皆是中共在战时深耕发展的巩固地区，因此胜利后迅速被接管，张家口及其周围也一度充满着祥和的氛围。此后一两个月，身处张家口的刘荣一直处于胜利带来的兴奋感中。

不过，刘荣持续亢奋的情绪与积极乐观的心态在当时的根据地干部中似非常态。刘荣身处环境相对稳定，甚至有大踏步向和平发展的趋势，曙光似乎并不遥远。但是放眼整个中国，由于国共问题根本上仍悬而未决，胜利初，党员干部的心态也是喜忧参半，乐观、兴奋的心情也很快消退，取而代之的是对未知前途的担忧。变幻莫测的国内国际政治局势让原本只掌握有限信息的年轻的党员干部更加焦急，对时局的判断也容易出现偏差或滞后。

1945 年 8 月抗战胜利至 1946 年春天，是决定中国道路、命运的关键时期。以往有关这一时期的研究或是关注国共两党上层政争，或是侧重国内各派别的政治抉择，或是探讨战后美国在国共双方关系中所扮演的角色。① 中共党员特别是中共基层干部在这期间的所思所想与心态却未能进入研究者的视野。一个由上而下高度集中的组织的运作，离不开庞大的基层干部群体，而这些青年党员干部的心理活动又能多面相地反映外界局势与人心思虑的相互关联。本文拟主要从几位中共青年党员干部日记入手，尝试将生活在转折年代的年轻人做一心灵的侧写。

一　战争与和平

1945 年 8 月，抗日战争画上了终止符。战争胜利来得如此突然，无论国共都未能提前预知。具有极强战略判断力的毛泽东在 1945 年春天认为，对日战争至少要延续到 1946 年。② 敌后抗日根据地中，中共各级党

---

① 有关这一时期相关重要研究有邓野《联合政府与一党训政：1944~1946 年间国共政争》，社会科学文献出版社，2011；汪朝光《1945~1949：国共政争与中国命运》，社会科学文献出版社，2010；吕迅：《大棋局中的国共关系》，社会科学文献出版社，2015。
② 杨国宇：《刘邓麾下十三年》，1945 年 2 月 10 日，重庆大学出版社，1991，第 238 页。

员干部也完全没有抗战即将胜利的心理预期与思想准备。8 月 10 日，身处华东地区的新四军干部杨思一接到苏联对日宣战的情报，才意识到"远东形势将跑步前进了"，说明此前他对战争走势仍持极为谨慎的态度。8 月 11 日，突然得知日本无条件投降后，在杨思一的记录中"大家的情绪都有些激动，但同时又有些手足无措"。① 在尚未完成心理建设的情况下，突发大事件往往会使人心受到不同程度的刺激，"手足无措"一词恰到好处地反映了这一点。级别更高的第三五八旅副旅长陈伯钧几乎每日都记录国际战场最新动态，但并没有比基层干部更早预知胜利的到来。8 月 11 日突然收到日本投降消息后，陈伯钧记录下周遭同事心态的大波动："人们听到这个消息后就浮动起来了，工作不成，学习不安，饭吃不好，觉睡不着，大家这一堆那一堆地议论纷纷，这真是东亚的一件大事。"② 与中共方面相似的是，国民党中层干部陈克文也直呼，未能想到胜利来得如此迅速，"战局的急转直下虽在意料之中，但绝不料到和平即在眼前"。10 日晚上，尽管消息还未最终证实，陈克文已与同僚一宿狂欢。③

进入 1945 年后，战争形势总体是向好的一面发展，但胜利曙光直至最后一刻才真正照亮。此前，根据地基层干部中有人表达了"今冬明春可能打败日本"的观点时，又补充道是"个人随便发言的"，"惟恐落个速胜论者"。④ 在艰苦环境中生存的中共党员常常以革命乐观主义直面困难，而形势一旦好转又会持小心谨慎的态度。所以，1945 年上半年，战争形势好转反而让不少党员干部持谨慎态度，不敢大意。这种心理调适既有先前经验使然，"欧洲第二战场迟迟未能开辟，使苏德战争发生曲折的教训，以及日本帝国主义不肯轻易认输的想法"，又有中共在战时不断向其干部灌输持久战思维的缘故。⑤ "持久战"已经内化到每个党员干部日

---

① 《杨思一日记》（未刊稿），1945 年 8 月 11 日。

② 《陈伯钧日记·文选》下卷，1945 年 8 月 12 日，中国财政经济出版社，2010，第 1051 页。

③ 《陈克文日记》下册，1945 年 8 月 8 日至 12 日，社会科学文献出版社，2014，第 953~954 页。

④ 《王林文集 第 5 卷 抗战日记》，1945 年 8 月 12 日午，解放军出版社，2009，第 329 页。

⑤ 《郭峰日记》，1945 年 8 月 15 日，收入中共辽宁省委党史研究室编《永远的怀念——郭峰工作文集》（上），辽宁人民出版社，2007。

常工作与形势判断的思维中，甚至担心转念之间的"速胜论"背离党性。

于是，在普遍认为仍要艰苦奋斗至少一年的情况下，胜利突然到来着实让不少人错愕不已。身处晋察冀根据地的八路军连级干部刘荣写道："人们望穿眼睛的胜利日子，想不到会如此快地到来，反攻阶段就节省了。我真是有说不出的愉快，战士们跑着说着。"[1] 冀中火线剧社年轻女兵刘燕瑾甚至惊诧道："在我还没有死去的时候还会有这样的一个日子……我觉得抗战起码还有两年，想不到今天我们就实行反攻了。"[2] 惊诧之后，便是兴奋、喧闹，是战争苦熬胜利后难得的释放。长期在冀中从事革命文艺创作的王林在入睡后得知胜利的消息，还"爬起来到院中去，兴奋得简直不知如何是好了。有的喊，有的闹，这里一阵笑声，那里又一阵笑浪。一提这个引起仰天大笑一阵，一提那个又引起仰天大笑一阵"，一种群情亢奋的画面感跃然纸上。[3] 在八路军总部陕甘宁边区，马千里发现"延安、绥德和我们小小的阎家义，都在尽情的狂欢，到处人们都在议论着日寇的投降"，而他自身也是终夜无眠，憧憬着中国的未来。[4] 在延安，胜利消息"疯狂了所有的人，各处山头点起了野火，下面锣鼓齐鸣，人声呐喊，火炬挥舞"。[5]

多年抗战煎熬困苦，最终赢得胜利，无论是国统区还是中共根据地都洋溢着喜悦之情。然而，胜利后前途的不确定性很快让根据地内不少党员干部冷静了下来。尽管最初传来的消息有限，但是长期浸润于辩证法思维之下的中共干部仍然捕捉到光明背后一丝令人不安的阴影。时任晋察冀军区第四军分区政治部主任的王紫峰在得知胜利的当晚，便开始思考政治局势问题。"我睡不着觉，不仅仅是因为快乐，还想到了日本投降以后国内的和平、民主等问题。"[6] 接连数日观察国民党方面的动向后，王紫峰情

---

① 梁山松等编《烽火晋察冀：刘荣抗战日记选》，1945 年 8 月 11 日，第 296 页。
② 刘燕瑾：《火线剧社女兵日记》，1945 年 8 月 12 日，人民文学出版社，2016，第 191 页。
③ 《王林文集 第 5 卷 抗战日记》，1945 年 8 月 12 日午，第 329 页。
④ 重庆红岩革命纪念馆整理《峥嵘岁月——马千里抗战日记选》，1945 年 8 月 11 日，四川人民出版社，1998，第 899 页。
⑤ 《萧军全集》第 19 卷《日记》，华夏出版社，2008，第 690 页。
⑥ 王紫峰：《战争年代的日记》，1945 年 8 月 12 日，中国文史出版社，1986，第 167 页。

绪又变得相当低落，"又急又闷"，"不能丝毫乐观"。① 身为军分区政治部主任的王紫峰言语间体现出组织长期训练的痕迹，形势判断带有一定的辩证性与一般口头报告的色彩。而更加基层的干部的反应往往带有很强的个人性格特质。冀中的王林在胜利当天，便听说蒋介石令"伪军等他们来到再交枪，不许他军接收"，愤怒粗语道："好他妈的王八蛋，早在意料之中。"② 8月16日，王林稍事冷静后，又得知蒋介石邀请毛泽东赴桂林"共商国事"，直骂"真他妈的异想天开"，"真厚颜无耻"。③

对中共党员干部而言，毛泽东赴渝谈判是胜利后又一重大突发事件，对消息来源不畅的青年党员干部来说，更是充满未知变数。1945年8月23日，毛泽东在蒋介石三次电邀之下，最终决定亲赴重庆谈判。当天，针对未来政局形势与党内干部情绪上可能的波动，毛泽东在政治局扩大会议中打下了预防针："我们现在新的口号是：和平、民主、团结（过去是抗战、团结、进步）。和平是能取得的，因为苏美英需要和平，不赞成中国内战；中国人民需要和平；国民党也不能下决心打内战，因为它的摊子未摆好，兵力分散，内部矛盾，无论如何弱于日军加伪军，加上解放区的存在，我们不易被消灭，人民与国际反对内战。"依照毛当时的判断，战后中国总体仍是趋向和平，"内战是可以避免与必须避免的"。④ 但是，1945年上半年无论是七大还是毛泽东的《论联合政府》，都对未来国共争斗爆发战争的可能性有所预警，年轻党员干部很难在短时间内转变思路。⑤ 他们对党中央具体决策与时局判断并不全然了解，毛泽东突然赴渝，极易使那些消息不灵通的年轻干部焦虑、忧心。很快，消息传开后，根据地内还未褪去的胜利喜悦便蒙上了一层不安。亲历重庆谈判的胡乔木

---

① 王紫峰：《战争年代的日记》，1945年8月20日、8月22日，第167~168页。

② 《王林文集 第5卷 抗战日记》，1945年8月12日午，第330页。

③ 《王林文集 第5卷 抗战日记》，1945年8月16日，第331~332页。

④ 中共中央文献研究室编《毛泽东年谱（1983~1949）》（修订本）下卷，中央文献出版社，2013，第10~11页。此次政治局扩大会议精神以宣言形式在8月底对外发布。《中共中央对目前时局宣言》（1945年8月25日），中共中央文献研究室、中央档案馆编《建党以来重要文献选编（1921~1949）》第22册，中央文献出版社，2011，第655~657页。

⑤ 《王林文集 第5卷 抗战日记》，1945年5月12日，第310页。

回忆道，"毛主席离开延安的时候，干部中很多人提心吊胆，老百姓也是这样。当时的气氛很紧张"。① 王紫峰得知毛离延赴渝的消息后，"天天思虑，坐立不安"。② 更有党员在延安公开集体讨论"毛泽东去重庆，蒋介石是否会毒死他或扣留他；中苏友好条约对中国革命究竟是有利还是有害"③ 的问题，可见毛此去对党员干部心理影响之大。9月2日，冀中的王林通过《冀中导报》得知，毛已赴渝谈判。他在日记中记下了周围的即时性反应："闻者莫不为之担忧。昨在彭营东才家老太太即问，听说蒋介石把毛——她说得不如此清楚——弄去了。国特借此更可说是蒋把毛扣留起来了。人们担心亦即蒋介石这流氓头子，什么卑鄙的事也干得出来。"④

根据地内有关毛泽东在渝详情的消息大大滞后，有人为此坐立不安，自然也人有会从革命乐观主义的角度思考、判断。当时正在抗大的马千里在日记中不无乐观地指出："人们喜笑颜开，三五聚会谈论着，也有人为我们伟大的领袖担心。蒋介石出身于大流氓，握有特务网罗，但是人民的力量终将会把反动逆流埋葬，把反共引向和平，最终中国必将走向和平建设。蒋介石如胆敢妄为，他必定会淹没在人民正义的汪洋大海之中。"⑤ 马千里认为蒋介石受制于各方力量，特别是进步人民渴望和平的呼声，因此并不敢做出出格举动。八路军连级干部刘荣当时在张家口附近，他身处的小环境形势是积极向好的。因此，当他听闻毛泽东赴渝的消息，本能反应是国内政局有了突飞猛进的发展。"苏联很快解放满洲，吓倒了中国法西斯，不得不向我们让步"，"中国法西斯一定有很大让步，中国民主联合政府可能很快出现"。刘荣不仅认为大趋势是乐观的，还做出具体判断，预测"两党势力范围有个划分，可能长江流域以南以西系国民党范围，以北、西北、东北是我们势力范围，借以利用议会斗争形式，扩大我军影响，过渡

---

① 胡乔木：《关于重庆谈判》（1990年9月12日），《胡乔木回忆毛泽东》，人民出版社，1994，第82页。
② 王紫峰：《战争年代的日记》，1945年9月4日，第168页。
③ 《萧军全集》第19卷《日记》，第701页。
④ 《王林文集 第5卷 抗战日记》，1945年9月2日，第341页。
⑤ 《峥嵘岁月——马千里抗战日记选》，1945年9月1日，第905页。

到社会主义，前途是异常乐观光明的"。① 如果说马千里对和平何时真正到来还有所保留，那刘荣则认定和平即将通过民主联合政府的形式巩固下来。鲁艺的陈荒煤对和平也充满期待，他认为毛泽东此去重庆标志着国内问题暂时和平解决了："局势变幻如此之快，非脑筋所能及。很兴奋。"②

重庆谈判前后，不同地区不同岗位的基层干部对时局的看法、对和平的期待不尽相同。不过，大致而言，9 月、10 月间，中共党员干部的情绪是悲观与乐观交织的。9 月 10 日，王林根据自己获取的消息判断，毛泽东到渝后各界反响较好，但是对蒋介石与国民党尚无影响。此前，因为收到即将进驻平津的消息，王林身边都是"一团欢气"，而胜利后一月已受外界形势左右周围"成了一团灰气"。王林不无遗憾地认为："我想顶多落个争取到平津成为国共自由市，否则便会以武力相加。同时我又感到，毛这一去，国内前途，我们的方针，大有转变到和平斗争与合法斗争的方式上去。这第一步的果实，因我敌伪工作无基础，武器落后，不得不暂告'遗憾'。"王林自我反思认为，在胜利初对收获战争果实估计过于乐观，甚至认为平津两市由中共接收也不在话下，实际局势发展要更为复杂与曲折。"我们大概还有一个不长不短——却不会不长的一个时期，仍得坚持以乡村战胜城市的艰苦工作"，在遗憾中仍保持一定的积极心态。③

而此前颇为乐观的陈荒煤在 10 月初也重新审视了时局，对未来国内政局发展趋势做出了新的判断。当他得知美军将在天津登陆，而重庆谈判仍无结果，即判断"一般讲，消息都不好，但是对我们也是一个教育。当初对局势太乐观了。现在看情形，国民党已占领大城市，将来斗争更趋复杂"。④ 10 月 12 日，陈在其所在军区机要处看到《国共谈判纪要》，瞬间感到"无法压抑麻乱心情"。不过，麻乱心情下，陈荒煤还是做出了自己的理性分析，认为谈判纪要是相当重要的让步，是和平的阶段性确定，

---

① 梁山松等编《烽火晋察冀：刘荣抗战日记选》，1945 年 8 月 30 日，第 303 页。
② 《陈荒煤文集 第 10 卷 日记、书信、自传》，1945 年 8 月 31 日，中国电影出版社，2013，第 10 页。
③ 《王林文集 第 5 卷 抗战日记》，1945 年 9 月 10 日，第 345～347 页。
④ 《陈荒煤文集 第 10 卷 日记、书信、自传》，1945 年 10 月 4 日，第 25 页。

只是拿太多让步换来的和平让他难以接受，"明知和平对我们革命前途影响很大，但心里总有些不愉快"。①

二　待命与行军

抗战胜利之初，除了大环境骤变外，与基层干部更切身相关的是工作岗位与工作地点的变动。尽管军事干部与部队更加急迫地需要奔赴接收城镇，非军事干部也需要紧随其后，以开辟政权，争取民众，扩大党的影响。②

日本投降消息传来，朱德"总司令的一道、二道以至五道六道连续不断的进攻命令发出了"。与此同时，根据地的青年干部逐步从各渠道得知，苏军正向东北各处快速推进，包围关东军。因此，立刻行军离开根据地，与苏军会合，接管沦陷区城市的兴奋感萦绕在干部心头。

刘荣在胜利当日自承"战争中没有树立下战功，这是有愧之处、不高兴之处"，渴望在"最末一段艰苦路程中再努力干之"。③ 刘荣是幸运的，胜利后第一天，他所在部队便启程，向着大城市急行军。"第一次四路纵队在公路上行进……跑步赶上，形成高度疲劳。"④ 尽管为争分夺秒透支了体力，但"很快想与红军在蒙见面，再向东北挺进，重见沦于敌手十四年的同胞"的迫切心情，消去了疲沓，部队"大摇大摆地直穿敌人据点，他们像蛰伏的小昆虫一样动也不动。我们每个战士都是气昂昂地以健壮整齐步伐通过比较大的乡村"。⑤ 刘荣接连 10 多日都在行军中，每天都从不同的村庄开拔，逐渐向张家口靠拢，刘荣边行军边想象着各种场景，比如与红军见面时不会说话怎么办，唯有"恨当年在延安时没有下苦心学好"。⑥

---

① 《陈荒煤文集 第 10 卷 日记、书信、自传》，1945 年 10 月 12 日，第 27 页。
② 刘荣部队到张家口后，他便观察到："形势发展，干部不断往上提，天天叫不够用、不够用，尤其现在喊得更厉害。"梁山松等编《烽火晋察冀：刘荣抗战日记选》，1945 年 9 月 6 日，第 305~306 页。
③ 梁山松等编《烽火晋察冀：刘荣抗战日记选》，1945 年 8 月 11 日，第 296~297 页。
④ 梁山松等编《烽火晋察冀：刘荣抗战日记选》，1945 年 8 月 12 日、8 月 13 日，第 297 页。
⑤ 梁山松等编《烽火晋察冀：刘荣抗战日记选》，1945 年 8 月 14 日，第 297 页。
⑥ 梁山松等编《烽火晋察冀：刘荣抗战日记选》，1945 年 8 月 19 日，第 299 页。

相较部队的快速出动，非军事部门的行动受制于更多因素。1945 年 9 月初，抗大副校长何长工为抗大学生做时势报告，专门谈到中苏条约并借之安抚学员。中苏条约实际上限制了中共公开大规模出动，何长工只得婉转说明现实环境，"勉励大家安心学习，强调服从纪律"。结果，报告"引起部分人不满，大家都急于上前方，去搞群众运动，心情激动"。① 党的现实要求与抗大学员意欲"上前方"迎接胜利的心情相矛盾。此后多日，马千里自承因"下山思想烦躁，形势日变，好像脱鞍的马儿应当奔驰"，导致日记"十数年来少有的停笔"。马千里身边的学员更是多有牢骚："'下山'吸引着每个学员，要求为革命去打仗，这是极其可贵的品质，有什么说什么，这是革命干部的特点。我择录一些他们讲的怪话：'去前方战死算是为革命最后服务吧！我这老家伙还要学什么。''趁着还身强力壮，就该下山干一番，学有何用？'"② 不少学员希望立即结束军事学习，奔赴前方。马千里认为这是"为革命去打仗"的"极其可贵的品质"。在度过八年苦熬时光后，在最后时刻走出根据地，离开抗大的书本学习，"下山干一番"。这不仅能让青年人脱离沉闷的日常学习，也可在将来算作革命资历的重要表现。但是，值得注意的是，在肯定这种想法的同时，马千里认为须防止个人主义抬头，强调应该对某些牢骚开展思想斗争。他从组织要求出发，指出要成为一名真正的军事政治领导，"上前方只会打枪，不懂军事是不够的，应该洗个热水澡，'不称职和忠于党'是不相容的"。个人服从于组织，"下山"的要求也必须是在"忠于党"的基础上。尽管以上反思是针对他同学间"下山"情绪，但是同一天日记中从正反两面写下这些思考文字，实际上可能更多的是为警醒自己。③

东北籍干部郭峰更加渴望打回家乡，前往故乡干革命。但是一想到他在整风审干中的问题还未有结论，又焦虑万分："我是多么希望'插翅北飞'迅速回到那白山黑水的家乡，为创建新东北而奋斗啊！可是一想到此，一个阴影又笼罩着心头，又像一块石头压在心头，使我难以振奋起来。我

---

① 《峥嵘岁月——马千里抗战日记选》，1945 年 9 月 5 日，第 906 页。
② 《峥嵘岁月——马千里抗战日记选》，1945 年 9 月 26 日，第 908~909 页。
③ 《峥嵘岁月——马千里抗战日记选》，1945 年 9 月 26 日，第 909 页。

想只要一个声明，一句结论，我就可以奋不顾身地去投入新的战斗。"① 战后时局的新转机与个人的自我期许相激荡，使人心很快从根据地日常工作轨道中的沉闷中脱离出来，激起兴奋的涟漪。中央接连发布的反攻命令更是刺激着各地干部的神经。但是落实到具体情况，不少党员又未必能立时立刻投入反攻接收的最后一程中，焦躁的心灵无法得到安抚。当时，有个别地区还在组织整风学习小组，讨论《论联合政府》的同时组织批评与自我批评，有学员表示根本无法安心，认为不如参加接受日本投降。②

火线剧社女兵刘燕瑾的心态起伏，正体现出时局变动下个人与集体行止的不确定性。8月12日，刘燕瑾收到最新消息，各大城市的领导人员已经委任，"我们划分的地区是天津，真把我高兴坏"。③ 当天晚餐后刘即出发前往天津。不过，数日后，行至胜芳（今河北霸州市胜芳镇），因形势超出他们预计而暂时停顿了下来。"为什么还不出发呢？人们都焦急着，因为在谁的脑筋里都觉得我们会长驱直入的。哪知道天津敌人又增援了，我们又退出杨柳青。国民党在城里挂起招牌大摆其功了，蒋介石也委任了市长。真是，即使是胜利也不会那样的容易。"由此可知，刘在此前的预想是能很快进入天津市，未料到胜利后国民政府会以正统之名加以接收，对胜利后的困难估计不足。④ 不过，刘的焦虑并未持续多日，很快又因苏联红军与中共军队会师的消息，乐观地认为不久即可进入天津，她兴奋地写道："大的转变即来临了，让我伸出双手来欢迎它吧！因为——'战争的胜利即是我的胜利！'"⑤

然而，次日（8月22日），中共中央开始调整战略方针，暂时放弃与国民党方面争夺大城市，重点转向小城市与广大农村。⑥ 刘所在队伍自然

① 《郭峰日记》，1945 年 8 月 18 日～9 月 18 日，收入《永远的怀念——郭峰工作文集》（上），第 265 页。
② 李春溪：《战时回忆和日记》，中共保定市委党史研究室 1995 年版，1945 年 8 月 12 日，第 65 页。
③ 刘燕瑾：《火线剧社女兵日记》，1945 年 8 月 12 日，第 191 页。
④ 刘燕瑾：《火线剧社女兵日记》，1945 年 8 月 18 日，第 192 页。
⑤ 刘燕瑾：《火线剧社女兵日记》，1945 年 8 月 21 日，第 193 页。
⑥ 《中共中央、中央军委关于改变战略方针的指示》（1945 年 8 月 22 日），《建党以来重要文献选编（1921～1949）》第 22 册。

也无法进驻天津。8 月 23 日，刘燕瑾等人的行动开始受到影响。"我们又暂时的不能前进，在这里又必须住上一周或两周。真是，这样一来倒把人们弄得很不安心了。"① 8 月 27 日，刘又有了迫切想要知晓新命令的冲动："消息，是在每一个钟头全在有着变化，一会这样了，一会又那样了，有好的也有坏的，使得人们这脑筋里也多少会混乱。但是总的情况的变化是向着胜利的光明的方向旋转，急滚。"② 尽管中共高层根据最新形势调整了策略，但是刘周围的各路小道消息与上层战略政策方向相去较远。行动已经停止，部队原地待命驻扎，但是"不安心"的心态下还是有那种时刻能够再出发的期待。周遭混杂着正反两方面的消息，刘燕瑾一日之中心情便可能数变。在前方的基层中共党员未必能及时感知大局势的变化，但是小环境中的谈论与消息却能使人心情起伏不定。

刘所在剧社 1945 年下半年并未能进驻北平或天津，最后在河北固安县暂驻。刘在固安所见所闻，不仅是与根据地农村生活迥然不同的城镇风气，更重要的是，她在固安几乎每日都能见到前去东北的中共干部与部队。赶往前线的流动干部队伍带给刘燕瑾巨大的心理刺激。"在街上看见了许多从遥远地方征来的旅客，穿的很破旧，精神非常疲倦……最后根据几个人简短的模糊的回答和我们自己的推测，确定他们大概是从后方延安或晋西北、或晋东南来，而到东北去。"③ 而这些人中没有她相识的人，刘为此心生烦恼。而刘的同事中却有亲人从延安经过固安，得以暂时团聚。10 月、11 月间，刘所在固安几乎每天都有中共各地的部队行军路过，"成千成万的行列由我们的门前经过，有新四军，有冀鲁豫的军队，更有大后方的八路军，他们全为了同一个使命而往东北奔驰。无论遇到任何情况、风雨，他们的队伍全不停留的，每天真像急流一样的流动着，向东三省、向那肥沃的被解放的园地"④ "全不停留""急流""肥沃的被解放的园地"无一不表现出刘燕瑾心驰神往的热血，但又带有一丝丝无法追

① 刘燕瑾：《火线剧社女兵日记》，1945 年 8 月 23 日，第 193 页。
② 刘燕瑾：《火线剧社女兵日记》，1945 年 8 月 27 日，第 193 页。
③ 刘燕瑾：《火线剧社女兵日记》，1945 年 10 月 12 日，第 204~205 页。
④ 刘燕瑾：《火线剧社女兵日记》，1945 年 11 月 5 日，第 208 页。

随的哀愁。

中共党员往往不安于闲适，在时代变局中冲到斗争的最前线。全新的环境与全新的工作方法往往也会予人以精神刺激，因此党员干部在抗战胜利后并不留恋根据地，而是毅然前往未知地区。陈荒煤在胜利后即离开鲁艺，随工作队东渡黄河。9 月 2 日，陈荒煤夜宿螅蜊峪镇黄河边时，不禁感慨良多，"这黄河较我 1938 年在东明，1939 年之渑池渡口的黄河都宽大些。夜间水声很多，黑暗中一望，水面湍急，使人感到一种压力。明天晨渡河，之后怕难以寄信了"，兴奋、激动中也透露出将过去熟悉的人事物抛诸身后的惆怅。但紧接着，陈荒煤又自认为十数日的行军让他见识不少，较之在鲁艺时，如今行军沿途见闻对他的锻炼似乎更多。①

三　城市叙事

尽管胜利后个人与个人所在集体的行止未定，但对不少基层干部而言，进入城市开展新的革命工作仅仅是时间问题，无论形势转好还是持续恶化，掌握城市是全国性胜利的必由之路。因此，不管是在行军途中者，还是仍在根据地待命者，都在思考城市对其个人的革命事业的意义。

抗战胜利前，中共便已在布局将来的城市工作。毛泽东在中共七大中便指出，党员干部要重视城市工作，要有预见性。"城市工作要提到与根据地工作同等重要的地位"，"马克思主义是：当需要在乡村时，就在乡村；当要转到城市时，就转到城市"。② 因此，日军投降后，根据地内最初的反应可能便是城市工作已迫在眉睫。刘燕瑾与火线剧社的同事们没能如愿进入天津，但是他们对进军城市的大趋势是充满信心的，即便有些顿挫，但多数仍在积极准备未来的城市工作。进城行军队伍停顿后，刘燕瑾和同事们就开始排戏，准备着进城后的宣传演出。刘燕瑾注意到周围人有一种

---

① 《陈荒煤文集 第 10 卷 日记、书信、自传》，1945 年 9 月 2 日，第 11 页。
② 毛泽东：《在中国共产党第七次全国代表大会上的口头政治报告》（1945 年 4 月 24 日），中共中央文献研究室编《毛泽东在七大的讲话和报告集（1945 年 4 月~6 月）》，中央文献出版社，1995，第 137 页。

"胜利后的悲哀"，认为到城市后，乡村里排戏的一套就无法获得城市市民的欣赏，"乡下还可以唬一下土包子，在城里则不容易得到应有的社会地位"，对城市影星、导演怀有一种忧惧的向往。刘燕瑾对此在日记中反思这一种变相的"英雄主义"，在面临即将到来的城市工作时"小资产阶的虚荣与自尊"在党员干部心中滋长。即便能否进城仍是未知数，但是刘仍在日记中花大篇幅揭露、剖析这种心态，提醒自己"不应骄傲也不应悲观，都市的影星、导演以及所有现存文艺工作人都不足怕，而延安的反攻干部倒是应该注意的而要向他们虚心学习"。刘燕瑾已经在为城市中剧社工作进行心理建设，提防自己堕入知识分子小资产阶级的虚荣心理中，骄傲与悲观皆不可取，而是要更加进步，积极适应城市的工作环境，提高业务水准。刘燕瑾自勉道："胜利，把一切全变换了颜色，瑾，不要错过好机会啊！"①

长期在农村斗争的基层党员干部，面对进驻城市的前景，兴奋、冲动、彷徨、迷茫等不同甚至有点矛盾的情绪汇合到心中。胜利消息传来不到三天，王林发现有些人已经"梦想到了北京如何吃喝多找老婆而坐卧不安。这一说，立刻引起全场哄笑。说到心里去"。甚至有些"正式公布了的'官吏'和知识分子，于是由开玩笑的说土豹子没有见过电灯电车，渐渐形成了轻视工农干部的心理"。王林批评此种小农私利性的不符合革命教育的幻想，认为是把内战十年抗战四年养育中共的农村抛诸脑后的行为，"还没进城就准备做李自成了"。② 王林本人似乎也难掩其对城市工作生活的憧憬。王林在日记中坦言，较之天津，他更愿赴北平："细想我愿意赴北平的心理根据，不外是对旧时北平生活的留恋，小资生活的回温：吃啊，玩啊，公园啊，故宫啊，天桥啊，女人啊……实际上北平多游手好闲的小市民，和对我们有成见的乡下地主富绅，而天津则多产业工人、码头工人。"③ 王林这段带有自我检讨意味的心理剖析，很好地展现了他多层的心理活动。一方面，他知晓自己的浮躁情绪来源于对北平享乐的怀念，即便他前几日刚批判他人"准备做李自成"，但是这种回温随着记忆的潮水无止境

---

① 刘燕瑾：《火线剧社女兵日记》，1945年8月29日，第193~194页。
② 《王林文集 第5卷 抗战日记》，1945年8月14日，第331页。
③ 《王林文集 第5卷 抗战日记》，1945年8月22日，第334页。

地涌上心头，也难以遏制；另一方面，经过中共的破除私念干部教育，王林又会时时刻刻反思自己的私念，与之做斗争。王林意识到内心苦痛的根源，学会在日记中自我检讨，并通过对北平市民的阶级成分的分析，揭批自己的错误思想。对中共党员而言，只有不断认识与把握自己心理活动，实现自我警惕与自我分析，才能更好地消除不符合组织要求与阶级要求的思想。

王林这段时期的日记中，时时在私情、杂念与破除私欲之间摇摆。王林努力记录自己复杂的心理活动，像剥洋葱般把内心世界层层展现，符合共产党员特质与背离党性的两面都毫无保留地交底。然而，像王林这般情感丰富，又带有知识青年特有的思虑过深、彷徨迷茫特质的人，很难彻底消除内心中矛盾挣扎的一面。胜利后，人心思动，王林也坠入爱河，爱上了身边一名农村女性，但又感到苦恼不已。他苦恼的不是如何示爱，而是难以在城市女子与农村女子之间抉择，特别是在即将前赴北平天津，与此前爱慕的女子能再续缘分的情况下，更是难上再加。王林还在日记中将两者加以比较，认为那位他突然爱上的农村女子"多少有点儿嘴大，不太满意"，而对他在城市里的旧爱，他又担心"八年的敌伪熏染，思想意识，多少日子才能改造过来"，"她的潜意识如何能比得上根据地的革命和纯正"。爱情仍须落脚在阶级问题与革命纯点性上。①

伴随根据地党政军组织逐渐向外拓展，部分基层干部开始进入中小城镇，观察审视着与乡村根据地截然不同的城镇氛围，并不时地将战时乡村生活的体验、感悟投射到全新的城市环境中。陈荒煤在路途中经过山西一小镇，写下了直观感受："房屋都很高大，夹着不宽的街道，显得很阴森，敌伪的标语还隐约可以看出：什么建设东亚和平的新秩序的王道乐土等……这一带人民也比较爱穿着，妇女还是擦粉抹红的，有穿旗袍的。"② 无独有偶，作为女性的刘燕瑾初进较大的乡村（离天津20公里）时，同样留意到妇女的穿着打扮，"妇女们个个梳着飞机头，擦胭脂扑粉的，真艳气的不行"。③ 这些带有相当主观价值判断的描述离不开陈、刘等基层

---

① 《王林文集 第5卷 抗战日记》，1945年9月2日，第341页。
② 《陈荒煤文集 第10卷 日记、书信、自传》，1945年9月12日，第16页。
③ 刘燕瑾：《火线剧社女兵日记》，1945年9月5日，第196页。

干部在敌后根据地接受的组织教育洗礼，他们不仅将之与负面的"小资""落后"挂钩，背后实则还与根据地正面样板对照，刘燕瑾进固安后，便对革命与封建、进步与落后在服饰、打扮上的外化进一步论述：

> 看惯了根据地群众的朴实，再看到庙会上这些人们的浮华，使我有两个非常明显的感觉，不同，到底差远了。……妇女缠足梳辫，穿花戴绿的，在庙会上穷扭搭，擦着满脸的怪粉，无奇不有。真是，敌人把她们倒拉后退了八年，而我们的地区却前进了八年。[①]

"穿花戴绿""怪粉"用语的背后，是叙事者对仍然生活在落后的、未接受无产阶级革命教化地区的妇女们的同情。知识青年马可对边区绥德城内穿着的描述，更能说明革命价值观对人的影响，"我注意到老乡穿新衣服的很多，百分之八十以上都穿着崭新的或顶多也是去年新缝的棉衣，穿破烂衣服的走完两条大街才不过三两个。这是很不容易令人注意的问题，但却是一件大事。过去从来不注意老百姓吃什么穿什么"。[②] 根据地外城镇市民的穿着在马可看来是追求"立异"，而根据地则是追求群众普遍的"丰衣"，两者有着本质的区别。

穿着打扮不同是城乡民众生活最直观的外在差异。城镇与中共深耕社会革命的乡村的鸿沟更多体现在非物质层面。马可进入某城镇后感叹道："敌人统治了八年，把老百姓搞得毕恭毕敬，看见了穿二尺半的就弯腰打躬，一口一声'你老'……旧军队给我们留下的遗产，我们实在有点消受不起。"[③] 不仅社交礼仪处处体现着旧社会的性质，民间信仰活动、娱乐活动等在马可眼中更亟待改造："市民的社火以高跷最多，内容全未经改

---

① 刘燕瑾：《火线剧社女兵日记》，1945年10月11日，第204页。
② 李西安主编《马可选集 八 日记卷》（下），1945年11月24日，人民音乐出版社，2017，第4页。
③ 李西安主编《马可选集 八 日记卷》（下），1945年12月28日，第25页。刘荣也有相似体验："各界各行凡是见着军衣的，一开口他就行九十度的一个客客气气很斯文鞠躬礼，毕恭毕敬，你发言他回答：'是，是。'似奴才见了主子一般，令人心里十分不好过，看不惯，这是'皇军'八年之'教育'成绩。"梁山松等编《烽火晋察冀：刘荣抗战日记选》，1945年9月6日，第306页。

造，诙谐骚情，低级趣味。""旧戏院看戏……演员一演评戏时态度特别不严肃，小市民气特重，任何一种悲哀的场面她们不演得观众大笑鼓掌不甘休。"① 马可专门从业务上考察旧艺术表演，但落脚点仍是"改造"旧艺人，试图将延安文艺之风吹遍新区。②

不过，尽管基层干部的城市叙述多半是负面的，批判城市的腐化封建、纸醉金迷与新社会不符的旧气质等，但是实际上他们和其他从根据地农村中走出来的党员干部仍然受之影响。一方面物质生活的改善使基层干部感到"苦尽甘来"，这种切身体会的烙印短时间内难以抹去；另一方面像刘燕瑾、刘荣、马可等基层干部也不断借此"警醒"自己与惬意的、不符合无产阶级战士形象的生活方式做心灵斗争。这种复杂的心态几乎随处都有流露。刘荣进入张家口后，很快"崭新大皮鞋每人一双，呱唧呱唧真得劲……终天人们脑子里装着'发东西'"。③ 初进大城市张家口的头几天，战士、干部的胜利兴奋感借由城市的新鲜感被激发到一个新的高度。刘荣对自己的新工作新环境（在张家口守仓库）仍有反省，认为"到张市以来，心中感觉没有以前那样纯洁了，乱得很，多少也有些纷纷然样子，报纸没有好好仔细看，别的文件更不用说了。抗战七八年了，够艰苦了，抗战最后那两年没有穿上衬衣，连那个粗布的也没有。今天糖也过了瘾，茶里也放，大米饭中也放，菜中更放。有一天吃得太多，拉稀了，整整八年没有吃过白糖，今天可补上了!"④ 刘荣饱含酸甜苦辣的复杂心态，对城市物质生活爱恨交加的情绪在这段自我叙述中表露无遗。对自己的"不纯洁"产生隐忧，也为苦尽甘来的合理性做出个人的解释。尽管张家口并非物产丰富的大城，但对比生活贫苦、物资匮乏的农村根据地，仍令基层干部在物质上实现了极大的飞跃。然而，基层干部被城市的

① 李西安主编《马可选集 八 日记卷》（下），1946 年 1 月 2 日、1 月 12 日，第 27、30 页。
② "今天由联大、抗敌剧社等团体召开一个文艺座谈会，名曰'张家口文艺界座谈会'，目的是交换前后方经验，……今天先由晋察冀方面做报告：关于本边区的群众文艺活动总结，村剧团的总结，《穷人乐》的创作经验，张家口的艺人改造工作等。后两个报告特别精彩，我也特别感兴趣。"参见李西安主编《马可选集 八 日记卷》（下），1946 年 1 月 8 日，第 29 页。
③ 梁山松等编《烽火晋察冀：刘荣抗战日记选》，1945 年 9 月 3 日，第 305 页。
④ 梁山松等编《烽火晋察冀：刘荣抗战日记选》，1945 年 9 月 11 日，第 307 页。

光鲜、新奇刺激了感官神经后，仍不忘反思一番，担忧堕入城市生活的喧嚣中不可自拔。"没有乡村的清静、舒坦"① 可能是基层干部内心普遍的感想。经过抗战时期组织生活与社会革命的洗礼，他们对城市中充满旧社会气息的生活有了一种本能的抗拒与不适应。马可甚至激动地表示，他对于他"看见的城市生活由心底发出一种讽刺、憎恶以至敌视的情绪"。②

四　余论

胜利不单单是一种交战一方赢得战争的事实性描述，胜利还是无数为战争牺牲自我默默奉献的人们的一种情感表达。刘燕瑾张开双臂拥抱胜利，并欢呼"战争的胜利即是我的胜利"，表达了宏大的胜利叙事对个人的生命意义。历经艰苦战争岁月，当日本无条件投降消息突然到来，兴奋、喧闹是再正常不过的表现，是苦熬之后难得的释放。在战时辩证法思维的培养与组织纪律的教育下，中共基层干部也并不盲目乐观。尽管基层消息来源有限，但是胜利初，不少人还是捕捉到光明背后若隐若现的阴影。他们时刻关注着时局的发展，不断调整自己对形势的预期，尽管其中带有强烈的主观性。

人是社会性动物，人的所思所想、所虑所为离不开时代的大环境与周遭的小环境。抗战时期，中共党员在根据地长期浸润在组织生活与社会革命的环境中，孕育出不同于国民党员的思考方式。其思维模式带有组织与学习的烙印，党组织生活的锻造不可能使所有党员在心态与思考上都整齐划一，但他们确实都有着相似的特质。战后时局的新转机与个人的自我期许相激荡，不少人期望从敌后日常工作轨道的沉闷中脱离出来。中共党员往往都有不安于闲适的特质，在时代变局中用火的热情冲到斗争的最前线，哪怕前线充满着未知与危险。抗大七分校校长彭绍辉曾就即将回前线

① 梁山松等编《烽火晋察冀：刘荣抗战日记选》，1945 年 9 月 22 日，第 310 页。
② 李西安主编《马可选集 八 日记卷》（下），1946 年 4 月 10 日，第 57 页。不过，也有干部认为城市工作更适应时局发展的需要。特别是 1946 年国共暂时达成停战协议后，曾有干部表示想去大城市，"在人家政权下作反对的斗争"。

的第三大队有过这样一段记述："3 大队前梯队今日出发，走上重返前方的征途……他们在这偏僻的山沟里生活了将近两年，经过大家动手辛勤劳动，把自己的家务建立起来了，并且享受了自己的劳动果实时，又走了。他们对自己精心耕作，丰收在望的田禾和蔬菜，似乎有些留恋，但是由于形势的发展，毅然决然地离开这里，奔向前方。"① 对生活、学习、劳作两年之处的土地，不可能毫无留恋之情，但是胜利后的形势发展与抗大干部、学员的个人期许，更促使着他们义无反顾地奔向前方。

城市叙事是胜利后中共青年党员干部所思所想的重要一环，他们观察审视着与乡村根据地截然不同的城镇氛围，并不时地将战时乡村生活的体验、感悟投射到全新的城市环境中。尽管他们在城市中尝到了物质上的"苦尽甘来"，但是，也借此"警醒"自己，与不符合无产阶级的生活方式、与城镇内充斥的旧社会特质做心灵斗争。他们被不少新鲜事物，被城市中复杂的问题与社会现象所刺激，表面上对城市中的"不纯洁""无序"表达不满与不解，向往农村生活的"清净""舒坦"，实际上是中共仍未在城市获得"胜利"的一种个人主观表达。抗战胜利拉开了中共下一轮更大斗争的序幕。

〔姜涛，中国社会科学院近代史研究所〕

---

① 本书编辑组整理《独臂上将彭绍辉日记》（下），1945 年 9 月 5 日，军事科学出版社，2005，第 706 页。

经济与社会

制造美利奴羊：民国政府在内蒙古的羊种改良与畜牧现代化探索（1912~1937）[*]

张　博

内容提要　近代内蒙古地区大规模放垦后的"农进牧退"趋势并非单向和静止的，传统放垦政策失灵、资本主义世界市场拓展、近代民族国家建设等因素均促使其畜牧业再度发展，并逐渐引入了以羊毛为中心的具有市场导向的畜牧评价体系。在此体系下，蒙古羊与美利奴羊以及它们背后的传统草原游牧和西方现代畜牧生产模式，逐渐被政府和学界划定了"先进"与"落后"的等级阶序，促使内蒙古进行羊种改良。但在这一过程中，民国政府、知识界与广大农牧民之间的不同认识与反应，揭示了民国畜牧业现代化建设的片面发展、脱离群众生活及硬套西方模式等特点。这些均导致了羊种改良的最终失败，也为现今内蒙古畜牧业现代化的建设提供了历史教训。

关键词　畜牧业现代化　中华民国　内蒙古　美利奴羊　蒙古羊

中国的现代转型是我国历史研究的三大核心问题之一，^① 但由于自然及社会文化差异，各地区在现代转型中并非均质发展，而是有着多元模式与道路。目前，学界关于这一问题的研究主要集中在农业与工商业方面，

---

*　本文系国家社会科学基金青年项目"内蒙古地区畜牧生产变革的环境史研究（1840—1958）"（23CZS065）的阶段性成果。

①　参见鲁西奇《中国历史研究的主体性、核心问题与基本路径》，《中国社会科学评价》2018 年第 3 期。

对于畜牧业则重视不足。与广大农业地区不同，畜牧业现代化建设是内蒙古等边疆地区社会发展的关键所在，不仅是理解近代草原社会变迁的钥匙、观察和分析中国现代化多元发展道路的重要视角，而且可为当前我国的畜牧业现代化建设提供历史经验教训，值得我们关注和深入研究。

相比于对传统游牧生产的研究，国内外学界对民国时期内蒙古畜牧业现代化探索的关注较少，但也有学者基于历史学、畜牧科学、人类学、民族学等多元学科视角与方法，从近代内蒙古畜牧生产中的牲畜及其产品、草原与饲料、生产技术与兽医技术、组织与机构等方面入手，对近代内蒙古社会经济发展、草原生态环境与牧区文化变迁、民族交流与融合等诸多问题进行了较为深入的分析。① 值得注意的是，相关研究仍有诸多值得继续深入之处。第一，多数论著仍以复原畜牧业的发展过程为主，对近代内蒙古畜牧业新旧转型探索中面临的复杂问题及其失败原因缺少深入探讨，而这些均对现今的畜牧业建设具有一定的警示意义。第二，相关研究多集中于宏观和总体分析，对诸如牲畜改良、草原建设、凿井储草、害兽防御等具体性建设的研究较少。第三，在分析中，多将牲畜等非人类因素视为背景和工具，将社会与自然对立起来，既忽略了动物在历史发展中的作用，也忽视了畜牧生产过程中人与动物的互动。第四，部分研究仍存传统社会进化论观念，将畜牧业，特别是传统游牧生产视为落后野蛮的象征，在分析

---

① 如国内的代表性研究有色音《蒙古游牧社会的变迁》，内蒙古人民出版社，1998；王建革《农牧生态与传统蒙古社会》，山东人民出版社，2006；乌日陶克套胡《蒙古族游牧经济及其变迁》，中央民族大学出版社，2006；阿拉腾嘎日嘎《近现代内蒙古游牧变迁研究——以扎赉特旗为例》，辽宁民族出版社，2012；樊如森《中国近代经济地理（七）——华北与蒙古高原近代经济地理》，华东师范大学出版社，2015；丁晓杰《日本的畜产扩张政策研究（1918~1945）》，商务印书馆，2017；等等。国外学者的代表性研究有 Justin Tighe，*Constructing Suiyuan: The Politics of Northwestern Territory and Development in Early Twentieth-Century China*，Leiden：Brill Academic Pub，2005；James Boyd，"Horse Power：The Japanese Army，Mongolia and the Horse，1927－43，" *Japan Forum*，Vol. 22，Issue1-2（2010）；Sakura Marcelle Christmas，"The Cartographic Steppe：Mapping Environment and Ethnicity in Japan's Imperial Borderlands，" Ph. D. diss.，Harvard University，2016；田中剛「日中全面戦争初期における「蒙疆政権」の羊毛統制」『大阪大学中国文化フォーラム・ディスカッションペーパー』、2010；村上衛「清末天津の羊毛貿易と通過貿易」近現代中国における社会経済制度の再編『京都大学人文科学研究所附属現代中国研究センター研究報告』、2016；等等。

过程中，对游牧传统、地方知识等存有不正确的认识与评价等。这些问题均值得我们继续深入研究和反思。

本文将以全面抗战爆发前，民国政府①在内蒙古②的羊种改良与推广为例，利用多元史料，首先分析在国内外政治经济形势大变动下，畜牧业价值的再度发现与经济地位的提升。之后，立足人与羊的互动，通过对"以羊毛为中心"的畜产价值观背景下，时人对蒙古羊与美利奴羊不同形象的构建，揭示其背后所反映的畜牧现代化观念。接着通过分析政府、知识界、农牧区民众对改良羊种的不同认知态度与反应，总结和反思内蒙古羊种改良及其背后所反映的畜牧现代化转型失败的原因，并为当今畜牧现代化建设提供历史警示。

一　多元因素下民国时期内蒙古畜牧业的再度发展

清末蒙地的大规模放垦，对内蒙古的社会经济发展产生了重大影响，农田和农民不断增加，牧场日益萎缩，牧民被迫转移或改事农业。民国时期，这一趋势得到延续且有所加快，呈现出一幅"农进牧退"的景象，③这也是内蒙古近代史上为人熟知的大势。值得注意的是，虽然畜牧业在近代整体呈衰落趋势，但这种趋势并不是线性和均质的。民国时期，在典型进化论中被视为落后野蛮的畜牧业，一度成为化解社会危机、开发边疆与争取国权及外汇的重要产业。而在这一过程中，传统放垦政策失灵、农业开垦陷入瓶颈、近代民族国家建设与边疆地区开发、资本主义世界市场拓展等均是重要推动因素。

近代内蒙古的农业拓展与牧业萎缩多被视为持续发展的过程，"农进牧退"的趋势仿佛势不可挡，但事实上，无论是清政府还是民国政府的

---

① 由于北洋政府和南京国民政府在内蒙古羊种改良上的态度、政策等具有一致性和连贯性，故本文中的"民国政府"兼涉两者。

② 本文中所论述的内蒙古地区的范围指民国时期广义的内蒙古，即包括传统清代内蒙古六盟、归化城土默特、察哈尔八旗辖地以及呼伦贝尔、阿拉善、额济纳等地在内的广大区域。参见黄奋生《蒙藏新志》，中华书局，1938。

③ 参见闫天灵《汉族移民与近代内蒙古社会变迁研究》，民族出版社，2004。

放垦均具有反复性与动态性。清末放垦虽规模大、速度快，使"农业已经成为蒙古族的主导经济"，① 但这一政策并非长期有效，其很快陷入瓶颈且趋于失灵，出现了放垦土地面积大，而有效耕种土地面积小的矛盾。如在内蒙古西部，阴山以北地区"气候既属苦寒，土性复甚硗瘠，所取押荒甚微"；② 河套地区虽地势平坦且土质较好，但"地视渠为转移，无渠即不啻无地"，③ 因而"其未经放出者皆渠水未到之地，现在减价丈放，尚属无人承领"。④ 故主持放垦的贻谷不得不承认："牧厂荒地，土寒而薄，放地二年，民多观望，无一人承领。"⑤ 绥远将军瑞良也认为："全蒙垦务，至今已成弩末。以经费言之，则无从腾挪。以事机言之，则无从着手。"⑥ 内蒙古东部亦面临放垦地多而实际得到耕种者少的窘境，如哲里木盟扎萨克图旗、镇国公旗"虽经报竣，开垦者仅十分之二三"，⑦ 黑龙江一带蒙旗"放而已垦者亦不过十分之三"。⑧ 民国时期内蒙古的开垦运动提出"有人、有土、有财，三者并行不悖"⑨ 的目标，但实际上得到有效耕种的土地也较为有限，"十年、二十年已放未开之荒三令五申不能升科之地到处皆是"。⑩ 再加之口内来的农人"只在图利，不肯用力经营，收割一毕，即捆载而去，故绥远人口，仍不见增多，土地之利用，亦未大著"。⑪

---

① 色音：《蒙古族游牧社会变迁》，第 112 页。

② 《具奏查明河套等处地方垦放余地难以招佃情形遵旨复陈一折由》，内蒙古自治区档案馆藏，档案号：433-01-0385-038。

③ 《贻大臣奏为复勘杭锦旗垦地垦将原定租章略加变通》，鄂尔多斯市达拉特旗民族文化研究学会主编《绥远地区垦务档案选编》第 2 册，广西师范大学出版社，2020，第893页。

④ 《具奏查明河套等处地方垦放余地难以招佃情形遵旨复陈一折由》，内蒙古自治区档案馆藏，档案号：433-01-0385-038。

⑤ 《贻谷光绪三十四年十二月十五日亲供》，内蒙古自治区档案馆编《清末内蒙古垦务档案汇编》，内蒙古人民出版社，1999，第1260页。

⑥ 《清实录》卷四十七，宣统二年十二月庚寅条，中华书局，1986 年影印本，第 840 页。

⑦ 《图什图业垦荒行局总办毛祖模上奉天行省公署请将未放硗薄之荒暂交洮南府接收呈文》，朱启钤编《东三省蒙务公牍汇编》，黑龙江教育出版社，2015，第 83 页。

⑧ 《黑龙江行省督抚奏江省创办屯垦折》，朱启钤编《东三省蒙务公牍汇编》，第 98 页。

⑨ 《绥远开垦计划之纲要》，天津《大公报》1917 年 2 月 13 日，第 3 版。

⑩ 蒙藏委员会：《内蒙情形特殊垦牧林三项应并重案》，农矿部设计委员会特种会议秘书处编《农矿部垦务会议汇编》，1929，第 107 页。

⑪ 《绥省积极提倡牧畜　利用新法使蒙人自动经营　选择良马十匹运平参加铁展》，天津《大公报》1934 年 5 月 6 日，第 9 版。

而负责垦务的各部门"入民国以来，垦务局专为卖地，水利局专利收租，地亩垦不垦，渠水通不通，则无足轻重也"。[①] 这些均使放垦地亩的实际开垦状况并不理想，"移垦之成绩并不显著"，[②] 部分地区出现"田地连年失种，垦民除接踵回籍外，多流为肩挑贸易者"的情况。[③]

在放垦政策遭遇瓶颈的同时，20 世纪 20～30 年代，全球性农村破产危机频发，[④] 我国农村普遍陷入贫困，如绥西、绥南地区，"昔时繁盛大村，住户在五百家以上者，今悉变为住户四五十家之小村，昔日住户不及五十家之小村，今已屋宇倒闭，房舍丘墟，成为历史之遗迹，至乡民经济状况，亦如江水东流，日形低下，昔时连绵阡陌之富户，今强半变为贫民，昔时凭苦耕种以力维生之自耕农，今已立锥无地，维生无能，流为今不保明之饿民"。[⑤] 察哈尔地区亦是，"农村经济整个破产，人民苦痛，日益加深！"[⑥] 农业经济遭受重大打击，社会危机加深。因而时任绥远省主席傅作义称这一大规模的农村破产为最大内忧，[⑦] 伦纳德·吴（Leonard T. K. Wu）亦称："农村危机问题盖过了今天困扰中国的所有其他内部经济问题。"[⑧] 面对传统放垦政策的失灵以及农村破产的社会危机，"惟有开垦之利最大且速"[⑨] 的幻想逐渐动摇，部分人开始对传统单一的农业放垦政策，即单纯在蒙地发展农业进行反思。

在内蒙古农业发展受挫之时，蒙地畜产一方面继续在国内市场占据重要位置；另一方面逐渐卷入资本主义世界市场，牲畜及其产品的商品价值显著提升，成为我国主要的出口商品之一。在肉类方面，这一时期蒙地畜

---

① 李培基：《河套垦殖之商榷》，天津《大公报》1932 年 9 月 23 日，第 3 版。

② 姚曾依：《清代治蒙政策与近边蒙古问题》，学士学位论文，燕京大学，1935，第 100 页。

③ 朱霁青：《绥远垦区调查记》（续），《西北问题季刊》第 1 卷第 4 期，1934 年，第 75 页。

④ 参见 Robert William Cole，"To Save the Village: Confronting Chinese Rural Crisis in the Global 1930s," Ph. D. diss.，New York University，2018。

⑤ 丁文藻：《绥远农村经济破产之原因及今后整理方针》，天津《大公报》1931 年 5 月 27 日，第 2 版。

⑥ 范荣好：《察省五大经济富源》，《边事研究》第 4 卷第 5 期，1936 年，第 19 页。

⑦ 参见绥远省政府秘书处编印《出巡汇刊》，1933，序言。

⑧ Leonard T. K. Wu, "Rural Bankruptcy in China," *Far Eastern Survey*, Vol. 5, No. 20（1936），pp. 209-216.

⑨ 于建瀛：《西北开地事项报告书》，天津《大公报》1908 年 2 月 16 日，第 4 版。

肉有较大的国际市场，如 1915 年秋，俄国军方在满洲里、海拉尔等地采购优质牛羊肉 40 万布度。[①] 英国亦较早关注到内蒙古地区的畜产，20 世纪 20 年代，英国食品公司曾在内蒙古东部的满洲里设立代理店，"收买北满一带之牛羊禽类及禽卵，而输出于外洋"，[②] 仅在 1923 年的甘珠尔庙会上，就收购了 1147 头牛、875 匹马和 10000 多只羊。[③] 与此同时，英商和记洋行在内蒙古西部亦斥巨资开设牧场，雇用蒙汉民众放牧，以此发展畜产输出外洋。[④] 日本方面也认为"满蒙事业多样，其中肉类工业于将来最有希望"。[⑤] 20 世纪 30 年代初，日商从东北及内蒙古东部购入畜产品年平均额在 2 万~10 万元，其中畜肉是重要组成部分，[⑥] 特别是蒙古牛肉在日本为"一般人士多喜食用，满铁之输入蒙古牛……一年约输入一万头"。[⑦] 在皮毛方面，清末及民国初年，内蒙古"各种兽毛，为唯一之输出品，近年输出于海外者，颇达巨额……外国商人自赴古北口、张家口或多伦诺尔，直接与蒙人交易，大收兽毛"。[⑧] 其中，美国是蒙地牛皮、羊毛的最大进口国，1924 年，美国从天津港进口羊毛 263061 担，远超日本（22884 担）和英国（1335 担）进口量之总和。[⑨] 与此同时，"日本各工厂需用毛织物原料从前均向美澳各地购买，自欧战和平后，此种原料购求不易，遂注意于满蒙畜牧场"，[⑩] 逐渐成为蒙地羊毛的新兴进口国。而除畜肉和皮毛外，近代以来，畜骨、羊肠猪肠、猪鬃等产品亦在国际市场上占有重要地位，成为推动我国商品出口、保持入超态势和获取外汇的

---

① 参见野村基信「亜細亜ニ於ケル露国軍用肉類購買情況ニ関スル件」（1916 年 2 月 14日）『食用品関係雑件』第四卷、日本外務省外交史料館、档案号：B-3-5-9-10-004。
② 《海拉尔之经济情形》，《中外经济周刊》第 130 期，1925 年，第 10 页。
③ 参见满铁哈尔滨事务所调查课《蒙古贸易与中东铁路》，辽宁省档案馆编《满铁调查报告（第三辑）》第 23 册，广西师范大学出版社，2008。
④ 参见《英人济营西北畜牧事业》，《兴业杂志》第 1 卷第 1 期，1925 年，第 51 页。
⑤ 南滿洲鐵道株式會社庶務部調查課編『満洲に于ける肉類加工業』南滿洲鐵道株式會社、1924、1 頁。
⑥ 南滿洲鐵道株式會社地方部農務課編『日本の需要より見たる満蒙の農畜林産資源』南滿洲鐵道株式會社地方部農務課、1932。
⑦ 《日本需要蒙古牛 一年约输入一万头》，天津《大公报》1929 年 9 月 23 日，第 4 版。
⑧ 《内蒙古畜牧述》，《商务官报》第 3 期，1911 年，第 29 页。
⑨ 参见前田增三『綏遠、直隷羊毛羊皮（附奉天市場ノ羊毛）』東亞同文書院、1929。
⑩ 《奉省之满蒙毛织物社》，《申报》1919 年 1 月 7 日，第 7 版。

重要保障之一，曾经不起眼的畜产品成为"全国国民经济兴衰的指针"。[1]

总之，民国时期，无论是政治上的民族国家构建还是经济上的转型，均需要对边疆地区进行更深层次的治理与开发，而清末以来在内蒙古进行的农业放垦模式逐渐失灵，以及蒙地畜产品在国内外市场上的走俏，迫切需要政府对旧有开发模式进行调整，畜牧业的重要价值再次进入人们的视线。如孙中山先生称："如蒙古地方能得铁路利便，又能以科学之方法改良畜牧，将来必可取阿根廷之地位而代之。"[2] 畜牧学家汪启愚建议："移民可以先在荒地进行畜牧事业，然后逐步的开垦荒地，这样对农民经海可以活动，而且土地生产力亦可以增加，所以畜牧事业，是有便于移民的。"[3] 彭文和亦提出："开发西北应以畜牧事业为先锋。"[4] 与此同时，民国政府也制定法令文件，提倡以农牧并重的边疆开发模式取代单一的农业放垦，[5] 内蒙古畜牧生产再度得到重视和发展。这不仅反映出旧有农业放垦模式使内蒙古土地均质农业化政策的破产，更揭示出近代内蒙古所谓的"农进牧退"的发展过程并非线性发展，而正是这股在"农进牧退"趋势下的"逆流"推动了民国时期畜牧业现代化转型的艰难探索。

二 蒙古羊、美利奴羊及其生产模式"等级"的构建

羊是蒙古游牧生产的"基本财富准则"，[6] 在草原社会中占有重要地位。近代以来，羊依靠其"毛质之美，肉味之嘉，蕃殖之速，在家畜中

---

① 蔡无忌：《改良畜产品与国民经济》，《畜牧兽医季刊》第 3 卷第 2 期，1937 年，第 88 页。

② 孙中山：《建国方略》，新民书局，1927，第 108 页。

③ 南京市社会局农村改进委员会编印《农村改进会第一届农村改进讲习会汇刊》，1936，第 266 页。

④ 彭文和：《开发西北应以畜牧事业为先驱》，戴季陶编《西北》，新亚细亚学会，1932，第 120 页。

⑤ 蒙藏委员会：《内蒙情形特殊垦牧林三项应并重案》，《农矿部垦务会议汇编》，第 108 页；《蒙古垦植计划案》，熊耀文编《总理对于蒙藏之遗训及中央对于蒙藏之法令》，考试印刷所，1934，第 164 页。

⑥ 拉铁摩尔：《中国的亚洲内陆边疆》，唐晓峰译，江苏人民出版社，2005，第 49 页。

罕有其比，利厚而易于举办"的天然优势，[①] 在国内外畜产市场畅销，迅速成为政府和民间重点培育和养殖的对象。与此同时，以羊毛为中心的畜产价值观以及西方现代畜牧生产模式也逐渐受到推崇和推广。在新的畜牧生产观下，部分人对原本在自然界中处于平等地位的蒙古羊与美利奴羊的认识逐渐改变，认为存在等级差异，而其不同的饲养方式也被划定为文明和野蛮的代表，羊种及其生产方式的破旧立新一度被时人视为畜牧业现代化建设的急务。

（一）以羊毛为中心的畜牧评价体系的建立

传统游牧时期，蒙古牧民的牲畜及畜产主要用于维生，马、牛、山羊、绵羊、骆驼等多元牲畜，及其肉、乳、皮、毛、粪等多元产物，均是牧民在日常生产生活中必不可少的。牧民对于优良牲畜的认知是基于多方面得出的，包括形体、肉质、乳质、役力等，这些因素直接决定了牧民日常生活中的温饱及移动能力。近代以来，随着内蒙古畜牧业商品化程度的加深，对牲畜及畜产的价值判断不再仅限于生活需要，而是取决于其在国内外市场的价值。在此背景下，羊在"蒙古五畜"中的地位逐渐提高，"利益且在他畜之上"，[②] 而在其诸多畜产中，商业价值较高的羊毛越来越受到重视。

羊毛虽是牧民重要的生活物资和商品，但在传统游牧时期，其价值并不如羊肉、羊乳等突出，部分旅蒙商甚至"不收羊毛、羊绒和驼毛"，[③] 而集中精力于活体牲畜和皮张的收购。鸦片战争后，内蒙古逐渐卷入资本主义世界市场，随着羊毛销往海外，经历了短暂的磨合期后，于 19 世纪 80 年代中期开始逐渐成为兽毛贸易的中心。[④] 民国时期，羊毛的国际市场持续扩大，优势地位进一步提升。一战期间，"羊毛腾贵，中国羊毛渐次

---

① 《察哈尔畜牧试验场计划及预算书》，《实业杂志》第 1 卷第 2 期，1925 年，第 8 页。

② 《绥远畜牧业》，《中行月刊》第 4 卷第 4 期，1932 年，第 91 页。

③ 贾曦：《包头旅蒙商的记述》，中国人民政治协商会议包头市东河区委员会文史资料研究委员会编《东河文史》第 2 辑（内部资料），1985，第 27 页。

④ 参见村上衛「清末天津の羊毛貿易と通過貿易」『京都大学人文科学研究所附属現代中国研究センター研究報告』。

拓展外国市场",[1] 战后"因波斯及土耳其毛毡生产减少，不足供给世界之需要，欧美商人遂转而向蒙人购买毛毡"。[2] 东部的赤峰有大的羊毛外商15家，[3] 西部的包头亦有14家之多，[4] 察哈尔地区更是有外商采购羊毛，"十日来每日皆有数万斤转运天津"转销海外的盛况。[5] 日本因本国羊毛供给缺口较大，也逐渐注意到内蒙古羊毛的巨大利益。山本唯三郎指出："余辈今日已确信其能获大利、而欲劝我有为之实业家者非他，即中国之羊毛实业也。"[6] 市川正义认为"以呼伦贝尔羊毛为原料的制毯工业，为日本应即着手经营之最有望的工业"，[7] 呼吁日人投资蒙地羊毛生产等。与此同时，我国部分民众"追从欧美之文化，感知毛织物之卫生耐久，所以羊毛之需用，显著增加"，[8] 这些均使羊毛的销量和利润进一步增加。因而时人称："自羊毛成为外国贸易以来，迄今已有四十余年，近来该处牧羊者，不论蒙人满人，咸知趋重于羊毛生产之一途，他项目的，俱漠然置之。"[9] 而能够在短时间内以最低成本产出大量优质羊毛的羊种与畜牧生产方式，也被视为优良种和科学生产方式，广受推崇。

（二）蒙古羊及传统游牧生产方式"落后"形象的构建

在内蒙古牧区社会中，蒙古羊不仅是"草原经济的基础"，[10] 更在政

---

① 前田增三『綏遠、直隷羊毛羊皮（附奉天市場ノ羊毛）』、4頁。
② 张范村：《发展蒙古牧业初步计划》，《建设》第12期，1931年，第14页。
③ 参见「羊毛改良ノ見地ヨリセル希望」『蒙古情報/調査書』第二卷、外務省外交史料館、档案号：1-6-1-57-1-002。
④ 参见刘逸民《旧包头城市经济发展概况》，中国人民政治协商会议包头市东河区委员会文史资料研究委员会编《东河文史》第8辑（内部资料），1992。
⑤ 《察北羊毛皮市价涨旺》，《畜牧兽医季刊》第2卷第3期，1936年，第115页。
⑥ 山本唯三郎：《论蒙古之羊毛事业》，许家庆译，《东方杂志》第3期，1911年，第11页。
⑦ 市川正义：《南部呼伦贝尔的经济情形》（续），许惠民译，《新蒙古》第2卷第4期，1934年，第42页。
⑧ 李秉权：《中国羊毛之品质》，商务印书馆，1934，第3页。
⑨ 《东三省以南内蒙古以东之牧羊业》，《新闻报》1922年12月8日，第13版。
⑩ 巴菲尔德：《危险的边疆：游牧帝国与中国》，袁剑译，江苏人民出版社，2011，第28页。

治、文化、宗教等多元领域发挥着重要作用，其不仅是食物和商品，更是与牧民和谐共生的伙伴与亲人，因此传统游牧社会中对羊只的评价、饲养和屠宰并不单纯由市场需求和利润主导，而是受多元因素的影响。其中，肉质口感尤为重要，而游牧放养的蒙古羊肉质极佳，"蒙人视羊肉为生命要品"，① 甚至"凡称物之美，必曰等于羊肉"。② 随着以羊毛为中心的具有市场导向的畜种评价体系的形成，蒙古羊的形象地位被重新建构，尽管其肉质较佳，但产毛量较少，一般为 5~6 磅，外国毛用种羊则可达 10 磅以上。③ 更为重要的是，由于内蒙古地区对绵羊的牧养并不以产毛为主要目的，因而牧民对于毛质的好坏并不在意，致使蒙古羊的羊毛无法满足市场要求。如在色泽方面，"蒙古羊毛率多灰色，或黄色，故与美利奴羊毛较，实远不能敌，故不能用为纯毛，或淡色毛织原料"；④ 在影响纺织的羊毛卷缩性（crimp）方面，蒙古羊"较之美利奴羊相差二—六倍，其纺织效力，大见逊色"；⑤ 在影响品质的羊毛纤细度（fineness）方面，蒙古羊"毛质刚粗，不堪为上等毛线品之用"；⑥ 等等。这些因素均使蒙古羊毛无法成为利润较高的毛织品的原料，"在国际市场上被摒弃于正常羊毛等级之外"，⑦ 只能用于制造粗毛布或地毯等。因而其价值远远低于美利奴羊等毛用种羊，在以羊毛价值为中心的评价体系下，蒙古羊逐渐被部分人视为"品貌不扬，涂首垢面，粗劣不堪之牲畜"，⑧ 成为落后、低产的象征，甚至政府方面亦认为蒙古羊"驯至畜类混杂牧草窳败；毛用肉用，两无所长"。⑨

① 拉提摩尔：《亚洲腹地之商路》，田嘉绩译，魏长洪、何汉民编《外国探险家西域游记》，新疆美术摄影出版社，1994，第 114 页。

② 绥远通志馆编纂《绥远通志稿》卷五十一《民族》，内蒙古人民出版社，2007，第 146 页。

③ 参见常星平《改良西北畜牧事业之探讨》，《新青海》第 4 卷第 5 期，1936 年。

④ 卜文瑞：《改良蒙古绵羊及军马之商榷》，《文化专刊》第 3 期，1939 年，第 13 页。

⑤ 卜文瑞：《改良蒙古绵羊及军马之商榷》，《文化专刊》第 3 期，1939 年，第 13 页。

⑥ 《察哈尔畜牧试验场计划及预算书》，《实业杂志》第 1 卷第 2 期，1925 年，第 8 页。

⑦ 农林部西北羊毛改进处：《事业计划与实施办法》，陕西省档案馆藏，档案号：63-1-27-5。

⑧ 刘行骥译《外人观察中之我国畜牧概况》，《农业周报》第 1 卷第 27 期，1931 年，第 1044 页。

⑨ 绥远省政府编印《绥远概况》上册，1933，第 70 页。

在以羊毛质量为价值尺度的观念下，能否短时、高效、低成本地获得大量优质羊毛，成为评价畜牧生产方式的重要指标。内蒙古牧区逐水草而居的传统游牧生产方式，逐渐被视为"不合乎经济原则"[1] 的、导致"畜种日益窳劣"[2] 的落后生产模式，广受诟病，时人普遍认为：蒙地民众"狃于旧习，所有驯服调养之法，选举蕃殖之方，千百年来，一听自然，任其堕落，毫不注意，安得不寒病热渴，产数减少，种亦日劣哉"。[3] 绥远政府亦认为："绥省牧畜者，泥守成法，不知改进……遑论与利用科学方法者，角逐国际市场耶？"[4] 直接将牧养方式视为畜牧业衰落的头号诱因。与之相反，现代畜牧生产方式追求专业化、纯种化，因而会按照不同用途对牲畜进行精准分类培养，并保持其较为纯正的血统，如"马分乘驮挽三种，牛有肉乳役三种，羊有毛肉两种，山羊有乳肉毛三种，猪有生肉腌脂肪用三种，鸡有卵肉等别"等。[5] 而我国饲养的蒙古羊则没有这种明确区分，品种和血缘也并不固定，往往兼备产肉、产毛、产皮等多种用途，极大地影响了其羊毛品质与价值，多被时人视为畜牧生产方式"窳劣之明证"。[6]

（三）美利奴羊及现代畜牧生产方式"先进"形象的构建

美利奴羊原产于西班牙，后在欧洲、美洲、澳大利亚等地广泛饲养，凭借高产的优质羊毛，逐渐成为现代畜牧生产的象征，蜚声世界。美利奴羊与蒙古羊的不同之处不仅在于前者是温和气候环境以及精细化畜牧管理下的产物，更在于美利奴羊的饲养长期专于毛产，且面向市场。美利奴羊产毛量大，每头平均产量在 8 斤左右，而且在细度与柔度、光泽、弹性、整齐度等方面均表现极佳，[7] "其品质与性质均属完善，故至今该毛在纺

---

[1] 刘行骥：《中国畜牧问题》，实业部中央种畜场，1935，第 27 页。

[2] 《绥远通志稿》卷二十一《牧业》，第 217 页。

[3] 实业厅拟《察哈尔畜牧试验场计划书》，《东省经济月刊》第 1 卷第 8 期，1925 年，第 19 页。

[4] 《绥远概况》上册，第 70 页。

[5] 《察省建设厅拟定 改良种畜事业计划 扩充本省畜场积极提倡 已呈准冀察建委会施行》，天津《大公报》1936 年 8 月 28 日，第 10 版。

[6] 芮思娄：《中国畜牧事业》（续），邹应宽译，天津《大公报》1917 年 1 月 30 日，第 9 版。

[7] 参见《寒羊毛与美利奴羊毛之比较表》，《毛革杂志》第 2 期，1921 年；J. H. H：《美利奴羊毛之性质与品质》，王纫蕙译，《军政部北平制呢厂厂务季刊》第 8 期，1932 年。

织纤维中，仍然首屈一指也"，① 在世界市场上备受推崇，利润极大，因而"羊在蒙古价值多至七八元，而美利奴羊之价格为四十元至五十元"。② 在以羊毛利润为中心的评价体系下，美利奴羊无疑是备受推崇的良种畜，成为先进、文明与所谓现代科学畜牧业的象征。如王克家称赞道："羊之种子，以美利路种为最佳。"③ 任凤宾亦认为："世界所产之羊，以毛用者，无过于十八世纪中所出之美丽诺种。"④ 扎兰木特牧羊场长邵仲烈更认为羊之佳种中，"尤以美利奴羊为第一羊"，⑤ 民国政府亦发布文件提倡"羊种宜采美利奴羊"。⑥ 随美利奴羊而来的还有现代畜牧生产模式，有以下三个特点：第一，以定牧为主，对棚圈建设、供水系统、卫生防疫设备等基础设施要求较高。⑦ 第二，在管理方面极为精细，草场、饲料、繁殖、放牧、医疗等均需专门研究和规划，并协调配合。第三，由于其与市场结合紧密，并以单一商品价值为主要追求目标，在生产过程中尤其注重符合市场需求的羊毛的生产，对乳、肉等则相对忽视，这与蒙地传统维生型牧业有很大不同。美利奴羊所依托的现代畜牧生产方式，能够在短时期内带来巨大的商业利润，成为当时多数人心目中拯救畜牧业颓势的良药，如陈诜就曾赞其"获益当胜《齐民要术》等书万倍"，⑧ 应该进行引进与学习。乔奋生称赞道："近代育种的方法，确能操纵其下代的性能与形状，并可知愿求得牲畜子裔的羽毛色泽，使生产力提高，形质变优。"⑨ 政府方面亦提倡"吸收欧美最新学术，就各地经济力之所及，政

---

① J. H. H.：《美利奴羊毛之性质与品质》，王纫蕙译，《军政部北平制呢厂厂务季刊》第 8 期，1932 年，第 26 页。

② 《蒙古代表之提议：改良牧畜颇具研究》，《绥远蒙文半月刊》第 18 期，1930 年，第 3 页。

③ 王克家：《调查察哈尔垦牧情形记》，《经济汇刊》第 1 期，1919 年，第 29 页。

④ 任凤宾：《改良羊种说略》，《毛革杂志》第 1 期，1920 年，第 4 页。

⑤ 邢事国：《改良羊种计划谈》，《蒙旗旬刊》第 2 卷第 14 期，1930 年，第 6 页。

⑥ 《植棉制糖牧羊奖励条例》，农商部参事厅《农商法规汇编》，1918，第 21 页。

⑦ 实业部渔牧司编《畜牧浅说：美利奴羊》，京华印书馆，1931。

⑧ 陈诜：《为推广畜牧改良事的呈》，天津市档案馆藏，档案号：401206800-J0128-2-000773-003。

⑨ 乔奋生：《从畜牧业的观点来谈开发西北》，《新青海》第 4 卷第 5 期，1936 年，第 63 页。

府分期促其改进"，① 甚至认为"我国只须易以洋种，生产可即增加数倍"。②

蒙古羊与美利奴羊本是不同环境下的优良羊种，二者各有所长，与当地民众密切互动、和谐共生。但近代以来，在以市场利润（主要体现在优质羊毛产量）为标准的畜种和畜牧生产方式评价体系下，美利奴羊与蒙古羊被人为划定了等级，分别象征着先进与落后。二者不同形象的构建，不仅是时人对两个物种的优劣评比，更反映出时人在资本主义市场价值观念下，对西方现代畜牧生产模式与内蒙古传统游牧生产模式等级的划定，甚至强烈要求以西方模式来取代地方经验。这种情况在当时的亚洲、美洲、非洲等地区均有出现，③ 在内蒙古则突出表现在人们对羊毛生产的重视和对羊种的改良上。

三 政府、学界、农牧民对羊种改良的认识与反应

全面抗战前内蒙古农牧区的羊种改良除有经济作用外，更有加强边疆治理、推动民族国家构建等多重作用。在这一运动中，政府、知识分子、农牧民本应为相互支持、互相促进的三股力量，但三者对于羊种改良的认识和反应却各有不同，凸显了现代畜牧生产在内蒙古地区推行过程中的种种矛盾之处，导致改良运动失败。

（一）民国政府对蒙地羊种改良的认识与推动

民国政府对内蒙古羊种改良长期采取支持和鼓励态度，其在政策引导、良种引进与杂交试验、试验场建设及新式畜牧方式的引入等方面均做出了一定的努力。首先，在政策方面，民国建立伊始，农商部就颁布了

---

① 蒙藏委员会：《内蒙情形特殊垦牧林三项应并重案》，《农矿部垦务会议汇编》，第108页。

② 《改良畜牧方针及办法，实部派员在中央电台报告》，《中央日报》1931年5月28日，第3版。

③ 参见 Brett L. Walker，"Meiji Modernization, Scientific Agriculture, and the Destruction of Japan's Hokkaido Wolf," *Environmental History*，Vol. 9，Issue 2（April 2004），pp. 248-274.

《植棉制糖牧羊奖励条例》，提倡"羊种宜采美利奴羊"，[①] 并规定"凡牧场改良羊种者每百头奖银三十元"。[②] 绥远省政府也颁布了《建设厅建议改良蒙旗畜种以资繁殖案》等法令，指出"应以改良畜种为先务"，[③] 重点发展绒毛皮革等关乎工业生产的畜产原料等。其中，商品价值最高的毛用羊种改良成为重点，提出"以羊为主，骡马副之"[④] 的原则。察哈尔省也颁布了《改良羊种案》，提出："近年来羊毛需要孔急，但口外之羊不如美利奴羊出毛之多，获利之大，急宜添购美利奴羊亦便改良羊种。"[⑤] 在中央和省级政府政策之下，各县及蒙旗也开始根据实际条件制订改良方案与计划。如兴和县制订"羊种改良十年计划"，试图通过引进美利奴羊来改良蒙古种羊，并严令辖境"每人必须养羊"；[⑥] 又如各蒙旗亦将绵羊等牲畜改良视为比畜疫防治还重要的急务；[⑦] 再如驻绥屯垦的晋军也提出"本部羊种试验原以毛用种为最大目标"，[⑧] 在屯垦的同时进行羊种改良试验；等等。

其次，在具体落实方面，各级政府斥资从各地大量引进美利奴羊，用于杂交改良。在内蒙古西部，以绥远省为例，1929 年，武川县淖尔梁牧场从山西引进 500 只；[⑨] 1932 年，绥远省政府从山西引进 200 只，从安徽引进 130 只；[⑩] 1933 年，绥远建设厅和兴和县从山西引进 180 只，运抵之

---

① 《植棉制糖牧羊奖励条例》，农商部参事厅编《农商法规汇编》，1918，第 21 页。

② 《植棉制糖牧羊奖励条例》，《农商法规汇编》，第 21 页。

③ 《建设厅建议改良蒙旗畜种以资繁殖案》，绥远省政府秘书处编印《绥远省政府年刊（民国十九年）》，1930，第 111 页。

④ 《绥远省政府二十一年四五六月份行政计划》，绥远省政府秘书处编印《绥远省政府年刊（民国二十一年）》，1932，第 12 页。

⑤ 《改良羊种案》，察哈尔省建设厅秘书处编《察哈尔全省建设会议特刊（中华民国二十一年九月）》，1932，第 53 页。

⑥ 《兴和县改良羊业计划书》，《绥远建设季刊》第 16 期，1934 年，第 11 页。

⑦ 参见《建设厅建议改良蒙旗畜种以资繁殖案》，《绥远省政府年刊（民国十九年）》，第 111 页。

⑧ 绥区屯垦督办办事处编《绥区屯垦第三年工作报告书》，1935，第 207 页。

⑨ 参见《晋事纪要》，《申报》1929 年 1 月 28 日，第 7 版。

⑩ 参见《绥远省政府二十一年四五六月份行政计划》，《绥远省政府年刊（民国二十一年）》，第 12 页；《改良羊种 美利奴羊运绥》，天津《大公报》1932 年 12 月 3 日，第 5 版。

日，省主席傅作义携地方要员前去迎接视察；① 1935 年，灰腾梁牧场从北平购入 70 余只，② 次年又从奉天买入 200 余只；③ 等等。除纯种美利奴羊外，美利奴羊与蒙古羊的杂交种亦十分受欢迎，如 1929 年，萨县新农试验场引入杂交种 509 只；④ 1932 年，淖尔梁牧场从山西引进杂交种 500只。⑤ 在内蒙古东部，如呼伦贝尔地区，政府亦提出"改良羊种，诚为呼伦贝尔今日当务之急"。⑥ 1925 年，呼伦贝尔牧场曾以每头 600 元的高价从美国进口 30 只美利奴羊用于羊种改良。⑦

除引进美利奴羊外，民国政府亦大力建设了一批试验场、种羊场，如绥远省的淖尔梁牧羊场、萨县新农试验场、察哈尔的省立第一种畜场、察哈尔畜牧试验场等，海拉尔的呼伦贝尔牧场等，用以进行美利奴羊与蒙古羊的杂交改良育种工作，强调"以毛用为主，肉皮为副"，⑧ 计划先行改种实验，再向各旗县推广。如在淖尔梁牧羊场，"主任暨技术员均应负指导之责，并将改良利益对牧户作详切讲说，使了解改良之重要，借以宣传"；⑨ 兴和县民众每养 10 只绵羊便"由县分发外国羊一只，以便交配，实地改良"；⑩ 察哈尔第一种畜场则按比例向各县借用美利奴羊进行配种，"俟产生之羊至血种固定后，即由该场按数发还仔羊"，⑪ 如此循环往复，以使羊种实现广泛改良。

最后，值得注意的是，在美利奴羊和蒙古羊的杂交育种过程中，各试验场等亦开始引入新的畜牧生产方式。在羊只繁殖方面，不再放任自流，而是进行规划，如淖尔梁牧场拟定 7 月和 11 月进行两期集中交配，萨县新

---

① 参见《本省牧畜界一大建设　大批美利奴羊由晋运绥》，《寒圃》第 3/4 期，1934 年。
② 参见《种畜场设在古城子　购到美种牛羊猪百头　王焯勋来绥谒傅报告》，《绥远西北日报》1935 年 11 月 4 日，第 3 版。
③ 参见《本校灰腾梁牧场　一切设置竣事　本校学生今冬将往实习　传将千里育雄捐赠该场》，《绥农》第 1 卷第 9/10 期，1936 年。
④ 参见《绥远概况》上册。
⑤ 参见《建厅注意畜牧矿物　划淖尔梁山地为牧场　整理石拐沟煤矿事务》，《绥远民国日报》1932 年 2 月 28 日，第 3 版。
⑥ 《呼伦贝尔改良羊种》，《东省经济月刊》第 5 卷第 3 期，1929 年，第 3 页。
⑦ 参见《呼伦贝尔改良羊种》，《东省经济月刊》第 5 卷第 3 期，1929 年，第 4 页。
⑧ 任建三：《绥远省模范牧场之筹办及实施计划》，《新农村》第 20 期，1935 年，第 2 页。
⑨ 《修正绥远建设厅淖尔梁牧羊场办法》，《绥远建设季刊》第 14 期，1933 年，第 30 页。
⑩ 《兴和购美种羊　发给养护　改良羊种》，《绥远民国日报》1933 年 12 月 28 日，第 3 版。
⑪ 《察省改良羊种　推广美利奴种》，《新天津》1934 年 7 月 31 日，第 9 版。

农牧场选择 10 月为集中交配期，从而保证羔羊在翌年 3 月气候温和时出生，提升成活率。① 在饲料方面，不仅注意应季牧草的利用，更储藏和采购冬季饲料，且注重料种多元化和营养搭配，如萨县新农牧场在 11 月开始准备"补助牧畜饲料"，② 翌年 2 月还会加购青草及黄草等，③ 确保绵羊安全过冬。对冬末初春时期的牝牡绵羊"助以荬子、黍子料二合，在早晨喂给"，④ 对于羊羔则"再喂黑豆荬子料，每羔一合"。⑤ 此外，牧场人员还会采集周边植物标本进行研究，挑选最适宜的饲料重点培育等。⑥ 在棚圈设施方面，如淖尔梁牧羊场有坚固的、能遮蔽的畜舍（比一般畜圈高二尺），且根据季节有暖圈和凉圈之分，⑦ "圈内之粪尿，扫除清洁，每隔一周，圈内撒石灰碳酸水或石灰粉以消毒"，⑧ 并时常检修。在医疗方面，如萨县新农试验场在每年 7 月用消黄散为羊去火，⑨ 在 10 月、11 月进行熏羊药浴等防疫措施；⑩ 淖尔梁牧羊场亦会每年定期购买兽药、施种牛痘（3 月）、场圈消毒（5 月）、兽疫检查等（12 月）等。⑪ 各大牧场亦试图在推广美利奴羊及其杂交种时将这些饲养方式传授给农牧民，但收效甚微。

---

① 参见《绥远省建设厅所属淖尔梁牧羊场二十三年下半年工作报告表》，《绥远建设季刊》第 19 期，1934 年；《萨县新农场二十三年十月份工作报告书》，《绥远建设季刊》第 19 期，1934 年。

② 《萨县新农试验场二十三年十一月份工作报告书》，《绥远建设季刊》第 19 期，1934 年，第 29 页。

③ 参见《萨县新农试验场二十三年二月份工作报告书》，《绥远建设季刊》第 16 期，1934 年。

④ 《萨县新农试验场二十三年二月份工作报告书》，《绥远建设季刊》第 16 期，1934 年，第 8 页。

⑤ 《萨县新农试验场二十三年三月份工作报告书》，《绥远建设季刊》第 16 期，1934 年，第 13 页。

⑥ 参见《萨县新农试验场民国二十五年份全年工作计划》，《绥远建设季刊》第 24 期，1936 年。

⑦ 参见《绥远省建设厅所属淖尔梁牧羊场二十四年下半年工作报告表》，《绥远建设季刊》第 23 期，1935 年。参见绥远通志馆编纂《绥远通志稿》第 3 册卷二十一《牧业》，内蒙古人民出版社，2007，第 220 页。

⑧ 《绥远通志稿》卷二十一《牧业》，第 220 页。

⑨ 参见《萨县新农试验场二十三年七月份工作报告书》，《绥远建设季刊》第 18 期，1934 年。

⑩ 参见《萨县新农场二十三年十月份工作报告书》，《绥远建设季刊》第 19 期，1934 年；《萨县新农试验场二十三年十一月份工作报告书》，《绥远建设季刊》第 19 期，1934 年。

⑪ 参见《绥远省建设厅所属淖尔梁牧羊场二十三年下半年工作报告表》，《绥远建设季刊》第 19 期，1934 年；《绥远省建设厅所属淖尔梁牧羊场二十四年上半年工作报告表》，《绥远建设季刊》第 21 期，1935 年。

各级政府在大力推广美利奴羊及其杂交种时，虽也曾提出要注意本土蒙古羊的优势，并认识到"现今世界之优良纯种家畜，体格能力虽大，未必适合本省之气候与地理条件"，[①] 但在实际落实中，往往为尽快获得利润或增加政绩而盲目引进外国种羊，造成"对于畜牧各方面的认识不充分（研究不够），材料不齐全（准备不够）而谈空推广假宣传的局面"。[②]

（二）学界对于蒙地羊种改良的认识与反应

除政府力量外，畜牧学、农学、政治学等领域的知识分子亦对内蒙古乃至全国的畜种改革进行了诸多认识与思考，在相当程度上影响了这场运动的走向。其中，农学、畜牧学、经济学领域的学人多将畜种问题视为我国畜牧发展的症结，如焦龙华强调我国畜产不良之根源在于"种畜之不良耳"，[③] 无固定品种，且"类多混杂不堪之退化后裔"；[④] 刘行骥也将"畜种改良问题"列为我国畜牧生产四大根本问题之首；[⑤] 等等。而对于如何改良蒙古羊等畜种问题，部分学者支持引入美利奴羊等外国良种及畜牧生产方式，如张天才认为"育种方法应先输入外国纯血良种以为基础"，[⑥] 其中"毛用羊则用美利奴种，以其毛细兼耐寒苦也"；[⑦] 粟显倬也提出"维今之计，首在集中工作应用科学方法，从事饲养选种及与外洋纯种杂交，以奠定西北畜牧之基础，循序以进，期西北整个之畜牧事业，渐趋于科学化纯净化之途径"；[⑧] 等等。这类观点力求将畜种、经济与新畜牧生产紧密结合，最终目的是建立新的畜牧生产模式，获取更大的经济价值。其在相当程度上影响了政府决策，而且这部分学者也多成为相关政策的设

---

① 《察省建设厅拟定 改良种畜事业计划 扩充本省畜场积极提倡 已呈准冀察建委会施行》，天津《大公报》1936 年 8 月 28 日，第 10 版。
② 许振英：《中国畜牧事业的几个基本问题》，《畜牧兽医月刊》第 1 卷第 1 期，1940 年，第 42 页。
③ 焦龙华：《改进西北畜牧业原则之研讨》，《农村经济》第 2 卷第 10 期，1935 年，第 36 页。
④ 焦龙华：《改进西北畜牧业原则之研讨》，《农村经济》第 2 卷第 10 期，1935 年，第 36 页。
⑤ 参见刘行骥《中国畜牧问题》，实业部中央种畜场，1935。
⑥ 张天才：《改良全国畜牧计划》，《农学》第 2 卷第 5 期，1925 年，第 7 页。
⑦ 张天才：《改良全国畜牧计划》，《农学》第 2 卷第 5 期，1925 年，第 7 页。
⑧ 粟显倬：《改良西北畜牧事业刍议》，《畜牧兽医季刊》第 3 卷第 1 期，1937 年，第 39~40 页。

计者，或畜种改良实践中的技术指导者，如农学家过探先任绥远萨县新农试验场的技术指导，[1] 畜牧学家粟显倬任西北畜牧改良场筹备处主任等。

与此同时，部分学者也开始反思引进美利奴羊等外国畜种改良本土蒙古羊等牲畜的做法和理念，如邵仲烈认为："美利奴羊价值既昂，且豢养甚难，因其产生之地，异常温和，故不耐漠北苦寒也。且饲食必以度，居必以牢，偶一不慎，每易瘦死，而其肉质则不若蒙古羊之佳。"[2] 崔济猛、梁仁南从经济方面进行分析，认为良种昂贵，"非一农家所能购置"。[3] 杨实在分析察哈尔畜种问题时，则注意到了美利奴羊及其杂交种在产肉量上的不足，他指出："假若拿美利奴羊来交配，产出的杂种羔，毛长体小，那么肉的供给量不就要更小了吗？所以改良畜种，不能只顾到一方面，应该整个想到。"[4] 宋涛则质疑美利奴羊与蒙古羊杂交种的生物特性及血统稳定性，指出："美利奴羊与西北绵羊，交配之杂种，将来能否固定是一问题，即或固定，其能力能否与美利奴相同，又是一问题，即或相同，能否永久使吾人满足，此又为一大问题。"[5] 反对以美利奴羊来改良西北之羊。班志超则认为改良畜种的根本大计在于固定和培育本土良种等。[6] 这一时期学者们对引入美利奴羊等外国种去改良本土种的反思主要集中在自然及经济方面，均具有相当的合理性，但与政府的反思一样，并没有在实际过程中得到重视，相关问题也没有得到整改，致使"无论采用哪一种外国羊，仍未脱'人家怎样做，我也照样来'那一老套"，[7] 与实际不符。

（三）农牧民对蒙地羊种改良的漠视

广大农牧民对于畜种改良的态度和反应是此运动能否成功的决定性因

[1] 参见《绥远通志稿》卷二十一《牧业》。
[2] 邢事国：《改良羊种计划谈》，《蒙旗旬刊》第 2 卷第 14 期，1930 年，第 7 页。
[3] 崔济猛、梁仁南：《理想之新绥远》，疾呼旬刊社，1932，第 148 页。
[4] 杨实：《察哈尔的重要性及其财富（附表）》，《复兴月刊》第 2 卷第 10 期，1934 年，第 14 页。
[5] 宋涛：《改良西北绵羊种羊问题之商榷》，《开发西北》第 1 卷第 5 期，1934 年，第 29 页。
[6] 参见班志超《改进察省畜牧及防疫计划书》，《察哈尔教育》第 2 卷第 2 期，1936 年。
[7] 许振英：《东北绵羊及其改良经过》，《畜牧与兽医》1950 年第 5 期，第 101 页。

素，从实际效果来看，当时民众对于本土畜种改良的态度十分冷淡，甚至持反对意见。许多改良活动"既不能深入民间，又不与牧民发生密切联系"，[①] 最终"越办越槽［糟］越少，到后来只存一副招牌而已"。[②] 内蒙古地区的羊种改良亦是如此，民国政府推广美利奴羊及其杂交种的范围和规模极为有限，并未深入广大牧区。绥远淖尔梁种羊场在汇报中不得不承认："至与民羊交配一节，仍以现时牧户风气未开，难予实行。"[③] 输入美利奴羊"虽亦有三十余年之历史，但仅以繁殖观察为目的，其能作有系统之育种工作者，寥若晨星"。[④] 由于民国政府并未对农牧区的美利奴羊及其杂交种进行系统回访调查，我们只能以日本对内蒙古东部沦陷区推广种羊的回访调查为例进行分析，如日伪畜牧机构委托给通辽县西那力嘎的张希俊种绵羊 70 只，但在实际饲养中，种羊的营养状态并未达到最佳，且生产率出现下降；委托给达尔罕旗彰古台的蒙民郭景祥种绵羊 76 只，在实际饲养中，粗放的饲养管理使羊大量死亡；而委托给达尔汉旗瓜里毛顺蒙民藤海山的 70 只绵羊，更因羊舍防寒性差而冻死不少；委托给蒙人吴德福之羊甚至多被狼杀害等，[⑤] 可见在实际推广过程中所谓的优良羊种及其杂交种并未真正在农牧区扎根。

与政府和学界对美利奴羊等所谓良种羊的推崇不同，广大农牧民对此十分冷淡，这首先是因为美利奴羊的优势主要体现在毛产上，而其肉质和皮质较差，甚至在其主产地澳大利亚，民众在急需羊肉时也不会首选美利奴羊。[⑥] 而对于内蒙古特别是广大牧区的民众来说，羊肉、羊皮无疑是生

---

① 吴信法：《抗战建国中西北畜牧兽医问题之检讨》，《力行》第 1 卷第 3 期，1940 年，第 209 页。
② 许振英：《中国畜牧事业的几个基本问题》，《畜牲兽医月刊》第 1 卷第 1 期，1940 年，第 41 页。
③ 《呈报省政府考核淖尔梁牧羊场二十年度成绩情形文》，《绥远建设季刊》第 13 期，1933 年，第 26 页。
④ 邹秉文、章之汶主编《我国战后农业建设计划纲要》，金陵大学农学院农业教育学系，1945，第 87 页。
⑤ 参见鸣神忠男《寄存绵羊一般情况调查报告（关于绵羊额调查资料之一）》，黑龙江档案馆编《满铁调查报告（第二辑）》第 6 册，广西师范大学出版社，2005。
⑥ 参见《澳洲之天产品》，《申报》1919 年 11 月 6 日，第 6 版。

活的基础需求，在这一点上美利奴羊远不及蒙古羊。^① 因此，民国政府和部分学者认为毛产量大的美利奴羊是良种，而在广大农牧民眼中，肉质好的蒙古羊才是良种，所谓羊种改良对他们来说更像是羊种退化。这一问题在当时已有部分人注意到，如宋涛指出："即使美利奴能解决西北绵羊毛质，断不能解决西北绵羊肉质，就人口问题与食粮问题着想，羊毛虽属必需品，羊肉亦属重要。"^② 杨实也强调察哈尔绵羊改良不能只顾毛质，也应关注肉质等。^③ 政府、学界与广大农牧民间关于绵羊的南辕北辙式评判标准，自然无法使二者在羊种改良中保持一致，这也是这场运动最终失败的重要原因。

其次，在养殖方面，美利奴羊长期生活于气候温和地区，并在精细管理中成长，其间更需要较多的投资，仅纯种的美利奴羊每头就需 40 元，国外进口者更高达数百元，^④ 此外，配套的饲料、棚圈、医疗等也需要大量资金。如达尔罕旗蒙民郭景祥、通辽满人张希俊饲养日伪委托的种绵羊，仅饲料费就分别高达 352.5 元和 589.4 元，超过其绝大部分的生产生活支出项目。^⑤ 而在内蒙古地区，地广民贫，资本积累较少，不可能完全复制西方的模式。即使将美利奴羊及其杂交种分配给农牧户，也无法保持羊只的高产，时人称："纯美利奴羊畏严寒，食料选择极精，非蒙古地带所宜，稍一营养失慎，即死亡继之。因此即或蒙古人知所改良，而美利奴种决不欢迎。"^⑥

再次，在市场信息与技术方面，民国政府提倡羊种改良的目的在于获得大量优质羊毛，但羊毛的价值取决于国际市场的供需，且处于波动中，只有及时掌握市场动态、调整生产才能获取高利润。因而，国外牧民往往提前与毛商沟通，"接受毛商之指导与意见，须如何饲养，然后所产之羊

① 参见许振英《东北绵羊及其改良经过》，《畜牧与兽医》1950 年第 5 期。
② 宋涛：《改良西北绵羊种羊问题之商榷》，《开发西北》第 1 卷第 5 期，1934 年，第 29 页。
③ 参见杨实《察哈尔的重要性及其财富》，《复兴月刊》第 2 卷第 10 期，1934 年。
④ 参见《全国农业推广实施状况调查（续）》，《农业推广》第 9、10 期，1935 年。
⑤ 参见满铁产业部《寄存绵羊饲养经济调查》，《满铁调查报告（第二辑）》第 6 册。
⑥ 《呼伦贝尔改良羊种》，《东省经济月刊》第 5 卷第 3 期，1929 年，第 4 页。

毛，方能满足毛商之欲望"。① 但这在内蒙古农牧区极难做到。广大农牧民的绵羊饲养多以自给为主，"于流通经济，关系极少"，② 接触的多为基层低级市场，对于瞬息万变的国际市场信息并不了解，因而在毛长短、色泽、种类等方面多与市场脱节。此外，面向市场的现代畜牧生产多依托于便利的交通与机械设备，而民国时期，内蒙古的交通线主要集中于部分城市地区，广大牧区仍然处于半隔绝状态，羊毛等畜产运输仍要依靠传统驮运。更何况在设备方面，传统的剪毛工具和方式不能一次剪齐，极不利于羊毛的深加工。③ 以上种种原因，使政府所设想的羊毛的商业价值无法得到发挥，更进一步影响了民众对种羊饲养的信心。

最后，在思想文化方面，西方现代畜牧生产模式与内蒙古传统牧业生产在理念和文化上差异较大。在蒙古草原社会中，畜牧生产本质上以自给维生为主，且在生活中有着肉用、皮用、毛用、役用等多种用途，并非完全面向市场。更为重要的是，内蒙古草原的牲畜牧养不仅是一种经济生产，更是一种生活方式和"社会文化系统"。④ 因此在牧民观念中，蒙古羊等牲畜不仅是食物或商品，更是与人类平等的、有灵魂的生灵，在牧区社会中有着极大的社会、文化、宗教意义。受其影响，诸如血统混杂的畜种群、长期不被屠宰的"寿星"牲畜、模糊的数量统计等一系列在经济视角下非理性的行为，被牧民视为传统在草原牧区长期存在。与此不同的是，西方现代化畜牧生产模式主要基于经济利益的最大化，各类牲畜在这一过程中也被商品化了。生产者为获得最大利润往往会集中力量饲养单一畜种，并在饲养过程中极端发展获利最大的畜产品，加大牧业生产中的人为干预，并逐渐形成一种不平等的人畜关系，这与内蒙古草原的社会传统观念完全不同。两者之间的巨大差异，使得西方式畜牧生产无法在内蒙古牧区广泛发展。

① J. H. H：《美利奴羊毛之性质与品质》，《军政部北平制呢厂厂务季刊》第 8 期，1932年，第 24 页。
② 市川正义：《南部呼伦贝尔的经济情形》（续），许惠民译，《新蒙古》第 2 卷第 3 期，1934 年，第 52 页。
③ 参见《萨县新农试验场民国二十五年份全年工作计划》，《绥远建设季刊》第 24 期，1936 年。
④ M. A. Mohamed Salih，"Pastoralism and the State in African Arid Lands：An Overview," *Nomadic Peoples*，No. 25/27，1990，p. 7.

基于以上原因，加之动荡的社会秩序与频发的战乱，美利奴羊以及其背后的西方现代畜牧生产方式在政府和学界的大力推动下，并没有在内蒙古广大农牧民的生产中得到普及与落实，民国政府领导的羊种改良运动基本告以失败。

四　结论

晚清民国时期，放垦政策瓶颈与农村破产危机、世界市场需求与外贸利益等因素使畜牧业的重要性再度浮现，并被广泛宣传，形成了一股"农进牧退"浪潮中的"逆流"，成为民国政府在建设现代化经济过程中不可忽视的重要因素。民国时期，随着畜产商品化程度的加深，内蒙古地区的畜牧生产逐渐由维生型向商品型转变。① 在此过程中，繁殖快、成本低、利润大的绵羊在牲畜中脱颖而出，而商业价值较高的羊毛的产量，更是成了评判羊种及其生产方式好坏的标准。在此标准下，适宜本土环境、肉质极佳的蒙古羊及其背后的传统游牧生产模式逐渐被时人视为低等的羊种和落后的生产方式，而羊毛产量大、商品价值高的美利奴羊及其背后的西方现代畜牧生产模式则被视为高等的羊种和先进的生产方式。用美利奴羊等去改良蒙古羊，用西式畜牧生产方式取代蒙地传统游牧成为国家任务，被试行推广。而在这一过程中，政府和学界积极响应、密切配合，通过制定法令、种羊引进、建立试验场等多种方式推动畜种改良。而与此相反，自然环境、社会及思想文化等方面的差异，使广大农牧民对羊种改良运动的反应较为冷淡，现代畜牧生产模式无法在内蒙古牧区深入推行，羊种改良运动也以失败告终。

全面抗战前，民国政府在内蒙古的羊种改良在相当程度上反映出了当时畜牧现代化建设中的诸多问题。第一，民国政府的畜牧现代化建设是不完整的。在草原生态系统中，水、草、畜、人等诸要素是一个完整的共同体，一个要素的提升需要其他要素同步配合，而民国时期的羊种改良运动

---

① 参见王建革《农牧生态与传统蒙古社会》，山东人民出版社，2006。

只是基于"畜"这一个要素的提升，草、水、棚圈等方面的建设均十分滞后，无法保障牲畜改良的成功。第二，民国政府的畜牧现代化建设与内蒙古牧区民众的生活脱节，其一方面表现在政府过于追求经济价值巨大的美利奴羊等毛用羊，而忽视了民众生活中对肉、乳、皮、役等的实际需求；另一方面表现在政府所推崇的与市场密切结合的现代畜牧生产模式应立足于发达的信息网、交通网和技术基础，而当时的蒙地牧民不具备这些条件。第三，民国时期的畜牧现代化建设片面套用西方畜牧生产模式，而忽视了内蒙古地区实际的社会经济条件及思想文化传统等，且对传统游牧生产中的合理部分没有正确认识与吸纳。由于以上原因，民国时期内蒙古地区的畜牧业现代化转型必然走向失败，加之当时社会动荡与战乱频发，更加速了这一进程。上述教训均值得我们在当前畜牧业现代化建设中加以警惕和避免，以更好地推动社会主义现代化畜牧业的发展。

〔张博，西北大学历史学院〕

英资太古集团对中日战事的因应（1931～1941）[*]

——以精糖业务为中心的考察

赵国壮　杨俊雅

内容提要　中日战事对亚太地区的影响是多方面的。就英资跨国公司太古集团而言，中日战事对其影响同样至深且巨，一方面，太古集团携英国作为中立国的地位优势，利用战事带来的包括竞争对手陷于战事、市场上供货紧张等有利因素，努力拓展其精糖营销业务；另一方面，战事的破坏性同样很明显，交通阻碍、社会动荡等负面因素严重影响其业务的顺利开展。1931～1941 年，太古集团积极应对日本垄断中国东北市场、华北事变后日糖大规模走私以及全面抗日战争爆发后糖品销售困境等问题，在精糖销售制度调适及区域外市场开拓方面，均取得了一定的突破性进展。太古集团在中日战事中投机获利抑或艰难生存，均是战事影响下的一种社会面相，勾勒这一面相，有助于我们从更广泛的视角来理解中日战事对中国乃至东亚社会经济生活影响的深度。

关键词　抗日战争　太古集团　糖业经济　东亚地区

英资太古集团（John Swire & Sons Co., Ltd.）成立于 1832 年，最初主要从事美国、澳大利亚、远东地区的贸易业务，同怡和洋行、英美烟公司、沙逊洋行合称为英资四大集团，也是旧中国屈指可数的外国垄断资本集团。

---

*　本文系 2018 年度国家社科基金重点项目"英国藏怡和、太古集团糖业档案资料整理与研究"（18AZS018）及 2020 年度用友基金重点项目"中华糖商资料整理与研究（1840～1949）"（2020Z03）的阶段性成果。

来华设行初期，该集团以推销英国纺织品和采购中国茶、丝为主要业务。1866
年，该集团与英国约克郡的巴特菲尔德公司（R. S. Butterfield）合作成立太古
洋行（Butterfield and Swire）。1867 年，该集团在上海设立第一办事处，开启
了其在远东地区的商业活动。1872 年，成立中国轮船公司（China Navigation
Company），进军航运业，并成为与怡和轮船公司、旗昌轮船公司并驾齐驱的
三大航运公司之一。1881 年，受怡和洋行精制糖厂获得厚利的影响，太古洋
行成立太古车糖公司（Tai Koo Sugar Refinery Co., Ltd.）。① 由于爪哇、菲
律宾和北昆士兰的蔗糖原料十分丰富，加上广袤的亚洲市场，太古车糖公
司成为全球规模最大和最先进的糖业基地，到 19 世纪末，太古集团已经
拥有了专门的运糖船队，太古牌成为亚洲地区糖品知名品牌。1899 年，
约翰·斯科特（John Scott）成为太古车糖公司董事会主席，他先后成立
太古船坞工程公司（Tai Koo Dockyard and Engineering Company，1901）及
天津驳船公司（The Tientsin Lighter Company，1904）。20 世纪初，尽管中
国政局动荡不安，但是太古洋行精糖业务仍在向外拓展。1930 年，该集
团成立太古兴记轮船公司（Tai Koo China Navigation Company）。1934 年，
该集团在上海成立了永光油漆公司（The Orient Paint，Color and Varnish
Company）。1941 年，因日军侵占香港，太古洋行将部分业务转移到澳大
利亚和印度，并在昆明设立办事处。

---

① 《老约翰·塞缪尔·斯怀尔（1825～98）》一书强调太古集团是出于与怡和集团的全面
竞争而筹建太古车糖公司的，即 1878 年 1 月 22 日，怡和集团（Jardine, Matheson &
Co.）联合汇丰银行于香港湾仔地区（Wanchai）成立了中国制糖公司（China Sugar
Refinery Co., Ltd.）。公司总资本 600000 美元，分 6000 股，每股 100 美元，该年全部募
齐；公司设立咨询委员会，成员有 W. H. Forbes、F. D. Sassoon、E. R. Belilios、雷内尔
（W. Reiners）、Lai yuk sun（of the Yow-Loong Hong）等人；公司设经理一人，由
H. Dickie 担任；公司的总代理商为怡和洋行；公司的依托银行为汇丰银行；公司设律师
一名，由 Wm. H. Brereton 担任。参见 First Ordinary Annual Meeting（the 20th February
1879），Minutes of the China sugar refinery Co. Ltd.，reference MS JM/I4/1，Archives of
Jardine，Matheson Co. Ltd.，presented in Cambridge University Library Manuscripts Room。
1881 年 6 月，在深入调查了中国成立精制糖厂的可行性之后，约翰·塞缪尔·斯怀尔
（John Samuel Swire，1825 年生，John Swire 的长子，以下简称"老斯怀尔"）在香港鲗
鱼涌（Quarry Bay）成立了太古车糖公司，参见 Sheila Marriner and Francis E. Hyde, The
Senior John Samuel Swire 1825 - 98: Management in Far Eastern Shipping Trades, Liverpool
University Press, 1967, p. 99。《太古集团在旧中国》一书沿用了这一说法。

跨国公司与中日战事是一个颇值得研究的论题。它们活跃于战事之中，既受战事影响，其业务运行困难重重，又利用战事所创造的机会来拓展相关业务；它们是战事的一部分，既置身于战事之外而从事商业贸易活动，又因深度"参与了"战事而经历战事变化带来的种种经营波动，是故，从跨国公司层面来审视中日战事应为一个不错的观察视角。目前而言，中外学界对太古集团的研究主要集中在太古集团的发展历程、航运业发展、业务经营特性（企业家精神、买办作用、资本运作）几方面，[①] 而对其因应中日战事情况的关注较少。本文以伦敦大学亚非学院典藏的太古集团原始档案为主体史料，从精糖业务视角梳理太古集团对中日战事的应对情况。这些数量庞大的来往于上海—香港—伦敦的大班书信资料，较为直接地披露了太古集团在中日战争局势下所面对的真实问题。由此，一方面，描述跨国公司在中日战事中是如何投机获利抑或是艰难生存的；另一方面，从跨国公司角度窥视中日战事对中国乃至东亚社会经济生活影响的深度。

一 因应九一八事变后日糖垄断东北市场

在东亚市场上，英国资本与日本资本在航运、纺织、金融等各个方面

[①] 中国方面的主要论著有刘广京、李荣昌《太古轮船公司的崛起及其与旗昌轮船公司的竞争》，《上海经济研究》1982 年第 8 期；莫应溎《英商太古洋行在华南的活动与莫氏家族》，中国人民政治协商会议全国委员会文史资料研究委员会《文史资料选辑》编辑部编《文史资料选辑——港澳台及海外来稿专辑》第 14 辑，中国文史出版社，1988；张仲礼、陈曾年、姚欣荣《太古集团在旧中国》，上海人民出版社，1991；唐有淦编著《从洋行买办到民族资本家》，珠海市政协文史资料委员会、珠海市香洲区政协文史委员会印制，1995。国外方面的主要论著有 Sheila Marriner and Francis E. Hyde, *The Senior John Samuel Swire 1825 - 98：Management in Far Eastern Shipping Trades*；Howard Cox, Huang Biao and Stuart Metcalfe, "Compradors, Firm Architecture and the 'Reinvention' of British Trading Companies：John Swire & Sons' Operation in Early Twentieth-Century China," *Business History*, Vol. 45, No. 2（April 2003）, pp. 15 - 34；G. Roger Knight, "Exogenous Colonialism：Java Sugar between Nippon and Taikoo before and during the Interwar Depression, 1920-1940," *Modern Asian Studies*, Vol. 44, No. 3（2010）, pp. 477 - 515；Shinya Sugiyama（杉山伸也）：*A British Trading Firm in the Far East：John Swire & Sons*, Shinn Ichi Yonekawa & Hideki Yoshihara（eds.）, *Business History of General Trading Companies*, University of Tokyo Press, 1987；Robert Bickers, *China Bound：John Swire & Sons and Its World*, *1816-1980*, Bloomsbury Books, 2020。

均存在竞争关系，糖业方面的竞争是从 20 世纪初开始的。日本自明治维新以来大力发展本国制糖业，但因其本土不适合种植甘蔗，故而率先从欧洲引进糖用甜菜，在北海道地区发展甜菜制糖业，不过，第一次尝试因气候不适宜而未获成功。与此同时，日本占领东亚产糖重镇中国台湾，随即大力发展机器制糖业，抢夺东亚市场上的糖品销售份额。1906 年，日糖已进入中国市场，以怡和、太古糖品为主要竞争对手，开展糖品销售竞争活动。① 上海商业储蓄银行调查部统计："日糖在抵货以前，盛极一时，太古白糖，远非其敌……即由于日货竞争之故，查日糖最初输入我国者，为大日本制糖株式会社（俗称大里厂）出品，继为明治、台湾（俗称神户），其后更有盐水港、帝国、大正、新高、中央等货。盐水港出品，只于我国徐州、蚌埠、陇海路方面，有特殊之销路，不甚普遍。帝国、新高、中央于一九一〇至一一年间，有少数进口后，以行销不广，旋即停顿。"②

表 1　日本制糖公司在华行销糖品情况

厂名	商标	唛头	中文标识	种类	名称	经销洋行
大日本制糖株式会社		BC	天	车白糖	五温，又名一号	复和裕
		C	地	车白糖	四温八七五，又名二号	三井
		E	玄	车白糖	四温七五，又名三号	高津
		X	黄	车白糖	四温半，又名四号	
		J	宇	车白糖	四温二五，又名五号	
		K	宙	车白糖	四温，又名六号	
		L	洪	车白糖	三温七五，又名七号	
		N	荒	车白糖	三温半，又名八号	
		SH		车白糖	三温二五，又名九号	
大正制糖株式会社		AR		车白糖	四温半，又名四号	复和裕
		AW		车白糖	三温半，又名八号	三井、高津

① 赵国壮：《日本糖业在中国市场上的开拓及竞争（1903~1937）》，《中国经济史研究》2012 年第 4 期。

② 上海商业储蓄银行调查部编《糖与糖业》，上海商业储蓄银行信托部，1932，第 11~12 页。

续表

厂名	商标	唛头	中文标识	种类	名称	经销洋行
明治制糖株式会社（明华糖厂）	MS	VP	离	车白糖	四温半，又名六号	三菱
		VS	坎	车白糖	四温，又名七号	
		VT	兑	车白糖	三温半，又名八号	
		VPO	巽	车白糖	三温二五，又名九号	
台湾制糖株式会社	⑤	TP	富	车白糖	四温半，又名五号	三井
		TE	贵	车白糖	四温二五，又名六号	
		TX	荣	车白糖	四温，又名七号	
		TK	华	车白糖	三温半，又名八号	
		TM	吉	车白糖	二温二五，又名九号	
		CBD		赤糖		
盐水港制糖会社（新厂）	▲	ER		车白糖	四温半，又名六号	增幸
		ET		车白糖	三温半，又名八号	
		EZ		车白糖	三温二五，又名九号	三井
盐水港制糖会社（老厂）		EO		车白糖		
		EK		车白糖		

资料来源：《糖与糖业》，第 12~14 页。

从表 1 来看，日糖商仿照太古糖品设立牌号，不仅从质量上追赶太古糖品，也从形式上仿效太古糖品。"东糖最初输入，在与英糖竞争，故样式均仿效怡和、太古之车糖；亦名曰三温、四温等等，且为便于内地店家记忆计，再以天、地、玄、黄、宇、宙、洪、荒，八字分号。以荒字为八号，上者曰七号、六号等等，下者曰九号。内天地玄三号，因色过洁白，成本不敷，不久即行删去；抵货前销行之糖，即为上列十余种……抵货以后，该糖已不在市面上销售，上列所述，已成陈迹。"[1]

就太古集团的精制糖业而言，成立于 1881 年的太古车糖公司，曾与 1878 年创建的中国精糖制造公司（怡和集团）被誉为东亚精糖制造业的双雄。在市场运作方面，它们在成立之初均一度依托日本、中国两个新兴的东亚精糖市场，随着日本精制糖业发展而于 20 世纪 20 年代退出日本市场。1928 年，受中国局势动荡、日本同行低价倾销恶

---

① 《糖与糖业》，第 14~15 页。

性竞争等因素影响，中国精糖制造公司被迫宣布破产清算。同时期的太古集团则在逆境中，尤其是在面对中日战事的情况下，一方面改变市场营销策略，深耕中国市场；另一方面，积极开拓东南亚、南亚糖品市场。通过努力，其开拓出可资转圜的宏大市场空间，成功度过危机并发展壮大。

在 20 世纪 20~30 年代，东亚市场上活跃的糖业主体有中国内地及香港（太古集团）、日本爪哇、古巴等甘蔗糖业主体，以及德国、俄罗斯、比利时等甜菜糖业主体。据统计，1931 年，爪哇糖品、日本糖品及太古糖品成为中国市场上的大宗，合计占中国糖品进口总数的 90% 以上。[1]"比年以来，国糖生产，逐渐减少，洋糖进口，递增无已，诚为我国绝大之漏卮，其间进口数量最巨大者，莫若精制糖之输入，计日本、香港所输年近四四〇四四七九担，价廉物美，销路畅旺。"[2] 就上海市场而言，日糖明显占据上风，"今上海市上所见之日本糖，有大里、明治、神户、盐水港、大正、新高等厂之出品。今太古、怡和均有亏折停顿，故日本糖益跋扈于市场矣"。[3]

1931 年，九一八事变爆发，国内发生大规模的抵制日货运动，对日糖输华造成较大冲击，输入中国市场的日本糖品数额锐减，1931 年 9 月为 25 万担，10 月为 7.5 万担，11 月减至 4.5 万~4.6 万担，12 月及 1932 年 1 月输出额进一步减少。受输出形势恶化影响，日糖大阪工厂停业。[4] 1932 年，一·二八事变爆发后，受增税、拒货双重打击，日糖销售益形低迷。[5] 据 1932 年 1 月 23 日大阪市产业部发布的天津港日糖销售情况，自天津发生抵制日货运动以来，日货销售停滞。之前，在该港的外糖输入总量中，日糖占六成，其余是爪哇、吕宋、香港等地的糖品；抵制日货运

动发生后，太古集团下调糖品价格，积极拓展市场，而日糖销路日渐萎缩，从事日糖代销的中国批发商转而代销太古糖。①

不过，伪满洲国成立后，日本糖业势力很快垄断了中国东北市场。据统计，九一八事变前，中国东北地区年输入砂糖 135 万担，价值 1000 万日元，其中，日糖最多，占 35%，其他是国产红糖、香港糖、爪哇糖。②九一八事变后，日本《国民新闻》报宣称中国东北的广阔市场无疑是台糖摆脱困境的出路。③ 台湾、明治、盐水港等制糖公司努力在中国东北市场上开拓新的商路，1932 年，因九一八事变而停业的大阪工厂恢复生产，并调动全部生产能力。④ 另外，为了与古巴糖、爪哇糖竞争中国市场，三井财阀控制的台湾制糖公司和三菱财阀控制的明治制糖公司，在日本政府特许下进行削价竞争。1933 年 4 月，日本糖平均每担的成本为 13.40 元，在中国平均售价 11.33 元，在日本平均售价 24.05 元。⑤

太古糖和日本糖一样，均以爪哇粗糖为原料，在香港制成精糖后转销中国内地，以上海为主要销场，并"专恃内地长江一带及北方诸省"，尽管其在北方各省的糖品销售因日糖输入而大受影响，但在中国南方市场上仍具优势，"太古公司尤善兜售，内地各埠，广设支栈，然自日糖羼入，殚力竞争，北方营业大为逊色，南方经营数十年，根深蒂固，得以保其位置"。⑥

> 香港糖在我国外埠及内地之交易，经历年久，根深蒂固，即北方承销，亦仰给之，故太怡公司在我国执糖界牛耳，垂数十年。自日俄战后，

---

① 「天津の日本糖脅威：排斥中に外糖乗ず」『神戸新聞』1932.1.24(昭和)、神戸大学新聞記事文庫、製糖業(13-099)。

② 「製糖業と醸造業」『大阪朝日新聞』1932.4.15(昭和 7)、神戸大学新聞記事文庫、製糖業（13-134)。

③ 石川生「輝く将来を有つ台湾の糖業：満洲国とも密接な関係」『国民新聞』1932.3.29(昭和 7)、神戸大学新聞記事文庫、製糖業（13-130)。

④ 「本年中に二百万ピコル：引き続き旺盛を極む砂糖の対満輸出」『大阪毎日新聞』1932.3.15(昭和 7)、神戸大学新聞記事文庫、製糖業（13-124)。

⑤ 吴兆名：《日本帝国主义与中国》，商务印书馆，1934，第 183 页。

⑥ 郭崇阶、朱嘉骥编著《商品调查（烟、酒、糖之部）》，第 78 页。

日糖进口剧增，日商摹仿香港糖之制造，输入我国者，初只大里、横滨、神户、新高、盐水等厂。近年加神户、大正、盐水新厂，复在沪设明华糖厂，不数年间，骎骎日上，其在我国之销场，南方各省，以上海、九江、汉口为主要商埠，各货以横滨车白为东糖营业之冠，因其色泽光洁，较他糖为优，余如大里 N 牌销路极畅，KLJ 等牌次之。太、怡遭此排击，销场大逊，即上海一埠，只零星交易，大宗贸易亦为日糖掠夺，不得已乃于内地推销。广设支栈，自备船只，运费既廉，输额亦巨。且香港糖制造，富有油气，甚合内地人民之嗜好。又于各经理机关及堆栈中，存多量之现货，遇有需要，随时给付，以此数点，为香港糖之特长，日糖所不及，故于南方营业，虽稍受顿挫，尚可赖以维持。若北方，近年日糖愈形膨胀，香港糖以营口为根据地，日糖以大连、天津为根据地，双方竞争，糖之局面，已成港六日四之比。嗣后南满甜菜糖发达，日糖再积极发展，在北方势力港糖能否保持，尚难逆料也。[①]

　　九一八事变爆发前，面对欧洲甜菜糖品涌入东亚市场、日本精制糖业激烈竞争及怡和集团下的中国制糖公司于 1928 年宣布破产清算等多重复杂的局势，为了减少对买办的依赖，并提高糖品销售的利润，太古集团于 1929 年派遣公司高层人员直接到东南亚各地考察、推销糖品。1929 年 4 月、5 月间，受太古洋行委托，科林·斯科特出访东南亚，行程遍及泰国、马来西亚、新加坡、印度尼西亚等国家，他详细考察了该区域市场的具体情况。与中国市场依靠买办的营销办法不同，太古集团在东南亚、南亚的营销直接由其高层人员完成。他们通过实地勘察、沟通，与当地销售商建立联系，借此来推销太古牌糖品。与东亚新兴的精糖市场不同，东南亚、南亚糖品市场较早为爪哇糖品垄断，因地缘关系，爪哇糖品价格较为低廉，同类太古牌糖品毫无优势可言。因此，太古集团推行高端糖品营销策略，希望用品质优于爪哇 24 号白糖的太古方糖敲开市场大门，其他糖

---

① 　郭崇阶、朱嘉骥编著《商品调查（烟、酒、糖之部）》，第 86～87 页。

品随之跟进。① 太古集团这一营销策略一方面助推太古方糖登陆东南亚市场、拓展印度市场，同时为接下来开拓中东、非洲等市场积累了丰富的经验；另一方面，初步形成了经理人营销制度，为取消买办制度提供了实践基础。随着经理人营销制度的成功，太古集团收缩了珠海莫氏家族糖品销售代理权限。②

面对日本糖商在九一八事变前后的激烈竞争，尤其是在九一八事变后垄断中国东北市场的行为，太古集团加大了经理人营销制度的推行力度，并最终取消了实行已久的买办制度。这一营销模式的转变虽然属于太古对中国（东亚）市场经营熟稔之后的必然之举措，但是，不能否认日本糖商激烈竞争造成的获利艰难为主要诱因。

二　应对华北事变后日糖大规模走私

自 1931 年中国宣布"关税自主"后，日本糖商向中国走私糖品的活动愈演愈烈，严重威胁到中国糖业的生存。1933 年，因中国海关改用旋光测验法作为分类标准，糖税增加，糖价趋向昂贵，日糖走私更加猖獗。该年，日本有组织地向中国走私糖品，数量高达 20 万吨，而在账面上，同年爪哇、古巴输入中国的糖品数量才 19 万吨，中国进口糖品的海关收入损失达 1800 万海关两。③ 据海关统计，在 1934 年中国海关进口总值 16637276 金单位的糖货中，有 1/4 是缉获充公的私货。④ 津浦、陇海线已全为日本私糖霸占，1936 年，上海的本国糖厂几近崩溃。⑤ 1935 年华北

---

① 赵国壮：《太古洋行糖品营销活动研究（1884～1941）》，《中国经济史研究》2018 年第 6 期。

② 作为太古集团香港总部的总买办，珠海莫氏家族的莫仕扬、莫藻泉、莫干生、莫应溎在推动太古集团糖品贸易方面做出了重要贡献。

③ 「支那が各国から砂糖密輸入」『中外商業新報』1934.5.19（昭和 9）、神戸大学新聞記事文庫、製糖業（14-148）。

④ 实业部国际贸易局：《最近三年对外贸易表解（1933～1935）》，出版地、时间不详，第 11～12、28 页。

⑤ 姚贤镐：《一九三四至三七年日本对华北的走私政策》，《社会科学杂志》第 10 卷第 1 期，1948 年。

事变后，华北地区的糖品走私活动日益猖獗。1935 年以后，抵制日货风潮渐复平静，日糖卷土重来，达输华外糖总数的 41%（不含台湾、香港），如果加上台糖则达 44%；爪哇糖次之，约为 32%；香港糖再次之，约为 14%。[①] 1936 年，据中国海关统计，进口之糖仅合 188.5 万公担（不及 1929 年的 1/5），其中由日本输入者为 56 万公担，仅占 1/3，而据调查，1936 年由大连输入华北的私糖实达 89 万余公担，中国因此项而损失的国币达 2000 万元，甚至由台湾运入华南的私糖尚不在内。[②] 1936 年 5 月 31 日芜湖电，大宗华北私货由津浦路运往合肥，向皖中倾销；6 月 6 日镇江通讯，镇江糖行自华北走私出现以来，私货逐渐南侵，江北各地，已有奸商代为倾销，以致私糖充斥，遍处皆有；6 月 5 日常熟通讯，此间沿江各镇，私货充斥，尤以白糖为最，该地有奸商若干，集合团体，专雇沙船，从旅顺、大连等处贩运而来；杭州 6 月 8 日电，浙温、台、宁、绍、杭、沿海各地，近多有私货入境，内以人造丝最多；同日重庆电，渝市私货充斥，沿街叫卖以布头、海味等项为多；又成都 7 日电，泸县有大批廉价、由津浦路南下之私货。[③]

与此同时，如何处理台湾过剩糖品问题，成为日本糖业界关注的重点。日本糖商极力主张向中国大陆输出，而中国东北市场容量仅为 150 万担，其他 150 万~200 万担需要在中国中部及南部市场找到销路。不过，由于中国的抵制日货运动、广东政府的食糖专卖政策及爪哇滞存糖品在中国市场的投放等，日糖销售极为迟滞。[④] 因此，日本选择以低价倾销扩大销售市场，而这一举措立即引起新一轮削价竞争。荷印政府因其糖品大受日本倾销政策之影响，也实行削价政策，仅 5、6 两月，爪哇经香港转销华南各地糖品已达 10 吨，同时，其他各地糖商亦得政府协助源源不断来华倾销。[⑤]

---

① 《制糖工业报告书》，第 69 页。
② 吴兆名：《日本帝国主义与中国》，第 183 页。
③ 严曙东：《举世注目之走私问题》，《青年月刊》第 2 卷第 5 期，1936 年 8 月。
④ 「支那の転向気運と我糖業者：輸出糖の進展に相協力せよ」『台湾日日新報』1935 年 2 月 7 日（14-216）。
⑤ 朱博能：《中国之蔗糖业及其统制》，《东方杂志》第 33 卷第 3 号，1936 年 2 月 1 日，第 62 页。

在日本政府暗中支持下的日糖走私及无底线的削价竞争，严重影响了太古洋行的正常销售活动。太古方面不得已一方面努力与日本进行协调，希望签订齐价协议；另一方面，除了继续努力扩大东南亚、南亚市场外，积极开拓中东及非洲市场。

就齐价协议而言，太古集团未能获得成功。1937 年 2 月 17 日，在三井集团的稻叶的安排下，太古车糖公司约翰·泰勒（John Thayer）会见了日本糖品生产协会会长中村先生，中村比较友好，但也明确告知经过多次努力日本仍无意与太古方面在价格上达成一致。[①] 始料未及的是，这次私人谈话被媒体公之于众，对此，2 月 18 日，泰勒致信稻叶表示抗议，并强调当下的太古车糖公司既没有辞退员工，也没有部分停产，更没有从中国市场撤出。[②] 但是，日文媒体还是详细报道了此事。比如，2 月 19 日，《台湾日日新报》公开了详细的谈话内容：1937 年初，中日外交依然不明朗，中日贸易则比较顺畅，自 1936 年 10 月以来，日糖输出呈增长势头。香港太古制糖厂因日糖进逼及原料购买困难而遭受较大打击，面临停产危机，故提出与日本糖业联合会及日糖公司订立《中国糖品输出协定》，其要点包括协定对中国内地输出糖品价格；分割中国市场销售区域，太古制糖厂经销长江以南地区，日本则经销长江以北地区。对此项协定，日方断然拒绝，其理由是日本糖业联合会既无权协定日本国内糖品供应量，也无力与糖品输出公司订立协定；两者制糖原料虽同为爪哇糖，但是由于结算单位不一，而无法在价格上予以协定；分割中国内地市场，不合外交惯例。[③] 2 月 27 日，泰勒将其与日本糖商接触的详细情况报告给香港总部；[④] 3 月 12 日，香港总部将此情况报

---

① Refinery（Thayer send letter to John Swire & Sons, Ltd., Hongkong, February 27th, 1937），Reference Box 27（JSSVI 11 /3），Archives of John Swire & Sons, Ltd., presented in SOAS Library of London University.

② J. Thayer sent letter to Inaba（February 18th, 1937），Reference Box 27（JSSVI 11 /3），Archives of John Swire & Sons, Ltd., presented in SOAS Library of London University.

③ 「砂糖の対支輸出非常な活況：英国系の香港太古製糖廠が悲鳴，我糖連に協調を申込拒絶さる」『台湾日日新報』1937. 2. 19（15-182）。

④ Refinery（Thayer send letter to John Swire & Sons, Ltd., Hongkong, February 27th, 1937），Reference Box 27（JSSVI 11 /3），Archives of John Swire & Sons, Ltd., presented in SOAS Library of London University.

告给伦敦总部。鉴于日方较为冷淡，伦敦总部建议泰勒不要采取下一步措施，而是通过个人关系保持联系。① 同时，与爪哇无意和太古签订协议相比，日本则通过外交手段与荷兰政府达成购买爪哇糖品的协定，希望尽可能地增加爪哇糖品的输入数量并达到控制远东市场上糖品价格的目的。该协议由日本糖业协会和东印度公司糖品出口公司签订，具体内容为：共同努力缓解日荷两国在中国市场上的竞争，东印度公司糖品出口公司帮助日本向中国出口糖品；为了剔除不必要的价格竞争，在中国市场上的爪哇冰糖和日本精糖应有不同价格；东印度公司糖品出口公司应基于日方精糖出口情况拟订其售卖给香港及上海制糖商的糖品价格；共同努力垄断中国糖品市场；日方将迫使中国降低进口关税；日方尽可能多进口爪哇糖品从而扩大对华糖品输出规模。②

就拓展中国以外的市场而言，太古集团获得了一定成功。在开拓中东市场方面，1934～1936 年，太古集团克服了在该地推销半方糖的困难，获得了波斯湾政府糖品销售代表非洲 & 东方公司（The African & Eastern Ltd.）的大力支持，得以较为顺利地推广半方糖业务。1936 年10 月 23 日，太古洋行经理威廉森（H. B. Williamson）报告：近一年来，太古半方糖在巴格达的销售情况良好，施特里克的威尔斯（Wiles）很有信心在一年内将半方糖的销量从每月 1000 箱增加到 1500 箱，并建议进军咖啡店市场以增加半方糖的销量。③ 在拓展非洲市场方面，早在 20世纪 30 年代初期，太古洋行就有意开拓非洲市场，但是由于高额关税、高额汇率等困难未能成功。1937 年初，中日局势更加紧张，太古洋行与日本、爪哇的合作谈判毫无进展，不得不进一步拓展区域外市

① Refinery（Butterfield & Swire of Hongkong send letter to John Swire & Sons, Ltd., London, March 12th, 1937），Reference Box 27（JSSVI 11 /3），Archives of John Swire & Sons, Ltd., presented in SOAS Library of London University.

② Ttranslation from "Economic Knowledge" Vol. 1, Series No. 17, Issued January 1st, 1937, Reference Box 27（JSSVI 11 /3），Archives of John Swire & Sons, Ltd., presented in SOAS Library of London University.

③ Refinery（H. B. Williamson's Report on Iraq, Date 23rd, October 1936），Reference Box 26B（JSSVI），Archives of John Swire & Sons, Ltd., presented in SOAS Library of London University.

场。是年年初，太古洋行再次尝试用半方糖及瓶装金黄糖浆打开西非市场；① 同年 3 月，其在东非销售糖品 3056 担，② 5 月销售糖品 1125 担，③ 6 月销售糖品 940 担。④

综上所述，华北事变以后，中国市场上糖品销售的最大变化莫过于日本走私糖品盛行。在此情况下，太古集团一方面与日本糖商讨论齐价协议，希望双方避免恶性削价竞争行为；另一方面进一步拓展区域外市场，借此弥补在中国市场上的销售差额。从其努力来看，虽然前者未获实现，但是，作为一家跨国公司，其利用资本、运输等方面的优势，成功拓展了区域外市场，弥补了被侵占的东亚市场份额。

三　突破全面抗日战争爆发后的糖品销售困境

1937 年 7 月 7 日，全面抗日战争爆发，太古集团在中国的糖品销售活动更形困难，日本则利用战争所带来的有利局面，划定中国东北及华北地区为日糖独占区域，同时，努力发展中国东北地区的甜菜制糖业及广东糖业经济，希望借此独占中国糖品市场。

1939 年 2 月 23 日，太古洋行统计了该年太古糖品各市场的销售情况（除去绵砂糖，1938 年共 350000 担绵砂糖销售到中国内地）：日本 1680 担、印度支那 14953 担、曼谷 84644 担、马来亚 452833 担、印度 82353 担、海湾地区 10789 担、非洲 2557 担、美洲 501 担，合计 650310 担；⑤

---

① Refinery（Butterfield & Swire send letter to John Swire & Sons, Ltd., London, March 12th, 1937）, Reference Box 27（JSSVI）, Archives of John Swire & Sons, Ltd., presented in SOAS Library of London University.

② Monthly review-March 1937（April 9th, 1937）, Reference Box 27（JSSVI）, Archives of John Swire & Sons, Ltd., presented in SOAS Library of London University.

③ Monthly review-May 1937（June 11th, 1937）, Reference Box 27（JSSVI）, Archives of John Swire & Sons, Ltd., presented in SOAS Library of London University.

④ Monthly review-June 1937（July 9th, 1937）, Reference Box 27（JSSVI）, Archives of John Swire & Sons, Ltd., presented in SOAS Library of London University.

⑤ Refinery（Butterfly & Swire sent letter to John Swire & Sons, Ltd., London, February 23th, 1939）, Reference Box 29（JSSVI）, presented in SOAS library of London University.

香港 133700 担，中国内地 24381 担，总计 808391 担。中国内地的销售额度仅约占 3%，下滑速度极其惊人。1935～1938 年，太古糖品在中国内地、香港地区及伪满洲国地区的糖品销售份额呈下降趋势，在中国内地市场的销售份额分别为 68%、55.6%、52.5%、47%，在伪满洲国市场的销售份额分别为 6.8%、13.7%、8.1%、0.4%，可见太古糖品几乎退出了伪满洲国市场。其糖品销售总量亦由 1936 年的 902000 担，减至 1937 年的 615700 担，再减至 1938 年的 557000 担。而 1938 年，其他市场的销售额度已达到 618006 担。[①]

1939 年上半年，太古集团对中国抗日战争的局势持较为乐观的态度，尽管有较大压力，但是，部分地区的糖品售卖活动仍在继续。同年 1 月 26 日，据香港发给伦敦总部的报告，芜湖预订 600 包，天津售卖了 6750 担，中国南部的糖品市场较为平稳。[②] 1 月 19 日，日本获取了大量原料以保证其制糖工厂在战争压力下全力生产，因此有大批量糖品进入中国市场，而太古及爪哇糖品在中国市场上的前景却较为惨淡。同时，日本尝试引入歧视性关税政策来维持其在中国糖品销售的垄断地位。但是，太古集团仍保持乐观态度，认为日糖不可能比爪哇糖品更便宜，他们有足够的经验去应付日糖的竞争。[③] 2 月 9 日，《南华早报》报道，日军占领广东之后，立即敦促日本业糖者恢复广东 6 个机器制糖工厂的糖品生产（其中 4 个遭到严重轰炸，一个被炸较轻，另一个没有受到影响）。[④] 2 月 16 日，根据史塔克（Stark）访问东京后发回的报告，日本有意将华北地区变成

---

① Refinery, Review-May 1938 (Butterfield & Swire send letter to John Swire & Sons, Ltd., London, June 7th, 1939), Reference Box 29 (JSSVI), Archives of John Swire & Sons, Ltd., presented in SOAS Library of London University.

② Refinery (Hongkong send letter to John Swire & Sons, Ltd., London, January 26th, 1939), Reference Box 29 (JSSVI), Archives of John Swire & Sons, Ltd., presented in SOAS Library of London University.

③ Refinery (Shanghai, Butterfield & Swire send letter to Butterfield & Swire, London, January 19th, 1939), Reference Box 29 (JSSVI), Archives of John Swire & Sons, Ltd., presented in SOAS Library of London University.

④ "Plants in Kwangtung Seized by Japanese, MILITARY URGE REPAIR," *South China Morning Post*, Thursday, February 9, 1939, Reference Box 29 (JSSVI), Archives of John Swire & Sons, Ltd., presented in SOAS Library of London University.

一个和伪满洲国一样的封闭市场，不允许外糖输入。① 3 月，太古洋行根据史塔克的报告情况，对糖品市场情况向伦敦总部做了总结汇报，称总体来看所有市场较为稳定，不过，有三个显著问题：（1）中国北方已成为日本所垄断的殖民市场，其糖品主要来自日本精制糖品及台湾的过剩糖品，同时，日本试图通过低关税及歧视性关税来维持这一垄断；（2）在中国南部，日本有意恢复及发展广东糖业，并实施高关税政策，希望借助发展广东糖业驱除其他外国糖品；（3）日本着力于将爪哇糖品驱逐出中国市场。② 4 月，据东京《朝日新闻》报道，因外汇管制，爪哇糖品暂停输入中国市场，而日本出口到中国市场的糖品日益增多，预计该年将超过 500 万担，创历史新高。同时，日本所有的糖品生产商均加入糖品出口协会，并计划在日元集团内形成市场垄断。③ 5 月，据大日本制糖公司总裁藤山爱一郎（Aiichiro Fujiyama）调查，该年 4 月，在侵华日军的管辖及制糖协会的负责下，广东地区开始生产糖品。④ 据 6 月 11 日报道，为在中国大力发展糖业，日本制糖协会制订了十年发展规划，计划在中国东北种植甜菜，在中国南部种植甘蔗，甚至向伪满洲国许诺保证其糖品供给。⑤

1939 年下半年，随着欧战的爆发，日本对英国的态度更为强硬，在中国问题上要求其进一步妥协。受战争局势影响，1939 年 10 月，法币不

---

① Refinery（Butterfield & Swire send letter to John Swire & Sons, Ltd., London, February 16th, 1939），Reference Box 29（JSSVI），Archives of John Swire & Sons, Ltd., presented in SOAS Library of London University.

② Refinery（Butterfield & Swire send letter to John Swire & Sons, Ltd., London, March 23rd, 1939），Reference Box 29（JSSVI），Archives of John Swire & Sons, Ltd., presented in SOAS Library of London University.

③ "Establishment of Sugar Export Association Plan Market Control in Yen Bloc," *Tokyo Asahi Shimbun*, April 21st, 1939, Reference Box 29（JSSVI），Archives of John Swire & Sons, Ltd., presented in SOAS Library of London University.

④ "Promising Future of South China—Sugar Industry Told by Fujiyama," *Asahi Shimbun*, May 31st, 1939, Reference Box 29（JSSVI），Archives of John Swire & Sons, Ltd., presented in SOAS Library of London University.

⑤ Advancement of Japan Sugar in Chinese, translation from *THE OSAKA ASAHT* dated June 11th, Reference Box 29（JSSVI），Archives of John Swire & Sons, Ltd., presented in SOAS Library of London University.

断贬值，太古洋行深感在上海投放贮备糖品及在中国北部销售糖品均不可能成行，并且市场前景不明，故而令地方销售商将糖品运销至昆明，这是太古糖品首次进入昆明市场。当时，第一批寄售糖品安全抵达昆明并以不错的价格售出，第二批已到海防，得到入关允许后就可以进入昆明市场。① 随着战争的持续进行，1940 年初，太古糖品在中国市场上的销售仅限于上海、天津、青岛、厦门等几个港口城市。

1940 年 1 月 12 日，太古洋行希望太古集团总部向英国政府报告，请求政府考虑将原来由马来半岛供应的糖品份额进行重新分配，由太古集团来供应糖品。② 1940 年 7 月，在日伪殖民统治下的中国北部，若未获物资交易许可，则很难将货物经由海关输入该地区；在上海一地，物资交换控制不如中国北部严厉，太古集团能够维持一个较为稳定的销售份额。③ 不过，除了向青岛运销 100 包 TK 糖品及向厦门运销各类糖品 300 包，所有的糖品销售均集中于上海一地。④ 1940 年 9 月 13 日，太古洋行先就乔治·沃伦·斯怀尔提议在昆明建立炼糖厂一事向太古集团总部报告，有鉴于当地的销售规模，建议建立代理机构而非炼糖厂。⑤ 然后，太古洋行致信蒂斌（Tippin）提出三种替代方案：（1）建立一个以当地粗糖为原料的小型炼糖厂；（2）建立一个甘蔗制糖工厂，生产白糖进行销售；（3）成立一个规模较小且比较简单的工厂，用来加工当地糖品以满足当地外国消费者的糖

① Refinery, Review-July 1939（B the Taikoo Sugar refining Co., Ltd. send letter to John Swire & Sons, Ltd., London, July 10th, 1939），Reference Box 29（JSSVI），Archives of John Swire & Sons, Ltd., presented in SOAS Library of London University.

② Refinery（General Agents the Taikoo Sugar Refining Co., Ltd. send letter to John Swire & Sons, Ltd., London, January 12th 1941）Reference Box 397（JSSVI 12），Archives of John Swire & Sons, Ltd., presented in SOAS Library of London University.

③ Refinery（General Agents the Taikoo Sugar Refining Co., Ltd. send letter to John Swire & Sons, Ltd., London, July 5th 1940）Reference Box 397（JSSVI 12），Archives of John Swire & Sons, Ltd., presented in SOAS Library of London University.

④ Refinery, Review-July 1940（General Agents the Taikoo Sugar Refining Co., Ltd. send letter to John Swire & Sons, Ltd., London, August 9th 1940）Reference Box 397（JSSVI 12），Archives of John Swire & Sons, Ltd., presented in SOAS Library of London University.

⑤ Refinery（General Agents the Taikoo Sugar Refining Co., Ltd. send letter to John Swire & Sons, Ltd., London, September 13th 1940）Reference Box 397（JSSVI 12），Archives of John Swire & Sons, Ltd., presented in SOAS Library of London University.

品需求。不过，太古洋行也强调在其专家未对当地糖品进行检验之前，无法提供帮助。① 在日本"南进"政策的影响下，荷兰、英国均承受了较大的压力，太古集团借机与爪哇谈判糖品销售问题。1940 年 12 月，上海有传言称在地化业务（up-country business）管理松懈，加之爪哇白糖价格上涨以及中国春节到来等因素，太古糖品在该月被预订了 108072 担，其中，芝罘 810 担，厦门 1450 担，天津美国驻军 134 担。②

1941 年初，太古集团有鉴于中国市场对绵白糖（soft sugar）的需求而重提与爪哇谈判，所持基本态度是：价格统一及由太古控制中国市场上的爪哇绵白糖，同时希望销往香港及中国内地的绵白糖均经由太古，而太古则不用公司账号参与该糖品交易活动。③ 1941 年底，日本攻陷香港，太古车糖公司被占领，太古洋行总部迁往伦敦，部分业务迁移到澳大利亚。

抗日战争全面爆发后，太古集团不仅要面对中国东北市场被日商垄断及华北地区日糖走私未能消减的老问题，还要面临日本占领了中国广大东部、中部这一更为复杂的新局面。在拥有侵略优势的日本糖商的竞争下，太古集团在中国市场上的糖品销售数额整体急剧下降（见表 2），且无力改变此一不利局面。是故，在无法正面抗争的境况下，太古集团再次祭出开拓区域外市场的旗帜，并获得较大成功（1937 年抗日战争全面爆发后，中国市场发生动荡，太古方面加大了在中东市场的糖品推销力度。据统计，1937 年 12 月，太古方糖在波斯湾的销售额为每月 600 担；1938 年 4 月达到 1200 担；1940 年初，太古集团预计在该市场上的销售额约为每月 10000 担）。1931~1940 年，太古集团的精糖业务从一个侧面较为真实地反映了跨国公司在战争中的生活样态和生存逻辑（见表 2）。

---

① Refinery（General Agents the Taikoo Sugar Refining Co., Ltd. send letter to Tippin, September 13th 1940）Reference Box 397（JSSVI 12），Archives of John Swire & Sons, Ltd., presented in SOAS Library of London University.

② Refinery, Review-December 1940（General Agents the Taikoo Sugar Refining Co., Ltd. send letter to John Swire & Sons, Ltd., London, January 17th 1941）Reference Box 31（JSSVI 12），Archives of John Swire & Sons, Ltd., presented in SOAS Library of London University.

③ Refinery（General Agents the Taikoo Sugar Refining Co., Ltd. send letter to John Swire & Sons, Ltd., London, January 21st 1941）Reference Box 397（JSSVI 12），Archives of John Swire & Sons, Ltd., presented in SOAS Library of London University.

单位：担

表 2　1931~1940 年太古车糖公司糖品运销情况综合报告

港口	1931 年	1932 年	1933 年	1934 年	1935 年	1936 年	1937 年	1938 年	1939 年	1940 年
香港	148817	167715	107402	139400	95707	195541	147337	212544	191916	179421
广东	—	—	—	14888	15230	3920	53275	31041	29759	4231
汕头	643	131	670	283	1	—	1	1	—	—
厦门	7192	1661	2803	1852	485	1055	836	155	2506	6000
福州	15611	6287	3301	2728	1398	1291	2148	750	81—	—
上海	370397	220255	185545（库存 10947）	220993	103955	144280	58645	273104	208789	294769
宁波	68311	53162	75446	97890	62863	33000	20708	10735	14917	675
镇江	57837	23429	43124	79882	42984	44844	23025	203	—	—
南宁	36394	38981	63540	93203	65118	65887	41871	—	—	18
芜湖	61059	81458	72949	75344	62055	72289	21668	68	2767	—
九江	27525	24060	30763	30680	26038	20447	13894	264	—	—
汉口	147976	117422	79117	61663	72337	51272	65046	3043	27	—
宜昌	28029	17939	10072	7943	4635	12547	8182	24	—	—
沙市	12701	10598	6954	4311	4407	14121	5557	3	—	—
长沙	36817	37559	45756	17012	12355	48649	50247	4981	—	—
重庆	135	—	—	—	—	—	—	—	—	—
青岛	82726	57069	20227	23470	10463	23683	37488	379	2194	37156
烟台	17501	9227	2421	504	1570	2838	4235	22895	10177	955
威海卫	4322	4924	482	94	70	71	1787	2760	27	216
天津	105048	86596	58353	67483	84632	13628	16540	79843	52490	189976

续表

港口	1931 年	1932 年	1933 年	1934 年	1935 年	1936 年	1937 年	1938 年	1939 年	1940 年
丹东	17483	1082	7618	1476	4162	6409	3718	—	—	—
牛庄	32088	3000	29352	17151	26092	49599	4685	—	—	—
哈尔滨	28798	1340	8277	9812	6649	29761	526	479	—	—
大连	4010	5299	37634	21858	44933	95686	3396	—	—	—
昆明	14	—	—	—	—	—	—	—	185	—
釜山	—	—	—	—	—	—	—	—	—	—
横滨	343	840	336	588	1361	1092	1428	672	—	—
神户	504	840	1428	1260	2100	2256	1596	1008	—	—
门司	25400	11000	—	—	—	—	—	—	—	—
胡志明市	3288	3663	2052	1149	1092	4364	6744	4209	3370	—
海防	6834	6922	5083	3074	5706	4644	3777	10744	7563	1835
岘港	—	—	—	—	—	514	496	—	5621	3321
曼谷	3923	3805	2947	7418	10234	31509	33217	84665	63480	32113
棉兰	9	17	32	17	6	—	—	—	—	—
山打根	—	—	1260	4826	3628	9313	8029	10845	10866	4894
白拉奕	5	—	—	—	—	—	560	574	680	—
哥打基纳巴卢	—	—	—	—	—	—	—	—	2	—
文莱	—	—	—	—	—	—	1092	2529	4032	336
新加坡	—	—	—	—	—	—	2644	8929	18239	6637
关丹（马来西亚）	—	—	—	—	—	—	12297	15485	16299	15725
加波（马来西亚）	901	940	13285	29777	23103	26892	437	378	235	202

续表

港口	1931年	1932年	1933年	1934年	1935年	1936年	1937年	1938年	1939年	1940年
丁加奴（马来西亚）	—	—	—	—	—	—	15318	15980	17324	23184
贝苏特（马来西亚）	—	—	—	—	—	—	252	1210	907	1781
吉兰丹（马来西亚）	—	—	—	—	—	—	4116	5544	18312	29568
道北（马来西亚）	—	—	—	—	—	—	—	672	—	—
吉隆坡（马来西亚）	423	447	22970	89159	80867	130539	145082	166853	243066	283521
斯怀特保护区（P. Swet. Reserve，马来西亚）	—	—	—	—	—	—	—	—	—	15792
巴生（马来西亚）	—	—	—	—	—	—	—	55	25	—
槟榔屿（马来西亚）	—	—	—	—	—	—	40462	121768	172689	179349
布莱保护区（Prai Reserve，马来西亚）	—	—	—	—	—	—	—	—	—	50400
怡保（马来西亚）	—	—	—	—	—	—	65189	65150	121089	144005
安顺（马来西亚）	1240	1145	58192	122647	34313	105908	21941	28719	71696	62580
卢骥特（马来西亚）	—	—	—	—	—	21576	9576	4956	7476	21672
太平（马来西亚）	—	—	—	—	—	—	98	145	224	94
仰光	9171	9147	6347	8661	11997	9133	10678	8867	12020	9398
加尔各答	25468	16451	31447	34959	29165	31720	17075	18792	33892	13852
科伦坡	34351	18900	21596	21321	20049	21576	27998	28751	35748	22316
金奈	274	370	344	383	313	612	630	744	1628	2703
孟买	41769	9304	10298	10003	28768	24125	29251	24339	29724	24296
卡拉奇	243	363	524	533	571	578	940	860	1195	1941

续表

港口	1931年	1932年	1933年	1934年	1935年	1936年	1937年	1938年	1939年	1940年
亚丁（Aden）	344	—	—	189	—	189	126	15	—	—
波斯湾（Persian Gulf）	50959	1444	14820	3427	—	6508	6738	10788	8962	58924
开普敦	475	—	—	—	—	—	1282	2367	1206	23
贝拉（Beira）	—	—	732	50	23	—	6994	—	—	—
曼德拉市	—	—	—	—	—	—	—	54	—	—
马普托（莫桑比克）	—	—	—	—	—	—	—	63	23	—
德班（南非）	32	—	—	—	—	—	—	—	—	59
蒙巴萨（肯尼亚）	455	—	—	—	—	—	—	89	113	148
毛里求斯	—	33	—	—	—	—	—	—	—	—
西非	—	—	—	—	—	—	230	—	—	588
马尼拉	—	—	—	—	4	—	—	—	—	—
美国太平洋沿岸	4500	1725	2246	1686	1950	758	2232	501	1282	1328
南海诸岛	—	—	—	—	—	—	2215	2042	2616	1807
爪哇	95	40	36	18	9	—	—	—	—	—
合计	1537328	1071820	1102648	1435452	949209	1368907	1016511	1262412	1397681	1723578
香港（含糖浆）	31329	33930	26014	77338	53633	35469	49333	78843	78657	39745
其他港口（含糖浆）	2174	2066	1088	1486	1010	1058	1170	2543	1560	283

资料来源：Hong Kong, March 12th, 1941, Reference Box 397 (JSSVI 12), Archives of John Swire & Sons, Ltd., presented in SOAS Library of London University。

四　结语

长期以来，就抗战史研究而言，国内外学界多关注中国各方面是如何抗战的，以及日军侵略暴行、日军在沦陷区掠夺等情况。相比较而言，较少关注在中国（东亚）的第三方对中日战事的因应情况，尤其是跨国公司等非官方组织是如何因应中日战事的。

作为非官方组织，跨国公司虽有宗主国优势，但是它们没有外交豁免权。因此，当它们置身于中日战事之中，利用战争创造的机会获利是常情，遭受战争破坏和影响是常态，它们是战争的一部分，关注以跨国公司为主的非官方组织对中日战事的因应情况，有助于丰富学界对中日战事整体面貌的认知。

太古集团虽未有英国政府的大力支持，但是，作为英资跨国公司，其有置身战事之外的外交优势，能够在天津、上海、青岛等日占区销售糖品，而不至于因战争全部中断其糖品销售活动。不过，作为一个以东亚市场为生存域的跨国公司，中日战事对其自身发展产生了重要影响。中日战事下的新型糖品竞争（日本主导下的糖业同行激烈竞争）迫使太古集团不断优化其糖品营销策略，从买办代理制度到经理人负责制度，从依托中国市场到拓展东南亚、中亚及非洲市场，随着中日战事的演进，太古集团尽管有过挣扎、困顿，但是一直努力调整营销策略适应中日战事影响下的市场变化。其间，太古集团亦不乏直接同日本同行谈判，希望签订齐价协议，还试图拓展中国大后方市场，希冀保有中国市场上的糖品销售份额，凡此种种，均为中日战事下太古集团的生存样貌。

中日战事的影响是方方面面的，中日战事的爆发及演进深刻地影响到以东亚为主要市场的跨国公司的相关业务活动。它们无论是投机获利抑或是艰难生存，均是战事影响下的一种社会面相，勾勒这一面相，有助于我们从更广泛的视角来理解中日战事对中国乃至东亚社会经济生活影响的深度。

从表 2 来看，1937 年抗日战争全面爆发后，太古集团的糖品销售受到一定影响，东亚市场遭受严重冲击，而东南亚市场则异军突起。具体情况为：其一，就中国而言，除了香港、上海、天津、厦门以及山东的青岛、烟台、威海卫等几处因租界存在等而保有一定的销售数额，其他如汕头、镇江、九江、汉口、长沙等地在 1940 年时已无太古糖品销售记录；其二，1939~1940 年，朝鲜及日本亦无其销售记录；其三，相比较而言，东南亚地区，尤其是马来西亚成为太古糖品的重要销售市场之一；其四，从 1931~1940 年全部销售情况看，太古集团的糖品销售数量仍较为乐观，除了 1935 年日本糖品走私猖獗而致使其销售额不足百万担，其他年份均在百万担以上，尤其是 1940 年更是达到了 170 余万担。

〔赵国壮、杨俊雅，西南大学历史文化学院〕

文教与日常生活

民国大学生地理来源量化考析[*]

梁 晨　任韵竹　李中清

内容提要　民国大学生量化数据库收录有 33 所院校近 12 万名学生个人层面的多维度信息，其中地理信息又包括籍贯、家庭住址、高中驻地和大学驻地等四类。本文借助量化分析方法，对这四类信息分别进行计算和连接比较，动态研究民国大学生群体地理来源的模式、特征和变迁。研究表明，清代科举制下较均衡的全国性统一人才供给机制在民国时期被彻底打破，大学生主要来自东南地区和中心城市，省际人才供给规模差异显著。同时，大学生向中心城市集中的趋势不仅明显，且伴随求学历程不断强化。民国时期，不同地区人口参与新式教育的程度和深度差别甚大，这对国家近代化的进程与特征具有重要影响。

关键词　民国大学生　地理来源　地区差异　城市化　量化数据库

一　前言

就科学而言，地理来源与个人才能并无必然之联系；但就社会现象看，无论中西与古今，两者又似乎密切相关。班固就曾在《汉书》中指出"山东出相，山西出将"的社会现象，这里的"山东""山西"是以函谷关所在之崤山为界划分的，实际表明的是宋以前，中国文武人才多出

---

* 本研究及民国大学生量化数据库建设先后承香港科研资助局项目（编号：16602117、16400714 和 640613）、国家社科基金一般项目（编号：19BZS084）和中国高等科学技术中心资助，匿名审稿专家指出了本文初稿中的诸多不足并提供了富有建设性的修改意见，在此一并深表谢忱！

自北方，但北方的人才又存在东西之分。宋以后，随着社会经济发展，南方文风占据优势，"入仕"与"闻世"的文人渐多，北方逐渐以武人见长。代表北方的司马光为此倡议"分路取人"，以求恢复北方在文人群体中的分量；南方文人代表欧阳修则坚持"凭才取人"，以图维持和扩大南方文人群体的优势。① 尽管争议不绝，但南方多文人，北方多名将与锐兵的现象，经元、明、清以迄民国，一直未变。②

如此有趣且重要的历史现象，在晚清民初新史学初建时已为学人所注意，"中国人才地理学"的研究也由此开启。1923 年丁文江在《科学》杂志上发表的《历史人物与地理的关系》和 1924 年梁启超在《清华学报》上刊发的《近代学风之地理的分布》共同被誉为中国人才地理学研究的开山之作。③ 此后，无论是 20 世纪三四十年代，④ 还是改革开放以来直至今日，学术界始终对此问题保持关注。⑤ 1962 年，何炳棣开创性地利

① 有关司马光与欧阳修之间这样纷争的研究，参阅刘海峰《科举取才中的南北地域之争》，《中国历史地理论丛》1997 年第 1 期。

② 杜光简：《秦汉魏晋南北朝西北人才概观——兼论中国人才产生地域的变迁问题》，《中国边疆》第 3 卷第 10 期，1947 年。

③ 丁文江文首先发表于《科学》第 1 期（1923 年），后经胡适之手发表于《努力周报》第 43 期和第 44 期（1923 年），《史地学报》在第 2 卷第 4 期（1923 年）对此文选录刊布。

④ 这一时期相关研究包括：朱君毅《中国历代人物之地理的分布》，《厦门大学学报》第 1 卷第 1 期，1931 年；姚师濂《山东通志人物类地域分布表》，《禹贡》第 2 卷第 2 期，1934 年；余锁《宋代学者地理上的分布》，第三届毕业论文，国立武汉大学，1934；朱席儒、赖斗岩《吾国新医人才分布之概观》，《中华医学杂志》（上海）第 21 卷第 2 期，1935 年；李絜非《清代安徽学者地理分布之统计小论》，《学风》（安庆）第 5 卷第 9 期，1935 年；Lamson，H. D.《中国领袖人物的地理分布》，柴立夫译，《青岛教育》第 3 卷第 8 期，1936 年；周维新《江西历代人物之分布》，《江西文物》第 1 卷第 2 期，1941 年；傅衣凌《唐代宰相地域分布与进士制"相关"的研究》，《社会科学》第 1 卷第 4 期，1945 年；杜光简《秦汉魏晋南北朝西北人才概观——兼论中国人才产生地域的变迁问题》，《中国边疆》第 3 卷第 10 期，1947 年；等等。

⑤ 改革开放后，中国人才地理学研究持续发展，其中王奇生《中国近代人物的地理分布》（《近代史研究》1996 年第 2 期）和胡兆量、王恩涌、韩茂莉合撰《中国人才地理特征》（《经济地理》1998 年第 1 期）是较有代表性的综合性研究成果；刘海峰《科举取才中的南北地域之争》（《中国历史地理论丛》1997 年第 1 期）是科举制度下人才地理分布研究的代表作；叶忠海《人才地理学概论》（上海科技教育出版社，2000）是该学术领域中较有代表性的教科书，此外还有王继平及其学生团队完成的《晚清人才地理分布研究（1840~1912）》（中国社会科学出版社，2012）和李立峰《中国高校招生考试中的区域公平研究》（华中师范大学出版社，2007）等。

用明清进士登科录及会试、乡试同年齿录等史料，对明清两代进士群体进行了系统研究，在此过程中，他注意到了东南举业人才会聚的现象。[1] 30年后的 1992 年，在首届"中国东南地区人才问题国际研讨会"上，何炳棣以《明清社会史记》一书第六章为基础，提交了《明清进士与东南人文》一文。该文根据明清进士题名碑录，量化证明了东南各省的科第之盛。[2] 此外，万仁元和王奇生在此次会议上提交了《中国现代人物的地理分布》一文提要，1996 年，王奇生正式发表《中国近代人物的地理分布》。[3] 该文可谓当代学人研究近代人才和人物地理分布的代表性作品，不仅研究时段长，自晚清迄民国跨越百年，且研究范围广，举凡官绅、大学生、留学生乃至教科文卫、党政军各界（包括国共双方）人物都有涉及。此外，2007 年，李立峰所著《中国高校招生考试中的区域公平研究》一书较为全面和系统地考察了从明清科举到民国大学再到现代高考，各地区入学机会的差异问题。

尽管建树颇丰，更不乏经典之作和全面研究，但无论从材料的开发利用，还是研究问题的发掘深度来看，对近代以来中国人才地理分布模式与变迁的探讨和总结远未充分。既往研究侧重从政治、经济和文化发展与积累的角度理解历代人才的地理分布，普遍注意到了中国各区域间自然环境的差异和社会经济发展的不平衡以及由此带来的政治重心转移和历史上人才重心由北往南迁移的现象，为理解当代人才多集中于东部的问题提供了历史依据，但从高等教育与社会转型角度探讨近代人才地理分布与变迁的尚不多见。之所以强调高等教育获得者群体的关键性作用，是因为相较于传统时代以官员或科甲出身者为主的人才，随着蒸汽革命和电气革命的进行，科学技术转化为生产力的速度大大提升，高水平人力资源的培养与存储成为地区社会经济发展的关键，现代的人才，尤其是高等教育人才与社

① Ping-ti Ho, *The Ladder of Success in Imperial China*, *Aspects of Social Mobility*, *1368-1911*, Warrenton: Columbia University Press, 1962.
② 何炳棣：《明清进士与东南人文》，缪进鸿、郑云山主编《中国东南地区人才问题国际研讨会论文集——中国东南地区人才的历史、现状、未来与振兴对策》，浙江大学出版社，1993，第 216~221 页。
③ 王奇生：《中国近代人物的地理分布》，《近代史研究》1996 年第 2 期。

会经济发展的关系日益紧密，大学生地理来源和地理流动的社会意义更为显著。

但考虑到大学生群体规模的庞大和相关研究材料的繁杂，无论全国性还是区域性"量体选材"式的群体研究都是非常困难的。[①] 有鉴于此，本文试图立足于民国大学生量化数据库（CUSD-ROC）中已录入的 33 所高校近 12 万名大学生个人地理信息来探讨民国大学生的地理来源特征。民国大学生量化数据库是以全国多地档案馆所藏民国大学生学籍卡、登记表等资料为主，辅之以相关出版物中的大学生信息，构建起的量化历史数据库。近代以来的新式学校，为审核录取学生的学历、年龄和家世背景等，要求所有学生填写类型各异的学籍卡或登记表。民国以后，学生入学填写学籍卡、登记个人信息更是成为证明录取资格的正式规定，在各院校的档案中也普遍有留存。[②] 尽管各院校学籍资料的具体名称、格式和内容等有所区别，但一般都包含三方面信息：（1）个人基本信息，包括姓名、性别、年龄、宗教信仰、籍贯、居住地等；（2）教育信息，包括入学前的学校，入学的院系、专业等；（3）家庭信息和社会背景等，包括父母与保证人的姓名、职业、现居住地或工作地等。[③] 这些档案资料以及部分公开出版的史料或档案资料能构建起包含多维信息的大规模群体数据库，为研究民国大学生群体的特点与影响提供可能。截至 2020 年 5 月，该数据库已涵盖民国时期 34 所专科以上学校 136220 名学生共 165981 条个人信息。

抗战全面爆发后，中国发生了大规模的人口迁移，大学招生政策亦有彻底调整，对大学生的地理来源影响甚大。为此，本文以抗战全面爆发为

---

① 王奇生《中国近代人物的地理分布》一文探讨了民国大学生地理分布，可能限于当时的技术手段和各类资料收集的难度，仅依据 1934 年国民政府教育部中国教育年鉴编审委员会主编《第一次中国教育年鉴》（开明书店，1934）中公布的 1931 年度全国专科以上学校在校生籍贯统计数据进行研究。这组数据不仅缺乏历时性，还仅有籍贯一项变量，而且是整理后的总和性统计数字，并非原始调查资料，导致研究者无法进一步探讨大学生地理分布的特点、规律和变化等。

② 教育部教育年鉴编纂委员会编《第二次中国教育年鉴》，商务印书馆，1948，第 544 ~ 545 页。

③ 有关民国以来大学学籍卡的基本状况和学术价值，可参阅梁晨、李中清《大数据、新史实与理论演进——以学籍卡材料的史料价值与研究方法为中心的讨论》，《清华大学学报》2014 年第 5 期。

节点，分战前（1912~1937）、战时（1938~1945）和战后（1946~1952）三个阶段对民国大学生量化数据库的信息进行观察，并在此基础上，结合科举人才分布和当代大学生地理来源的研究，系统和长时段地分析民国大学生的地理来源模式、变迁及其意义。表1初步展示了该数据库中有明确入学时间的学生与学校的构成情况。

表1 CUSD-ROC中分时段学生与学校构成情况

单位：人

学校	战前在校学生数	战时在校学生数	战后在校学生数	总计
私立大同大学	20	4140	4655	8815
私立圣约翰大学	1330	3220	757	5307
私立沪江大学	365	1381	988	2734
国立暨南大学	3	241	1062	1306
私立东吴大学	473	893	880	2246
上海市立工业专科学校	12	114	766	892
国立中山大学	6116	4958	2696	13770
国立清华大学	4873	6005	5051	15929
国立浙江大学	3263	4508	1905	9676
私立之江文理学院	568	1958	1231	3757
私立朝阳学院	0	635	597	1232
私立福建协和大学	188	628	399	1215
国立湖南大学	1	568	1463	2032
国立上海商学院	1194	420	0	1614
私立中法大学	671	106	494	1271
国立北京大学医学院	0	493	284	777
国立交通大学	2544	3494	527	6565
湘雅医学院	208	297	141	646
私立金陵大学	2828	3447	1400	7675
私立金陵女子文理学院	0	197	706	903
国立中正大学	2	2445	1108	3555
私立辅仁大学	0	2221	0	2221
私立厦门大学	694	0	0	694
私立岭南大学	0	0	1758	1758
国立北京大学	11370	0	0	11370
私立齐鲁大学	1459	0	0	1459
私立华西协合大学	355	0	0	355
私立辽东学院	0	0	2036	2036

续表

学校	战前在校学生数	战时在校学生数	战后在校学生数	总计
国立沈阳医学院	0	0	1350	1350
私立燕京大学	0	0	346	346
私立铭贤学院	0	0	1024	1024
私立奉天美专	0	0	240	240
国立北洋工学院	2689	0	0	2689
合计	41226	42369	33864	117459

必须承认，民国大学生量化数据库并未包括民国时期所有大学院校，但对照 1932 年和 1947 年全国大学院校地理分布，两者结构基本一致，院校总体集中于北平①、上海、广州等大城市以及成都、长沙等地，但较为遗憾的是没能收录武汉地区高校。此外，目前数据库只收录了两所专科院校，显然无法反映这一层次学校的总体状况。两所专科学校的学生总量非常有限，对比表明，加入或剔除两校数据对数据的总体趋势几乎没有影响。考虑到目前学界对专科学校的研究比较薄弱，学校层面的数据相当少见，因此予以保留。同时，该数据库较完整地收录了 4 所不同城市的精英国立大学：清华大学、上海交通大学、浙江大学和中山大学；收录了多所不同地区的精英教会大学，如圣约翰大学、沪江大学、东吴大学、之江大学、金陵大学和金陵女子文理学院等；在私立大学方面，收录了一度在上海学生规模最大的大同大学。因此，该数据库不仅能在一定程度上反映民国时期大学院校的整体情况，更能较准确地反映办学规模大、声誉好的院校的学生状况。

和所有自填报数据（self-report data）一样，尽管学籍卡、学生登记表等资料具有相对接近的格式，但学生填写的具体信息总是繁杂多变的。具体到本文主要使用的地理信息，为统一省、市、县、镇、街道名称以便分析，研究团队在复旦大学历史地理研究所副研究员徐建平的指导下，以民国时期行政区划为标准，对学生的籍贯、家庭住址、学校驻地等地理信息进行整理和编码。其中，学生对籍贯的填写相对完整，基本都包括省、

---

① 1928 年改北京为北平，1949 年 10 月 1 日中华人民共和国成立后复称"北京"。为叙述方便，本文统一称为"北平"。

县信息，编码难度低；家庭住址信息较为繁杂，学生填写的详细程度不一，详细的写至门牌号，粗略的仅有省市名称，但总体上可以统一处理到县级；由于原数据并未包含学校所在地信息，需要通过学生的入学年份判断学校实际驻地，以生成学校所在地信息。通过截取有效信息，我们对以上所有原始数据做到省一级编码。出于对准确的考虑，本文对学生地理来源的认识和分析基本以省级行政区划为基础。

二　民国大学生地理来源和特征

（一）省际失衡与"天下选才"模式的崩塌

作为不同时代的群体，也许民国大学生和科举功名获得者在很多重要层面是全然不同的，但他们都是各时代人才的最重要代表，对两者地理来源进行比较能够呈现中国人才地理分布的变迁。[①] 对比清代科举功名获得者，尤其是科举官员和民国大学生的地理来源可以发现，两者的结构存在显著差异。民国以后，帝制时期"天下取士"的模式被打破，省际人才供给规模的差异显著，不同地区人口对国家近代化的参与度不同。

平衡省际人才供给规模，建立有效的"天下取士"模式，被看作科

---

① 尽管傅斯年在评论丁文江论文时指出，以科举功名获得者衡量一地人才或文教水平并不全面（傅斯年：《评丁文江的"历史人物与地理的关系"》，《国立第一中山大学语言历史学研究所周刊》第 1 卷第 10 期，1928 年），但何炳棣认为，中国对科举的传统认识单纯而功利，全社会所认可的人才最主要的就是通过科举考试者，尤以进士为世人所推崇（何炳棣：《明清进士与东南人文》，缪进鸿、郑云山主编《中国东南地区人才问题国际研讨会论文集——中国东南地区人才的历史、现状、未来与振兴对策》，第 216 页）。因此，以科举功名获得者的数量来衡量传统时代的人才水平有其合理性。后世大学生在很多层面和科举功名获得者类似，比如主体都是竞争性考试选拔出的人才，在代表获取优势教育资源的同时，又都预示着今后更好的职业获得；科甲功名与大学学额都是各地各家（族）竞相追逐的目标，甚至当今社会还有地方宗族将本族历史上的科举成功者与当下名牌大学生或硕、博士等共置于祠堂大肆宣扬的情况。刘海峰干脆认为科名不过是"古代的东方型的学位，是学问的硬指标和表征"［刘海峰：《书院与科举是一对难兄难弟》，《华南师范大学学报》（社会科学版）2011 年第 6 期］，也是"中国封建社会后期衡量一个地区文化发达水平的最重要、最客观的指标"（刘海峰：《科举取才中的南北地域之争》，《中国历史地理论丛》1997 年第 1 期），大学生群体规模和质量也是衡量近代以后地区文化水平的最重要指标，因此两者适合进行比较研究。

举制在清代走向鼎盛的标志之一。实际上，清代人才省际分布的自然差异很大。比如，考虑到传统时代文人的兴趣与追求，书画人才是反映地区文化水平的重要指标。周振鹤研究指出，清代有省籍可考的画家共 12754人，苏、浙、皖、闽、川五省就占 83%，苏、浙两省占 66.1%，[①] 人才的地区集中性之高，可见一斑。但清代科甲功名和科举官员的地理分布差异远小于自然情况。有清一代，从生员到进士的各级功名名额都与相应的行政区划关联配置，其中与入仕做官密切关联的举人与进士功名，在国家控制下形成了以行省为基础的"分省名额制"，即各省进士、举人的名额数量要以该省的经济文化乃至人口规模等条件为基础进行配置。[②] 让各省均有一定配额，在非以经济教育实力进行竞赛的同时，限制经济文化发达地区在"完全竞争"环境中"坐大"甚至"垄断"，既体现"普天之下莫非王土"的浩荡皇恩，又在一定程度上保证相对落后地区的文人能够科考高中并进入国家官僚队伍，成为治理体系的一员。

李中清—康文林研究团队利用清代《缙绅录》资料构建了完整且系统的清代官员数据库，分析表明无论是非旗人官员还是进士、举人官员，籍贯分布都相对均衡，属于全国统一的人才供给模式。虽然浙江、江苏、顺天、直隶等具有一定优势，但绝非压倒性。从结构上看，从浙江到福建的 12 个省大致可归为第一层级，各自提供 5%～10% 的人才；从湖南到贵州的 6 个省可视为第二层级，提供 3%～5% 的人才；最后是甘肃和奉天，其中奉天原为盛京将军管辖，1907 年才改设行省，无论是人口规模还是文教发展都无法与其他行省比较，因此是唯一一个占比低于 1% 的（见图

---

① 周振鹤：《人才与人物，人物与环境（论纲）》，缪进鸿、郑云山主编《中国东南地区人才问题国际研讨会论文集——中国东南地区人才的历史、现状、未来与振兴对策》，第 26～29 页。

② 清初在乡试层面沿袭明朝分省配额制，"在确定各省举额时综合考虑该省的人口总数、考生总数、贡赋情况、教育发达程度以及边疆少数民族等多种因素"；在会试层面，从康熙五十一年（1712）起，考虑到各行省取中人数多少差异很大，边远省份常有遗漏，改以分省取中的办法代替南北中卷制度，根据各省应试人数多寡，钦定会试中额，"以固定的名额确保文化教育落后地区的文人考中进士，使得这些地区的优秀知识分子能够通过努力学习考中进士进入上层社会"。参见李世愉、胡平《中国科举制度通史（清代卷）》，上海人民出版社，2015，第 765、776 页。

1）。另外，举人名额由国家控制在行省间分配，进士作为最重要的国家级人才，在"分省取中制"推行后，其省际差异也不甚明显。① 另外，提供科举官员较少的省份，并非仅仅因为经济或文教落后，也与人口规模较小有关，若按人口折算比例来看，一些看似科举规模较小的省份反而更具优势。② 因此，虽然清代人才的地理来源也存在省际差异，但一方面，省际差异处于国家控制之下，规模有限，没有失衡；另一方面，以行省为代表的各主要地区都被纳入国家人才选拔体系，全国各省区都能够较有效地参与国家人才的选拔，形成"天下取士"的人才供给体系。

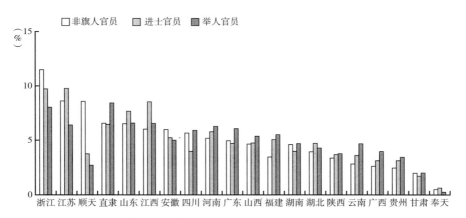

图1 《缙绅录》数据库中非旗人官员和进士、举人官员籍贯分布

说明：此图数据由香港科技大学康文林教授提供，特此致谢。

这种全国人才供给体系，由于晚清民初国家政权控制力的逐步式微和随之而来的人才培养模式（新式大学的建立）的改变，出现了极大变化

---

① 有研究认为，随着康熙五十二年（1713）会试录取由"南北卷制"改为"分省取中制"，科举大省的进士比例逐渐降低，科举小省的进士比例逐渐增高，清代进士省际分布的差异在逐渐缩小。这一措施的实质是最高统治者通过政策压缩科举大省的进士录取人数，提高边远省份的录取人数，历史表明这一政策达到了这一目的。参见吴根洲《清代进士历史地理分布研究》，《考试研究》2011年第3期。

② 例如乾隆九年（1744）规定：直隶、江南、江西、福建、浙江、湖广为大省，准其每举人一名，录送科举八十名；山东、山西、河南、陕西、四川、广东为中省，每举人一名，录送科举六十名；广西、云南、贵州为小省，每举一人，录取科举五十名（光绪《钦定大清会典事例》卷三百三十七《礼部·贡举·录送乡试一》）。文化发达地区录取率明显低于相对落后地区。

（见图 1、图 2）。图 1 中省际虽有差距，但总体平缓，呈小幅递减状；而图 2 中各时期的省际差异都很大，自上海以后更是陡然下降，贵州以后几乎可以忽略不计。具体来说，全面抗战爆发前大学生的省级地理来源约可分成三个层次：规模 2000 人以上，占比 10% 以上的广东、浙江、江苏和上海为第一层次；规模 190~1000 人，占比 1%~5% 的福建到湖北 11 个省市地区为第二层次；规模 1~150 人，占比高于零但小于 1% 的其他省市地区为第三层次。相对于科举人才的省际分布，民国大学生的省际差距显著扩大，生源向个别地区集中的趋势非常明显，多数省（市）只是偶尔供给大学生，基本被排除在高等教育人才选拔体系之外。

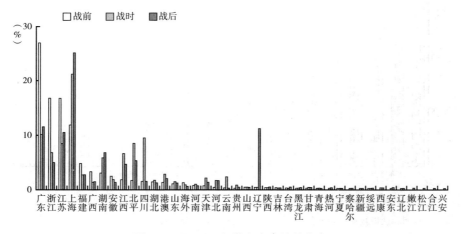

图 2 CUSD-ROC 学生家庭地址分布

说明：该图基本按当时的省级区划来归纳、统计学生家庭地址，但要说明的是，各时期还有数量不等的特别市或院辖市，为了方便对比，除上海、北平和天津三市外，其他均归入各省，如南京归入江苏，重庆归入四川等。后续讨论城市时，也会单独介绍首都南京以及陪都重庆等重要城市的情况。此外，将所有海外家庭地址的学生统一归为一类，并与省行政区划视为同级列于图中。

1937 年全面抗战爆发后，无论是社会政治情况、行政区划设置还是高教政策都出现了很大改变，亦对大学生的地理分布产生了影响。图 2 表明，抗战全面爆发后，一方面，大学生地理来源省际差异大且集中于少数省份的特点依然存在，相当多的省份几乎不参与国家人才供给；另一方面，上海的优势进一步增加，规模较大的省份数量也有所增长，四川、江西和湖南等省份规模明显扩大，这应与东部人口和大学内迁有关。从抗战胜利到中华人民共和国建立，省际差异进一步拉大，有回到战前情况的趋势。这一时期，大学生地理来源的省际结构变化不大，另外东北解放后学生规模扩大，丰富了国家的选才地域，而除了继续一枝独秀的上海，战后极少或基本不提供人才的省市明显多于战时。东北地区进行区划调整后，省的数量增加，但图 2 显示包括辽北之后的嫩江、松江等各省几乎没有学生出现，比战时更不平衡。据此，有理由认为民国时期，虽然大学所处的教育环境和社会环境多有变动，但始终未能恢复清代全国统一的人才供给模式。

（二）区域沉浮与"士出东南"格局的形成

全国选才模式崩溃的同时，人才供给规模的省际差异扩大，形成了民国时期人才集中于江浙、广东等少数地区的局面。对照历史上的人才供给情况，民国以后，像长三角这样的地区继续保持着优势地位，但珠三角和京津冀等的地位却出现了或沉或浮的改变。[①]

作为历代科举制之集大成者，清代各省输送举业人才的规模相对平衡，但依然有少数地区更具优势，如以北京为中心的直隶和以太湖周边城市为中心的江南是两个最显著的人才提供地，而以广州为核心的珠三角地区尚不是一个特别明显的人才提供中心。何炳棣统计过清代由顺治至光绪九朝共计 26747 名进士的籍贯，发现江苏、浙江和直隶是提供进士最多的 3 个省，分别为 2920 名、2808 名和 2701 名，分别占 10.9%、10.5% 和 10.1%，八旗还单独提供了 1300 名进士，规模在各行省中居中游，不仅与福建、陕甘等基本持平，甚至还高于湖北、广东及四川等大省。[②] 考虑

---

① 考虑到历史时期的区域状况变化，本文中京津冀、长三角和珠三角的区域划定与清代京师和直隶、江苏和浙江、广东以及今日的中国三大城市经济圈的地理范围有重合也有区别，具体所指为：京津冀大体为今北京、天津和河北一省两市，长三角指今江苏、浙江和上海两省一市，珠三角指今香港、澳门和以广州为中心的广东省这一省两区。

② 何炳棣：《明清进士与东南人文》，缪进鸿、郑云山主编《中国东南地区人才问题国际研讨会论文集——中国东南地区人才的历史、现状、未来与振兴对策》，第 216～221 页。

到在生员和举人的科考中，京旗和宗室都有较高的名额保证配置，① 八旗进士中的宗室、京旗占比应较高。在全国，顺天和直隶的进士规模应超过江、浙，跃居高位，体现了政治中心在人才供给上的巨大优势。

民国以后，各省份在全国人才供给体系中的地位也出现了或升或降的不同变化，其中最为显著和有影响的，当是顺天与直隶规模迅速收缩，位次下滑严重，而本来并不显眼、位置处于中等略偏下的广东却蹿升至前列。就籍贯而言，全面抗战前，长三角、珠三角和京津冀三地区输送大学生的比重差异明显（见图 3）。包括首都南京的江苏、上海和浙江组成的长三角，占比近 30%，区域优势明显。珠三角的比重要低一个层次，在 20%。但考虑到珠三角的这一占比已经远高于该地区在清朝科举制下的分量，且有 20% 的学生来自广东，② 若以单一省份比较，广东明显领先江苏（14.77%）和浙江（14.45%），足见广东人才规模的扩大程度。京津冀只占10.26%，相较于前两者又降了一个数量级，存在明显差距。实际上，民国大学生量化数据库收录的战前在校学生中，来自北京高校的超过 41%，加上天津接近 48%，长三角地区高校学生占比为 30.56%，珠三角地区高校学生占比只有 14.84%。即便如此，只有 10% 左右的学生籍贯为京津冀，这进一步证明了京津冀人才规模的缩小和民国人才地理来源的结构性转变。

进一步比较战前学生的家庭住址，京津冀衰弱的态势更明显：长三角地区学生占比高达 45.44%，珠三角地区学生占比 28.37%，两者相加接近 3/4，几成垄占之势，而京津冀学生比重还不足 3%。当然，全面抗战前，住在京津冀地区的大学生所占的比重小，在一定程度上与数据质量有关。北大、清华和北洋是京津冀地区规模较大的三所公立大学，由于战前很多学生只填写了籍贯，没有填写家庭地址，计算家庭地址时总体样本量较少。但一方面，在整个数据库中，这三所公立大学的总体学生规模依旧较小；另一方面，京津冀地区各校本区域家庭地址的规模几乎都是在战时达到最大，在整个数据库中占比也提升到 12.38%，这与全面抗战爆发后

---

① 谢海涛、徐建国：《清代八旗科举考试录取名额考论》，《史林》2012 年第 5 期。

② 在战前所有学生中，将籍贯填为广东的有 7491 人，填为港澳地区的为 0；将家庭地址填为广东的有 5060 人，填为港澳地区的有 254 人。

的人口流入有关，战前应该低于此规模，因此估算战前比例可修订为5%~10%，仍明显落后于长三角和珠三角地区。进一步考察还发现，京津冀地区增加的学生，绝大多数来自天津，而不是科举时期特别重要的北京，这也进一步表明近代以后中国人才地理来源的改变。

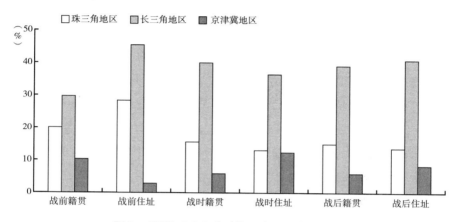

图3　CUSD-ROC分时期三大区域学生占比

综上所述，民国以后京津冀地区在大学生人才供给中的地位相较于清朝大为下降，珠三角地区却异军突起，科举时期京津冀和长三角南北双峰对峙的局面转变为民国时期东南地区长三角和珠三角并雄的态势。尽管学界早已发现南宋以后即出现了"北方出武将，南方多文人"的局面，但历代都城及周边直隶地区往往不受此规律限制，无论地处南北，总会占有重要优势。1912~1937年的25年，是中国持续朝近代化发展的重要阶段，北平在前15年里依然是首都，后10年里虽不是首都，却也一直是中国高教中心和重心，不仅享有"大学城"之美誉，更实实在在地拥有一大批规模大、实力强的大学，但它及周边地区在人才供给中的地位却出现了大滑坡，此现象的成因与影响还需更多关注与研究。

抗战全面爆发后，知识人才"出于东南"的局面发生了有限变化，总体格局仍基本维持。就三大区域看，无论是战时还是战后，无论是籍贯还是家庭住址，长三角地区依然最具优势，珠三角地区仍居其次，京津冀地区虽强于其他省区，但与前两者的差距依然存在。战前家庭地址在长三角、珠三角地区的学生接近 3/4，战时、战后有所收缩，降低为 49.5% 和 54.6%，但籍贯在这两个地区的学生占比均在 55% 左右，如果再加入福建、江西、安徽、广西等省，甚至涵盖两湖，东南地区①在全国性人才供给体系中占优势地位当是没有疑问的，晚清"取士天下"的模式走向崩塌后，民国时期形成了"士出东南"的局面（见图 3）。

此外，全面抗战爆发后长三角和珠三角地区在学生家庭地址上的优势虽然有较明显的收缩（73.81%、49.5%），一些内陆省份输送大学生的规模也确有提高，但并不意味着"士出东南"局面的改变。其一，在家庭地址方面，全面抗战爆发后，四川（7.79%）、云南（2.38%）、贵州（0.86%）输送学生的比例都有明显上升，充分说明大学西迁带来的生源地变化。又比如民国大学生量化数据库中没有收录战前江西的院校，②该省学生仅占 1.84%，但随着 1940 年中正大学在江西泰和建立，江西学生比例提高到了 6.64%，增长非常明显，这势必削弱长三角、珠三角等区域的优势。其二，全面抗战爆发后大量东南地区的学生或跟随家人或与同学结伴进入大后方，许多大学生籍贯在沦陷区，家庭地址在国统区。有估算认为，1937~1945 年有超过 5000 万的东部、北部人口西迁、南迁，构成了中国近百年史上最大规模的长期性人口流动。③ 胡适指出，全面抗战中内迁大学生数量规模超过战前，其中大量的学生来自日占区。④ 这些内迁学生，理论上填写的家庭地址可能是迁移后的内地地址，而不是籍贯所在地。

表 2 数据也在一定程度上反映了这一现象。上海、江苏和浙江三地籍

---

① 东南地区具体所指并不唯一，如著名的晚清东南互保，以发起地域的总督而论，应包含两江、湖广和两广，范围极广。在当代研究中东南地区有狭义与广义之分，狭义多指上海、江苏、浙江、安徽、福建和江西华东 6 个省市，广义在前者基础上增加广东、广西、海南、台湾、香港、澳门，共计 12 个省市。本文所指东南侧重广义范围，是以长三角和珠三角为核心的东南沿海省市。

② 全面抗战前江西仅有私立心远大学一所大学院校，该校的办学规模应该较有限，1927 年时其本科仅有中文、英文和数学三系（参见《学校概况：私立江西心远大学》，《全国专门以上学校投考指南》第 5 期，1927 年，第 18 页），故国民政府建立后，该校并未被核准立案。参见《第一次中国教育年鉴》丙编"教育概况"第一"学校教育概况"，第 19 页。

③ 张根福：《抗战时期的人口迁移——兼论对西部开发的影响》，光明日报出版社，2012。

④ A Brief Statement Regarding Higher Education in China during the War，《胡适全集》第 38 卷，安徽教育出版社，2003，第 25~33 页。

贯总计占比 40.02%，但三地的家庭住址占比为 36.51%，比例有所下降;[1] 广东地区的籍贯比例也要明显高于家庭住址比例，存在流入其他地区的可能。同时，江苏、浙江在毕业高中驻地上的比重也比家庭住址低，而四川、江西、湖南甚至贵州，毕业高中驻地比重要高于家庭地址，说明存在高中就读地与家庭居住地不一致的情况，这些学生很有可能来自东部地区，而非原本就在大后方。实际上，从毕业高中驻地看，绝大部分学生仍来自以上海、广东、江浙等为代表的东部地区，西部地区仅有四川高中生源占比较高，其他地区生源占比都很低，再结合大学生籍贯仍以东部地区为主和西迁过程中大量中学生的随迁，可以推断尽管全面抗战爆发后，以家庭地址为标准的西部地区生源有了明显增长，但这种增长中的相当部分可能是西迁而来的原东部地区学生。大学内迁对西部地区的意义从这个角度看是有限的。

表 2　战时各校大学生籍贯、家庭地址和高中驻地分布情况

单位：%

地区	籍贯	家庭住址	高中驻地
上海	2.58	21.23	38.65
广东	15.54	10.15	12.60
四川	6.55	9.51	10.98
北平	0.60	8.50	2.10
江苏	19.91	8.46	6.45
浙江	17.53	6.82	2.87
江西	5.84	6.64	7.32
湖南	6.20	5.87	6.17
港澳	0.00	2.88	2.44
福建	4.47	2.74	2.60
云南	1.97	2.38	0.65
天津	0.76	2.17	0.76

---

[1] 相较于江苏和浙江，上海在大学生籍贯方面占比很小，只有 2.58%，但家庭住址和就读高中驻地的占比却很高，这与上海作为移民城市，大量人口来自江、浙等周边省区有关，也与上海经济发达，就业机会多和教育资源丰富等有关。相关具体研究，可参见梁晨等《民国上海地区高校生源量化刍议》，《历史研究》2017 年第 3 期。

地区	籍贯	家庭住址	高中驻地
安徽	3.79	1.88	1.01
湖北	2.74	1.76	1.03
河北	4.64	1.71	0.23
山东	2.08	1.48	0.47
广西	1.07	1.37	0.92
河南	1.03	1.01	0.37
贵州	0.71	0.86	1.00
山西	0.63	0.49	0.31
陕西	0.24	0.39	0.44
辽宁	0.50	0.21	0.13
甘肃	0.11	0.18	0.24

说明：为了方便呈现，此处只列举出排在前 23 位的省市，但各指标加总都在 99% 左右，完全可以反映整体状况。

抗战胜利以后到 1949 年，虽然民国大学生量化数据库收录的学校增多，很多学校的招生规模也有所扩大，但学生地理来源并未明显扩大，甚至集中性还有所增强。比如提供学生数量占 1% 以上的省市从战前的 21 个减少到了 17 个；战时长三角、珠三角和京津冀地区提供的学生数量约占 62%，抗战后基本维持不变，为 62.78%。若除去新增的辽宁的大学院校，战后这三个地区提供的学生数量要超出战前，集中性更强。结构上，长三角和珠三角地区依然保持优势，长三角地区的家庭地址比重还有所提高。可以说，尽管全面抗战爆发后，从人口分布到教育机构的分布都发生了重大变化，内陆省份在国家人才供给中的地位也确有提高，但到 1949 年之前，以东部地区为主的全国人才供给格局一直存在。

（三）城市化与"向心而聚"的民国人才流动

在城乡维度上，民国大学生的特点一样鲜明且重要：城市，特别是中心城市拥有重要优势。民国大学生量化数据库中有 37260 名战前大学生提供了籍贯，从籍贯所反映的地理分布来看，上海只有 177 人，占比不足 0.05%；天津和北平分别为 167 人和 93 人，港澳更是一人都无。但转换成家庭地址，广州学生占比达 13.37%，上海学生占比接近 12%，都超过 10%。可能和没收录中央大学相关信息有关，南京作为首都，学生占比只有 3.42%，远低于广州与上海，但明显高于收录学校较多的北平。港澳两城也有 254 位学生，占比 1.36%。全面抗战前籍贯为三大区域中的上海、南京、北平、天津、广州、香港与澳门 7 个城市的学生，只占约 1.38%，但家庭地址位于这 7 个城市的学生数量占 32.51%，接近 1/3。这一比例在全面抗战时和战后，不仅没有降低，反而持续增长，从战时接近 40% 到战后达到 43.03%（见表 3）。

表 3　CUSD-ROC 各主要地区学生家庭地址规模与占比

单位：人，%

地区	战前		战时		战后	
	数量	占比	数量	占比	数量	占比
广州	2504	13.37	648	1.92	1356	5.04
上海	2233	11.92	7163	21.23	6780	25.20
南京	641	3.42	731	2.17	1077	4.00
北平	321	1.71	2870	8.50	1443	5.36
天津	137	0.73	731	2.17	369	1.37
港澳	254	1.36	973	2.88	554	2.06
总计	6090	32.51	13116	38.87	11579	43.03

实际上，大学基本位于城市，特别是中心城市。虽然学校在招生时基本不限定学生的地理来源，也愿意接纳各个地区的学生，但学校驻地或周边地区往往是最主要的生源地，这也从另一个侧面反映了城市在输送人才上的优势。表 4 列出了全面抗战前各校同时提供籍贯和家庭住址的学生的统计情况，这些大学分别位于上海、广州、北平、杭州、福州、长沙和南京，都是省会及以上大城市，且均集中于东部地区。从籍贯到家庭地址，可以明显发现学校驻地所在的城市在提供本校生源上，具有统计优势，在很多学校甚至具有压倒性的垄断优势。民国大学生的籍贯往往与大学所在地有所不同，但若看家庭地址，多数学生都来自大学所在地，具有地方性特点。我们曾专门对战前上海各大学的情况进行研究，发现绝大多数学

校，本地（江苏）甚至本市的学生明显占多数，私立大学更是几乎所有学生都来自上海。① 尽管民国大学生量化数据库中只有约 1/4 学生入学时间在全面抗战前，但通过对其中多所战前数据较丰富的学校进行分析，这种地方化倾向在战前应该是普遍的。

表 4　CUSD-ROC 全面抗战前各校学生家庭地址及籍贯分布占比

单位：%

学校名称	籍贯		家庭住址	
	学校驻地	其他	学校驻地	其他
私立大同大学	5	95	95	5
私立圣约翰大学	2	98	50	50
私立沪江大学	9	91	89	11
国立暨南大学	0	100	33	67
私立东吴大学	2	98	42	58
上海市立工业专科学校	8	92	50	50
国立中山大学	82	18	77	23
国立清华大学	0	100	14	86
国立浙江大学	73	27	76	24
私立之江文理学院	34	66	47	53
私立福建协和大学	89	11	84	16
国立上海商学院	2	98	36	64
私立中法大学	4	96	84	16
国立交通大学	0	100	29	71
湘雅医学院	45	55	61	39
私立金陵大学	2	98	20	80
私立厦门大学	66	34	66	34

说明：国立北京大学、私立齐鲁大学等校由于只有学生籍贯信息，无家庭地址，故此处没有加入比较。

对家庭地址、中学及大学驻地的进一步分析还表明，民国大学生的地理来源呈现出逐步收缩的现象，人才地理来源的聚集效应很强。绝大多数学生在进入大学前会经历中学阶段，因此，民国大学生量化数据库除提供有籍贯和家庭住址信息、大学地理信息外，同样提供了多数学生的高中地理信息。若将家庭住址、高中驻地和大学驻地三类地理信息组合起来进行比较，或许

---

① 梁晨等：《民国上海地区高校生源量化刍议》，《历史研究》2017 年第 3 期。

可以反映学生的家庭地理来源和高中、大学地理选择上的结构或规律，并在一定程度上展示民国知识分子在逐步成长过程中的地理变迁路径或模式。

图 4 展示了全面抗战前三大区域七大城市在全体学生中家庭地址、高中驻地和大学驻地三大地理维度上的占比情况。这一时期大学分布主要受各地区经济文化水平影响，尚未出现抗战后大规模内迁形成的非常规布局。有接近 1/3 的大学生来自七大中心城市，但有 64.56% 的大学生在这七大城市念高中，接近 2/3，增长了一倍，还有 83.66% 的大学生在这七大城市里读大学。不过当时港澳地区仅有香港大学一所高校，且并未被收录，实际上是近 84% 的大学生就读于上海、南京、北平、天津和广州五大城市。这表明少数大城市在各地理维度上都占有相当比重，但也能看出各维度比重不一致，甚至有较大差异，这种差异具有时间线上的递进关系，显示在现代学校教育体系下，知识分子从乡村、小城镇等逐步向中心大城市聚集的趋势与过程。比如有 16% 的学生家庭地址在广州，却有近32% 的学生在广州念高中，在广州上大学的学生约占 28%；有 13.33% 的学生家庭住址在上海，却有近 22% 的学生在上海读书，更有 26% 以上的学生在上海念大学。南京、北平等都如此。家庭地址在北平的学生只有 2%，高中驻地为北平的学生也仅 4.23%，但有 41% 以上的学生在北平念大学。

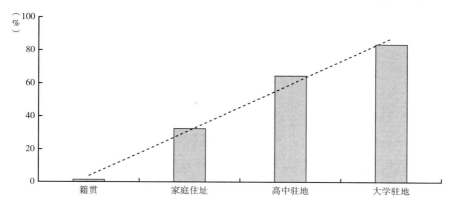

图 4　CUSD-ROC 全面抗战前七大城市各地理维度占比

抗战全面爆发后，虽然高中和大学驻地为中心城市的比重有所下降，但三大区域的中心城市在学生家庭地址上的占比却增加明显。战时上海籍

贯的学生仅有 1063 人，但家住上海的高达 7163 人；南京籍贯的学生只有
195 人，但家庭地址在南京的有 731 人；北平籍贯的学生仅 246 人，但家庭
地址为北平的有 2870 人，增加了 10 多倍。同样，广东家庭的学生远多于籍贯
在广东的，广州家庭的学生则明显比广州籍贯的多，港澳更是从籍贯为零到
家庭地址近千人。相反，江苏籍贯的学生有 8013 人之多，但家住江苏的只有
2123 人；浙江籍贯的有 7228 人，家庭地址在浙江的只有 2302 人；河北籍贯的
学生有 1914 人，但家住河北的减少到 577 人。这些表明存在相当数量的人口
或学生因为战争进入中心城市，进一步提升了大城市的重要性。战后复员的
展开还进一步提升了个别大城市的聚集效应。战后有略多于 25% 的学生，家
庭地址在上海，更有近 40% 的学生高中在上海，而北平的这一比例不过
2.1%，首都南京更只有 0.74%，体现出上海巨大的人才吸聚能力。

　　总之，从籍贯到家庭住址，再到高中、大学的地理位置，中心城市数
据在不断变化的同时，展示出民国知识分子在追求教育进阶时形成的地理
流动模式或规律。在转型和动荡中的民国社会，教育群体存在相当规模的
地理流动。从家庭到中学再到大学，地理范围逐步收缩，地理流动的聚集
效应逐步增强。这种聚集效应具有较明显的方向性，从偏远走向中心，从
乡村流动进城市，向教育资源集中的中心城市汇集，就是现代教育体系下
中国知识分子地理流动的基本路径。

三　民国大学生地理格局成因分析

　　从"取士天下"模式的崩溃到"士出东南"格局的形成以及相伴而
至的"向心而聚"，民国人才地理分布特征的背后有着重要的制度因素。
既往对近代中国人才地理分布的研究，多强调江浙、闽粤地区"开风气
之先"，文化上开明、开放以及接受新式或西式教育的行动力带来的人才
优势。① 这样的判断当然是正确的，但风气背后的制度因素，特别是近代

---

① 易惠莉：《江南地区早期近代人才优势概论》，缪进鸿、郑云山主编《中国东南地区人
　才问题国际研讨会论文集——中国东南地区人才的历史、现状、未来与振兴对策》，第
　94~102 页。

以来大学这一新机构的布局以及相应的招生制度可能具有更直接的重要影响。以传统科举制下的人才地理分布为例，地区间文风差异可谓古已有之，但严重失衡与过度聚集现象并未出现，这与国家权力保障下的学校设置和举才名额配置制度密不可分。从国家控制下的科考选拔转变为以大学为主导的招生考试，不仅考查内容和选才标准全然不同，而且学校的地理分布和学额的地域配置制度等也大有不同，这是理解民国人才地理格局形成的关键所在。

就机构设立而言，近代新式教育的兴办，多与地方社会的经济文化发展程度密切相关，造成了学校分布和人才来源的地域偏向；就举才制度而言，科举废除后直到1949年以前，全国性的统一人才选拔和严格的名额区域配置制度始终未能再现，全面抗战时期虽曾一度推行统一招生制度，但也只坚持了三年，且始终没能囊括全部的高等学校，也没能按照学生本身的地理来源进行名额配置，人才选拔总体以学校为推行主体，国家的整体控制少，地方的影响大，向心集中的趋势便愈发明显。

（一）国家缺位下的战前大学生地理来源

大学招生的制度与组织是影响大学生地理来源最重要的因素。科举作为一种选才制度，不仅重视发现人才，更强调社会的稳定。清代科举制度越发成熟与严密，国家不仅控制考选内容与形式，还通过多重手段控制功名的地理分配，注重地域平衡。在维系"天下一统"的同时谨慎地协调着区域平衡，人才选拔具有全国统一性。1905年科举制停废的同时，精英人才选拔的"分省名额制"也暂时退出了历史舞台。到全面抗战爆发前，中国大学招生基本以学校为主体，选拔不是由政府，而是由学校组织，学校不会对学生的地理来源进行限制或名额配置，[①] 全国性、系统化的学生选拔和人才开发模式被打破，地方社会的经济文化条件和大学自身的空间分布等因素对大学生地理来源的影响得以凸显，各地区近乎在一种

---

① 梁晨：《从教育选拔到教育分层：民国大学院校的招生与门槛》，《近代史研究》2018年第6期。

没有约束的环境中竞争人才名额。

自清末起，中国地方社会发展的差异性愈发明显。其中，地方实力派的能力与态度、外国教会的势力以及本地是否有通商口岸或租界等都深刻地影响了本地教育资源的配置，也从客观上造成了全国教育资源分布的不平衡。晚清太平天国运动、洋务运动等催生出"国家财政、军事和行政权力的下移和私人化趋势"，① 尤以地方督抚大员"尾大不掉"为明显特征。这些地方实力派，从掌握军权到攫取财权，在导致地方与中央有疏离之势的同时，也对地方社会经济的发展形成了直接和深刻的影响，② 如张之洞之于湖北，曾国藩、刘坤一之于两江以及袁世凯之于天津等。经济文化发展水平较高的地区和更支持近代教育发展的地方大员，不仅能为地方建设更多中小学以形成更大规模的学生群体，而且学生学业水平更高，考试竞争力更强，更有机会通过大学招生考试。因此，可以说国家管控和制度的缺位，在很大程度上导致了大学生地理来源向东南集中、向城市集中。

大学自主开展招生，表面看开放又自由，同时各院校一般也不会对名额进行地区分解，各地考生都可以按照意愿自由择校报考，但其中隐含的教育资源的差异乃至学生报考、就读成本的不同等，形成了现实的入学门槛，导致地理聚集效应的产生。虽然招生"大体都用考试"，③ 但标准化的考试自然对学习有要求，如果没有系统的训练和足够的基础，仅凭聪明或一点就通的底子是不太容易绕过考试进入大学的。如同科举制度之下的功名层级环环相扣，举人是进士的基本来源，因此对举人名额的分省配置，实际上已经在起点对进士的地理来源结构进行了限制。同样，现代教育是一个层层相扣、上下贯通有序的整体性系统，大学作为建立在中学教育基础上的更高层次教育阶段，学生须有合格的中学教育基础便是自然的要求，中学或相应教育资源的地理分布状况对大学生的地理来源结构也有

---

① 李怀印：《集中化地方主义与近代国家建设——民国北京政府时期军阀政治的再认识》，《近代史研究》2018 年第 5 期。

② 朱英：《晚清地方势力的发展与中央政府的对策》，《探索与争鸣》1996 年第 1 期。

③ 刘季洪：《今年各大学招生问题》，《教育通讯》第 8 期，1938 年。

深刻影响。全面抗战爆发以前由于国家力量的缺失，主要由各地自行发展教育，规模和质量差异巨大，也就在起点上影响了大学生的地理来源。

清代书院"官学"化后，随着政府力量介入书院的办理，书院不仅在数量上得到了很大的发展，更是在地理分布上形成了一种国家体系。国家不仅在每个县都设有官学，甚至在一些经济文化并不那么发达的地区，如广西、河南等，都能建起非常多的书院，全国总数达 4000 所左右。[①]清代地方还设有府学、州学、县学，广大乡村中以家庭、家族为单位兴办的义学、社学和私塾等更不计其数，它们又与科举考试形成一整套互通体系，实现了国家对人才的控制和选拔。晚清新政后，传统书院等逐步让位于新式学校，但现代新式学校的设立，需要依托地方的社会经济发展；新式人才的培养，更需要家庭经济、文化条件的支持。学校不再像从前一样，靠一家一族之力即可办理，地方政府与社会的投入对本地教育的发展水平影响甚大，也由此带来了各地教育发展水平的彻底失衡。1936 年，北平每 3000 人有一所中学，而西康每 125000 人才能有一所中学，两者相差超过了 40 倍。就全国总体来看，少于 20000 人就有一所中学的省区也只有 10 个。[②] 全国中等教育资源的匮乏与分布不均衡可见一斑。

相对于中学分布，大学分布对大学生地理来源的影响更直接。民国初年，新式高等教育在中国还在萌芽状态，提供高等教育的各类高等专门学校和凤毛麟角的大学只零星地分布在少数几座中心城市中。国民政府定都南京后，国家通过新建专科以上学校及合并、升级、认证已有学校的方式，使教育部认可的大学在数量上有所增长，但就地理分布而言，依然非常不平衡，存在众多的高等教育"真空地带"。就东部沿海这"一面"而言，自沈阳以南，大连、平津、青岛、济南、上海、苏州、南京、杭州、福州、厦门以至广州的东部沿海中心城市几乎已经垄断了近代以来中国的大学院校；而以长江为纽带的"一线"，即上海、苏州、南京以至中、西部的武汉、长沙和重庆、成都一线的沿江通衢大都亦有不少院校，尤其后

---

① 李国钧：《中国书院史》，湖南教育出版社，1994。
② 国民政府主计处统计局编印《中华民国统计提要》，1940。

4 个区域中心城市，是非东部沿海中能有较多大学教育资源的少数代表。至少到全面抗战爆发前，中国大学院校的分布明显高度集中于华北、东南及广东等地。不仅农村、偏远省份等非沿海沿江地区和非通商口岸极度缺乏近代教育资源，即便是如东部地区的中、小城市，包括大部分农村都严重缺乏高等教育机构，这奠定了少数地区和中心城市在人才供给中的优势地位。

学校分布的状态，不仅能在一定程度上解释省际差异，还能说明中心城市何以具备优势。笔者此前的研究已经证明，① 中心城市至少在三个方面具有输送大学生的优势。（1）大、中学校数量多，办学水平高。例如上海中学的教学要求远超出教育部的教学大纲，其中理化教学要求超过部颁标准的 43.75%，数学超过 56.25%，国文教学超过 76.92%，外语教学更是超过 100%以上。② 像浦东中学这样的沪上名校，其毕业生若考上海交通大学，"几乎人人被录取"。③ 清华大学则发现，在所有考生中，来自上海各公私立中学的考生"成绩更为优越"，录取率居第一。④ （2）大城市的学生在投考时更为便利和经济。全面抗战爆发前大学招生概由学校自行负责，学校所设的考点一般首选学校驻地，同时考虑到外地考生的需要和保证生源，有些大学会另设几个考点，但无论如何，也仅设在几个中心城市而已。比如北大、清华等通常会在北平之外的武昌、上海设置考点，安排招考。对外地，尤其边远地区的考生来说，投考的经济和时间成本以及将来就读的成本都很大，影响了学生来源的地域广度。清政府考虑到会试、殿试均在京城，边疆地区考生可能无法支付参加考试的费用，一些落榜的考生也缺少返乡路费，特别规定根据各省路途的远近，给举人发放一定的水脚银两，即路费。这样的照顾政策，随着国家政权力量的衰弱，也未再延续。（3）中心城市中的大学逐步与本地著名中学形成合作关系，大学的考题设计与某些中学教学完全配套，对其他中学毕业生形成了直接

---

① 梁晨：《从教育选拔到教育分层：民国大学院校的招生与门槛》，《近代史研究》2018 年第 6 期。
② 许敏：《上海通史》第 10 卷，上海人民出版社，1999，第 135 页。
③ 黄炎培：《浦东中学校史纲要》，上海市档案馆藏，编号：B105-7-564-1。
④ 吴泽霖：《大学入学考试的可靠性》，《周论》第 1 卷 20 期，1948 年。

的排挤效应。比如上海交大考试之所以难，是因为长期和南洋中学、南洋模范中学和浦东中学等沪上著名中学保持密切关系，按照这些学校的教学要求来设计考题。这无疑大大提升了大学驻地及周边学生进入大学的可能。

总的来说，在推行统一大学招生之前，由于缺少国家权力的干预以及民国教育资源地理分布得极不均衡，大学生地理分布表现出很高的聚集性。全面抗战前办学成绩较好的大、中学基本上都位于东部沿海的中心城市，这对内地及边远地区的学生形成了极高的门槛。此外，入读大学有较高的经济门槛，而战前大城市的社会经济发展相对稳定。[①] 战前江苏学生在升读大学方面就体现出极强的地域优势，这种优势不仅体现在上海、南京等地学校，甚至在清华大学，江苏籍学生的比例也远远高于其他省区的学生。如果说 1925 年前清华学校的京外名额是按庚子赔款给省负担的额度多少而确定的话，而 1925 年以后随着清华建立大学部，学生不再全部资送出国，也不再按庚款负担额在各省分配名额，而是依靠考试竞争。民国大学生量化数据库中全面抗战前的清华学生绝大多数也是 1925 年之后的大学部学生，因此江苏生源的优势，不仅与本地经济相关，也与其文教发展有直接关系。

（二）国家管控加强下的大学生地理来源

抗战全面爆发后，面对山河破碎的危局，战前无力介入大学治理的教育部，反倒获得了全面加强教育管控的机会，举凡学校布局、课程设置、研究重心、招生管理直至教员职称评聘等几乎所有战前教育部想管却无法管的领域，此时都能逐步进行管控了。之所以如此，一个主要的前提是战时国民政府明确了"抗战建国"和"抢救青年"的方针，而不是放弃教育和无限制地军事动员。教育部门在积极开展大、中学校的内迁与新建的同时，还注意提升学校的容纳能力和给予大、中学生以资助，以收容更多

---

① 关于民国大学生入学经济门槛的研究，可参阅梁晨《从教育选拔到教育分层：民国大学院校的招生与门槛》，《近代史研究》2018 年第 6 期。

学子。抗战全面爆发没能阻止中国高等教育的存在与发展，但教育资源的地理分布出现了空前转变。

抗战全面爆发后，在教育部的要求或组织下，东部地区大、中学校开展了艰苦卓绝的内迁运动。原本密集分布于东部沿海各城市的大学院校纷纷开始往西部大后方迁徙，使原先高校数量稀少的西南、西北地区，突然聚集起众多院校。此外，战时一些较为偏僻、没有大学的地方还新办了院校。比如 1938 年，在浙东筹办浙江战时大学，后更名为英士大学；1938 年，在湖南蓝田成立国立师范学院；1939 年，在江西泰和成立国立中正大学等。这在相当程度上改变了大学地理分布不均衡的状况。大学数量不断增加，云、贵、川、湘、鄂、赣乃至陕、甘等地都有了大学，这些院校还多是当时最顶尖的大学，如国立大学北京大学、清华大学、中央大学、浙江大学、武汉大学等和教会大学燕京大学、金陵大学、齐鲁大学等，还有复旦这样原先的私立大学，这直接引发了这些地区学生数量的增加，体现了学校设立对地方教育发展和人才培养的直接作用。

战后的中学布局也有所改变，助力了大后方学生群体的扩大。战后不只是大学院校和大学师生，很多中学和中学师生也不愿意留滞于日寇控制的敌占区，纷纷加入内迁大军进入大后方。为了救济这些中学师生，接续"抗战建国"的种子，国民政府自 1938 年起至 1943 年，先后建立了 22 所以序号命名的国立中学、3 所华侨中学和国立大学的附属中学、国立中山中学及国立女子中学等共计 48 所国立中学。[①] 国立中学不再像抗战前的优质中学那样集中于上海、北平和南京等中心城市，使优势教育资源在以西部为主的国统区中有了比较大范围的分布，在改善优质中等教育分布不均衡的同时，给予了西部内陆地区学生更多教育晋阶的机会。

在学校地理布局发生重大变化的同时，国民政府对教育机构的管控能力也在不断提升，出现了私立大学萎缩和国立大学壮大的局面（见表 5）。[②] 增加的国立大学，一部分是从既有的地方所属的公立大学改为国

[①] 关于国立中学的数量有多种说法，本文以国民政府教育部统计为准。参见《第二次中国教育年鉴》，第 11 页。

[②] 李木洲、刘海峰：《民国时期国立大学的设立与分布》，《高等教育研究》2014 年第 4 期。

立，另一部分是一些私立大学在战时难以为继，主动接受国立化改造，如复旦、大夏等。伴随着国立大学规模的扩展，国民政府对大学的控制力度也前所未有地增强了。所有战前未立案的教会及私立大学几乎都完成了立案，在获取国民政府相应资助的同时，顺理成章地接受国民政府的管控。不管是新建的还是改造而来的国立大学，在学校管理（特别是校长、院长人选等）、教学安排（课程设置等）以及招生组织等方面都受教育部直接管控。

表 5　　1916~1947 年受教育部管控的学校数量

单位：个

年份	总数	公立大学	政府认可私立大学
1916	7	3	4
1925	46	34	12
1932	76	40	36
1947	120	65	55

数据来源：《第一次中国教育年鉴》，1916 年、1925 年、1932 年大学列表；《第二次中国教育年鉴》，1947 年大学列表。

就生源构成来说，最重要的管控是大学统一招生的推行。系统、一体化的招生局面形成后，大学招生的自由度降低了很多，对学生的地理来源分布也会有直接的影响。一般认为教育部介入大学招生始于 1933 年，但其时的管控力度比较有限，[①] 真正较为有效的控制，是抗战全面爆发后1938~1940 年实行的大学统考。尽管统一考试在各地学生名额的分配上尚无系统和具体的制度安排，但一方面，统一招生以后，各国立大学和独立学院在教育部的领导下，同时在十多个区域开展招生，大大便利了各地区考生的报名与投考；另一方面，理论上教育部会根据考生成绩、志愿，再考虑地域近便的原则进行院校和专业分发。这些措施有利于丰富大学生的地理来源。

---

① 1933 年起的招生控制，主要目的在于解决大学专业设置 "文" "实" 不平衡，"文" 过高，"实" 过低，不符合国家工业化发展需要的问题，为此教育部要求大学院校调整招生比例，但对招生的具体组织、调控等干涉不多，对教会和私立大学的影响也十分有限。

1941 年起，因战争发展、交通困难等统一招生考试宣告结束，大学招生又回到以院校为主导的状态。与 1938 年以前相比，除了单独招生外，越来越多的院校展开联合招生与委托招生。① 总的来说，随着统一招考制度废除，大学院校招生基本回到了 1933 年后的状态，即招生多由院校自行负责组织，教育部只进行宏观调控。联合招生的出现，又使招生考点比完全的单独招生更丰富，更方便不同地区，特别是偏远地区考生。民国大学生量化数据库的战时信息表明，无论是公立、私立还是教会大学，从籍贯到家庭住址，学校驻地以外的学生比例都有较明显的增长。就籍贯而言，私立、教会大学的外省学生比例高于公立大学，抗战后更占绝大多数，这与战前截然不同。

此外，战时大量东部青年学生来到内地，成为"流亡学生"，在奖学贷金和公费制度的援助下，许多进入大学并完成学业，这对战时大学生的地理来源也有重要影响。有学者解读战时北平与上海青年的日记，发现无论北方还是南方，青年们普遍有着逃离沦陷区，"到内地去"的急迫想法。② 出生于 1926 年的历史学家张振鹍曾研究过抗战时期沦陷区青年内迁的问题。一方面，结合自身经历，他认为 20 世纪 40 年代前期，在日本武力侵占下的北平，"各大中学内有一股潜流，不断把各校的青年学生涌向抗战的大后方"，"后方各高等院校中由北平流入的学生总数应该是可观的"；另一方面，通过李政道、潘君拯等上海学生的经历，他认为上海沦陷区也一样存在大批青年奔赴大后方的情况。进一步追踪分析沦陷区青年进入大后方的去路，张振鹍认为存在投身抗日斗争、参加实际工作和继续求学三类路径，但多数还是选择继续求学，因为"原来的大学生插班于各地高等院校，原来的中学生或早或晚纷纷考入大学"。③

---

① 1937 年国立中央、浙江和武汉三所大学率先开始联合招生。抗战后，位于成都华西坝的教会华西大学、齐鲁大学、金陵大学、金陵女大和燕京大学也推行了教会学校的联合招生。委托招生是指甲大学委托异地的乙大学在招生时代为招考学生，多数情况下，出题及相关考务组织均由乙大学负责。

② 李秉奎：《抗战时期沦陷区城市青年的生存与心态——以北平、上海两位青年的日记为例》，《河北学刊》2018 年第 6 期。

③ 张振鹍：《抗日战争中沦陷区青年学生投奔大后方的回顾》，《抗日战争研究》2008 年第 3 期。

战后全国大学和学院数量达到顶峰的同时地理分布变化明显。内迁高校复员前夕，教育部部长朱家骅提出"复员并非就是复原"，"过去高等教育机关都集中沿海少数几个大都市"，"站在国家民族教育文化均衡发展的立场上，我们对所有学校及文化机关应当注意到地域上相当合理的平均分布，以改变过去的畸形状态"。[1] 因此，相比于战前，复员后大学地理分布虽然远未达平均，但不平衡性有所改善。一方面，平津、京沪和广州仍是极具规模的高等教育中心，不仅高校数量多，更是集中了多数名牌大学；另一方面，除内蒙古、甘肃、贵州、西藏、新疆等省区外，多数省区都拥有了大学，尤其是大多数省区都拥有了国立大学，高等教育地理分布不平衡的问题有了一定改善。[2]

在招生组织上，抗战胜利后教育部虽没有恢复统一招生，但也没有回到几乎不管控的战前。统一招生对生源的影响之一是可以方便各地考生更经济、便利地投考各大学，而单独招生的问题则是考点太少，学生投考成本大。抗战以后的大学招生在这一问题上的做法似乎介于两者之间。在1947年和1948年教育部公布的《公私立专科以上学校招生办法》中，都明确规定各高校招生可在联合招生、单独招生和委托招生三种中选择，但联合招生的学校应该在"重要地区增设招生分处"，单独招生的院校也要"于尽可能范围内多设招生分处"，同时规定各校都可以委托其他专科学校代为招生。[3] 例如1947学年的国立西北大学招生，一方面单独招生，除在本部西安设"招生总处"外，还在汉中、兰州设"招生分处"；另一方面，分别委托中央大学、北平师范学院、武汉大学、河南大学、四川大学在南京、北平、武汉、开封和成都五处代为招生。[4] 这使大学招生的地理覆盖范围虽不及统一招生，但明显强于战前。

---

① 朱家骅：《教育的复员与善后：在全国教育善后复员会议致词全文》，《教育部公报》第17卷第9期，1945年。
② 李木洲、刘海峰：《民国时期国立大学的设立与分布》，《高等教育研究》2014年第4期。
③ 《部令：三十六年度公私立专科以上学校招生办法》，《山西大学校刊》第4卷第8、9期，1947年；《三十七学年度各公私立专科以上学校招生办法》，《河南大学校刊》第21期，1948年。
④ 《校闻：本年度招生经过》，《国立西北大学校刊》复刊第32期，1947年。

四　余论

现代学校教育是一个国家培养人才的主要渠道，对国家的现代化发展有深远影响。英格尔斯认为学校、工厂和大众传播媒介是一个国家，尤其是发展中国家能否培养"现代人"、实现现代化的关键所在，而学校更是其中最强有力者。[①] 中国社会的现代化进程同样以新学校的建立和新学生的培养为基础。晚清以来，以儒学为基础的传统士人已难以符合现代国家发展之需要，现代教育体系的引入已是不可抗拒之洪流，其目标是培养具有现代学科知识和思想观念的"现代人"。在此过程中，新式学校所起的作用无可替代。现代的经营管理和科学教育机构被认为具有改变"传统人"和塑造"现代人"的特殊能力，而且这种改变与塑造是深刻且全面的。比如新式学校不仅能够成规模地培养出具有现代科学知识和素养的学生，还能够通过学校生活、校园文化等的潜移默化，和拥有现代知识的教师一起，培养学生现代化的价值观、生活态度和行为方式。大学教育在培养"现代人"，尤其是"现代领军人物"方面具有先锋作用，在内忧外患和寻求近代化转型的中国，其价值或责任更为凸显。民初，首部大学专门法规《大学令》将大学的功能定位为"教授高深学术，养成硕学宏材，应国家需要"，[②] 这里的高深学术与硕学宏材，其实质都是以现代化为标准的。因此，大学生在中国近代知识群体中居核心地位，是研究中国现代化转型的关键所在。

随着晚清民初国家政权控制力的逐步式微和相伴而来的人才培养模式（新式大学的建立）的改变，以往整体性的全国人才供给体系出现了极大变化。相较于清代，民国人才的来源愈发集中于长三角和珠三角等少数区域，过往在人才供给中占有重要地位的京津冀地区优势大为削弱，而多数省区只是偶尔或甚少给大学提供学生，基本被排除在国家级人才选拔体系

[①]　阿历克斯·英格尔斯等：《人的现代化——心理·思想·态度·行为》，殷陆君编译，四川人民出版社，1985，第 10 页。

[②]　《大学令》，《教育公报》第 4 卷第 15 期，1917 年。

之外。抗战全面爆发后，大量的大、中学校内迁，大学统一招考得以部分实现，虽然部分内地省份，如四川、江西和湖南等提供的大学生规模有所增加，但大学生地理来源省际差异大、集中于少数省份的总体局面依然没有改变。全国选才模式崩溃和人才供给规模省际差异扩大，形成了民国人才多"出于东南"的局面。同时，以家庭地址、中学和大学驻地等地理信息为基础的连续性分析表明，民国大学生地理来源呈现出不断向城市集中的特点，特别是中心城市在人才供给中占有相当重要的地位，民国人才地理来源的聚集性很强。

民国人才地理格局的形成，在很大程度上是由于国家权力的弱化和行政力量干预的减少，大学学额不再像科举名额那样按行政区划强制配置，各地区在知识人才供给中的比例和地位在很大程度上由该地区的教育文化水平所决定。晚清以来，省际无论是文教风气还是教育规模和水平都差距甚大。自洋务运动以后，科举改废以及"西学"代替"中学"已渐成必然，新式教育机构更是呈现出向南、中、北三个中心区域——以广州为中心的南方、以上海为中心的江浙以及以北平、天津为中心的直隶——集中的趋势。尤其是长三角和珠三角地区，不仅有新式教育机构，而且社会开风气早，接受西学，甚至送子弟出国留学的风潮领先全国。当国家取才标准和考试内容越来越向西学倾斜，过往行之有效的调控机制又失去了国家权力的保障，即使国民政府建立后，国家对高等教育的掌控不断增强，但由于一直未能推行清代科举制下的"分省取中"等制度，大学生的地理来源虽有所变化，但始终未能恢复全国性的取才模式，人才向东南地区聚集，向中心城市集中的双重趋势无法改变。

在近代化转型的大背景下，各地人才供给规模的盛衰，或者说国家是"取才天下"还是取才于某些特定地区，绝不仅仅事关地方的表现和各地人才的成长机会等地方性问题，还在相当程度上决定了不同地区人口参与近代化过程的广度和深度，进而影响近代化发展的特征与进程。对中国两汉至宋明儒学发展变迁的研究发现，随着南方儒生通过科举成规模地进入北方政治轴心，不仅仅是职业官僚的区域构成比例发生了改变，更有王权轴心意识形态话语和知识群体与王权亲疏关系的变动。① 类似的人才地理来源变化的影响在民国时期也一定存在，尽管知识分子来源以东南为主的影响究竟如何还需深入研究，但军人集团地理来源变化和影响，却已被敏锐的民国学人意识到：在民国建立以后短短十年时间，军队中除中下级干部以至士兵仍多北人外，高级将领却以南人为多，这些南人将军对军队的面貌等有着深刻影响，他们不仅有北人般健强的身体，更有丰富精深的学识，这些学识以军事为主，还有其他知识，如此才构成一个现代军人。② 这些史实反过来提醒我们，由于区域人才的整体风貌、特征甚至能力等存在差别，全国人才的地理来源特征对近代化进程和国家发展必然存在影响，对此问题的研究，还存在更多亟待深入的空间。

〔梁晨，南京大学历史学院；任韵竹、李中清，
香港科技大学人文与社会科学学院〕

---

① 杨念群指出：南方儒生通过科举大量涌入北方的政治轴心，不仅会改变原有职业官僚阶层人员区域构成的比例，而且从王权轴心意识形态话语构成的变化，以及知识群体与王权疏密之干系的空间表现两个层面，我们大致可以看出宋明"教化之儒"与两汉"王者之儒"的内在区别及其边缘化的程度。参见杨念群《儒学地域化的近代形态：三大知识群体互动的比较研究》，三联书店，1997，第 75 页。
② 杜光简：《秦汉魏晋南北朝西北人才概观——兼论中国人才产生地域的变迁问题》，《中国边疆》第 3 卷第 10 期，1947 年。

蒋梦麟与全面抗战时期
北京大学的变局

严海建

北京大学在现代中国高等教育史上具有崇高地位，以至于今日我们对
北大的认识陷入种种迷思，而难得其真相。① 全面抗战爆发后，北京大学
与清华大学、南开大学合组联大，并最终迁到昆明办学。学界关于西南联
大的研究可谓多矣，然多侧重于作为整体的联大，而相对忽视仍保持相当
独立性的各校的实际处境。抗战时期西南联大三校共处，除合作外，出于
战后仍各自独立的考虑，联合只是暂时的，故校际的分立与竞争也是客观
存在的。② 在合作办学的格局下，与清华相比，北大在经费保障、治理体制
以及学术研究等方面显现出种种不足，北大校内对校长蒋梦麟寄予厚望，然
而与全面抗战前振作有为的意气不同，战时蒋梦麟在联大体制下比较"无
为"，其"意兴阑珊"与北大同人的"殷切期望"之间存在巨大落差，导致
双方隔阂日深。蒋梦麟也从北大中兴的"功臣"变成学校发展不力的怨府，
最终在1945年下台。③ 本文主要利用时人的日记、书信、回忆等个人文件，
辅以档案资料，尝试揭示全面抗战时期联大体制下北大的真实处境，从中透
视这一时期北大危机背后的结构性因素及校长蒋梦麟的困境，通过拉长镜头
的方式重新梳理1945年北大校长更替的来龙去脉。

---

① 关于北大和西南联大"神话"的讨论，可参见田正平、潘文鸯《教育史研究中的"神话"
现象——以蔡元培和国立西南联合大学为个案的考察》，《高等教育研究》2017年第4期。
② 参见严海建《抗战时期西南联大内部校际分合的界限与争论》，《高等教育研究》2020
年第3期。
③ 关于1945年蒋梦麟离任的初步研究，可参见张晓唯《1945年北大"易长风波"》，《书
屋》2005年第9期；马勇《蒋梦麟的教育思想与实践》，山西人民出版社，2019。

一 全面抗战时期北大的变局与隐忧

1931 年，蒋梦麟重整北大，借助校内外"北大派"（校内主要是胡适和周炳琳，校外则是王世杰、朱家骅和傅斯年）的支持与中华教育文化基金会（以下简称"中基会"）的经费资助，实现了北大的振兴。相对此前北大在 20 世纪 20 年代中后期的扰攘不安，可谓振衰起弊。正如傅斯年事后所言："民国二十年，先生（指蒋梦麟）重长吾校，大事改革。理学院等于创置，而文、法两院所改亦多，集四方之贤才，致策学术之推进。虽九一八之祸始于此年，而学校进步，不为阻折。今日北大尤有此局者，亦当时再造之功也。"① 然全面抗战爆发后，北大在经费和人事两方面的支持系统均发生重大变化，严重制约了北大的发展。

全面抗战爆发前，蒋梦麟重整北大，胡适和周炳琳的支持是非常重要的。周炳琳，字枚荪，1913 年考入北京大学预科，1915 年升北大法科经济门，1920 年由蔡元培主持选拔、上海民族资本家穆藕初资助出国留学，1925 年归国进入北大任教，次年南下。1931 年，周炳琳受蒋梦麟邀请重返北大，担任法学院院长。当时刘树杞任北大理学院院长，蒋梦麟自兼文学院院长。后在蒋梦麟和周炳琳苦劝下，胡适出任北大文学院院长。② 1931 年，蒋梦麟指出改造北大的关键在于学风的改变，旨在提高学术，重点落实人才的选聘。对于教授队伍的整顿，蒋梦麟负责"辞退旧人"，胡适和周炳琳负责"选聘新人"。北大的大政方针基本上是由蒋梦麟与胡适和周炳琳商定的，三人在北大也是共进退的。

1931 年 12 月，因经费困难，蒋梦麟为表明态度，突然离校，并致信胡适说明缘由，称：这回的离校，"枚孙［荪，下同］和我两人，商量了不知多少回，才决定的。学校的致命伤在经费的积欠，教员的灰心。两位也知道好多教员，真是穷得没有饭吃。第一批学生南下的时候，我们两人

---

① 《傅斯年致蒋梦麟》（1945 年 7 月），王汎森等主编《傅斯年遗札》第 3 卷，社会科学文献出版社，2015，第 1212 页。

② 胡适：《胡适日记全编》第 6 卷，曹伯言整理，安徽教育出版社，2001，第 152 页。

已议决了把北大放弃不办。枚孙做事是很把细的，我有些粗心，但我能取断然的手段。我们两人商定了的不致大谬"。① 由此可见，胡适和周炳琳在战前蒋梦麟执掌北大时期扮演着重要的角色。胡适利用其在政学两界的巨大影响力为学校争取资源，同时也是校内凝聚认同之所系。② 周炳琳在担任北京大学教授兼法学院院长的同时，还先后兼任国民党北平特别市党部委员、河北省政府委员兼教育厅厅长，自称是"骑两只马的人"，③ 对于协调北大与北平、河北地方党政之间的关系贡献颇多。

蒋梦麟、胡适、周炳琳可谓全面抗战爆发前北大中兴的三驾马车。据陶希圣回忆：

> 北京大学居北平国立八校之首。蒋梦麟校长之镇定与胡适之院长之智慧，二者相并，使北大发挥其领导作用。
>
> 在艰危的岁月里，校务会议不过是讨论一般校务，实际上，应付难题的时候，北大一校之内，梦麟校长、适之文学院长及周枚荪（炳琳）法学院长随时集会，我也有时参加。国立各大学之间，另有聚餐，在骑河楼清华同学会会所内，随时举行，由梦麟北大校长、梅月涵（贻琦）清华校长，适之及枚荪两院长，我也参加，交换意见。
>
> 月涵先生是迟缓不决的，甚至没有意见的。梦麟先生总是听了适之的意见而后发言。北大校务会议席上，如丁在君（文江）在座，他的发言最多、最有力。清华同学会聚餐席上，适之先生是其间的中心。梦麟先生是决定一切之人。
>
> 北大六年的安定，乃至国立八校六年的延续，没有梦麟与适之的存在与活动，是想象不到的。④

---

① 《蒋梦麟致胡适、傅斯年》（1931 年 12 月 22 日），中国社会科学院近代史研究所中华民国史研究室编《胡适来往书信选》中册，社会科学文献出版社，2013，第 469 页。
② 参见章清《"胡适派学人群"与现代中国自由主义》（全新修订本），上海三联书店，2015，第 318~322 页。
③ 《周炳琳致胡适》（1933 年 2 月 6 日），《胡适来往书信选》中册，第 531 页。
④ 陶希圣：《记蒋梦麟先生》，（台北）《传记文学》第 5 卷第 1 期，1964 年 7 月，第 10 页。

1937 年 7 月，平津沦陷，北方各大学南迁。北京大学、清华大学、南开大学奉教育部令联合办学。傅斯年最早提议组建联合大学，胡适（北大文学院院长）、王世杰（教育部部长）也表示支持。[①] 胡适原本作为北大的中心人物及联合办学的提议者，应该负责筹划，却因被政府派往海外争取援助而不能来。[②] 胡适被任命为驻美大使，由此造成联大和北大文学院院长的空缺。

1938 年 10 月 17 日，北大秘书长郑天挺上书蒋梦麟，谈文学院院长人选及学校发展建议，该信对校内外"北大派"的构成言之颇详，其文如下：

> 适之师出任大使，闻须两三年后始归，北大文学院长如何办理？尝窃念欲求北大复兴，必兼四者：一曰加强干部，二曰汲引新近，三曰提倡研究风气，四曰派遣学生留学。所谓干部，不必限于在校之人，而本校求才亦不必限于干部之内。无事则散居各地，自求发展；有事则聚议一庭，共策万全。适师离校，一方面为北大之大损失，一方面亦可谓北大之新发展。但使离开学校，不使离开干部，其有利于北大仍如旧也。枚荪亦然。凡与北大关系较深而又关心北大者，如孟真（傅斯年）、金甫（杨振声）、书贻（段锡朋）诸人，虽不在北大，亦可使参加干部，裨益学校，当非浅鲜，孟真、金甫均文学院长之选也。[③]

该信首先提到胡适离校对北大来说是巨大的损失，可见胡适对北大的重要性。北大校内的核心人物，除蒋梦麟和胡适以外，周炳琳最为重要，其他如傅斯年、杨振声等虽不在北大，但对学校也有影响。胡适之所以重

[①] 蒋梦麟在致胡适的信中曾提到"兄与雪艇、孟真之创联大之议"，见《蒋梦麟致胡适》（1943 年 1 月 2 日），《胡适来往书信选》中册，第 795 页。

[②] 《胡适函张伯苓、梅贻琦关于临大筹备各事》（1937 年 8 月 30 日），北京大学等编《国立西南联合大学史料（总览卷）》，云南教育出版社，1998，第 55 页。

[③] 《郑天挺西南联大日记》上册，俞国林点校，中华书局，2018，第 99 页。

要，在于他是沟通校内和校外与北大关系较深者的重要媒介。① 另据郑天挺 1942 年 10 月 9 日记："立夫以任矿业银行董事一事为众指摘，有去职说。孟邻师有继任可能……余意北大更重于部，若适之师不归，交之何人？枚荪、今甫固佳，但若外力太强，则不能抗矣。"② 可见蒋梦麟、胡适、周炳琳、杨振声、傅斯年均系北大的重要人物，其中蒋梦麟和胡适是第一等重要的，是其他人不可替代的。

在某种意义上，北大战前的振兴是蒋梦麟与胡适合作的结果，二人的角色和分工各有侧重，缺一不可。1940 年 5 月 24 日，郑天挺与汤用彤谈话，汤用彤谓："北大离北平前之数年间，赖胡适之师为中心，校誉、校力为之增进。蒋孟邻师于学术方面关切较疏，三年来因抗战，故幸得无事，长此以往，恐人人引去，将有瓦解之虞矣。"③ 罗常培在 1943 年给胡适的信中也提到："从您出国，渐渐失去了学术重心，专就文科而论，如锡予（汤用彤）、如觉明，都是想做些事的，一则限于经费，一则限于领导者的精力，处处都使工作者灰心短气。"④ 可见离北平前数年间，蒋梦麟虽主持校政，但在学术方面胡适才是中心人物。全面抗战时期胡适离校，对北大的校誉、校力均有不小的负面影响。

因为有中基会合作研究特款的支持，全面抗战爆发前的北大在经费保障上有相当优势。⑤ 根据 1931 年初拟订的方案，以五年为期，由中基会与北大每年各出资 20 万元，用于聘请研究教授，扩充图书、仪器设备，设立奖助学金，五年合计 200 万元。⑥ 实际上该计划较原议延长了两年，直至 1937 年因时局动荡被迫中止。胡适在后来的忆述中曾特别提到："民

---

① 据郑天挺 1945 年 4 月 19 日记，汤用彤谈及："余意胡适之师还，或可弥与外间隔膜之患。"《郑天挺西南联大日记》下册，第 1023 页。

② 《郑天挺西南联大日记》上册，第 617 页。

③ 《郑天挺西南联大日记》上册，第 274 页。

④ 《罗常培致胡适》（1943 年下半年），《胡适来往书信选》中册，第 806 页。

⑤ 全面抗战爆发前，先后获得中基会资助的大学及研究机构有 40 余家，唯独北大能够获得稳定且大额的补助，其原因当然与"北大派"在中基会的权势相关，同时北大因获得这一特款补助，从而在经费保障上拥有相当优势。参见张睦楚、孙邦华《从理想主义到现实激荡——中基会与"北大合作特款"下的学人分歧》，《现代大学教育》2014 年第 5 期。

⑥ 《中华教育文化基金会资助北京大学革新事业》，《申报》1931 年 1 月 14 日，第 11 版。

国二十年一月，蒋梦麟先生受了政府新任命，回到北大来做校长。他有中兴北大的决心，又得到了中华教育文化基金董事会的研究合作费一百万元的援助，所以他能放手做去，向全国挑选教育与研究的人才。"① 可见中基会的经费保障是蒋梦麟复兴北大的重要前提。

全面抗战时期，西南联大经费"实只三校原额之六成五"，② 且并非各校独立预算，而是合并在一起使用。清华因为有基金故条件较好，而北大因中基会的赞助到期，只能依靠国民政府拨款，其经费困难的情形更为突出，由此影响到学校的学术事业发展。全面抗战时期，西南联大的体制是在本科教学上联合，但研究事业及研究生培养分办，师资也是各自独立的。因为联合是暂时的，出于战后长远发展的考虑，学校之间的竞争是客观存在的。正如冯友兰所言："当时一般师生，对于最后胜利都有坚强的信心，都认为联大是暂时的，三校是永久的，而三校除了维持其原有的班子外，也都随时网罗人才，以为将来的补充。"③ 对于抗战胜利后的复员与发展而言，人才队伍与研究事业两方面的进步尤其重要，而有财斯有学，建设的成就大小取决于经费保障的充分与否。

全面抗战时期，北大经费匮乏限制了学术事业的发展和人才队伍的建设，对此校内同人忧心不已，同时也将改变的希望寄托于校长蒋梦麟。1941 年 3 月 3 日，郑天挺与北大理学院院长饶毓泰谈话，对于校内同人"或言北大近来太消沉、太散漫"，郑认为"不必过事宣耀，只吾辈留意人才，校长活动经费，他日复兴，非难事也"。④ 可见"校长活动经费"是"他日复兴"的前提，只有在经费有保障的基础上，才能引进人才、提升学术。

在联大体制下，教学是合作的，而研究事业是各校分办的。学术事业的发展、仪器设备与图书资料的购置更新是基础性工作，这些都需要经费投入。1941 年 3 月 2 日，饶毓泰与郑天挺谈购买仪器事，希望能得美金

---

① 胡适：《北京大学五十周年》（1948 年 12 月 13 日），欧阳哲生编《胡适文集》第 11 册，北京大学出版社，2013，第 751 页。
② 《郑天挺西南联大日记》上册，第 414 页。
③ 冯友兰：《三松堂自序》，三联书店，1984，第 352 页。
④ 《郑天挺西南联大日记》上册，第 388 页。

若干用于进口仪器。次日，郑天挺以此事商与蒋梦麟，蒋梦麟"允向清华及中美、中英两庚款请求借兑美金"。① 3 月 24 日，清华校务会议决定"让售北大美金三千元"。② 经过蒋梦麟的沟通，清华借兑美金，帮助北大暂时解决了购买仪器的外汇问题。但临时的借兑不能解决根本问题，于是蒋梦麟寻求一劳永逸地解决问题，希望国民政府能多予补助。

1941 年 3 月 26 日，蒋梦麟与梅贻琦谈及研究事业的经费问题，梅贻琦日记载："（蒋梦麟）谓宜由三校分头推进。余表示赞同。余并言最好请教部不再以联大勉强拉在一起，分开之后可请政府多予北大、南开以研究补助，清华可自行筹措，如此则分办合作更易进展矣。"③ 蒋梦麟与梅贻琦达成共识，三校研究事业分开进行，故研究事业的经费预算也分开，北大、南开由国民政府补助，清华则利用本校基金。蒋梅二人达成共识的前提是"政府多予北大、南开以研究补助"，但实际上政府并未多予补助。

3 月 27 日，梅贻琦接到教育部政务次长的清华校友顾毓琇的电文，得知"八十万美金（行政院拨给国立大学购买图书仪器设备的外汇——引者注）联大可分得三万八千元"。④ 虽然三校合起来，联大所得在国立各校中最多，但实际上根本无法满足三校的需求。教育部补助的经费不足，于是蒋梦麟便在重庆暗中交涉，提议由清华基金拨款补助联大 80 万，用于研究事业。由于这一提议触碰到清华的根本利益，蒋梦麟并未公开提出，最后也未付诸实施。据郑天挺 4 月 25 日记："枚荪来，晤于办公室，谓清华大学因北大向教育部请款，部拟自清华基金拨五十万，甚感不平，以为北大用政治力量压迫清华。"⑤ 在清华眼中，北大校长蒋梦麟可以在中央借用政治力量，但实际上在全面抗战时期此种运作基本不能发挥效用，这也正是蒋梦麟的困境所在。

5 月 14 日，北大校务会议决议，不接受清华补助，"仍以预算独立为

---

① 《郑天挺西南联大日记》上册，第 388 页。
② 《梅贻琦西南联大日记》，黄延复、王小宁整理，中华书局，2018，第 20 页。
③ 《梅贻琦西南联大日记》，第 21 页。
④ 《梅贻琦西南联大日记》，第 21 页。
⑤ 《郑天挺西南联大日记》上册，第 414 页。

向教育部交涉目标"。① 随后梅贻琦飞赴重庆，于 5 月 19 日见到教育部部长陈立夫，梅贻琦提出："北大同仁意见欲有独立预算，然后由各校预算拨提一部作联大经费，而以其余作各校自办事业费。"陈立夫不同意，认为如此，"物质上（指预算）如分开则精神上自将趋于分散，久之必将分裂，反为可惜，故不若在研究工作各校自办为是"。② 最终为了表示安抚，教育部为西南联大追加预算三成。③ 追加的预算在联大体制下各校可自由支配。至此，北大要求预算独立之议取消，仍未能解决制约北大研究事业发展的经费问题。

全面抗战时期，北大校内面临的困境与外部环境的变化密切相关。1938 年初，教育部发生人事变动，"北大派"的王世杰卸任教育部部长一职，由陈立夫接掌，此举表明国民政府高层意在加强对战时教育的统制。在陈立夫主管中央教育行政期间，包括北大在内的西南联大因不愿受制于陈立夫，故而成为陈立夫重点压制的对象。④ 陈立夫利用教育部掌控的资源逼迫各大学就范，其手法有相辅相成的两方面：其一，扩大国立大学的数量，将一些地方性院校升格为国立大学。省立变国立的升格之举让有限的教育资源进一步分化。其二，别有用心地坚持各国立院校一视同仁，教授的待遇一律平等。陈立夫的做法看似公正，实际上使联大等名校处于极为不利的位置。⑤ 正如傅斯年所言："这些年教部只管添新的，旧的不增费，结果，那个鬼贵州大学的经费比武汉还多！所以一般皆是无办法。北大之无办法，也非特别。"⑥ 受陈立夫压制的西南联大、武汉大学经费匮乏的情况更为严重。

---

① 《梅贻琦西南联大日记》，第 36 页。

② 《梅贻琦西南联大日记》，第 38~39 页。

③ 《梅贻琦西南联大日记》，第 44 页。

④ 据陈岱孙回忆："当时所谓大后方的西南联大是不受当道宠爱的。C. C. 集团企图控制全国高校的野心，在抗战期间，更为强烈。西南联大是幸免于 C. C. 集团控制的少数高校之一，但虎视眈眈的 C. C. 集团的企图是联大师生都感觉到的。"陈岱孙：《三、四十年代清华校务领导体制和前校长梅贻琦》，中国人民政治协商会议北京市委员会文史资料研究委员会编《文史资料选编》第 18 辑，北京出版社，1983，第 96 页。

⑤ 参见桑兵《国民党在大学校园的派系争斗》，《史学月刊》2010 年第 12 期。

⑥ 《傅斯年致胡适》（1945 年 10 月 17 日），王汎森等主编《傅斯年遗札》第 3 卷，第 1241 页。

1943 年 7 月，西南联大想利用实验室进行商业生产，需要资金来启动项目，行政院院长孔祥熙本来已经允诺借贷 300 万法币给联大，蒋介石也已批准，但提交行政院讨论时，"陈立夫提出在所有的国立高等院校都采取同样办法，得到同样的扶持，预算为 1700 万元。以前他并不赞成这种做法，现在这样提，其蹊跷是在按同等比例核算的基础上，西南联大只能从这 1700 万元法币中分到 80 万元。西南联大又一次遭到挫败。对以前头脑还不怎么清醒的人来说，教育部长所玩弄的这一花招似乎最后证明：CC 系下定决心要压服西南联大的教授们"。① 郑天挺日记中也曾记录此事："同人福利生产费原定三百万，孔庸之面允，孟邻师、陈布雷亦言之。星期二（6 月 29 日）忽改，全国各大学共二千八百万，联大可分八十万。盖陈立夫复假联大为名，而以挹注其私党学校也，不胜慨叹！"②

1945 年 9 月，北大中文系教授罗常培写信给胡适，希望能争取到教育部的经费资助其出国访学，罗在信中提到："在二陈当权时代，阿猫阿狗都可得中央补助，现在我们的朋友主持教育，为什么我这少年蹭蹬、壮志未已的'可造之才'得不到一点政府或朋友的帮忙?!"③ 此言大有深意，在陈立夫执掌教育部的时代，北大是受到打压的，而在 1944 年 11 月"北大派"的朱家骅接任教育部部长后，罗常培认为应该可以得到资助，可见"朋友"是否"主持教育"对于北大同人能否得到帮助至关重要。

经费困难对学校的发展尤其是学术研究的进步影响很大。汤用彤在给胡适的信中指出："北大南迁以来，其固有之精神虽仍未衰，而为时势所迫，学校内部不免日嫌空虚。以文科而论，同人研究进修并未中辍。前年出版四十周年纪念刊，近又油印发行论文十余种，其中文学院同人所著颇有可观，而比之我公领导下学校极盛之时，至少在数量上实觉远逊。此其故，固亦由个人生活不安，工作效率低减，然学校财政支绌，事业无由发展，北大有名之'自由研究'渐趋不振，同人精神无所寄托，则为其主要原因。夫大学之地位，首赖其在学术上之有所树立。北大同人若不及时

---

① 《费正清对华回忆录》，陆惠勤等译，知识出版社，1991，第 304 页。
② 《郑天挺西南联大日记》下册，第 713 页。
③ 《罗常培致胡适》（1945 年 9 月 22 日），《胡适来往书信选》下册，第 848 页。

努力，筹集经费，力谋建树，将来在学术上之地位必见低落。"① 全面抗
战时期北京大学危机的本质是经费匮乏导致的学术空虚，尤其是与清华近
距离的对照，让北大同人的忧患意识更加凸显。

全面抗战爆发前，蒋梦麟在北大校内的地位是由资源配置的方式决定
的，作为国立大学的校长，蒋梦麟在中央的政治地位是其获取资源的资
本，且因政学两界"北大派"的支持，可以获得额外的经费。② 但全面抗
战时期，时异势殊，国家对大学的经费保障能力日益减弱，蒋梦麟争取资
源的能力也随之弱化。蒋梦麟对此亦感到无能为力，其在 1943 年 1 月致
胡适的信中提到："联大苦撑五载，一切缘轨而行，吾辈自觉不满，而国
中青年仍视为学府北辰，盛名之下，难副其实。图书缺乏，生活困苦
（物价较战前涨百倍以上），在此情形之下，其退步非人力所可阻止。"③
此言虽就联大立论，实则更适用于北大。

二　蒋梦麟与北大校内人事与体制的纷争

全面抗战时期，北大校内对蒋梦麟不满的情况相当普遍。北大同人对
学校面临的发展困境深感忧虑，故而希望校长有所作为，但蒋梦麟始终
"无为"，这进一步加剧了校内的不满。在联合办学的体制下，近距离的
对照使北大的危机感更为突出。理学院饶毓泰认为"教授无老幼，对学
校现状均感觉无生气、无希望，不如清华"。④ 文学院罗常培也提到："过
去几年，北大简直没办法发展，不单比不上清华，连浙大、武大都抵不
住。"⑤ 源于对北大面临危机的隐忧，校内同人对蒋梦麟个人以及北大的
体制也表现出强烈的不满。

1945 年 9 月，胡适的妻弟江泽涵在致胡适的信中提到，校内之所以

① 《汤用彤致胡适》（1943 年 1 月 19 日），《胡适来往书信选》中册，第 797 页。
② 参见杨翠华《蒋梦麟与北京大学，1930~1937》，《中央研究院近代史研究所集刊》第 17
　 期（下），1988 年 12 月，第 261~306 页。
③ 《蒋梦麟致胡适》（1943 年 1 月 2 日），《胡适来往书信选》中册，第 795 页。
④ 《郑天挺西南联大日记》上册，第 415 页。
⑤ 《罗常培致胡适》（1946 年 4 月 24 日），《胡适来往书信选》下册，第 891 页。

多数人对蒋梦麟不满，"一个最重大的原因，是校长避免与教授接谈，当然与学生更无关系。蒋校长绝对不看教授，教授也只极少数去看他。只有一个校务会议，起初不选举代表，被教授逼迫多时，选出代表，但不肯开会。好像每年有两次会，就算稀有的事。开会时总设法阻止多谈。校长从远处回来，有时有个茶会，或校庆时有茶会，但在这种会中，毅生（郑天挺）兄总做出难堪的样子，叫人唱戏或想别种办法闹一阵而散"。至于为何如此？江泽涵认为，一是"他的夫人与多位谈不来"，二是负责"管理北大一切事务"的郑天挺"遇事敷衍对付"。[1] 从中可见，蒋梦麟与教授之间的隔阂以及教授对北大"校长治校"体制的不满。

蒋梦麟与教授关系疏远，久而久之，因误生猜，因猜生嫌，因嫌生恶，校长夫人陶曾毅在其中起了很不好的作用。傅斯年1945年10月给胡适的信就提到："他（蒋梦麟）这几年与北大教授感情不算融洽，总是陶曾毅女士的贡献。"[2] 当然校长夫人的问题即可反映校长本身的问题，同时也必然牵涉到校长。

全面抗战时期，因条件所限，校长与教授共居一个大院，近距离地共处，难免产生摩擦。[3] 在生活艰困之际，校长夫人靡费公帑，自然引起校内同人的不满。1940年11月，北大校内有传言称蒋梦麟"寓中一切均由北大公款开支"，众人颇为不满，郑天挺斥责此为"无耻谰言"。[4] 但郑天挺1942年2月12日所记北大经费支出情况却多少印证了上述传言。据郑天挺记："北大年费六万四千五百元，月合五千三百七十五元。"其中"校长公费三百元，汽车司机工资四百元，汽油六百二十元，汽车修理费一百五十元，电话一百元，以上校长用一千五百七十元"。此外"才盛巷房租一千元，工资二百元，电灯一百五十元，炭五百元，以上才盛巷用一千八百五十元。若以才盛巷费用三分之一归之校长，公舍外院二十三间为

---

[1] 《江泽涵致胡适》（1945年9月14日），《胡适来往书信选》下册，第843页。

[2] 《傅斯年致胡适》（1945年10月17日），王汎森等主编《傅斯年遗札》第3卷，第1237页。

[3] 据江泽涵所记："有警报时他们（校长夫妇）与枚荪兄、树人师、景钺、今甫兄在乡下同住一院子。"参见《江泽涵致胡适》（1945年9月14日），《胡适来往书信选》下册，第843页。

[4] 《郑天挺西南联大日记》上册，第340页。

宿舍，内院十三间为校长住宅。则校长所用占全经费百分之四十三矣，此数虽无多，然占百分比太大，恐同人必有借为口实者，故余主商由联大支付汽车费一千一百七十元，俾北大支出稍减而校长所用百分比不致太大"。①

与此形成对照的是清华校长梅贻琦的做法。据清华经济系教授陈岱孙回忆："在昆明，各机关都有一小汽车，供首长使用。在空袭频繁的年头，在城里发出警报之后，不少机关的首长纷纷乘坐汽车出城到乡间躲避。清华大学当时也备有一辆小汽车供梅先生使用。也就是在这一时期，后方的通货开始急剧膨胀，物价日升，师生生活日趋困难。梅先生毅然封存汽车辞退司机，每日安步当车往返寓所和联大办事处；有应酬，则以人力车代步。"②

因为聚居一处，北大同人对校长与教授的不平等尤其是校长夫人的强势有了更真切的体认，其中周炳琳对校长夫人尤其不满。郑天挺 1940 年10 月 20 日记："枚荪夫人来，谈甚久。廉澄亦来谈。其后蒋太太亦别有所述。大抵女眷聚居，易生口舌。"③ 12 月 4 日记："雪屏自岗头村来，谓昨晚今甫、枚荪于蒋太太又有指摘，并欲开会，今日雪屏以开会事言之孟邻师……莘田来，长谈，吾二人意相同，以为不可因细碎家务而连及校长个人，更不可累及学校。"④ 周炳琳和杨振声二人都曾提出欲开会解决与校长夫人的争执，可见怨愤之深。

1941 年 3 月 29 日，北大发生校长司机与教授争执事件，当时蒋梦麟不在昆明，此事导致教授与校长夫人决裂，严重影响了校长蒋梦麟与教授的关系。事件详情，据郑天挺 3 月 30 日日记："包乾元来，告以昨日岗头村发生事故，树人责车夫老徐，老徐欲辞去，现已过去矣。十一时许，老徐来，谓昨日戴家女仆泼水于地，老徐不察，竟致滑跌，遂与女仆发生口角。树人闻之，责其不应大声呼喊，命其他去，故拟辞去车夫工作，其言

---

① 《郑天挺西南联大日记》上册，第 515 页。
② 《回忆梅贻琦先生》，陈岱孙：《往事偶记》，商务印书馆，2016，第 166～167 页。
③ 《郑天挺西南联大日记》上册，第 329 页。
④ 《郑天挺西南联大日记》上册，第 346 页。

较包乾元为详。"郑天挺原本想等"校长返昆再谈",但教授必欲辞去司机老徐乃罢休。当日张景钺来,携周炳琳函,"谓老徐不服树人制止,反报以恶声,激动公愤,咸主革退其人,嘱余即办。余询之景钺,知老徐且有动武之意,此亦太可恶矣!余告景钺必先令其不下乡,然后去之。并与景钺谈校事甚久而去。汽车司机固难得,而教授尤为学校之主干,教授与职员争,余向主右教授而抑职员,况教授之主去一车夫乎。然余雅不欲对此辈小人作操切之举,拟荐之他去,以免有轨外行动"。① 然而事情远非郑天挺想象得那么简单,校长夫人与校长并无让步之意,这使郑天挺两面为难。

1941 年 4 月 3 日,接到郑天挺的报告后,蒋梦麟回信,提议"将两院隔开","司机暂避,工资等应照发,外面可说已走了",以免外界以为他"重车夫而薄同人"。② 但蒋梦麟此举实际上就是"重车夫而薄同人"。并且校长夫人扬言,如学校辞退司机,则由其私家聘任,由此双方更无转圜余地,形似对决。校内教授,以周炳琳为首,包括饶毓泰、张景钺等在内,均主张辞退司机。4 月 20 日,"枚荪以司机事为言,主速去之,谓树人亦在北大八九年,不如一司机之重"。郑天挺夹在对立双方中间,进退两难,"余盖最尊教授者,但恐真由学校开除而成私家仆人,则同人之受辱、余个人之受辱、学校之受辱更胜于目前之情状也。故先停其职,并停用汽车,使其移出岗头村。委曲求全,实为同人计,尤为学校计也。如此,如同人犹不见谅,亦惟听之而已"。③

后来在隔开两院的施工过程中,诸教授与校长夫人又发生口角,甚至有咆哮之状、愤激之语,在北大校内影响甚坏。郑天挺 1941 年 4 月 31 日记:"蒋太太来,谓村舍同人有意与之寻衅,非专为车夫也。往时老金在公舍叫嚣,远过老徐而无人止之。今于老徐,不惟责之,且斥革之,并不以语蒋太太,是意在辱其主也。余反复解释,终不释然。且曰苟学校必斥革之者,私家当仍用之,不复支学校工资。若以数教授之力而不能去一车

①《郑天挺西南联大日记》上册,第 401 页。
②《郑天挺西南联大日记》上册,第 407 页。
③《郑天挺西南联大日记》上册,第 411 页。

夫，则成何体统。若学校去之，而私人用之，将益生纷隙。史称房杜相业，在辅赞弥缝。近来北大多事极矣，余每事弥缝，终难全济。"①

在校长司机与教授争执事件中，司机老徐之所以如此嚣张，当然是因为其背后校长夫人的强势。在事件处理过程中，校长夫人毫不让步，教授为维护尊严亦不能退让，由此形成对峙，而校长的处置实际上是站在夫人一边，"重车夫而薄同人"，最终导致教授们的诉求不得伸张，对校长的不满也更增一层。对校长不满的教授中包括传统"北大派"的骨干周炳琳和杨振声。胡适离校后，周炳琳在校内的地位无形中提升，周炳琳对蒋梦麟及其夫人的不满大致可以反映北大校内人心的转向。

北大校内对蒋梦麟的不满，也集中反映在对校内体制不民主的批评上。蒋梦麟在全面抗战爆发前重整北大，在校内确立了"教授治学，学生求学，职员治事，校长治校"的原则，校长在学校治理中拥有绝对权威，改评议会为校务委员会，秘书长承校长意旨处理全校事务，教授在学校治理结构中的地位下降。② 如论者所言，1931 年蒋梦麟出任校长后，"废除了北大实行多年的教授保障法，使得教授可以被解聘，社会科学院先行改聘教授，并自行兼任文学院院长；其次，配合由他主导制定的国民政府关于大学组织的新立法规，改评议会为校务会，前者基本采用民主制，后者则由当然委员（行政）和选举委员（教授）组成，以全体教授、副教授选举之代表及校长、各学院院长、各学系主任组织之，实际上是变相的行政主导"。③

与北大不同，"从二十年代末起，在清华大学，除了有一个分别以校长、各学院院长、各学系系主任为首的校、院、系三级教学、事务、行政结构外，还逐渐形成了一个和这个结构并立的、不同于当时由校长独揽一切权力的新领导体制"，这个体制是"为了维护教育和学术的民主和自主，加强以某种形式组合起来的校内民主、自主领导体制"。这个体制的

---

① 《郑天挺西南联大日记》上册，第 402 页。
② 《国立北京大学组织大纲》（1932 年 6 月 16 日），《北京大学日刊》第 2862 号，1932 年。
③ 参见桑兵《马裕藻与 1934 年北大国文系教授解聘风波》，《近代史研究》2016 年第 3 期。

组织基础是"教授会、评议会和校务会议"。"评议会是这个体制的核心，以校长、教务长、秘书长、各学院院长及教授互选之评议员若干人组成。互选之评议员人数比当然成员的人数规定要多一人。同时，各院院长都由教授会从教授中推荐，教务长习惯上也由教授中聘任，评议会实际上是教授会的常务机构。"清华大学的领导体制，在西南联大期间，仍然发挥作用，制度的延续性并没有中断。① 清华校内治理体制民主且高效，校长梅贻琦接受并支持这一民主决策的体制，故而梅贻琦在清华的地位是非常稳固的。

相形之下，全面抗战时期北大的领导体制逐渐不能适应时势的变化，因学术上的中心人物胡适不在国内，校内上下沟通不畅，全面抗战前全校上下一心的格局不复存在。北大同人对体制的不满日增，要求改革的呼声也随之而起。郑天挺 1940 年 12 月 7 日记：

> 孟邻师于此招待北大各院长、主任茶话，决议恢复校务会议。校务会议之制创于十八年，当时教育部鉴于以往大学评议会之胁持校长，故以校务会议救济之。以校长、总务长、教务长、图书馆长、各院长、各系主任为当然会员，另由教授代表若干人共组之。当然会员多于教授代表本不能谓之民意机关。人数过多，不易运用，且往往流于客气，不能有坚强之决议。二十年，孟邻师长北大，遂济之以行政会议，校务乃能切实进行。本年春，北大同人见清华评议会之热闹，亦思恢复校务会。余尝言之孟邻师，师以无会议之作用，意不谓然，余亦有另设一代替机关之意。前年，余在沪曾上书孟邻师，主加强干部不专以负行政责任者为限。去年，尽力使各院召集院务会议，并多开茶会、宴会，意亦即在此。近顷，同人有误会孟邻师不恢复校务会议为不愿有民意机关者，实不知师之意在有一能发挥实际功用之民意机关，而不在虚名也。本月三日，复有人言及，雪屏遂告之师，乃召

---

① 陈岱孙：《三、四十年代清华校务领导体制和前校长梅贻琦》，《文史资料选编》第 18 辑，第 86~96 页。

集此会。师以恢复或另设为询，众议咸主恢复，乃决定，余未发言。①

郑天挺大致梳理了北大领导体制的变迁过程，蒋梦麟 1931 年重掌北大后，不仅废止了评议会，且取消了校务会议，另设一完全秉承校长意志的行政会议处理校务，故北大完全是校长专制。全面抗战时期，因有清华领导体制作为对照，校内便呼吁设立评议会，但被蒋梦麟否决，由此形成校长蒋梦麟个人与"众议"之间的分歧。

1941 年 4 月 29 日，郑天挺与饶毓泰谈话，饶毓泰"对北大颇有牢骚"，郑天挺则提出"北大之声誉，本由全体同人共同努力而蒸蒸日上，今日亦惟共同努力以维持之，不应责之于一二人，更不应责之于一二事也"。② 此处的"一二人"就是指校长蒋梦麟和秘书长郑天挺，何以会责之于"一二人"，实际上跟北大"校长治校"的独断有很大的关系：因校长专权，故校长亦责任重大，校内教授无参与管理校政的渠道，故而只能责之于"一二人"。③

1941 年 3 月、4 月间，蒋梦麟在重庆教育部提议动用清华基金补助联大，导致联大校内清华与北大的信任危机。对于上述危机的应对，可以反映出清华与北大校内治理体制的差异。梅贻琦为应对危机，先后开校务会议讨论如何处置，有初步方案后，又开教授会征求意见，在教授会大体接受校长提出的方案后，才开评议会最终形成定案；而北大校内，连秘书长

---

① 《郑天挺西南联大日记》上册，第 347 页。
② 《郑天挺西南联大日记》上册，第 415 页。
③ 郑天挺于 1917 年考入北京大学国文门，1920 年毕业后曾参与厦门大学的筹建，1922 年返京，考入北京大学研究所国学门，1924 年毕业后留校任教，其间蒋梦麟代理北大校长，故郑天挺与蒋梦麟有师生之谊。1928 年 3 月，蒋梦麟任浙江大学校长，郑天挺任浙江大学秘书兼文理学院讲师。1930 年 2 月，郑天挺又随蒋梦麟到教育部任秘书，当年 12 月，蒋梦麟辞教育部长职，随后被任命为北大校长，郑天挺亦回北大任教，同时兼校长室秘书，1933 年 12 月任北大秘书长，一直到 1950 年 5 月。参见郑天挺《五十自述》，中国人民政治协商会议天津市委员会文史资料委员会编《天津文史资料选辑》第 28 辑，天津人民出版社，1984。郑天挺长期担任北大秘书长，在校内协助或代表校长蒋梦麟处理校务，故而校内对蒋梦麟的不满也会波及郑天挺，另外，因为师生之谊，郑天挺也难免为尊者讳，其对校长蒋梦麟的观感实际不能代表校内的大多数。

郑天挺都不知道校长蒋梦麟的计划，清华将蒋梦麟的提议反馈给郑天挺，郑还表示北大从无分润清华基金的想法，可见即使事后蒋梦麟也未向校内透露其在重庆教育部的提议。对照之下，在清华校内，校长梅贻琦的决策最多只能是建议，只有经过教授会和评议会的认可才能形成决议；而在北大，重大的决策全出自校长蒋梦麟，校内的意见不能影响校长，校长在做决策之前也不征询校内的意见。

三 "迎胡倒蒋"运动与北大校政的更新

校内积累的对蒋梦麟的不满直接导致 1945 年北大的易长。1945 年 6 月，蒋梦麟在未征求北大校内意见的情况下，出任行政院秘书长，打破了其自定的大学校长与行政官吏不能同兼的规矩，在校内引起强烈反对，最终蒋梦麟辞去北大校长一职，由胡适继任。在这场"倒蒋迎胡"的风波中，校内倒蒋势力较大，尤以理学院和法学院的教授居多，中心人物是傅斯年和周炳琳，周炳琳是校内"倒蒋"的中坚人物，傅斯年则对于"迎胡"出力颇多。

1944 年 12 月 19 日，蒋梦麟与钱端升飞印度转美国，出席太平洋国际会议。蒋梦麟到美国开会，顺道考察教育，北大同人希望其在美国能采购一些仪器、图书，并物色新教授，以对胜利复校后的北大建设有所裨益。[①] 5 月 28 日，周炳琳自重庆带回消息，宋子文将请蒋梦麟出任行政院秘书长，蒋梦麟已"允之"。郑天挺听闻后不敢确定，更不能接受，"果有此事，未免辱人太甚，不惟个人之耻，抑亦学校之耻。师果允之，则一生在教育界之地位全丧失无遗矣"。[②]

6 月 21 日，蒋梦麟与宋子文同乘专机飞重庆，未停昆明。6 月 22 日，郑天挺作书上蒋梦麟，托赴渝的蒋太太带去，书谈三事："一、同人属望甚殷，此次回国未能先到昆明，应来书向同人有所表示；二、为将来复校

---

① 郑天挺：《南迁岁月——我在联大的八年》，南开大学校史研究室编《联大岁月与边疆人文》，南开大学出版社，2004，第 11 页。
② 《郑天挺西南联大日记》下册，第 1042 页。

方便计，联大以仍用委员制为宜；三、提胡适之师为继任人。"郑天挺同时作书向傅斯年提及上书的二、三两点，请其向朱家骅说明。① 郑天挺已经料及如校长不对校内交代即接任政府官职必然引起校内的不满，同时已考虑善后事宜，即保留常委制和推荐继任人选。

6 月 26 日，国民政府正式发表蒋梦麟就任行政院秘书长。6 月 27 日，重庆《大公报》刊载蒋梦麟谈话："当局此次畀以斯职，本以年高体弱，不堪胜任，虽经一再谦辞，终未获允，只得于战时勉力襄助，稍尽绵薄。近两年来因兼红十字会方面职务，致西南联大校务多偏劳梅贻琦先生。今后虽暂在中枢服务，仍拟不时回昆小住，共策校务进行。"② 至此，北大校内始获确切消息，蒋梦麟接受了政府任命的官职，同时并不打算辞去北大校长一职。同日，蒋梦麟复书郑天挺，谓联大常委事请周炳琳代理，北大事务由郑天挺负责，但此信郑天挺于 29 日才收到。③ 蒋梦麟一如既往地事前不与教授商量，事后又无交代，教授们通过报端的新闻才知道校长的决定，不免群情激愤。周炳琳对蒋梦麟"此次就任前未能先将北大事作一安排深致不满"，以为今后北大应由胡适主持，蒋梦麟"不宜更回"。④

郑天挺 6 月 29 日上书蒋梦麟："年来北大同人以环境关系不无悒郁，因之趋于沉闷。去年闻吾师谈复校计划，春间又闻吾师谈赴美便中与彼邦人士商谈胜利后合作诸事，于是精神为之复振。月来同人相晤，莫不以吾师归期相询，念之殷，不免盼之切。尚请吾师于百忙之中抽暇致同人一书，可由枚荪转，说明被强邀赴渝，未及在昆下机之故，以慰同人殷勤之望。"⑤ 郑天挺希望蒋梦麟作书向同人解释被强留重庆的迫不得已，因其深知北大同人之所以群情激愤，固然有向来积累的矛盾，更有对蒋梦麟做派的不满，尤其是不与教授接触，且大事不与教授商量。傅斯年给胡适的信中亦提及："他答应宋到行政院，事先绝未和北大任何人商量过，到此地亦若干日与北大同人无信（过昆，飞机未停），我劝他赶快回去一看，

① 《郑天挺西南联大日记》下册，第 1050 页。
② 《蒋梦麟谈教育》，重庆《大公报》1945 年 6 月 27 日，第 3 版。
③ 《郑天挺西南联大日记》下册，第 1053 页。
④ 《郑天挺西南联大日记》下册，第 1052 页。
⑤ 《郑天挺西南联大日记》下册，第 1052 页。

也未能做到。于是昆明同人吵起来了。"①

6 月 30 日，因此前周炳琳提议，北大召开谈话会，讨论校长行止问题。会前郑天挺将蒋梦麟 27 日函传观，谈话会由周炳琳主持，提出"校长就任行政院秘书长，予学校以很大波动，同人如有意见，七月三日往渝可以转达"。会议讨论详情如下：

> 之椿首先发言，谓行政与教育不应混而为一，原则上校长不应由行政官兼任，传统上北大无此先例，且反对此种办法最久，表示坚绝反对。之椿谈后，沉寂者一二分钟。景钺发言，谓事实上孟邻先生已被迫就职，无法挽回，且就学校亦非绝对无利。大猷继言数年以来，北大校务未单独进行，故校长无多事，今虽兼职，于事无碍，今日急务在物色教授，应请院长、系主任多负责。子水继言原则上赞成之椿不兼之论，事实上主张大猷之说，并谓素来觉得官重。枚荪言孟邻先生此次未能先回昆明与同人一商，实属错误。于是之椿正式提议改谈话会为正式教授会，一电孟邻先生，请其即归，一电适之先生，请其返国。锡予首先赞成，廉澄亦附议。锡予言适之先生气迫大，不惟可以领导文学院，并可领导理、法学院。枚荪乃报告最近两个月与端升两电胡先生经过，第一电就参政会立言，第二电就学校立言。子水又言主张胡先生回国问政，不主张办学。端升乃报告在美国与胡先生晤商情形，在十一月前绝不能回，主张用同人私人名义请其回校，不必用教授会名义，蒋先生电可不发。于是发言甚乱。大猷言国民会议十一月开会，政府可能改组。自昭言绝端赞成孟邻先生作官，对其个人与学校均有利，故主张仅电适之先生，景钺、从吾、立庵亦主之。枚荪谈孟邻先生太粗心，细密处全未考虑，言时不免稍动感情，主张请孟邻先生要作官就作官。廉澄言之椿、锡予之意，即主请其表示态度之意。于是空气颇现紧张。锡予乃从容言其附议之椿提议，注意后段

---

① 《傅斯年致胡适》（1945 年 10 月 17 日），王汎森等主编《傅斯年遗札》第 3 卷，第 1237 页。

请胡先生回国非为蒋先生事，至于胡先生回校，亦与校长无关，应分别观之。空气复趋缓和。膺中不主张电或函蒋先生，谓今日所见之信乃致余个人者，非致同人者，可不作数。锡予言不致函同人最无道理。最后乃决定改正式会，由枚荪、端升及余电胡先生请回国领导学术工作，托枚荪将今日会场情绪转达孟邻先生。①

到会者 28 人，其中 15 人发言，意见主要分两种：一种认为蒋梦麟做官兼管北大无甚大碍；另一种意见则坚决反对，拟请胡适回国代替蒋梦麟。后一种意见最后占据上风。会后，周炳琳、钱端升、汤用彤负责起草电稿，请胡适回国领导北大。郑天挺在当日日记中表达了观感："就今日同人情绪观之，实无他感，只是事前盼望甚殷而临时未到昆即入渝，事后又无消息，大家全未商议，不免不快耳，绝无反对回校之意。"② 此系郑个人的观感。到会而未发言的江泽涵向胡适报告的情况如下：

孟麟先生做官而兼校长，几全体不赞成。有些人以为他将来回来，暂时北大敷衍过去，也未尝不可，但这只是与他最接近的少数人，多数人很痛恨战时北大敷衍的不当。枚荪、孟真二位则从大道理上说，非要你来任校长不可。孟真先生我并未会见，枚荪兄说过这些话："劝适之先生回国与劝他回国任校长，看作是同一件事，不容易分开。现在蒋校长做官了，中央研究院又有代理院长，这是适之先生任校长的一个最好的机会。"他的理由是："现在是最重要的时期，只有适之先生能来改善北大，并影响全国大学，这就像以前蔡先生的时候一样，别人不能当此任。"他以为："蒋校长的兴趣不在大学教育。战时他对北大的事不问，但他每日忙着招待无关重要的外国人同云南的显要，可见他的兴趣所在。适之先生也无法推避，正如周鲠生先生不能不去武汉一样。"③

---

① 《郑天挺西南联大日记》下册，第 1053~1054 页。
② 《郑天挺西南联大日记》下册，第 1055 页。
③ 《江泽涵致胡适》（1945 年 9 月 14 日），《胡适来往书信选》下册，第 843 页。

　　会上，周炳琳、吴之椿、赵乃抟力主校长不能兼任，三人均来自法学院。周炳琳因"发言过多，愤懑之情，不能自遏"，次日表示"自下年脱离北大"，以表示所主张全出于公心。① 会后，周炳琳仍担心蒋梦麟不愿接受由胡适接任校长，郑天挺则认为："孟邻师绝无把持之意。师在校既无私人，政治上、社会上地位甚高，岂恋恋于此？今日之兼者，必为友谊所劫，不得不出，兼之所以示不愿出，非不愿放也。"② 会后流言甚多，"助教某自靛花巷饭厅闻知星期六北大开会大骂蒋校长，议决请其辞职。又云锡予向曹日昌言蒋校长已作多年，可以换换了云云"。③

　　7月7日，郑天挺得知蒋太太已返回昆明，往晤，蒋太太道及蒋梦麟辞北大校长之意甚坚，"谈及北大同人欲其辞职，甚伤心，彻夜未眠云"。④ 7月11日，蒋梦麟致书郑天挺，表示拟辞北大校长职。郑天挺复书蒋梦麟，报告校内情形，并劝蒋梦麟继续留任。郑天挺信中提到："吾师言辞之函到后，曾以语三五同人，咸以如不与各方面洽定，一旦言辞，外间野心者难免生希冀之心。万一藏晖先生不就，或提出而别有阻挠，或以北大暂时无须派长搁置，则将枝节横生，益增纷扰，亦非吾师半生努力北大之意。'五四'北大中兴由于蔡先生，而佐之者实为吾师；二十年北大复兴，主之者则为吾师。师无求于北大，而北大有赖于吾师，此不惟北大学校同人知之，国人亦莫不知之，将来史册亦必有灿烂之记载。至于此次同人之偶有谈议，实为原则上不希望师兼秘书长，非谓师不宜为校长也。枚荪之意亦复如是，但其言较切直耳。今日之教授，大多数在二十年到校，莫不知当时改革之难，奋斗之苦。而近年退让包容以成联大非常之誉，亦莫不知之也。"⑤ 郑天挺意在缓和蒋梦麟与周炳琳等人的关系，但这并不代表校内全体教授的意见。郑天挺接蒋梦麟7月11日来函，认为："（蒋梦麟）颇有误会，此传言者之过也。孟真、枚荪，北大之英俊，长

---

① 《郑天挺西南联大日记》下册，第1055~1056页。
② 《郑天挺西南联大日记》下册，第1056页。
③ 《郑天挺西南联大日记》下册，第1057页。
④ 《郑天挺西南联大日记》下册，第1058~1059页。
⑤ 《郑天挺西南联大日记》下册，第1062页。

此以往，非北大之福。"① 其中透露出蒋梦麟认为此次北大校内的反对出自傅斯年与周炳琳，因此，"颇有误会"，郑天挺则认为傅斯年与周炳琳是"北大派"的中坚，蒋梦麟与二人发生误会实非北大之福。

此时在重庆的蒋梦麟"辞意甚坚"，最终朱家骅、傅斯年、周炳琳、钱端升四人商定，如蒋梦麟辞，则发表胡适，并明令请汤用彤代。② 江泽涵后来也表示："骝先、孟真两先生劝他辞北大校长，因为他兼任北大校长，违反他手订的大学组织法。"③ 8 月 6 日，蒋梦麟回昆明，公开表示"决辞北大校长，以为如此始能使校内校外无事，若更兼，不惟与自己以往主张不同，且万一有人指摘，校内校外均无以自解。关于继任人选，决请胡先生继，未到前以锡予代"。④ 8 月 7 日，蒋梦麟至才盛巷开会，报告了美国情形、在美接洽情形及在纽约得宋子文电话相约共同返国，并未相商以国事私交胁之同机飞还之经过，"复言依大学组织法，校长不能兼任法系在教育部时所自定，不能自毁，故决定辞职。继任已定胡先生，在未返国以前，必由校内之人代理"。毛子水和吴大猷均主张暂兼，蒋梦麟"均以不妥之处解之"。⑤ 至此，蒋梦麟辞职大体已成定局，下面的问题就是胡适是否允继任，以及其未到前何人代理。

在蒋梦麟同意辞职的情况下，教育部部长朱家骅提议请胡适或傅斯年继任北大校长。⑥ 蒋介石有意请傅斯年出任。傅斯年上书蒋，"言身体不能胜任，并言胡先生之宜，且可协助政府"。⑦ 并力推胡适，"北京大学之教授全体及一切关切之人，几皆盼胡适之先生为校长，为日有年矣"。⑧ 此后又面谒蒋介石，谈及北大复员事，因胡适不能即归，且复校统筹在

---

① 《郑天挺西南联大日记》下册，第 1063 页。

② 《郑天挺西南联大日记》下册，第 1068 页。

③ 《江泽涵致胡适》（1945 年 8 月 8 日），《胡适来往书信选》下册，第 836 页。

④ 《郑天挺西南联大日记》下册，第 1076 页。

⑤ 《郑天挺西南联大日记》下册，第 1077 页。

⑥ 《教育部部长朱家骅为告知北京大学校长蒋梦麟辞职并询问可否由傅斯年、胡适接任给行政院长宋子文呈》，教育部档案，中国第二历史档案馆藏，档案号：五（2）—00716—001。

⑦ 《郑天挺西南联大日记》下册，第 1089 页。

⑧ 《傅斯年致蒋介石》（1945 年 8 月 17 日），王汎森等主编《傅斯年遗札》第 3 卷，第 1227 页。

即，遂有"在胡校长未回国就职前，由傅斯年代理"的办法。① 此后朱家骅再往推荐，蒋介石终允由胡适出任北大校长，其到任前由傅斯年代理。②

蒋梦麟下台，胡适走向前台，一切顺理成章。所谓倒蒋风潮，旋起旋灭，并未形成僵局，实际上因蒋梦麟对做校长已无兴趣，不愿继续负责，而有意让贤，故一切顺势而行，各方皆各得其所。③ 蒋梦麟决定辞职，傅斯年、郑天挺、胡适、汤用彤及张景钺等人先后致信，极力表彰蒋梦麟对北大的贡献。江泽涵认为："蒋校长这次离开北大，也许反能使他在北大的地位增高。这确是北大之福。"④ 贺麟也认为："孟麟先生官兴正浓，且彼在行政院对于北大亦极有帮助。"⑤ 可见蒋梦麟下台，并未造成北大严重的分裂和动荡，反而既提高了蒋梦麟在北大的地位，又凝聚了北大的人心。

四　结语

大学的治理体制与经费来源互为表里，经费来源决定校内的权力格局

---

① 《傅斯年致胡适》（1945 年 10 月 17 日），王汎森等主编《傅斯年遗札》第 3 卷，第 1238 页。

② 在胡适返国之前，对于代理人选，蒋梦麟"提出枚荪、锡予、毅生三位"，但同时表现出明显的倾向性，即主张由郑天挺代理。蒋梦麟提出"枚荪在渝未能探知其意见，锡予则坚决不允，如强之必离校他就"，"毅生未面洽，若以因其为北大秘书长而强其暂代，似无推却之理由"。蒋梦麟请朱家骅与傅斯年、周炳琳商定行之。参见《蒋梦麟致朱家骅》（1945 年 8 月 11 日），教育部档案，中国第二历史档案馆藏，档案号：五（2）-00716-004。8 月 20 日，傅斯年致信郑天挺，劝郑天挺不必代，"以为此类有涉名誉之事，吾辈毕业同学最好不必作"。参见《郑天挺西南联大日记》，第 1089 页。8 月 29 日，蒋梦麟与郑天挺谈及"大家应力劝锡予代理校长，并言一切事务彼可代为办理，请锡予允任名义"。参见《郑天挺西南联大日记》，第 1088 页。可见蒋梦麟对于傅斯年代理校长始终不表赞同，而力推郑天挺代理。

③ 早在 1939 年 6 月 3 日，蒋梦麟就曾跟郑天挺谈及，"战争停后，北平不应更有四大学，如北大，归则当移至城外，就清华旧址开学，如战事一时不能结束，西南联大仍存在，则推适之先生为校长"（《郑天挺西南联大日记》，第 157 页）。1942 年 9 月 8 日，在得知胡适即将卸任驻美大使，蒋梦麟曾致电胡适，请其返校（《郑天挺西南联大日记》，第 604 页）。

④ 《江泽涵致胡适》（1945 年 11 月 5 日），《胡适来往书信选》下册，第 859 页。

⑤ 《贺麟致胡适》（1945 年 9 月 21 日），《胡适来往书信选》下册，第 846 页。

和治理体制。同样作为国立大学，清华与北大在经费来源和治理体制上有着不小的差别。清华因有退还的庚款作为基金，经费保障较为稳定，相较于一般国立大学，对于校政有相当的自主权，故而清华校长梅贻琦的权力主要源于校内自下而上的授予与认可，校长无须拥有相当的政治资本或政府的支持。据陈岱孙回忆："他似和政治无缘，在他就任校长后头几年，连一个挂名的国民党员也不是。在南京他没有政治资本，没有人事渊源。他只有和全校教师们一起才能发挥他的作用。"① 而蒋梦麟在 1931 年重掌北大前是国民政府教育部部长，胡适派学人群在国民政府也有可以借重的权势网络，因资源配置的方式不同，北大的体制更倾向于以校长为中心的行政主导。全面抗战时期北大的问题也主要体现在经费与领导者两方面，因筹措经费无方，校长权威大受损害，更牵及校内同人对治理体制的不满。

全面抗战时期西南联大三校共处，在与清华合作的体制下，北大在经费保障、治理体制以及学术研究等方面显现出种种不足。原有校内外"北大派"的支持系统因抗战变局而瓦解，陈立夫代替王世杰执掌教育部，胡适出任驻美大使，使校长蒋梦麟在校内外所获得的支持不增反减。中基会的资助到期，又使战时经费匮乏的北大雪上加霜，无法充分发展其研究事业。相对于清华的安定和发展，全面抗战时期的北大不进反退。蒋梦麟在全面抗战前以行政为主导的"校长治校"模式造成北大校内的上下悬隔。全面抗战时期校内同人对校长蒋梦麟寄予厚望，然而蒋梦麟的意兴阑珊与北大同人的切望之间存在巨大落差，使双方隔阂日深，最终校内集矢于校长，导致蒋梦麟的下台。

1945 年蒋梦麟去职事件，其破坏性似不宜高估，相反其影响可能是正面的。1946 年 7 月，得知胡适已到上海，周炳琳致信胡适报告北大校内情形。周炳琳是力主蒋梦麟去职之人，"以从政与长大学不可得而兼，兼则损及大学威望"。因当时有传言周炳琳拟去蒋自代，实则"当时同人有主张孟邻先生应即辞去北大职务者，此纯为公"。最后"得孟邻先生涵

---

① 陈岱孙：《三、四十年代清华校务领导体制和前校长梅贻琦》，《文史资料选编》第 18 辑，第 93 页。

容，立即从谏，并荐先生以自代，此亦为公"。双方冰释前嫌。周炳琳在信中还报告了校中各事的进展："在先生未回国前，复得孟真兄允诺暂行代理，以积病之身愿任此繁剧，同人对孟真为母校牺牲之精神，钦佩莫名。数月来策划奔走，煞费苦心，尤其近两个月来，在北平洽收房屋，其魄力大，关系多，乃大收效果。先生想已与孟真晤面，校中各方面情形，必可从孟真报告中得之。校中内部维持与在联大中与清华、南开保持接触，数月来汤锡予兄实负其责。锡予兄身体原不大好，为爱北大，竟肯挺身而出，至足钦敬。锡予兄处事稳妥持平，深知各方面情形，数月来局面之维系，孟真实深得其助……郑毅生兄最先返平，继之杨今甫兄亦往，渠等在平为复校作种种布置，亦劳苦备尝。"① 可见，抗战结束前后，北大实现平稳过渡，各项事宜均负责有人，校内形成了人人感奋、力肩重责的态势，复兴大有希望。

〔严海建，南京师范大学〕

---

① 《周炳琳致胡适》（1946 年 7 月 9 日），《胡适来往书信选》下册，第 896~897 页。

知己与家国

——方君璧的情感经验与女性主义话语反思

李志毓

内容提要 方君璧是 20 世纪中国知名女画家。作为新旧嬗变时代的知识女性，她既有强烈的民族情感与爱国热忱，又秉持对爱情、友情不改柯叶的道德理想。抗战期间，她亲历国破家亡和汪精卫对日求和过程，内心极度痛苦，但未"走出家庭"。70 年代她应邀回国访问，目睹新中国历史成就，对中国共产党及其革命文化产生由衷认同。知己与家国是她生命中最深刻的情感，无论中国革命的"妇女解放"叙事还是西方女性主义话语，都无法充分表述这两种情感。借由情感经验的幽曲门径，可通往其精神深处，理解新旧嬗变时代知识女性的价值观念与行为方式，丰富对现代中国知识女性情感、伦理与心灵世界的认识。

关键词 方君璧 女性主义 情感 民族主义

一 引言

女性的社会解放、意识觉醒与主体成长，是 20 世纪中国革命的重要内容，也是女性史研究的重要话题。孟悦、戴锦华认为，旧中国女性既是家庭的囚徒，又是男性欲望的对象，"生存于黑暗、隐秘、暗哑的世界"。20 世纪初，女性"浮出历史地表"，喊出了"我是我自己的"这一呼声，开启了从物体、客体走向主体的历程。然而这一呼声，仅仅意味着女性拥有了自我意志，却未解决"我"和"我自己"究竟是谁、是什么的问题。如果女性自我意识觉醒仅仅意味着要成为与男性一样的人，那么"失落的不仅是性别特征，而是女性的全部历史意味，女性之为女性的真义"。"女性的出现，女性的自我命名所显露的唯一真实，不是她获得了与男人一样的平等，而是……一个使女性的隐秘经验，包括历史经验、心理和生理经验，……从一片话语真空中发掘和昭示于世的过程。"①

自《浮出历史地表——现代妇女文学研究》出版 30 余年来，已有大量借鉴西方女性主义话语、揭示女性"隐秘经验"的著作问世，对女性的意识觉醒、争取社会赋权的斗争、情感与人生困境等许多问题都进行了深入的探讨。② 然而，西方女性主义话语主导下的女性史研究，因对于女性身心经验的高度重视和对于中国革命"妇女解放""男女平等"话语背后国族叙事的高度敏感，往往倾向于建构另一幅图景，即从女性"真实"的日常经验与身心感受出发，揭露高举"解放"旗帜的革命运动中所隐含的奴役/被奴役结构，民族国家政权及其意识形态中的男权机制，以及各种宏大叙事对女性个体生存和身体欲望的压抑。

例如，张爱玲小说《倾城之恋》的女主角白流苏在香港沦陷、成千上万人死去之际，成就了自己的婚姻，李欧梵对此不无肯定地说：张爱玲"事实上传达了她的最终历史批判"，"她颂扬了流苏的胜利，……在那个战争和革命的特殊时代，她的女性人物……应该得到点幸福"。③ 李海燕更进一步阐释说：张爱玲的批判"指向了民族主义的信条"，"个人，私密，与低微战胜了公开，政治，高尚以及世界化的历史。张爱玲似乎想说：个人的幸福，特别当其与女性有关时，并不一定与集体性的（未来）

① 孟悦、戴锦华：《浮出历史地表——现代妇女文学研究》，河南人民出版社，1989，第 7~35 页。

② 例如：颜海平《中国现代女性作家与中国革命》，季剑青译，北京大学出版社，2011；罗久蓉《近代中国女性自传书写中的爱情、婚姻与政治》，《近代中国妇女史研究》2007 年第 15 期；柯惠铃《她来了：后五四新文化女权观，激越时代的妇女与革命，1920~1930》，台湾商务印书馆，2018；等等。

③ 李欧梵：《上海摩登——一种新都市文化在中国（1930~1945）》，毛尖译，北京大学出版社，2001，第 315~316 页。

幸福绞接在一起"。①

女性（个体）与国族（革命）政治之间的紧张关系，也存在于左翼作家与批评界的论述中。丁玲 1942 年在延安发表的《"三八"节有感》被认为是以女性主义解构民族主义"妇女解放"叙述的经典文本。李陀曾指出：丁玲此文"以一种曲折的方式讲述女人的意义和民族国家的意义之间的严重的对立"，质疑"民族国家（无论其建立了怎样不同的政治制度）是否有权把女性纳入某种改头换面的但仍以男权为中心的文化秩序"。②

但女性/国族的张力并不必然意味着女性经验与民族国家的隐含对立。冷嘉即在《大风雨中的漂泊者——从 1942 年的"三八节有感"说起》一文中指出：《"三八"节有感》确实偏离了"抗战建国"的宏大叙事，并暗示革命和民族国家的价值目标未能在女性日常生活领域得到验证，但丁玲并未斩钉截铁地站在女性主义立场上，"挑战"民族国家话语，更未以此颠覆革命进程中所包含的正义追求，亦未"在洞悉一切组织形式的压抑机制后"，退回到个体经验与"小我"的狭窄空间。丁玲深悉现代个性主义的解放能量与"迷障"，因而彻底拒绝了五四新文化运动开启的、通过情感觉悟确立的女性/个人主体及与之相连带的生活想象，进而召唤一种具有强大意志力、能包容外部异己力量、将对历史的使命感与对新生活的向往融于实践之中的、自律进取的新的历史文化主体的生成。冷嘉充分肯定了丁玲的选择和探索，并认为宏大理想的失落，也将令"个性"的成长丧失应有的质地与张力。③

本文拟以现代中国女画家方君璧为中心，以方君璧家藏未刊书信、日记为主要资料，探讨新旧嬗变时代中国知识女性的情感、人生经验及其与政治关系的另一种类型。方君璧的特点在于：第一，她是现代中国最早留法的女画家，毕生以融合中西艺术为志业，成就斐然，是现代女性不懈追

---

① 李海燕：《心灵革命——现代中国爱情的谱系（1900~1950）》，修佳明译，北京大学出版社，2018，第 147 页。

② 李陀：《丁玲不简单——毛体制下知识分子在话语生产中的复杂角色》，李陀编《昨天的故事：关于重写文学史》，牛津大学出版社，2006，第 184 页。

③ 冷嘉：《大风雨中的漂泊者——从 1942 年的"三八节有感"说起》，《文学评论》2012年第 2 期。

求自我发展的一个典型。① 第二，她是中国国民党政要汪精卫私人秘书曾仲鸣的妻子，身为汪伪政权中人，而能认同中国革命，由衷地颂扬新中国政权。第三，她又是一个贤妻良母，照顾孩子妨碍她走出家庭，投身社会工作，但孩子也给她以力量，支撑她度过了国破家亡之际和人生的许多暗夜。1950 年 3 月 21 日，"河内刺汪案"十一周年，方君璧在日记中写道：今天"是我一生最伤心的日子。……若是没有三个小小孩子，那时需要一个母亲教养他们，我相信我一定也跟他一起去了"。② 这是许多身为人母的女性的真实写照。

方君璧一生最深刻的情感是知己与家国。抗战期间汪精卫主和，她经历两种情感的剧烈冲突，在亲情与抗战之间选择了前者。国民党政权崩溃，她流亡海外，无时无刻不在思念中国。1972 年，74 岁的方君璧应邀回国，她为新中国的建设成就和普通人的精神面貌所感动，一年中画了120 余幅作品，达到晚年一个艺术创作高峰。1978 年 10 月，方君璧在中国美术馆举办个人画展，这是首个海外华人在新中国举办的画展。考察方君璧的情感与人生经验，将有助于突破五四以来由"自我"出发建构社会关系的现代个体想象，反思以女性/国族二元预设为中心的西方女性主义话语，丰富女性的自我理解，为现代中国女性的自我成长提供某种反思借鉴的历史资源。

二 辛亥志士的精神世界

方君璧 1898 年出生于中国福建省侯官县一个开明绅商家庭。其大伯

---

① 与方君璧同在巴黎求学的雕塑家、诗人李金发认为：在 20 世纪 20 年代留法艺术家中，"最有成就的是方君璧及徐悲鸿"（李金发：《二十年来的艺术运动》，《异国情调》，商务印书馆，1942，收入岭南画派纪念馆编《国画复活运动与广东中国画国际学术研讨会论文集》上册，岭南美术出版社，2017，第 407 页）。1938 年，《方君璧画集》在国内出版，蔡元培作序，称赞她以欧洲工具与笔法，写本国风景与人物，既为中外知画者所叹赏，"又借欧洲写实之手腕，达中国抽象之气韵，一种尝试，显已成功，锲而不舍，前途斐然"［蔡元培：《〈方君璧图画集〉序》（1938 年 12 月 21 日），中国蔡元培研究会编《蔡元培全集》，第 8 卷，浙江教育出版社，1997，第 544 页］。

② 方君璧日记手稿，1950 年 3 月 21 日，日内瓦方君璧家属收藏（以下摘引书信出处皆同，注释从略）。

父方家澍是光绪壬辰年（1892）进士，其父方家湜在汉口经营转运公司致富，其母王寿是二夫人，生三子三女，其中方君瑛、方声涛、方声洞都是著名反清革命党人。方君璧 5 岁丧母，由年长 14 岁的胞姐方君瑛抚养长大，1912 年随方君瑛赴法留学，生活和学费都依靠姐姐的微薄官费负担。方君瑛还是她的精神导师，是她一生最敬爱的人。

方君瑛生于 1884 年，1903 年赴日留学，是东京女子师范学校招收的第一位中国女学生。1906 年加入同盟会。她为人正直、热诚、刚毅、沉着，深得孙中山、朱执信等革命领袖敬重。在日本，方君瑛与曾醒（方君璧寡嫂，方声濂遗孀）、汪精卫、陈璧君、黎仲实等人同居一处，志同道合，个个抱定为国牺牲的决心，人人置生死于度外。1910 年，汪精卫等赴北京谋炸摄政王，方君瑛、曾醒、陈璧君都参与其事。

方君璧因幼年丧母，在家中无人管教，整日与大人一起打牌。方君瑛暑假回国，看到她这副样子，痛心流泪，把她的手合成拳敲了三下，说："你答应我，以后再也不要打牌了。"方君璧从此果然再没碰过牌。[①] 方君瑛还把辛亥志士的民族情感和牺牲精神传给了方君璧。武昌起义后，她特地带方君璧去南京聚宝门外雨花台——传说中的方氏祖先方孝孺就戮处，凭吊了一番。在方君瑛心中，始终以这位忠贞不屈的先贤为人生楷模。[②] 方君璧一生有着强烈的民族情感，能自觉从民族国家立场思考问题，这显示出姐姐对她的影响。

方君瑛的胞弟方声洞，是黄花岗七十二烈士之一，生于 1886 年，1902 年赴日，先后入东京成城学校和日本千叶医学校，亦是一多血多泪的青年，怀抱着炽烈的民族情感。方君瑛认为，方家尽力革命的人已经够多，方声洞学医，应留下来，代他们抱必死之心的儿女尽奉养老父之责，不劝他入同盟会。但方声洞几时也悄悄加入了，方君瑛都不知道。1911 年春，革命党人策划广州起义，留日同盟会青年群集香港，又分散进入广州。方君瑛此时才知七弟已是同盟会会员，且已担任过运送军火等许多重

---

① 曾仲鲁：《母亲方君璧的故事》，未刊稿。
② 曾仲鲁：《母亲方君璧的故事》。

要工作。方君瑛劝他留在后方，他不肯，说："你们都会死，独留我为何。满清未除，我还管得了家么！"① 于是两人合写一封信给老父，说"儿等报国即亦报亲，尽忠亦即尽孝"，并同曾醒一起合影一帧，寄给家人留念。② 后来官府发觉起义计划，关闭城门，革命党人只好仓促发动，由于各路响应军队均未到达，起义演变成三月廿九日草木含悲、风云变色的大牺牲，方声洞也在是役中阵亡。方君瑛、曾醒等人运送枪支来到城外，听到里面枪声大作，却无法进城与七弟及诸青年同赴牺牲，悲痛不已、饮恨终身。

民国成立后，方君瑛偕方君璧、曾醒、曾仲鸣与汪精卫、陈璧君等人一同赴法留学，"彼此结合成一家庭"。③ 留法十年中，她以顽强毅力，在法国波尔多大学取得数学硕士学位。1922 年，汪精卫自国内来信，招曾醒、方君瑛回国，分别担任广州执信学校的校长、学监。不想方君瑛回国后，耳闻目睹的却是革命党人的腐化堕落，从前的热血青年已成为新的贪官污吏，政治黑暗更甚于清朝末年。民国成立，人民痛苦反而增加，岂不是七弟和许多青年的血都白流了吗！自己身为革命党人，却无力挽救，这让她痛心疾首。④

1923 年 5 月，方君瑛在经历车祸、脑力严重衰退、精神极度疲乏的情况下，给身在法国的方君璧、曾仲鸣寄去一信，中有"姊近来神经非常衰弱，凡事均恐惧不决，……诚可悲也。此所谓老大徒伤悲，望弟妹勉力励进，庶不至受姊如此之苦恼"等语。⑤ 6 月 12 日，她在上海寓中服吗啡自尽，留下遗书："君瑛之死，乃出于自愿，非他人所迫也。盖因见社会之腐败，不可救药，且自己已无能，不克改良之，惟有一死耳。"⑥ 待方君瑛去世的消息传到法国，方君璧悲痛欲绝，这是她青年时代遭遇的最

---

① 方君璧致何孟恒、汪文惺函（副本），1962 年 2 月 25 日。
② 曾仲鲁：《母亲方君璧的故事》。
③ 汪精卫手书致曾仲鸣、方君璧函，1923 年 6 月 25 日。
④ 方君璧手书致何孟恒、汪文惺函（副本），1962 年 2 月 25 日。
⑤ 方君瑛手书致曾仲鸣、方君璧函，1923 年 5 月 25 日。
⑥ 方君璧致致何孟恒手书（副本），1962 年 2 月 25 日，方君璧在信中全文抄录了方君瑛的遗书。

大打击。但她似乎突然成长了，一年之间艺术成就突飞猛进，又似乎继承了姐姐的果敢性格，此后遇事一往直前，做出决定后就不再犹豫。方君瑛的人格和辛亥志士踔厉敢死的牺牲精神，成为方君璧一生的精神资源。

1961 年 12 月，时年 63 岁的方君璧在波士顿收到一封寄自香港的信，附有一本名为《汪精卫恋爱史》的书。寄信者何孟恒，是汪精卫的女婿，称方君璧"十一姑"。书中所述乃民国初年汪精卫与陈璧君、方君瑛的三角恋爱故事，情节尽属凭空枉作。方君璧读后"气忿填胸，几乎气死"，在复何孟恒的信中说：真不敢相信"世界上有的人居然可以这样的造谣"，简直"比以刀杀人更为可恨"。接着她用上万字，细述了方君瑛、曾醒、汪精卫、陈璧君等人在清末民初的奋斗历史，及在生死与共中结成的非常友谊。50 年岁月倏忽而过，故人身影仍旧清晰。最后她写道：他们那种置生死于不顾的精神，"是凡人所不能了解的"，他们之间纯洁、真挚、有逾骨肉的友谊，非身处当时情景之中不能体会，更非 50 年后的今日社会所能明了。《汪精卫恋爱史》的作者，"亦不过是用常人之心理来猜度他们而已"。①

所谓"常人之心理"，暗示了 20 世纪普遍流行的一种文化观念。正如李海燕在《心灵革命——现代中国爱情的谱系（1900~1950）》一书中指出："对于伪善，我们拥有敏锐的鉴别力（私人感觉与公共表达之间存在的距离，是我们在 20 世纪颇为熟悉的假设），而对于有关美德的言论，我们却太过轻易地将其贬斥为一副虚伪的面具，并把关于爱的言说一概简化为某种遁词或高尚化修辞，实际指向一种至高的现实——性欲。历史上对于灵魂之爱与肉体之爱的重要区分，常常被视为一种属于过去时代的天真或伪善的副产品，而弃之如敝屣。"②

方君璧熟悉姐姐的精神人格，完全理解存在于方君瑛与汪精卫之间的"灵魂之爱"。事实上，这种杂糅又超越了亲情、爱情、友情的情感，是存在于晚清革命党人中的一种特殊现象。一方面，他们留学海外，可相对

---

① 方君璧手书致何孟恒、汪文惺函（副本），1962 年 2 月 25 日。

② 李海燕：《心灵革命——现代中国爱情的谱系（1900~1950）》，第 18 页。

摆脱旧式家族关系制约，依个人心性、志趣、抱负而自由结成新的生活共同体，又投身革命，生死与共，彼此情感之深刻，确为常态社会中人所不能想见；另一方面，他们作为新旧嬗变时代的知识分子，其伦理观念和道德理想还是传统的。方君瑛留学日本后，明白了封建礼教对女子的压迫，单方面废除了家族为她所定的婚约，但仍无法摆脱贞节观念影响，遂立志终身不嫁。正如方君璧对何孟恒所说："现在人之对于旧礼教，道德，贞节等等问题，观念是很不一样的，所以也很难怪人们之不懂了！"①

三 "我无论如何总不负他们"

方君璧的丈夫曾仲鸣，是曾醒的胞弟，1912 年跟随曾醒等人一起赴法留学，先后在波尔多大学和里昂大学取得化学学位与文学学位。方、曾二人青梅竹马，待长大成人，两家大姐就为他们订立婚约，两人也都欣然接受。② 他们同在法国长大，精通法语，喜欢法国文化、艺术，钟情 19 世纪浪漫主义文学；又同窗共砚，跟汪精卫学习中文，爱好中国诗词，著有《颉颃楼诗词稿》一部。曾仲鸣每成诗一首，必抄录予方君璧评赏。方君璧很珍惜与曾仲鸣的爱情，在给他的信中抄录了"此生修得才子妇，不辞清瘦似梅花"的诗句。③

1922 年 9 月 4 日，方君璧与曾仲鸣在法国安纳西湖畔举行了婚礼。时方君璧在巴黎高等美术学院学画，曾仲鸣在里昂担任中法大学秘书长。1921～1922 年，国内政局动荡，教育经费入不敷出，方君璧所依赖的留学官费常常拖欠或停发。虽然里昂大学经费相对充足，但行政与学生管理方面有颇多棘手问题。④ 曾仲鸣在给方君璧的信中时有牢骚之语，方君璧则劝他说："里昂事若不如意，千万不可以经济关系强留于彼，……我必不以稍求舒服，使你受苦。我意每日能有一块面包，数杯清水，亦足

① 方君璧手书致何孟恒、汪文惺函（副本），1962 年 2 月 25 日。
② 曾仲鲁：《母亲方君璧的故事》。
③ 方君璧手书致曾仲鸣函，1922 年 2 月 16 日。
④ 关于里昂大学的经费与管理问题，参见葛夫平《关于里昂中法大学的几个问题》，《近代史研究》2000 年第 5 期。

矣。……有你的爱情，已是无量之福，还怕饥寒么！……人生于世，不可屈志而求富贵也。"①

她还时常奉劝曾仲鸣心态放宽，努力用功。将来如世界和平，可将所学贡献于社会；如世乱，则一同隐居，学而不辍，留之以传后世，"黄梨州、顾亭林，亦不过如此耳"。又说 19 世纪初法国诗歌堕落，"几个诗家出而重建之，有一个做诗六千首，而后始有好诗，其前者皆以之付火。Lamartine 第二千首之诗始传。是以知欲成一家者，则不仅有天才，亦完全在功夫也。我闻此，勇气百倍，现当拼命用功，待画二千幅后，而终无成者，则弃而不学，现在时间过浅。……你闻之，亦当增你之勇气，好好用功，不可颓丧"。②

在当时的留法学生中，有些人生活堕落，悲观厌世，方、曾亲友中即有"饮酒携妓，无所不学"之人，方君璧觉得他们"甚为可悲"，在给曾仲鸣的信中说："吾人处世，宜俱有不屈不挠之精神，向其目的而进，岂可随其所共处者之黑白而黑白乎。"③ 进而奉劝他自洁自爱，不要乱做胡为，否则既丧失人格，又辜负远来求学之意。民初的无政府主义思潮，信奉以个人道德增进作为挽救社会的前提，方君璧深受这一思想影响，认为中国最可悲者不在旧社会之腐败、新军阀之横行，而在一般青年之无气节、无志向。她在给曾仲鸣信中说："青年者，中国之新肉也。败肌易去，惟若所新生之肉，亦含腐质，则毒在血，而病不可医矣。现今中国之青年多下流腐败，恐不足为好新肉，以补中国之创，故可悲。"④ 并与他相约："望你终身皎洁，我亦如白玉无瑕"，为那些堕落青年做一榜样，或能让他们"亦生悔愧之心也"。⑤

1927 年曾仲鸣回国从政，民初赴法的大家庭只剩下方君璧一人。她思念远方的亲人，忧心国内政局，心中倍感凄苦。得知 1927 年 3 月 24 日英美军舰炮击南京的消息当天，她在日记中写道："言及南京事，为凄然

① 方君璧手书致曾仲鸣函，1922 年 2 月 16 日。
② 方君璧手书致曾仲鸣函，1922 年 2 月 12 日。
③ 方君璧手书致曾仲鸣函，1921 年 11 月，日期不详。
④ 方君璧手书致曾仲鸣函，1922 年 4 月 29 日。
⑤ 方君璧手书致曾仲鸣函，1921 年 11 月 16 日。

下泪，……我们一日作外人之鱼肉，一日无生命之可言，此时岂可尚说什么鬼爱情，我们的责任大呢。"① 可见，对于方君璧来说，爱情固然重要，但还有高于爱情的价值。她的爱情中贯穿着对美德和家国责任的追求，这是一种现代女性的政治意识，不同于传统家族伦理要求的懿行妇德，也不同于将"情"作为个体精神表达和道德源头的欧洲早期浪漫主义，或以爱情为个体自由象征的五四浪漫主义。② 她屡劝曾仲鸣洁身自爱，不可与卑污者合流，反映出对士君子人格的追求和内在的性别平等意识。在她看来，在学做君子和为国家承担责任上，两性之间并无差别。

曾仲鸣青年时代初入政坛，并非没有革命热忱和改造中国的愿望。1927 年 3 月，他在回国途中不时写信劝慰方君璧："做革命不能无牺牲，我们既有了此种决心，分离的愁苦只好视作牺牲之代价。……我决跟了四兄的主张做去。你常常对我说，做事要有负责的精神，此话正确。故我当牢记不忘。"③ 1927 年 4 月，蒋介石发动四一二反革命政变，在各地屠杀农工和青年。曾仲鸣写信给方君璧说："此间空气紧张，甚有革命意味。……我现在革命的战场，要这样走开，岂不是同逃卒一样，……你见了我不是更要弃我、鄙我、打我么。我为要不愧你的爱，我就只好加增我的勇气，百折不挠，永远在革命的战场，为革命而奋斗。"④

1927 年 7 月国共分裂后，汪精卫下野，国民党在桂系与西山会议派主导下达成宁汉合流，旧官僚政客大肆活动，闽中许多人劝曾仲鸣回闽，任教育厅厅长，曾仲鸣婉言辞却，在致方君璧信中说："我进退自知谨慎，决不嗜利禄而随波逐流，妹可放心。"⑤ 但经过几个月的政海沉浮，

① 方君璧日记手稿，1927 年 3 月 30 日。
② 李海燕以"我爱，故我在"概括五四时代的浪漫主义，她说："五四青年的挣扎与斗争，旨在把个人与异性社会交往纳入中国社会新的组织原则之中，而对于心灵的维特式迷信，正为他们提供了一把有力的武器。……'恋爱'也是一个意义负载极重的术语，当把'自由'置于其面前时，它便成了一代人的战斗口号，而这一代人，便是力求与礼教家庭和父权意识形态决裂的热情饱满的个人主义者。"李海燕：《心灵革命——现代中国爱情的谱系（1900~1950）》，第 36、96~97 页。
③ 曾仲鸣手书致方君璧函，1927 年 3 月 9 日、3 月 14 日。
④ 曾仲鸣手书致方君璧函，1927 年 4 月 18 日。
⑤ 曾仲鸣手书致方君璧函，1927 年 9 月 18 日。

他对革命已感到灰心，在给方君璧的信中说："政局混沌至此，便欲从事革命，亦无从着手。"① 又说："我细察国内情形，只有寒慄，灭亡有日。而国人——尤其上海，尚奋逐于娱乐之场，……我觉得什么事均可厌之极，只好多看书解解闷而已。"②

1930 年，方君璧自法国学成回国，与曾仲鸣一起度过了几年平静安乐的生活，到 1935 年底，她已成为 3 个孩子的母亲。自 1932 年汪精卫出任国民政府行政院院长，至 1935 年 11 月汪在国民党四届六中全会开幕式上遇刺，曾仲鸣追随汪精卫，仕途平坦，先后出任行政院秘书长和国民政府铁道部次长。政海沉浮，人到中年，曾仲鸣也变成了一个"奋逐于娱乐之场"的人。时任国民政府行政院参事的陈克文在日记中说："至大东旅馆仲鸣所预约之室内，彼间卑污龌龊之状令人头昏欲呕。仲鸣、正纲、柏生及汪先生底下几位秘书先生，均缱恋其间，亦一可叹。""仲鸣旋来，即围桌打牌，……汪先生底下几个亲信，自仲鸣以下，似绝无事业欲望，一味追求娱乐，为可叹耳。"③ 对于曾仲鸣的所为，方君璧并非全不知晓。她在日记中还曾提及陈璧君"时时大骂"某小姐，似与曾仲鸣有关。她的态度不是向外部"反抗"，而是返回内心。她在日记中说："我总不置一语"，"我无论如何总不负他们"。④

1937 年全面抗战爆发前，方君璧忽然对命运有了不祥的预感，3 月、4 月间接连梦到曾仲鸣遇刺。⑤ 7 月初又梦到死兵僵尸将长子孟济杀死，"迷糊大哭而醒"。⑥ 之后流产、高烧，在牯岭山中卧病一月。8 月，淞沪会战爆发，战事惨烈，方君璧很关心战局，连日在日记中写道："前晚

---

① 曾仲鸣手书致方君璧函，1927 年 10 月 25 日。
② 曾仲鸣手书致方君璧函，1927 年 12 月 7 日。
③ 陈方正编辑校订《陈克文日记（1937～1952）》上册，1938 年 2 月 15 日、2 月 16 日，"中研院"近代史研究所，2012，第 186～187 页。
④ 方君璧日记手稿，1937 年 5 月 7 日。
⑤ 1937 年 3 月 3 日，方君璧在日记中写道："昨晚一夜睡不着，至四时半刚刚闭上眼睛，即梦见十兄被刺，……伤痛至极，……噩梦虽无凭，然中心极难过。"1937 年 4 月 24 日，又写道："我昨晚发梦他被刺伤，真令我难过死。他几时才能令我不担心呢。"见方君璧日记手稿。
⑥ 方君璧日记手稿，1937 年 7 月 1 日。

日机一队来京，掷弹百余，将立法院炸成平地，并将贫民区炸着；……
日来上海大血战，闻死伤极多，医院皆无处住，互相枕藉，不得救，流
血成沟。"① 她取材新闻照片，画成一幅《不食嗟来食》，表达中国人民
"士可杀不可辱" 的意志。该画于 1951 年在巴黎贡底画廊（Galerie de
Conti）展出，后被巴黎赛努奇博物馆购藏。11 月，淞沪战事失利。曾仲
鸣、汪精卫随国民政府撤往汉口，方君璧偕汪、曾两家老小撤往香港
避难。

　　1938 年初，她再次梦到曾仲鸣遇刺，在日记中说："梦十兄被刺受
伤，三姊扶入，见我时尚惨笑，慰我云无事，我心伤极而醒，天犹未
明。"② 1938 年 12 月，曾仲鸣随汪精卫叛国离渝，重庆随即对汪派展开制
裁行动。1939 年 1 月 17 日，《南华日报》社长林柏生在香港被人以利斧
砍伤。3 天后，一位不速之客来到方君璧在香港的家中，自称"代表一要
人，有极秘密严重之言"，要见曾仲鸣。此人名林知渊，是方君璧六兄方
声涛的同学，且曾受过汪精卫许多关照。③ 方君璧当晚写信给曾仲鸣说：
"（林）所说之言甚古怪，……来意如何，不敢言之。望十分注意。"④

　　林知渊正是受了戴笠指派，欲从方君璧处打探汪精卫在河内的住址。
林在回忆录中说，他屡不成功，于是 1939 年 3 月亲自来到河内寻觅汪精
卫踪迹，不想在书肆偶遇曾仲鸣，由曾仲鸣带至高朗街 27 号，面见了汪
精卫。军统特务尾随其后，遂有"河内刺汪案"发生。⑤ 而负责执行刺汪
任务的军统特务陈恭澍的回忆录不支持林知渊这一戏剧性说法。⑥ 可能
林、陈两人彼此亦不知对方的行动。无论如何，1939 年 3 月 20 日，方君
璧从香港来河内探望曾仲鸣的第二天，就发生了枪杀案，曾仲鸣身亡，方
君璧身中 3 枪。数年来的噩梦最后成了真。

---

① 方君璧日记手稿，1937 年 8 月 28 日、9 月 5 日。
② 方君璧日记手稿，1938 年 1 月 9 日。
③ 林国清：《林知渊传略》，中国人民政治协商会议福州市郊区委员会文史资料工作委员会
　编《福州市郊区文史资料》第 9 辑，1995，第 77~78 页。
④ 方君璧手书致曾仲鸣函，1939 年 1 月 20 日。
⑤ 中国人民政治协商会议福建省委员会文史资料委员会编《政坛浮生录——林知渊自述》
　（《福建文史资料》第 22 辑），1989，第 102~103 页。
⑥ 少石编《河内血案——行刺汪精卫始末》，档案出版社，1988，第 77~107 页。

四　发于情，止于礼

　　汪精卫对于曾仲鸣和方君璧，既是兄长又是老师，是具有卡里斯马光环的人物。1914 年，汪精卫开始教授他们中国古典诗词与书法。次年汪回国参加讨袁运动，将二人学业托与蔡元培负责。1950 年，方君璧在法国教小孩学习中国诗词，日记中说："今天教了鞾鞾读两首诗，一首是杜甫，一首是陆放翁，都是卅几年前四哥教我们的。时间如电，一去不回。我那时也不过鞾鞾一样大，而我对于诗是那么爱好。"① 1918 年，汪精卫回国，奔走国事之余，不忘关心方君璧成长，常在国内购买名画册页寄往法国。② 1921 年 12 月，广东召开"第一回美术展览会"，许多政要家眷前来参观。③ 汪精卫很遗憾方君璧不能来，在给她的信中说："今年广东开美术展览会，美不胜收，惜妹未得与观。将买邮片奉赠，特仿佛耳。妹宜留心人体画及历史画，此为吾国旧画最大之缺点。历史画并须多读书也。"④

　　方君璧少年时代与尚为"革命党人"的汪精卫相识，遂相信其为一真纯党人。尽管汪在政治上摇摆不定，她只看到他"牺牲"的决心。汪也明白此点，因而感铭珍惜。1937 年 7 月，全面抗战爆发，北平、天津相继沦陷，方君璧在庐山养病，其日记中说："想起北方的难民，伤兵，都是如何的可怜，我们在此不能救，真愧做人。"⑤ 8 月初，她身体稍愈，即写信给汪精卫，要求出来工作。信中说：大家牺牲，她在此享福，"诚

---

① 方君璧日记手稿，1950 年 5 月 20 日。
② 汪精卫手书致曾醒、方君瑛函，1918 年 5 月 23 日。
③ 此次美展由陈炯明担任会长，高剑父担任副会长兼筹备处处长。展览共分绘画、雕塑、刺绣、工艺美术四部分，绘画又分中国画、西洋画、图案等类，展品以传统国画和折中画派的作品为多，西洋画较少，西画有李铁夫、冯钢百、胡根天、许敦谷、陈抱一、关良等人的作品。观众反响热烈，开幕两日就售出游览券 5000 多张。李若晴：《一次夭折的美育启蒙：陈炯明与广东省第一回美术展览会》，《美术观察》2017 年第 10 期。
④ 汪精卫手书致方君璧函，1922 年 1 月 1 日。
⑤ 方君璧日记手稿，1937 年 8 月 3 日。

自觉得可耻，难乎为人也"。① 汪精卫不同意，要她专心抚养小孩，回信中说："譬如妹在营中看护一病人，未见得比连养带教此三小孩为更劳苦也，……盼妹善体此意。"② 方君璧得信，内心十分痛苦，在日记中说："得四兄回信，令我好好教养小孩，我心极凄然。我亦知小孩尚小，无人可托，但国家如此，我不尽力，心之不安，非他人能知。佛云：我不入地狱，谁入地狱，我们不牺牲，谁牺牲。晚大哭。"③

1937 年 12 月，日军进攻南京，与中国军队在紫金山麓发生激战，汪精卫居住的陵园新村毁于战火。汪于仓促撤退中，带出一箱勋章，特委托卸任的铁道部部长顾孟余带至香港，交给方君璧保存，在给她的信中说："兹托带上一箱，内皆勋章。此为国家名器，不欲转易抛掷，望妹为安存银行保险箱内。……并请告济济，如今国家要紧，房子烧了，想也不必想，将来济济起屋给我住时，国家安全，我更快活，并先谢谢他。"④

淞沪会战失败后，求和之风开始在国民党中蔓延。蒋介石在日记中说："各将领战意全消，痛心盎极。"又说："文人老朽以军事失利皆倡和议，高级将领皆多落魄，望和投机取巧者更甚若辈。"⑤ 汪精卫本是党内主和路线代表，为避免逼蒋下野嫌疑，他向蒋提出不以南京国民政府名义，而是由民间人士出面议和的办法，遭蒋拒绝。⑥ 蒋向最支持主和的汪精卫、孔祥熙二人坦言："不能降服于敌，订立各种不堪忍受之条件，以增加我国家与民族永远之束缚。若果不幸全归失败，则革命失败不足为奇耻，只要我国民政府不落黑字于敌手，则敌无所凭借，我国随时可以有恢复主权之机。"⑦ 最终三人商定，不理会日方提出的议和条件。

但汪精卫内心并不认同蒋的主张，只是无实力与蒋抗衡。他在给方君

---

① 方君璧日记手稿，1937 年 8 月 6 日。
② 汪精卫手书致方君璧函，1937 年 8 月 8 日。
③ 方君璧日记手稿，1937 年 8 月 9 日。
④ 汪精卫手书致方君璧函，1937 年 12 月 22 日。
⑤ 《蒋介石日记》抄件，1937 年 11 月 20 日、11 月 28 日、11 月 30 日，中国社会科学院近代史研究所档案馆藏抄本。
⑥ 《蒋介石日记》抄件，1937 年 12 月 6 日，中国社会科学院近代史研究所档案馆藏抄本。
⑦ 《蒋介石日记》抄件，1937 年 12 月 28 日，中国社会科学院近代史研究所档案馆藏抄本。

璧的信中说："所最难堪者，眼见着国事一步一步的越走越狭，心中着急，而手中无力，不能挽之使转，成为干着急，此不惟难堪，而亦无职之甚也。惟事到如此，于无希望中，只有凭着道理做去，则亦无希望中之希望也。"① 方君璧很同情汪，在日记中说："天天打败仗，四兄真可怜，白白见中国如零宰细割一般，今日失一城，明日失一省，我听说他天天晚上在床上哭。"②

1938 年 2 月下旬，方君璧由香港来汉口看望曾仲鸣、汪精卫，在汪家住了 20 天。据她日记所载，这些天汪家气氛"紧张至极"，陈璧君的脾气异常暴躁，"终日都不高兴"，"动辄骂人"，大家都"战战兢兢，不敢作声"，汪精卫则"终日愁眉不展，不见其笑容"。一天，陈璧君早起即与汪大吵，汪非常痛苦，"几乎欲自杀"。方君璧很替汪精卫难过，在日记中说："做人如是，太可怜了！家已如是，国之大，更将何言。"③

汪、陈夫妇的裂隙，很可能与正在进行的国民党中央权力格局变动有关。1938 年 3 月 29 日至 4 月 1 日，国民党召开临时全国代表大会，制定《抗战建国纲领》，确立以蒋介石为总裁、汪精卫为副总裁的新党政关系，规定总裁行使党和国家最高权力，将全国抗战力量统一在蒋介石一人领导之下。2 月下旬到 3 月上旬，应是酝酿这一格局的关键时期。1938 年 3 月 1 日，方君璧日记中说："阿姊与四哥大吵，四哥说，在此国难期间，他是无论如何同心协力为国家谋生存，不能离汉口，更不能倒台。做事要谨慎，失之毫厘，则很危险。"④ 所谓"倒台"，应指倒蒋之台。据此推测，汪内心虽然主和，却不愿与蒋公开决裂。而陈璧君则对汪屈居于蒋之下甚感不满，这种情绪应对汪精卫最终脱离重庆起了推动作用。

1938 年 12 月 18 日，汪精卫乘飞机秘密离开重庆到达昆明，次日飞往越南河内。12 月 29 日，陈公博、陈春圃将汪精卫手拟的"艳电"和"致中央常务委员会、国防最高会议书"带至香港，约定当日在《南华日

---

① 汪精卫手书致方君璧函，1938 年 1 月 6 日。
② 方君璧日记手稿，1938 年 1 月 7 日。
③ 方君璧日记手稿，1938 年 2 月 20~24 日。
④ 方君璧日记手稿，1938 年 3 月 1 日。

报》发表。方君璧、顾孟余阅后，坚决反对，与林柏生等人据理力争，顾孟余并致电汪精卫劝阻。12月30日，方君璧在日记中说："四兄尚未有回电，教授急死，陈言无办法，只好发出，因有时间，惟与日约定者。我则以为不可，但我言有何用呢!"① 12月31日，汪精卫复电到来，嘱"暂缓"。方君璧日记中说："四兄有复电，曰'暂缓'，真糟透了。他们之不慎至此，实害死人呢。"②

方君璧心中明白，"艳电"将汪精卫送上了万劫不复的汉奸道路。这是她一生中的至暗时刻。她在给曾仲鸣的信中说："彼等不等复电，于昨晚发表，几乎将教授气死。……今日我听到'暂缓'两个字，亦几乎气死！为什么他们如此呢！实在不知道多一日是真不可能的么！我问了多少遍，他们都答不可，既然不可，何以有'暂缓'呢！今日是除夕，我一生里没有过一个如此坏的除夕。一年的收束如是，真要痛哭了。……现在太黑暗了，我太难过了……"③ 但方君璧不可能像顾孟余一样，与汪分道扬镳。作为老师、兄长和派系领袖，汪精卫高度影响了方君璧、曾仲鸣的世界观，他们在政治上没有主体，只是汪的影子。

离开政治斗争，回到文学艺术的世界，方君璧则是汪精卫不可多得的知己。1935年11月1日，汪在国民党四届六中全会开幕式上遇刺，身中三枪。次年3月在曾仲鸣陪同下赴欧洲疗养，西安事变后启程回国。汪精卫回到南京后，将在瑞士疗养时所作《几司柏山上》一诗，寄给时在香港的方君璧。④ 方君璧收到汪诗，诵读三遍，爱不释手。汪深为感动，回信说："此时京沪渐暖，正如昔人所云'陌上花开，可缓缓归矣'。……

---

① 方君璧日记手稿，1938年12月30日。"教授"即顾孟余，"陈"应为陈公博或陈春圃，笔者推测为陈春圃。顾孟余致汪精卫电云："春圃、公博两先生先后带来两书，均悉。鄙意响应近卫声明，有百害无一利，惟此层非一二言所能详，但就先生对中央建议言之，此系内部商讨大计，今既提出，应俟中央决定，不宜再在报章发表，以免公开决裂。如公开决裂，则对内对外其影响之恶，必至不可收拾。其结果与先生所期望者或正相反。顷与公博先生谈，亦完全赞同此意。特电奉商。如承允诺，祈即电示柏生先生照办。余尚有进言。"香港1938年12月30日0时34分发。《汪兆铭史料·汪精卫投敌前与政府首要函电（2）》，台北"国史馆"藏，典藏号：118-010100-0049-056。

② 方君璧日记手稿，1938年12月31日。

③ 方君璧手书致曾仲鸣函，1938年12月31日。

④ 《几司柏山上》，汪精卫：《双照楼诗词稿》，天地图书有限公司，2012，第260页。

兄诗能得妹读至三次，何感如之！'画笔所不到，写以声泠泠'之句，正恐妹以为怫意耳。"①

汪精卫属羊，方君璧曾作一画羊直幅，请汪题句。汪精卫用北京荣宝斋马晋三羊图木版水印信笺，抄录"方君璧妹以画羊直幅见贻，题句其上"一首，寄给方君璧。诗云："兀兀高冈，茫茫旷野。陟砠而瘏，哀吟和寡。临崖却顾，是何为者？君不见风萧萧兮木叶横飞，家家砧杵兮念无衣。羊之有毛兮，亦如蚕之有丝；翦之伐之，其何所辞！恐皮骨之所余，曾不足以疗一朝之饥也，噫！"②"陟砠而瘏"出自《诗·周南·卷耳》"陟彼砠矣，我马瘏矣"，比喻独登险阻，精疲力竭，因劳致病，中心忧伤，显然有以羊自况的意味。

曾仲鸣死后，汪精卫内心极感孤独。他为方君璧所绘《任重致远图》题诗："负山于背重千钧，足趾沾泥衣着尘。跋涉艰难君莫叹，独行踽踽又何人？"③自比为负重千钧、艰难跋涉的旅人。1942 年夏，方君璧偕三子于北戴河海滨避暑。夜晚明月升空，倒映水中，月影随海波荡漾，好似婴儿熟睡在母亲摇篮之中。方君璧写信向汪描绘此情此景。汪精卫即赋诗一首寄回，信的末尾说："诗成尚欲推敲，热泪忽然滂沱，不能不搁笔矣"。④

1944 年夏天，汪精卫的健康状况急遽恶化，在日本名古屋医院一病不起。据方君璧的儿子曾仲鲁回忆说：一天，母亲忽然不见了，"我们被安排住到上海汪夫人的大房子里，由一位管家照顾我们。原来母亲是去了

---

① 汪精卫手书致方君璧函，1937 年 3 月 23 日。

② 汪精卫手稿。该诗写作的具体日期不详，在《双照楼诗词稿·扫叶集》中，排于 1935 年《秋日重过豁蒙楼》之后，《题高剑父画〈镇海楼图〉》之前，亦在《二十五年一月病少间，展双照楼图，因作此诗以示冰如》一首之前。1935 年 11 月 1 日，汪精卫在国民党四届六中全会的开幕式上遇刺，据此推测，该诗应作于 1935 年秋，汪遇刺之前。《双照楼诗词稿·扫叶集》中所录该诗，在"兀兀高冈，茫茫旷野"后，尚有"青草半枯，红日将下"一句，手稿中无。参见汪精卫《双照楼诗词稿》，第 248 页

③ 汪精卫：《题画方君璧作〈任重致远图〉》，《双照楼诗词稿》，第 322 页。

④ 汪精卫手书致方君璧函，日期不详。《双照楼诗词稿》中收录《方君璧妹自北戴河海滨书来云海波荡月状如摇篮引申其语作为此诗》一首，与信札中文字略有不同。诗云："海波如摇篮，皓月如睡儿。摇篮睡更稳，偃仰随所之。凝碧清且柔，湛若盘中饴。微风作吹息，漾漾生银漪。畴昔喻素娥，有类母中慈。今也儿中孝，形影长不离。青天静无言，周遮如幔帷。殷勤与将护，勿遭朝寒欺。"参见汪精卫《双照楼诗词稿》，第 326 页。

日本看望汪精卫，与他告别"。当时美军已在太平洋战场取得对日军的压倒性优势，开始向日本"绝对国防圈"发起进攻。方君璧冒生命危险，从南京乘车北上大连，经朝鲜乘船渡海到日本，在名古屋医院陪伴了汪精卫一个多月。临别时，汪送给她一块砚台，上刻汪的手书："笔有时而秃，墨有时而竭，惟汝伴我，朝夕矻矻，数十年如一日，是所谓君子之交，坚如是石。以砚赠十一妹，并为之铭。季子。"① 这既是汪精卫对二人情谊的总结，也蕴含着他对方君璧的深厚期许。②

五 回到新中国

1949 年，新中国成立前夕，方君璧和许多国民党人一样，对新政权抱持犹疑观望态度，只身偕三个小孩前往法国。在旅居海外的岁月中，她无时无刻不思念故土。1950 年，当她从朋友处得知"中国情形很好"时，在日记中写下："我想如果做得好，即是我们破产，也应该的，也甘心的。"③ 在冷战背景下，方君璧与祖国分离多年。直到 1972 年美国总统尼克松访华，中美结束外交隔绝状态，方君璧才跟随"旅美华侨回国观光团"，回到了阔别 23 年的祖国。

"华侨回国观光团"是新中国侨务外交战略的一项实践，20 世纪 50 年代初主要针对东南亚华侨，旨在增强他们对新中国的认同与支持。方君璧参加的"旅美华侨回国观光团"，是第一个美国华人的观光团，应邀参加 1972 年的国庆典礼，并受到周恩来总理热情接见。不知是否由于周总

---

① 曾仲鲁：《汪精卫时代的童年回忆》，未刊稿。

② 1931 年，清末词坛领袖朱祖谋在病榻前，将平生所用朱墨双砚授予学生龙榆生，嘱其完成未了之校词之业，并请词坛名宿夏敬观绘制《上彊邨授砚图》，以志其事。后龙榆生在战火中完好保存老师遗稿，并亲自校录完竣，得到世人尊重。汪精卫特以朱祖谋旧门生身份，写信给龙榆生，感谢他整理老师旧稿。《徘徊在文化与政治之间——汪伪时期词人龙榆生的活动》，张晖编《忍寒庐学记——龙榆生的生平与学术》，三联书店，2014，第 168 页。汪精卫并作《为榆生题上彊邨授砚图》一首赠予龙榆生："蕉叶青花惨不言，墨痕中杂泪痕温。知君落笔深灯里，定有高歌动九原。"汪精卫：《双照楼诗词稿》，第 358 页。

③ 方君璧日记手稿，1950 年 5 月 15 日。

理的关照，方君璧的签证延长了三次，历时一年零一个月。这一年中，她游历了许多名胜古迹，参观了南京长江大桥、密云水库等新中国建设成就和社会主义的工厂、公社、学校、幼儿园等，常常心潮澎湃。"所到的地方，愈看愈好，愈参观愈钦佩，见国家蒸蒸日上，欣欣向荣，政府为人民服务，人民为国家努力，这种情况，是以前从来没有的。看了真令人感动。"这是她回国的总体印象。①

只有了解方君璧的心志抱负与往昔的生活经验，才能理解她心中的感动与钦佩。1937 年 11 月，淞沪会战失败，她由牯岭撤往香港，日记中说："晨过吴淞口，真是可怜，一片焦土。比焦土可怜的是间间破房子，似向人诉哭，……还有一江上的日本船只，沿途不见一个中国旗，真可气死人。"② 1972 年她到上海外滩游览，再次来到黄浦江边，看到"所有船只全是挂中国旗，没有一艘外国的"，日记中说："真是开心。"③ 抚今追昔，她感到新中国确实取得了伟大的成就。

1972 年冬天，她参观了著名的北京国棉三厂。第二年春天，又参观了东北旺人民公社，感到工人和农民的生活的确比过去幸福多了。尤其让她感动的，是那些兢兢业业、默默无闻的社会主义劳动者。她参观北京工艺工厂后，在日记中说：那些工人"个个都是艺术家，而终生埋没无闻，毫无怨意，使我见到，自觉得很惭愧。我们都是虚荣心太重了，即不为利，尚有一些为名吧"。④ 她还看了电影《红旗渠》《沙石峪》，京剧《红色娘子军》等，特别喜欢关于华东解放战场上人民解放军运用"运动战"思想歼灭国民党强敌的电影《南征北战》，说"实在太好了"。⑤ 她看了现代京剧《红灯记》，在日记中说："演得十分动人，我为之泪下。人生这样才真有意义。想起从前兄姊等做革命，也是这样呵。"⑥ 1973 年 3 月，是毛泽东发表"向雷锋同志学习"的十周年纪念，全国各地出版了许多

---

① 方君璧自述手稿，年代不详，应在 1978 年前后。
② 方君璧日记手稿，1937 年 11 月 29 日。
③ 方君璧日记手稿，1972 年 10 月 19 日。
④ 方君璧日记手稿，1973 年 4 月 14 日。
⑤ 方君璧日记手稿，1973 年 9 月 24 日、25 日。
⑥ 方君璧日记手稿，1973 年 1 月 2 日。

雷锋的宣传画与小册子。方君璧看过《向雷锋同志学习》的小册子后，在日记中说她周身热血沸腾，像发了烧一样，"真恨这样年老，不能亦随时尽力，为人类牺牲，为人民服务"。①

1973年8月，方君璧来到中共革命圣地延安。目睹了这里的艰苦环境，了解到中共如何经历2万5000里长征到达陕北，怎样在南泥湾开荒生产、自力更生，这些都是她在国民党中闻所未闻的，如传奇一般"好听，而令人鼓舞"，不由得心生感佩，在日记中说："看到这简朴的窑洞，想起以前那样困难的生活，而终于胜利，这也真令人佩服。"她尤其感慨的是，毛泽东也是一个"文人"，却能战胜一切严酷的党内外斗争，能指挥军队，战胜百万强敌，"受各方民众的欢迎、爱护、帮助。这也实在难怪人民的崇拜呢"。②

在崇尚个人自由与个体价值的人们看来，中国革命长期宣传的集体主义、大公无私、自我牺牲观念压抑了个性与个人创造力。但是对于曾经在旧中国殖民政权下生活、亲历过衰弱民族所受的屈辱，又长年在海外漂泊的方君璧而言，最能打动她的，就是将国家、人民福祉置于个人利益之上的家国之情、赤子之心。她自幼受到兄姊方声洞、方君瑛这些革命党人影响，终生为他们踔厉敢死、为国舍家的精神所激励，心中永远有一超越自我的家国理想，因而她能由衷地肯定新中国的历史成就，会为《红灯记》落泪，会受到雷锋精神的鼓舞。这是她的成长经历与所处的时代环境造成的。

1973年9月的一个晚上，月光如水，方君璧散步来到故宫前，见月影倒映水中，与柳丝城楼相映，庄严静穆，一种思古之情油然而生。这一年的国庆节，她来到天安门广场，看到灯火辉煌、群众欢庆的景象，感到古老的中国正焕发出勃勃生机。10月19日，她去美术馆观看了中央文革文化组举办的"全国连环画、中国画展览"和"户县农民画展览"，觉得农民画最好。当天，她写了两封信，一封给周总理，一封给毛主席，并每人送了一套画册，"表示心中的仰慕"。③第二天，她怀着极度不舍的心

①　方君璧日记手稿，1973年3月4日、7日。
②　方君璧日记手稿，1973年8月22日、23日。
③　方君璧日记手稿，1973年10月19日。

情，踏上了返美的旅程。

在此后的生涯中，她又 4 次回国，足迹遍布祖国的名山大川，留下了大量的写生作品。正如她的次子曾仲鲁先生在 2015 年北京"方君璧回顾展"序言中所说："从油画到国画，从巴黎到北京，她曾走得很远，然后，一辈子仿佛都在走着回归的路程。她在中国最后的一天是 1981 年 3 月 29 日，在方声洞儿子方贤旭的陪同下，到广州参加黄花岗起义七十周年大祭。就像 1912 年随君瑛、曾醒、仲鸣去法国前夕时一样。她的起点又成为她的终点，数十年的回归终于到达了目的。"方君璧的一生，经历了各种分裂和动荡，但她最终与历史和命运达成了和解，获得了精神的统一和安定。这也是她留给后人的宝贵遗产。

六　结语

20 世纪以来，中国旧式家族制度与社会结构在西潮和革命冲击下渐趋瓦解，一些"新女性"走出由传统家族、亲缘、礼法所规定的伦理角色，获得了"个体"属性。在日益深重的民族危机下，无数"冲决网罗"的女性投身革命政治，女性（个体）与国族（政治）的关系，成为女性史研究关注的核心问题。但无论是中国革命的"妇女解放"叙事，还是西方女性主义话语，都无法讲述方君璧的故事。她融合中西艺术的事业理想与甘愿闭锁在家庭中的现实，她在爱情中对美德而非幸福的追求，她晚年对新中国的历史成就和中共革命文化的高度认同，甚至主动"改造"自己的思想意识与生活习惯。这些矛盾、选择和上下求索，在"妇女解放"及女性主义话语面前，都处于失语状态。

方君璧从未获得过"个体"属性，她生活在知己与家国构成的情感和伦理关系中，成长于是，困顿于是。她出身于富足绅商家庭，成长于革命党人中间，少年留法，有机会接受中国传统文化的良好教育，并深入学习西方优秀文化成果。特殊的历史、文化条件，培养了她的家国意识，激发了她对士君子人格的追求。这种道德主体会自觉将国家人民福祉置于个人利益之上，在面对亲情、爱情等人生的基本情感时，崇尚忠贞、持久、贯四时而不改柯叶的理想。在个人不得已处于无可转圜之逆境中时，则力图委曲求全，坚持操守，反求诸己，薄责于人。古典诗词学者叶嘉莹称之为"弱德之美"。① 这正是方君璧一生追求的理想。她在日记中说："美美说人生的智慧是从血泪中寻来的，我说不是智慧，而是人格。食得苦中苦，方为人上人，我以为可以用之于精神方面。历史以来，哪有不牺牲而是一个忠恕的人呢。……忠恕之外，再加以仁，则更完满了。"②

然而，特殊的家庭背景、社会阶层和历史文化环境，既培养了方君璧的道德人格，也限制了她的社会行动空间。曾仲鸣和汪精卫在世时，她被封闭在家庭和自己所属阶层的狭隘环境中，远离了广阔、深刻的社会生活。抗战期间她要求出来工作，但未能如愿。这使她的爱国情感和牺牲精神都接不上地气，成为无根的花朵，只能投射和寄托在身边的男性身上，无法走出对汪精卫的崇拜，无法全面、清醒地认识汪精卫的人格和汪伪政权的实质。

缺乏强有力的社会实践，也影响了方君璧艺术表现的力度和深度。她很少用画笔去表达世间的残暴和痛苦，只用它传达美好的事物，描绘心中的理想。1938 年，她在汉口遇到连日大雪，天寒地冻，而屋中一盆垂丝海棠开放得娇艳无比。她不禁为之感动，在日记中说：想不到外面那样冷酷的天气，这花竟似"一贵家小姐，不知道世界事一样"。③ 其实，这也是她的画给人的印象。她说画画让她"将人间一切都可以忘却，那时心魂净洁无比，如皓月一般"。④ 这种皎洁的品格，正是方君璧作品最能打动人心之处，是其人格自觉锤炼、打磨的结果，但也是她的局限性之所在。她经历过血腥、复杂的历史，接受过系统的西画训练，却始终不能用绘画深刻地表现历史和生活，她的作品中所蕴含的社会历史信息是很少的。

可见，女性的主体成长与社会、政治空间的扩展息息相关。但指出这

---

① 叶嘉莹口述，张候萍撰写《红蕖留梦：叶嘉莹谈诗忆往》，三联书店，2019，第 346 页。
② 方君璧日记手稿，1938 年 2 月 26 日。按："美美"是汪精卫之女汪文惺的昵称。
③ 方君璧日记手稿，1938 年 3 月 10 日。
④ 方君璧日记手稿，1937 年 10 月 1 日。

一点，并不能贬低女性为操持家庭生活和维护伦理情感所付出的一切努力的价值。正如曾指出激进女性主义推动了美国家庭生活之衰败的女性政论家让·爱尔斯坦所说：她是从自己作为学生、教师、学者、妻子、姐妹、孩子的母亲、父母的孩子等身份的广泛经验中，"学会了批判建立包罗万象的世界的理论建构工作"。① 我们在反观中国女性寻求解放与发展的道路，反思女性主体与社会、政治的关系时，也需要建立更广阔的历史视野，包容各种不同背景、身份、经历的女性，特别是理解她们在不同历史、文化、价值系统中的情感经验和伦理信念，以及思考和生活的深度与强度。这些历史视野反过来将建立起新的批判维度，为今日女性的自我成长提供反思借鉴的资源。

〔李志毓，中国社会科学院近代史研究所〕

---

① 让·爱尔斯坦：《公共的男人，私人的女人：社会和政治思想中的女性》，葛耘娜、陈雪飞译，三联书店，2019，第 327、332 页。

"国宝"的诞生：近代中国熊猫的发现及国人的早期认知

阳金平

内容提要 熊猫从一具体事物成为"国宝"这种民族符号，其过程并非一蹴而就，而是在较长时间中国外与国内因素双重合力的结果。近代西方人来华对中国珍稀物种的掠夺使原本鲜为人知的熊猫进入国人的视野，熊猫的稀有性和独有性被国人愈发重视并上升到政治层面。西方对熊猫的喜爱尤其是抗战胜利后英美大国对熊猫的珍视极大地增强了国人已经张扬的民族自豪感，提升了熊猫的知名度，熊猫在此时被国人誉为"国宝"。熊猫从山林野兽到"国宝"的过程表明，外力刺激是民族主义的重要生成路径，但这种刺激并不仅仅来自西方对中国压迫所引起的民族危机，西方的积极刺激所带来的民族自信也是民族主义的重要面相。中国的民族主义呈现被动性和主动性的相互交织。

关键词 熊猫 民族主义 国宝 熊猫外交

在近代，民族主义深刻影响着中国的政治、社会、经济与文化，其重要性不言而喻。学界对近代中国民族主义的考察成果迭出，歧见纷纭。[1]

---

[1] 中国近代民族主义研究成果众多，可参见罗志田《近代中国民族主义的研究取向与反思》，《四川大学学报》1998 年第 1 期；王春霞、王颖《近十年来关于"中国近代民族主义"的研究综述》，《中州学刊》2002 年第 4 期；贾小叶《中国近代民族主义的再思考——"中国近代史上的民族主义学术研讨会"综述》，《教学与研究》2006 年第 4 期；赵慧峰、俞祖华《第二届中国近代思想史国际学术研讨会综述》，《史学月刊》2007 年第 2 期；郑大华、邹小站主编《中国近代史上的民族主义》，社会科学文献出版社，2007；黄兴涛《情感、思想与运动：近代中国民族主义研究检视》，《广东社会科学》2009 年第 3 期；张淑娟《民族主义与近代中国民族理论》，光明日报出版社，2011；张治江《20 年来中国近代民族主义研究及启示》，《安徽史学》2012 年第 6 期。

在民族主义脉络的把握上，学者大多赞同来自西方的外力刺激是民族主义
的重要生成路径，前人成果多侧重西方外力下的消极刺激，即民族危机。
这种民族主义演进脉络分析对民族主义符号的讨论较少。比如对于具有强
烈民族主义意蕴的概念——"国宝"的考察尚付之阙如。熊猫①作为众所
周知的中国"国宝"，是研究民族主义的一个很好的载体。而且，既有成
果所观照民族主义"材料"多来自政府和精英阶层，普通民众常处于失
语状态。为此，有学者呼吁民族主义的研究要更多地关注社会大众，如此
方可观测到民族主义在社会中的实际运行状况及发展程度。②"国宝"这
种民族符号具有实物形态，社会讨论多，广大民众的声音更能得到体现。
熊猫作为中国的国宝，前人对这一生物历史的考察多集中在古代和新中国
成立后这两个时期，③ 尤值一提的是宋雅兰的研究，她指出熊猫的国宝地
位与现代中国的国家建设有着密不可分的关系，将熊猫作为现代中国定义
民族身份的一个环节，然而，宋雅兰论述时段主要为新中国成立之后，对
近代国人对熊猫的认识着墨甚少。④ 学界对近代熊猫的讨论多为 20 世纪
40 年代的熊猫外交。⑤ 对近代熊猫较为系统的研究当属姜鸿，他从博物

---

① 本文若无特殊说明，"熊猫"一词指"大熊猫"而非"小熊猫"。
② 马敏：《〈民族主义与近代中国博览会事业（1851~1937）〉序》，洪振强：《民族主义
与近代中国博览会事业（1851~1937）》，社会科学文献出版社，2017，第 2 页。
③ 学界对熊猫古名的考证较多，最新研究成果见邓云霞《历史文献记载中的大熊猫形象》，
《保山学院学报》2017 年第 1 期，该文对前人关于熊猫的古称有比较详细的综述。国内
学界对新中国成立后的熊猫研究集中于外交领域，参见郑才明《中国熊猫外交及其在美
传播效果——美国媒体相关报道分析》，硕士学位论文，中国人民大学，2010；刘晓晨
《从东方到西方：冷战背景下中国的熊猫外交》，《近现代国际关系史研究》2014 年第 2
期；蒋贝《中国熊猫外交研究》，硕士学位论文，中国人民大学，2019；余聆睿《公共
外交视角下的熊猫外交研究》，硕士学位论文，中国人民大学，2019。
④ E. Elena Songster, *Panda Nation: The Construction and Conservation of China's Modern Icon*,
Oxford University Press, 2018.
⑤ 家永真幸「南京国民政府期における中国「パンダ外交」の形成(1928-1949)」『アジ
ア研究』第 55 卷第 3 号、2009 年；邵铭煌：《抗战时期鲜为人知的"熊猫外交"》，中
国人民抗日战争纪念馆、北京中国抗日战争史研究暨和平教育基金会编《抗战史料研
究》2012 年第 1 辑，团结出版社，2012；王晓：《20 世纪 40 年代的"熊猫外交"及其
社会反应——基于中国报刊资料分析》，硕士学位论文，湖南师范大学，2019；贾佩：
《"熊猫外交"与近代中国》，硕士学位论文，中国人民大学，2019；亨利·尼科尔斯：
《来自中国的礼物——大熊猫与人类相遇的一百年》，黄建强译，三联书店，2018，第
9~70 页。

学、商业和政治三个维度对中国熊猫走向世界的进程展开考察。① 笔者认为，熊猫走向世界的同时也历经了走向国内、走进中国民众的过程。作为中国特有的山林野兽，熊猫早在近代就被冠以"国宝"之名，对这一过程及背后所反映的思想内涵学界尚无系统性研究成果，笔者斗胆尝试，不当之处，求教于方家。

一 西方人寻获熊猫和国人渐渐重视熊猫

在近代，随着西方资本主义的发展，生物学也日渐进步，西方列强在全世界范围内进行了广泛的生物数据收集活动。另外，当时官方和非官方的动物园里展示的各种珍禽异兽象征着勇士在收集和捕杀这些动物时所经历的冒险生活，在这种刺激下，许多探险者深入世界各地广泛猎取各种动物。② 伴随着列强的入侵，国土广阔、物种丰富的中国国门洞开，吸引了大量西方探险者。这其中就包括熊猫生物学意义上的发现者——法国传教士谭卫道。③1869 年 3 月 11 日，他在川西穆坪某户农家偶然间发现一张熊猫皮，随后又获得一只已经死亡的熊猫，谭卫道认为这是一种新发现的黑白熊。④

西方人对华生物种群肆意掠夺。以谭卫道为例，经巴黎自然博物馆估算，三次来华的他在中国总共收集了 2919 种植物，9569 种昆虫、蜘蛛与甲壳类动物，1322 种鸟类以及 595 种哺乳动物。⑤ 就熊猫而言，来华猎获

---

① 姜鸿：《科学、商业与政治：走向世界的中国大熊猫（1869～1948）》，《近代史研究》2021 年第 1 期。

② 布莱恩·费根：《亲密关系：动物如何塑造人类历史》，刘诗军译，浙江大学出版社，2019，第 292～296 页。

③ 谭卫道（1826～1900），为在华生物收集史上最著名的人物之一，不仅向欧洲送去大熊猫标本，还送过麋鹿、珙桐等中国特有的珍稀动植物，其名也作"谭薇道""戴维""达卫"等。参见中国社会科学院近代史研究所翻译室编《近代来华外国人名辞典》，中国社会科学出版社，1981，第 102 页；朱昱海《法国来华博物学家谭卫道》，《自然辩证法通讯》2014 年第 4 期；朱昱海《法国遣使会谭卫道神父的博物学研究》，博士学位论文，北京大学，2015。

④ 朱昱海：《法国遣使会谭卫道神父的博物学研究》，博士学位论文，北京大学，2015，第 129～130 页。

⑤ 朱昱海：《法国遣使会谭卫道神父的博物学研究》，博士学位论文，北京大学，2015，第 143 页。

熊猫的不仅有动物学家，还有传教士、政府官员、军人、商人、华侨等群体。西方人来华掠夺熊猫大致有两种情况。其一，博物馆、动物园等遣人来华进行生物收集；其二，商人搜求具有经济价值的标本、皮毛、活体等来获利。① 20 世纪二三十年代，以熊猫为目标的狩猎活动越来越多，其科学价值逐渐让位于商业价值，这使熊猫被猎获的数量益多。据统计，1869~1939 年，外国人从四川猎获的活体大熊猫及标本中至少有 72 只运往西方国家，其中活着到达的约有 12 只。② 仅 20 世纪 30 年代在汶川草坡一个乡就有 20 余只熊猫被捕捉，除了途中死亡的共有 14 只到英、美展出，此举导致当地的熊猫种群经半个多世纪仍未得到恢复。③

作为中国本土物种，国人早已注意到熊猫。例如道光《留坝厅志》将其看作一种熊，谓之：

> 熊，大如牛，马头牛尾犬身，四足能立如人行，黑背白肋，项足皆黑白相杂。不食五谷，食竹连茎。腹无五脏，惟一肠，两端差大，可作带系腰。④

中国典籍虽有关于熊猫的记载，但对于国人尤其是当地人而言，熊猫不过是一种普通的野兽而已，只有当它侵犯人们的财产时才会杀死它。⑤曾有西方人欲雇人养活一只熊猫幼崽，当地人提醒他此 "大惊小怪" 的举动会遭到嘲笑。⑥

1928 年，芝加哥野外博物馆派美国前总统西奥多·罗斯福的两个儿

---

① 姜鸿：《科学、商业与政治：走向世界的中国大熊猫（1869~1948）》，《近代史研究》2021 年第 1 期。
② 四川省地方志编纂委员会编《四川省志·外事志》，巴蜀书社，2001，第 559 页。
③ 胡锦矗：《大熊猫的种群衰落初析》，夏武平、张洁主编《人类活动影响下兽类的演变》，中国科学技术出版社，1993，第 43 页。
④ 道光《留坝厅志》卷一《紫柏山图》，清道光二十二年刻本，第 27 页。
⑤ "Roosevelts Succeedin Shooting Panda," *San Bernardino Sun*, Vol. 65, No. 50, 20th October, 1929.
⑥ 姜鸿：《科学、商业与政治：走向世界的中国大熊猫（1869~1948）》，《近代史研究》2021 年第 1 期。

子来华狩猎。罗斯福兄弟来华捕获熊猫是外国人第一次猎杀熊猫，这激起了不少西方人到华亲手猎取此种罕见动物的强烈兴趣，之后，美国不少探险队到川西皆以猎获熊猫为重要目的。① 罗氏兄弟此行影响较大，"从这时候起，大熊猫的大名已为世界动物学者所注意。各大动物园都不惜斥巨资希望获得一只活的大熊猫"。②

义和团运动后，以民族国家观念和主权意识为基调的民族主义在中国逐渐流行开来。③ 1928 年，中国有了形式上统一的民族国家。有学者敏锐地察觉到 20 年代末 30 年代初，国人围绕"全盘西化论"的批评和反省，体现了一种民族意识觉醒的导向意义。④ 也就是在这一时期，国人真正开始注意和重视熊猫。罗氏兄弟对熊猫的捕获引起了国人的注意，之后在介绍熊猫的文章中，他们是常被提及的人物，甚至有人认为他俩是"第一个替熊猫宣传的人"。⑤

起初国人对熊猫生物学意义上的认识程度非常有限。罗氏兄弟猎杀的熊猫被我国《科学的中国》杂志用作 1934 年第 1 期的封面，但被标明为"浣熊"。⑥ 这种情况还出现在 1936 年出版的《辞海》对"熊猫"一词的解释上：

> 怪兽名，产新疆，体甚巨大。为现有怪兽最罕见之一种。距今六十年前，为法国科学家比利戴维氏所发现；至公元一九二九年，美国罗斯福将军之弟某始捕获之，现陈列芝加哥原野博物馆内，至此兽究属何类何科尚未详。⑦

---

① 罗桂环：《近代西方识华生物史》，山东教育出版社，2005，第 257 页。其时，罗斯福兄弟猎杀活体熊猫一事几乎被外人认为是一个神话，参见 "Teddy's Son Bags the Panda," *Healdsburg Tribune*, No. 199, 20th June, 1929。

② 拔孤：《几只国际闻名的"班达"》，《申报》1942 年 5 月 4 日，第 7 版。

③ 王立新：《中国近代民族主义的兴起与抵制美货运动》，《历史研究》2000 年第 1 期。

④ 黄兴涛、陈鹏：《民国时期"现代化"概念的流播、认识与运用》，《历史研究》2018 年第 6 期。

⑤ 老熊：《熊猫：中国唯一的珍兽》，《中外春秋》新第 8 期，1946 年，第 5 页。

⑥ 罗桂环：《我国三种珍稀动物西流考》，《中国科技史料》1996 年第 2 期。

⑦ 舒新城等编《辞海》上册《巳集》，中华书局，1936，第 215 页。

其实新疆并不出产熊猫，此后一些介绍熊猫的文章称其产于中国西北或新疆可能是受此误导。① 熊猫被称为"怪兽"，可见至少在《辞海》的编者看来，熊猫是一种非常奇怪且少见的动物。熊猫"属何类何科尚未详"此言不差，国人对熊猫生物学意义上的确切归属意见并不统一。

然而，国人对熊猫的认识程度在渐渐提高，到 1939 年时已经意识到"它虽然有熊猫的名称，但在冬天并不和熊一样的蛰伏"。② 从 1939 年一篇专门介绍熊猫的文章中可以看出，人们已经对其有比较全面的认识，涉及熊猫的外貌、身体构造、饮食习惯、产地、性情、生活习惯甚至其与小熊猫的区别。③ 该年 5 月，上海博物院将熊猫标本公开陈展，沪江大学附中全体师生前去参观，一些学术团体"亦极踊跃"。④ 1940 年，上海荣记大世界在《申报》上刊登了大量珍禽异兽展览广告，熊猫在所展览的珍禽异兽之列。⑤ 国人对熊猫的了解越来越多，虽然几乎没有相关的科学研究，然而这丝毫不影响熊猫在国人心中地位的逐渐提高，这离不开国人对熊猫稀有性和中国独有性的认识。

熊猫的稀有性来自其被发现的数量。虽有熊猫标本被运往西方，但为数较少且博物馆所陈鲜有活体。熊猫生存环境恶劣，寻获一只并不容易，一些探险队深入川西却很难见到熊猫的踪迹甚至最终无功而返。对熊猫兴趣极大的威尔逊认为它是川西最值得捕获的动物，"近年来已有几张多少不完全的皮寄到欧洲去，但没有一个外国人曾见过活的实物……这种动物并不普通，又地方的荒野也阻人深入去捕捉，本地人猎野牛、野羚之余偶尔也打他，但不是专去打他的"。⑥ 物以稀为贵，1921 年，一位来华捕猎

---

① 《四川熊猫》，《永安月刊》第 6 期，1939 年；中国大辞典编纂处编《国语辞典》，商务印书馆，1945，第 2553 页。
② 老圃：《哄动一时的大熊猫：华西出产的一种稀贵动物》，《科学画报》第 6 卷第 1 期，1939 年，第 4 页。
③ 高峰：《猫熊是什么》，《上海周报》第 1 卷第 5 期，1939 年。
④ 《上海博物院异兽陈列展览》，《申报》1939 年 5 月 4 日，第 13 版。
⑤ 《大世界将展览奇兽》，《申报》1940 年 11 月 6 日，第 14 版。
⑥ 威尔逊：《西康四川的鸟兽》，李惬士编译《中国西部动物志》，商务印书馆，1934，第 71~72 页。

的西方人指出熊猫是中国哺乳动物中最罕见和最有趣的一种。① 20 年代末，有人认为罗斯福兄弟所寻获的熊猫，是一种"罕见的亚洲动物"。② 1932 年，西方人更是指出熊猫是存世最为稀少的动物。③

20 世纪 30 年代初，熊猫的稀有性为国人所知。有人在介绍熊猫时直接将标题定为《世界最稀有的哺乳动物——大熊猫》，④ 几年后，熊猫已成为"巨大野生动物最稀少者"。⑤ 还有人在介绍熊猫时，称"世界最宝贵而稀有的兽类中的大熊猫"。⑥

在认识熊猫为世界级稀有动物的同时，国人也渐渐意识到熊猫乃中国独有。至 30 年代中后期，国人已充分认识到了熊猫的珍贵。在介绍熊猫的杂志上，关于熊猫的产地出现了"中国"⑦、"中国四川"⑧ 等字样。1938 年，著名的标本商贩史密斯之妻携带诸多从四川掠来的奇禽异兽，途经香港，引起了当地媒体的关注，《大公报》云："其最宝贵者，为熊猫及金头猴。"⑨《申报》云："此帮奇禽奇兽中最可珍贵者为熊猫一种。"⑩《中华》杂志在介绍上海博物院的动物标本时指出，"其中最为珍贵者为我国独产的大熊猫"，⑪ 在介绍纽约博览会中的熊猫时指出，"中国特产的熊猫"。⑫ 珍贵的熊猫被贴上了中国的标签，这是国人认识熊猫的关键一步。

---

① De C. Sowerby, "The Cat-Bear," *North China Herald and Supreme Court and Consular Gazette*（*1870-1941*），31st Dec.，1921.

② Col. T. Roosevelt, "Governor General of Porto Rico, Sails," *The China Press*（*1925-1938*），11st Aug.，1929，p. 4.

③ Shun, Shih, "Height of Mountains in Sikong Sought," *The China Press*（*1925-1938*），4th Aug.，1932.

④ 兰：《世界最稀有的哺乳动物——大熊猫》，《世界杂志》1931 年增刊。

⑤ 珣：《中国四川产之熊猫》，《科学》第 18 卷第 6 期，1934 年，第 863 页。

⑥ 杨帝霖：《西康狩猎记》，《良友》第 118 期，1936 年，第 43 页。杨帝霖又叫"杨昆廷"。

⑦ 《中国熊猫之海外发展》，《老实话》第 46 期，1934 年，第 15 页。

⑧ 《中国四川产之熊猫（现在美国非勒特尔非尔博物院中陈列）》，《科学》第 18 卷第 6 期，1934 年，第 1 页。

⑨ 《熊猫与金头猴》，（香港）《大公报》1938 年 11 月 9 日，第 6 版。按："金头猴"即金丝猴。

⑩ 《兽王之妻抵港，携来奇禽异兽，均自四川捕获，在港候轮回英》，（香港）《申报》1938 年 11 月 6 日，第 4 版。

⑪ 《上海博物院》，（上海）《中华》第 44 期，1936 年，第 15 页。

⑫ 《纽约博览会中的中国熊猫》，（上海）《中华》第 81 期，1939 年，第 31 页。

二 "熊猫外交"和熊猫热的升温

1939 年，美国纽约举办了第 20 届世界博览会，此次大会规模空前盛大。从商业角度考虑，主办方将来自中国的熊猫"潘多拉"送到博览会的游乐区供人观赏。活泼的"潘多拉"人气旺盛，超过十余万游客前来观看，其中不乏好莱坞当红明星等社会名流。① 中国熊猫为主办方带来了可观的经济收益，同时熊猫也愈有名气。1941 年 5 月，"潘多拉"病死。从广播上听到美国人哀悼"潘多拉"的消息后，宋美龄决定送美国一只熊猫，以安慰友邦，随后宋霭龄表示也要赠送美国一只熊猫。她们想到以熊猫作为礼物赠美，可见当时熊猫在国内外已有较大的影响力。

1941 年 11 月 9 日，国民政府在重庆广播大厦举行了隆重的赠送熊猫仪式，正式将两只熊猫送给美国联合救济中国难民协会和纽约动物学会。美国驻华大使出席典礼，中央广播电台、国际广播电台和美国哥伦比亚广播公司同时实况播送。典礼结束后，宋霭龄和宋美龄出面，在蒋介石的林园官邸举行茶话会招待中外来宾及记者。蒋介石与外交部部长郭泰祺、国民党中宣部副部长董显光等政要出席。②

熊猫作为国礼赠送给帮助中国抗战的美国友邦，有利于促进两国友谊。两只熊猫运到美国后的 1942 年 1 月 5 日，美国《时代》杂志以总统罗斯福为封面人物并在该期"自然科学"专栏对来自中国的熊猫做了专门介绍。随后《生活》杂志也刊登了熊猫的消息并附上了照片，此时距离珍珠港事件爆发不过一个月，美国两大杂志不约而同地关注中国熊猫的消息，而且封面人物和专栏主角互相应和，有意无意地传递了中美两国友好和善的消息。③ 待熊猫一周岁之际，美国联合救济中国难民协会举行了庆祝活动，

① 《纽约博览会中的中国熊猫》，（上海）《中华》第 81 期，1939 年；邵铭煌：《抗战时期鲜为人知的"熊猫外交"》《抗战史料研究》2012 年第 1 辑。

② 邵铭煌：《抗战时期鲜为人知的"熊猫外交"》，《抗战史料研究》2012 年第 1 辑；《赠送熊猫典礼蒋孔两夫人向美国广播》，《江西妇女》第 6 卷第 3、4 期，1941 年。

③ 邵铭煌：《抗战时期鲜为人知的"熊猫外交"》，《抗战史料研究》2012 年第 1 辑。

"全美各地人民，对于蒋夫人所赠之熊猫，极稀罕，其热烈注意之情形为空前未有"。① 不久，该委员会和纽约生物学会发动了为两只熊猫取名的活动，最终定名为"班棣"和"班达"。② 熊猫在美国很受欢迎，玩具服装食品等，拿"班达"为标记，"不一而足"。③《大战画集》还特意刊载了一幅中国儿童赠送美国儿童熊猫玩具的照片。④ 有人直言："自从蒋夫人送给美国的熊猫后，这种东西却成了美国儿童的爱物，儿童们特爱熊猫玩具。互相赠送，中美情感已在儿童心理上建立了深固的基础。"⑤ 美国人陈纳德将军组建了援华空军"飞虎队"，其第二中队便以"熊猫队"为外号。⑥ 这两只熊猫也被后人誉为"抗战中中美两国具有历史价值之动物"。⑦

熊猫外交在国人对熊猫的认识上具有重要意义。一方面，熊猫自被发现以来，西方人和国人多将其置于生物、商业等层面对待，此次外交事件使中外人士所爱的熊猫首次登上了政治舞台，其价值获得了国家层面的高度认可。另一方面，随着熊猫知名度的提高，其民族符号的功能始有显现。有学者认为，1946 年熊猫出国时才初具政治象征，⑧ 其实早在抗战时的熊猫外交它就已初具政治意义上的国家象征。负责此次捕捉熊猫的华西协合大学博物馆馆长葛维翰将大一点的雄性命名为"中美"，雌性熊猫待赴美后再取名，这是熊猫首次象征国家。宋霭龄说明了选择熊猫作为礼物的缘由：第一，熊猫为中国特产，世界其他地方没有；第二，熊猫为稀有之物；第三，熊猫为一愉快之礼物，实际上是代表中国人抗战之苦中寻求快乐的精神；第四，熊猫产于中国极西地区，象征中国四万万人自沿海地

---

① 《熊猫周岁　美举行庆祝》，桂林《大公报》1942 年 4 月 2 日，第 2 版。
② 《熊猫命名将在纽约举行》，桂林《大公报》1942 年 5 月 1 日，第 3 版；《赠美两熊猫业已定名》，《申报》1942 年 5 月 1 日，第 2 版。
③ 拔孤：《几只国际闻名的"班达"》，《申报》1942 年 5 月 4 日，第 7 版。
④ 《大战画集》第 2 期，1943 年，第 20 页。
⑤ 《熊猫玩具》，《绥远文讯》第 2 期，1944 年，第 45 页。
⑥ 中国社会科学院近代史研究所编《海外稀见抗战影像集·战时中美合作》，山西人民出版社，2015，第 2 页。
⑦ 《中国的珍兽：熊猫》，《新天地》第 2 期，1946 年，第 1 页。
⑧ 贾佩：《"熊猫外交"与近代中国》，硕士学位论文，中国人民大学，2019，第 23 页。

区西迁之情形。① 宋霭龄的表态宣告熊猫为中国独有，以熊猫比附中华民族又让这种双方皆爱的动物承担起中美两国友好关系的象征意义，这是熊猫成为"国宝"之路上至关重要的一步。

此次外交事件还进一步提升了熊猫在国内的名声。1942 年，熊猫登上了当时致力于科普的《科学画报》的封面。② 四川省立科学馆寻获了一只熊猫，将其在成都少城公园进行了公开展览。③ 中国的生物学家也对熊猫有了初步的研究。1943 年，中国解剖学先驱人物卢于道研究员准备详细研究大熊猫的脑部，其初步成果摘要见于当年的《中国动物学会论文提要》。④ 1942 年，上海垒球比赛中出现了以熊猫命名的球队——中华熊猫队。其实在 20 世纪 20 年代上海地区已经出现了一支以熊猫命名的篮球队——青年会西人篮球联合会熊猫队，不过其队员以外国人为主，而中华熊猫队队员则是清一色的中国人，参加者多为在上海的广东人。⑤ 以"熊猫"冠名体育球队是熊猫为国人所爱的反映，反过来也促进了熊猫之名的传播。

三　抗战胜利与熊猫"国宝"之名诞生

熊猫"潘多拉"和孔、蒋两夫人赠美的熊猫在当地轰动一时，同样引起"熊猫热"的还有史密斯运往伦敦动物园的三只熊猫。因它们来自中国，故被取了"唐""宋""明"三个富有中国文化的名字。伦敦动物园将它们展出后，"参观者异常之多，门票收入甚丰"。⑥ 三只熊猫在伦敦人气旺盛，但好景不长，1944 年它们相继死亡，此时英国便无活体熊猫。⑦ 1946 年，国民党中央宣传部驻伦敦代表叶公超想赠送伦敦动物园中

---

① 《熊猫赠送仪式昨晨在渝举行》，《申报》1941 年 11 月 10 日，第 3 版。
② 《川藏特产大熊猫》，《科学画报》第 8 卷第 11 期，1942 年，封 1 页。
③ 《成都一周》，（重庆）《大公报》1942 年 7 月 15 日，第 3 版。
④ 卢于道：《大熊猫脑之初步报告》，《读书通讯》第 79~80 期，1943 年。
⑤ 深一姆：《介绍劲旅中华熊猫队》，《申报》1944 年 6 月 30 日，第 4 版。
⑥ 《禁止滥捕大熊猫》，《科学》第 23 卷第 3、4 期，1939 年，第 218 页。
⑦ 家永真幸「南京国民政府期における中国『パンダ外交』の形成（1928–1949）」『アジア研究』第 55 卷第 3 号。

国动物，向其函询："何种礼物将认为最足珍贵？"伦敦动物园回复称："任何礼物之价值，无有过于一头大熊猫者。"并询问叶公超中国最需要的报偿，叶答曰："中国愿英国能以免费待遇，给予中国动物学研究生一名。"① 双方一拍即合，又一只熊猫即将运到英国。

1946 年 5 月，载有一只熊猫的飞机从重庆飞向印度加尔各答，此熊猫由四川大学生物学教授马德护送，马教授将其命名为"联合"。② 对于熊猫出国坐飞机一事，国人深感自豪。《大公报》刊文标题曰《熊猫有福坐上飞机 扬名海外》。③

"联合小姐"到达英国后，红极一时。《申报》云："自'联合'抵此后，各报摄影记者，踊跃摄取镜头，胜过任何世界知名影星。"④ 熊猫的出名正如当时一首竹枝词所言："机迎舰送重连城，沸沸扬扬海外名。"⑤ 还有人将熊猫前往英伦三岛比喻为"嫁到"英国，"我们从英伦传来的广播声里，新闻纸的报导中，知道她在英国受着史无前例的尊崇和欢迎……在英国的报纸上，以重要的第一版刊载着她的生活和玉照，这是任何使节所没有享受到的荣誉！"⑥ 一些报刊得意地写道："较之欢迎丘吉尔、蒙哥马利尤有过之。动物园当局以小姐风尘仆仆，行装甫卸，不拟接见访问者，后以盛情难却，'联合小姐'答应出见二十分钟并略事表演，风采动人。"⑦

抗战时期赠美的两只熊猫已病逝，美国境内无活体熊猫。英国以留学名额换取中国熊猫的做法引来了美方效仿。美国动物院总干事函请中国政府惠赠熊猫一对以供研究，并提出愿意以美国大学之公费研究生一名作为交换条件。教育部答应了此事并让四川省教育厅迅速负责捕捉熊猫。⑧ 沉浸在"联

---

① 《熊猫赠英 赠我留英免费生》，《申报》1946 年 4 月 22 日，第 4 版。
② 《送英之熊猫昨飞加城》，（上海）《大公报》1946 年 5 月 7 日，第 2 版。
③ 《熊猫有福》，（上海）《大公报》1946 年 5 月 8 日，第 5 版。
④ 《熊猫联合小姐风头胜过影星》，《申报》1946 年 5 月 15 日，第 3 版。
⑤ 楚狂：《海上新竹枝：熊猫出国》，《新上海》第 38 期，1946 年，第 5 页。
⑥ 陈樾：《联合小姐："熊猫"》，《风土什志》第 2 卷第 1 期，1946 年，第 14~18 页。
⑦ 《熊猫小姐》，《见闻》第 1 卷第 13 期，1946 年，第 30 页。
⑧ 泰：《美国动物院以公费研究生一名换取熊猫》，（汉口）《教育通讯》复刊第 2 期，1946 年，第 19 页。

合小姐"带来的欣喜中的中国人认为美国人是眼红，不得不也向四川省政府索讨。① 甚至在相关报道中，以"美国军官权充护花使者" 当作副标题。②

英美对中国熊猫的厚爱促使国内掀起了新一轮的"熊猫热"。熊猫可爱的样式出现在女人的打扮上。在上海某中学，曾有女生别出心裁做了"中国特有之熊猫式" 发型。③ 熊猫的珍贵举国皆知，因此，时人常借熊猫而言某物的珍贵。如在报道画家谢之光家中的怪松时，便在标题上指出这种松树"与熊猫同属希世之珍"。④

最能说明国内"熊猫热"的在商业领域——以熊猫命名的贴近民众生活的商品大量出现。如"熊猫皮"大衣，是一种"上半身是熊皮，下半身是猫皮"的皮衣。⑤ 一些商品的商标也冠以"熊猫"二字。以 1946 年而言，已有毛巾"熊猫巾"⑥、红星橡胶厂的熊猫牌橡胶⑦、利丰橡胶厂出品的熊猫牌胶质用品⑧、贵州烟草公司的熊猫牌香烟⑨、上海建中五金厂出品的熊猫牌三芯火油炉⑩、苏州福民烟厂的熊猫牌香烟⑪、东亚烟草公司推出的熊猫牌香烟⑫、恒义升袜衫厂生产的四股熊猫粗绒线⑬、天元实业股份有限公司出品的熊猫牌及双熊猫牌棉纺织品⑭等。

抗战胜利时，熊猫对国人来说已不是陌生的动物。随着英美以留学名额交换中国熊猫，国人对熊猫的兴趣大增，对其的科学认识也有了很大的提高。有人作《关于熊猫》一文将熊猫的知识延伸到了远古时代，指出几十万年前

① 《熊猫小姐在英伦大出风头：美国眼热 也来讨索》，《世界珍闻》创刊号，1946 年。
② 《熊猫今日由蓉飞沪》，《申报》1946 年 10 月 15 日，第 5 版。
③ 《熊猫式》，《沪西》第 4 期，1946 年，第 9 页。
④ 勤孟：《与熊猫同属希世之珍 谢之光家中的怪松》，《万寿山》第 1 期，1946 年，第 1 页。按："希"为"稀。"
⑤ 《正兴馆主信箱》，《星光》新 19 期，1946 年，第 7 页。
⑥ 《申报》1946 年 3 月 3 日，第 5 版。
⑦ 《申报》1946 年 3 月 14 日，第 2 版。
⑧ 《商业小志》，（上海）《大公报》1946 年 11 月 8 日，第 6 版。
⑨ 《申报》1946 年 8 月 8 日，第 8 版。
⑩ 《申报》1946 年 8 月 29 日，第 3 版。
⑪ 《申报》1946 年 9 月 4 日，第 10 版。
⑫ 天津《大公报》1946 年 9 月 24 日，第 5 版。
⑬ 《申报》1946 年 9 月 9 日，第 3 版。
⑭ 《申报》1946 年 10 月 13 日，第 3 版。

中国各地已有熊猫存在。① 类似的介绍还见于《大公报》。② 就科学研究而言，当时的科普作家贾祖章否定了前人将熊猫归为"猫属"动物，提议将"浣熊科"改为独立的"熊猫科"。③ 30 年代有人主张将大熊猫列入小熊猫科，④ 到了 1948 年，科学界在脊椎动物分类时将大熊猫科单独列在食肉目下。⑤ 借助"熊猫热"，此时国人对熊猫的认识已较之前更加科学、全面。

英美对中国熊猫的喜爱层出不穷地见诸国内报刊，两个大国对中国独有物种熊猫的珍视极大地增强了国人的民族自豪感，熊猫也有了象征中国的符号意义。比如《大公报》曾报道某报刊上的一幅漫画："'联合小姐'很安静的坐在笼子里，在她的前面，立着大腹的贝文，带了英国的狮子；圆头的莫洛托夫，带了苏联的熊；瘦长的贝尔纳斯，带了美国的鹰；矮小的皮杜尔，带了法国的雄鸡。"⑥

宋雅兰认为，作为由政府主导的科学和大众民族主义的主题，熊猫伴随着新中国的成立与发展上升到了具有广泛全球影响力的位置。⑦ 其实，如果我们将眼光往前推至近代，亦能找到熊猫在民族主义话语下的价值。抗日战争时期，国人民族主义高涨阶段；⑧ 抗战胜利后，中国携战胜国之威其国际地位骤然上升，被认为当时世界上五大国之一。抗战时期的熊猫外交使熊猫超出了生物和经济意义上的价值；抗战胜利后，英美大国对熊猫的喜爱加上中国战胜国的地位，使熊猫已然成为寄托着国人民族自豪感的载体。有人直言："擢升为'五强之一'的中国有一种足堪自豪的特产，那便是为广大友邦人士所钟情的小熊猫。"⑨ 有的刊物在报道熊猫时将《为

---

① 宛青：《关于熊猫》，（南京）《女青年》第 4 卷第 1 期，1946 年。

② 寿振黄：《从熊猫讲到万牲园》，（天津）《大公报》1946 年 7 月 27 日，第 4 版。

③ 贾祖章：《熊猫的真面目》，《科学大众》第 1 卷第 2 期，1946 年，第 47 页。

④ 周建人编《哺乳动物图谱》，商务印书馆，1937，第 34 页。

⑤ 郑作新编著《脊椎动物分类学纲要》，正中书局，1948，第 114 页。

⑥ 秀石：《"联合小姐"轰动英伦，英人希望她象征国际团结开端》，（上海）《大公报》1946 年 5 月 14 日，第 3 版。

⑦ E. Elena Songster, *Panda Nation: The Construction and Conservation of China's Modern Icon*, p. 2.

⑧ 郑大华：《中国近代民族主义的来源、演变及其他》，《史学月刊》2006 年第 6 期。

⑨ 沙茜：《小熊猫侍卫十六名》，《星光》新 13 期，1946 年，第 1 页。按：文中的"小熊猫"是指大熊猫。

国争光有熊猫》作为文章标题，[1] 更有人扬言："熊猫大小姐下嫁英伦，二小姐下嫁纽约，将来三小姐不知嫁与何处？除英伦、纽约外，何处博物院可能享受熊猫三小姐之垂爱见嫔？以五强言，则三小姐应嫁与苏联或法国，苏如荣获老三，法可候补老四！"[2] 国人的民族自豪感跃然纸上。

伴随着国内外"熊猫热"，中国熊猫在国人心中的地位得到了极大提升，以"国宝"来形容熊猫的地位也便顺势而成。在报道熊猫时运用"国宝"一词开始见诸报端："川藏山中异兽，英美待如国宝"，[3] "全世界唯中国独有之兽，英美以巨金款待如国宝"。[4] 以熊猫为傲的中国人不仅在报刊上将熊猫尊称为"国宝"，关于熊猫的影片也被冠以"国宝"。在上海金城影院，公映"轰动全球　中国国宝　全部五彩'熊猫'"，[5] 上海亚蒙影院公映"轰动全球　世界珍稀　中国国宝'熊猫'"，[6] 另外上海文化会堂等都曾公映，皆将熊猫冠以"国宝"之称。[7] 中国近代民族主义的起点是中华民族身份认同的确立。[8] 有学者指出，在民族认同上共同的大众文化是构成要素之一。[9] 熊猫是稀有的中国特产，从国礼到国宝的形象进程体现出了政府和民众对中国物种的一致认同。

四　结语

虽然政府公开认定熊猫"国宝"之名要在新中国成立以后，但近代时民众已将此名赋予了熊猫。作为一种深居高山的野兽，熊猫在近代获得中国

---

① 《春明画刊》第 1 卷第 11 期，1946 年。

② 怡庐：《谈熊猫小姐》，《周播》第 17 期，1946 年，第 8 页。

③ 锦帆：《专机运欧的熊猫》，《海光》第 23 期，1946 年，封 1 页。

④ 武夫：《熊猫》，《海晶》第 12 期，1946 年，第 11 页。

⑤ 《申报》1946 年 10 月 22 日，第 12 版。

⑥ 《申报》1946 年 11 月 19 日，第 12 版。

⑦ 《申报》1946 年 11 月 6 日，第 12 版。

⑧ 李扬帆：《未完成的国家："中国"国名的形成与近代民族主义的构建》，《国际政治研究》2014 年第 5 期。

⑨ Anthony D. Smith, *National Identity*, University of Nevada Press, 1991, p.14，转引自李扬帆《未完成的国家："中国"国名的形成与近代民族主义的构建》，《国际政治研究》2014 年第 5 期。

"国宝"之誉经历了一个较长的过程。先是西方人发现并大肆捕获熊猫引起国人注意；接着，国人意识到熊猫的稀有性和中国独有性；抗战时期，熊猫被当作国礼赠予友邦，初具国家象征；抗战胜利后，熊猫成为"国宝"，这是国内外"熊猫热"达到高潮的直接结果，体现了国人的强国梦。

有关国家象征的观念随着时代变化而转移，在民国以来大多数国人看来，诸如正朔、服色等中国传统的国家象征已经失去其意义。① 进入国人视野中的熊猫渐具国家象征，其"国宝"身份在当时影响颇大，可谓无出其右。② 国宝这种符号是民族主义自我认同的一个集中体现。学界认为，近代列强对中国不断进行的军事侵略、政治讹诈、经济掠夺以及文化与种族歧视所导致和强化的民族现实危机成为驱动近现代民族主义在中国兴起、发展的直接动力。③ "国宝"熊猫这种民族符号并不由一种典型思潮或一场大型运动而来，也不是民族危机下的直接产物，而是在西方人对熊猫高度喜爱的情况下国人因应的最终结果，更可以看作被列强炮火驱使步入世界的中国应对西方积极刺激的产物。因此，民族自信既来自民族危机的本能呼唤，又来自对民族特有的成就感。对近代民族主义的考察，既有成果常从思想理论和民众运动实践两个角度展开，所揭示的多为西方消极刺激下中华民族的被动反应。若进一步考察国人主动定义的民族符号，可能会更好地揭示出中国民族主义被动性和主动性相互交织的面相。

〔阳金平，中共四川省委党校党史教研部〕

---

① 罗志田：《近代中国民族主义的研究取向与反思》，《四川大学学报》1998 年第 1 期。

② 在近代，国宝也指过一些传世的珍贵文物，但皆不及熊猫的关注度高；另外，金丝猴、水杉等同样作为中国独有的珍稀物种，亦引起过国内外关注，但都没有形成熊猫那样的热度。

③ 黄兴涛：《情感、思想与运动：近代中国民族主义研究检视》，《广东社会科学》2009 年第 3 期。

图书在版编目（CIP）数据

中华民国史青年论坛. 第 3 辑 / 赵妍杰，贺江枫主编
. --北京：社会科学文献出版社，2023.12
　ISBN 978-7-5228-2465-9

　Ⅰ.①中… Ⅱ.①赵… ②贺… Ⅲ.①中国历史-民
国-文集 Ⅳ.①K258.07-53

　中国国家版本馆 CIP 数据核字（2023）第 167454 号

中华民国史青年论坛（第 3 辑）

主　　编／赵妍杰　贺江枫

出　版　人／冀祥德
责任编辑／李期耀
责任印制／王京美

出　　　版／社会科学文献出版社·历史学分社（010）59367256
　　　　　　地址：北京市北三环中路甲 29 号院华龙大厦　邮编：100029
　　　　　　网址：www. ssap. com. cn
发　　　行／社会科学文献出版社（010）59367028
印　　　装／三河市尚艺印装有限公司

规　　　格／开　本：787mm×1092mm　1/16
　　　　　　印　张：19.5　字　数：295 千字
版　　　次／2023 年 12 月第 1 版　2023 年 12 月第 1 次印刷
书　　　号／ISBN 978-7-5228-2465-9
定　　　价／138.00 元

读者服务电话：4008918866